Über dieses Buch

1975 ist der von Professor Dr. Harald Uhlig herausgegebene Band ›Südostasien – Austral-pazifischer Raum‹ als Band 3 der FISCHER LÄNDERKUNDE erschienen. In ihm war ein sehr großer Erdraum zusammengefaßt, dessen Vielfalt aufgrund des notwendigerweise beschränkten Buchumfanges nur sehr verkürzt dargestellt werden konnte. Verlag und Herausgeber haben daher beschlossen, dem austral-pazifischen Bereich einen eigenen Band zu widmen, so daß nun die Erdräume ›Südostasien‹ und ›Australien – Neuseeland – Südpazifik‹ jeweils eigenständig erscheinen und ausführlicher gestaltet werden können.
Erstmals seit der 1939 veröffentlichten Länderkunde Walter Geislers ›Australien und Ozeanien‹ gibt es nun wieder eine breitere deutschsprachige regionalgeographische Darstellung des südpazifischen Raumes. Der Entkolonialisierungsprozeß ist inzwischen weit fortgeschritten. Eine große Zahl junger Staaten bemüht sich um echte Eigenständigkeit. Ihre autochthonen Interessen führen zu einer Umstrukturierung der bis vor kurzem noch kolonialzeitlich geprägten Länder und Raumbeziehungen. Auch Australien und Neuseeland befinden sich im Wandel, seit der Eintritt Großbritanniens in die Europäischen Gemeinschaften die Lösung dieser beiden Länder von Europa veranlaßt hat und zur Neuorientierung auf das asiatisch-pazifische Umfeld und auch zu einer tiefgreifenden politischen und wirtschaftlichen Wandlung im Innern zwingt.
Die erkennbare Schwerpunktverlagerung des Weltinteresses vom atlantischen zum pazifischen Raum wird bisher fast ausschließlich auf die nordpazifischen Anrainerstaaten bezogen. Die wachsenden großräumigen Interdependenzen politischer Kräfte und Entwicklungen, wirtschaftlicher Ressourcen und Märkte sowie strategischer Funktionen binden jedoch auch vormals abgelegene Regionen in immer stärkerem Maße in die grundsätzlichen weltpolitischen Entwicklungen ein. Dieses Buch möchte dazu beitragen, das bisher zu geringe, aber notwendige deutsche Interesse an den wichtigen Vorgängen im Großraum ›Australien – Neuseeland – Südpazifik‹ durch die Darstellung von Fakten und die wissenschaftlich begründeten Erläuterungen von Zusammenhängen und Entwicklungsprozessen zu fördern.

Der Herausgeber

Prof. Dr. Hanns J. Buchholz, 1938 in Bochum geboren, studierte ab 1958 Geographie (sowie Geschichte, Germanistik und Soziologie) an der Universität Münster, war seit 1965 als Wiss. Ang. und später als Dozent und apl. Professor an der Ruhr-Universität Bochum tätig. 1981 folgte er einem Ruf auf den Lehrstuhl für Kulturgeographie an der Universität Hannover.

Nach einer stadt- und sozialgeographischen Dissertation und angewandtgeographischen Arbeiten zu Fragen der Stadtentwicklung und der politischen Geographie hat er sozialgeographische, bevölkerungsgeographische und stadtgeographische Forschung in Ostasien und im pazifischen Raum durchgeführt, die zu Fachpublikationen u. a. zur Sozial- und Bevölkerungsgeographie Hong Kongs, zur Stadtgeographie und Entwicklungsproblematik des südpazifischen Inselraumes und zu Fragen des neuen Seerechts führten.

Seit 1979 ist er Mitglied des »Scientific Committee on Geography« der »Pacific Science Organization«.

Buchholz ist Verfasser der (1) Einleitung sowie des Beitrages (4) Südpazifischer Inselraum – bis auf die Abschnitte 4.1.1.1–4.1.1.3 und 4.5.2.1.

Autoren

Prof. Dr. Ernst Löffler, geboren 1939 in Heilbronn, Studium der Geographie (sowie Geologie und Botanik) 1960–1967 an der Universität Heidelberg; bis 1981 Principal Research Scientist bei der Division of Land Use Research, CSIRO, Canberra, Australien. Seit 1981 Professor für Physische Geographie am Institut für Geographie, Universität Erlangen-Nürnberg. Forschungsgebiete: Angewandte Geomorphologie, Geoökologie und Fernerkundung. Löffler ist Verfasser des Beitrages (2) Australien (Neubearbeitung des Textes von J. Dahlke † [in: Fischer Länderkunde 3 – Südostasien, Australien – S. 385–418]) und des Abschnittes (4.5.2.1) Papua-Neuguinea.

Prof. Dr. Wilhelm Lutz, geboren 1931 in Adorf/Vogtland, 1951 bis 1963 Studium der Geographie (und Geologie, Deutsch, Geschichte) an den Universitäten Erlangen, Tübingen und Innsbruck. Seit 1963 Wissenschaftlicher Assistent, seit 1972 Professor am Institut für Wirtschafts- und Sozialgeographie der Universität Frankfurt/Main. Mehrere Forschungsreisen nach Neuseeland, letztmals 1983. Lutz ist Verfasser des Beitrages (3) Neuseeland.

Prof. Dr. Alfred Wirthmann, geboren 1927 in Nüdlingen/Franken. Studium der Naturwissenschaften 1948–1956 an der Universität Würzburg. Bis 1962 dort Wissenschaftlicher Assistent. 1963/64 Sachbearbeiter für Natürliche Ressourcen bei der UNESCO in Paris. Anschließend Dozent an der Universität Würzburg; 1968 o. Prof. am Geographischen Institut der Universität Karlsruhe. Forschungsgebiete: Geomorphologie, Bodengeographie; Regional: Polarländer, Subtropen, Tropen. Wirthmann ist Verfasser der Abschnitte 4.1.1.1–4.1.1.3 des Kapitels Naturräumliche Grundstrukturen des südpazifischen Inselraumes.

Fischer Länderkunde

Herausgegeben von
Willi Walter Puls †

Band 10

Fischer
Taschenbuch
Verlag

Australien – Neuseeland – Südpazifik

Herausgegeben und verfaßt von
Hanns J. Buchholz

unter Mitarbeit von
Ernst Löffler
Wilhelm Lutz
Alfred Wirthmann

Fischer
Taschenbuch
Verlag

Originalausgabe
Veröffentlicht im Fischer Taschenbuch Verlag GmbH,
Frankfurt am Main, September 1984
Kartographie:
Abb. 1, 2, 3, 13, 14, 15, 16 E. Löffler
Abb. 4, 5, 6, 7 W. Lutz
Abb. 8, 9, 11 Ch. Grätsch
Abb. 10 D. Rühlemann
Abb. 12 B. Hahn/Ch. Grätsch
Umschlagentwurf: Wolf D. Zimmermann

© Fischer Taschenbuch Verlag GmbH, Frankfurt am Main 1984
Satz: Fotosatz Otto Gutfreund, Darmstadt
Druck und Bindung: Clausen & Bosse, Leck
Printed in Germany
1280-ISBN-3-596-26378-6

Für Dodo

Inhalt

1	EINFÜHRUNG	13
2	AUSTRALIEN	18
2.1	Übersicht	18
2.2	Lage, Fläche und politische Gliederung	21
2.3	Grundzüge der naturräumlichen Ausstattung	22
2.4	Besiedlungsgeschichte	29
2.4.1	Die australischen Ureinwohner vor der Kolonialisierung durch die Europäer	29
2.4.2	Die Sträflingskolonien und die Ausbreitung der Weidewirtschaft	31
2.4.3	Der Goldrausch der 50er Jahre des 19. Jahrhunderts und die nachfolgende wirtschaftliche Expansion	33
2.5	Die Wirtschaft und ihre räumliche Differenzierung	36
2.5.1	Die Landwirtschaft	36
2.5.1.1	Ackerbau	36
2.5.1.2	Weidewirtschaft	44
2.5.2	Die Industrie	48
2.5.2.1	Bergbau	48
2.5.2.2	Verarbeitende Industrie	51
2.6	Städte und ländliche Siedlungen	54
2.7	Entwicklungsprobleme der Gegenwart	59
2.8	Australiens Rolle in Weltwirtschaft und Weltpolitik	64
3	NEUSEELAND	70
3.1	Gestein und Relief	70
3.2	Entdeckung und Erschließung	71
3.3	Die Bevölkerung	72
3.3.1	Herkunft, Wachstum und natürliche Struktur	72
3.3.2	Räumliche Verteilung	76
3.4	Landwirtschaft und Besiedlung	78
3.5	Bergbau und Industrie	86
3.6	Verkehr, Städte und Außenhandel	88
3.6.1	Erwerbs- und Sozialstruktur	88
3.6.2	Verkehrserschließung	88

3.6.3	Die Städte	89
3.6.4	Außenhandel	90
3.7	Neuseelands politische Stellung	91
4	DER SÜDPAZIFISCHE INSELRAUM	93
4.1	Entstehung und großräumige Regionalisierung	95
4.1.1	Naturräumliche Grundstrukturen	95
4.1.1.1	Geotektonik und Inseltypen	95
4.1.1.2	Klima und Boden	100
4.1.1.3	Flora in Isolation	103
4.1.1.4	Naturräumliche Großgliederung	105
4.1.2	Kulturräumliche Genese und Gliederung	107
4.1.2.1	Frühe Besiedlung und ethnische Gliederung	107
4.1.2.2	Der Zugriff der Europäer und die koloniale Bereichsbildung	110
4.1.2.3	Entkolonialisierung und politische Gliederung der Gegenwart	119
4.1.2.4	Südpazifische Kooperation	123
4.2	Erstes Problemfeld: Bevölkerungsdruck und Wanderungsprozesse	126
4.2.1	Wachstum und Disparitäten der Bevölkerung	126
4.2.2	Räumliche Konzentration und Verstädterung	132
4.2.3	Das Ventil internationaler Wanderungen	136
4.3	Zweites Problemfeld: Subsistenz und Exportorientierung	138
4.3.1	Subsistenz-Landwirtschaft im Umbruch	138
4.3.2	Industrielle Produktion	146
4.3.3	Export – Import	151
4.4	Drittes Problemfeld: Kleinheit, insulare Fragmentierung und Ressourcenarmut	154
4.4.1	Kleinheit, Fragmentierung und Abseitslage	154
4.4.2	Bodenschätze	156
4.4.3	Fischerei und neues Seerecht	160
4.5	Die Staaten und Territorien des Südpazifik	165
4.5.1	Der amerikanisch beeinflußte Südpazifik	165
4.5.1.1	Hawaii	165
4.5.1.2	Guam	169
4.5.1.3	Nord-Marianen	170
4.5.1.4	Republik Marshall-Inseln	172
4.5.1.5	Föderierte Staaten von Mikronesien (FSM)	174
4.5.1.6	Republik Palau	177
4.5.1.7	Amerikanisch-Samoa	178
4.5.1.8	Sonstige pazifische Inseln, die von den USA beansprucht werden	180

4.5.2	Der britisch beeinflußte Südpazifik	181
4.5.2.1	Papua-Neuguinea	181
4.5.2.1.1	Natürliche Grundlagen	183
4.5.2.1.2	Bevölkerung	184
4.5.2.1.3	Traditionelle Gesellschaft und Wirtschaft	185
4.5.2.1.4	Die moderne wirtschaftliche Entwicklung	189
4.5.2.1.5	Ländliche und städtische Siedlungen	196
4.5.2.1.6	Moderne Gesellschaft und politische Entwicklung	198
4.5.2.2	Fidschi	201
4.5.2.3	Salomon-Inseln	204
4.5.2.4	Republik Kiribati	207
4.5.2.5	Tuvalu	210
4.5.2.6	Nauru	211
4.5.2.7	West-Samoa	212
4.5.2.8	Cook-Inseln	215
4.5.2.9	Niue	216
4.5.2.10	Tokelau	218
4.5.2.11	Pitcairn-Inseln	219
4.5.2.12	Königreich Tonga	220
4.5.2.13	Republik Vanuatu	222
4.5.3	Der französisch beeinflußte Südpazifik	224
4.5.3.1	Französisch-Polynesien	224
4.5.3.2	Neukaledonien	227
4.5.3.3	Wallis und Futuna	230
4.5.3.4	Clipperton	230
4.5.4	Die chilenische Osterinsel	231
5	ANHANG	232
5.1	Literatur (Auswahl)	232
5.1.1	Australien	232
5.1.2	Neuseeland	236
5.1.3	Südpazifik	238
5.2	Tabellen	246
5.3	Namen- und Sachregister	253
5.3.1	Australien	253
5.3.2	Neuseeland	256
5.3.3	Südpazifik	257

1 Einführung

Der in dieser Länderkunde erläuterte Großraum »Australien – Neuseeland – Südpazifik« bildet in den Raumvorstellungen vieler Menschen eine ganz selbstverständliche Einheit, die sich bei genauerer Betrachtung als durchaus problematisch erweist. Das Fehlen eines gemeinsamen regionalen Oberbegriffs kennzeichnet dieses Dilemma. Denn der Name des Erdteils Australien gilt kaum für Neuseeland, geschweige denn für den südpazifischen Inselraum.
Die traditionellen räumlichen Gliederungen der Erde basieren auf den regionalen Kenntnissen der Antike und den physischen Abgrenzungen des festen Landes: Bis zur Gegenwart gehören die sieben sogenannten »Erdteile« zum Grundbestand der Allgemeinbildung. Dieses Gliederungsschema verliert seine vermeintliche Klarheit jedoch dort, wo sich die Kontinente in Inselfluren auflösen und die eindeutigen Zuordnungen fehlen. So läßt sich nach physiogeographisch-geologischen Merkmalen kaum eine zufriedenstellende Grenzlinie zwischen Asien und Australien ermitteln. Auch darf man Neuseeland wohl kaum als vorgelagerte Inseln Australiens betrachten; sie liegen immerhin 2000 km von der australischen Küste entfernt. Bestenfalls ließe sich der geologische Zusammenhang anführen; denn Neuseeland und der gesamte Inselbogen bis hin nach Neuguinea stehen auf der australischen Platte. Aber der gesamte übrige südpazifische Inselraum weist völlig getrennte und unterschiedliche geologische Strukturen auf.
Schon seit längerer Zeit (KOLB, 1963) ist an die Stelle einer Einteilung der Erde nach physischen Merkmalen eine solche nach »Kulturerdteilen« getreten. Aber selbst bei einer derartigen Betrachtungsweise können unter dem Aspekt ihrer quasi vollständigen Überformung durch insbesondere britische Einwanderer allenfalls Australien und Neuseeland als eine kulturräumliche Einheit betrachtet werden; der südpazifische Inselraum bildet jedoch eine separate Region. Spanische, französische, britische, deutsche, amerikanische und japanische Kolonialeinflüsse haben den Inselterritorien zwar deutliche Spuren aufgeprägt, aber bis auf Hawaii sind die autochthonen Elemente der einheimischen Kulturen immer noch die Basis der Lebensform.
Die gedankliche Annahme von der Einheit der Großregion – auch

die Vereinten Nationen fassen den Gesamtraum zusammen unter dem irreführenden Begriff »Oceania« – entsteht wohl im wesentlichen aus der vermeintlichen Identität von räumlicher Nachbarschaft und enger funktionaler Verflechtung. Jedoch zum einen kann man bei den gegebenen Distanzen kaum von »Nachbarschaft« sprechen; zum anderen sind die funktionalen Verflechtungen z. B. Neukaledoniens mit Frankreich oder der Karolinen mit den USA sicherlich weitaus intensiver als mit Australien und Neuseeland.

Die Vorstellung eines einheitlichen großen Erdraumes im südlichen Pazifischen Ozean wurzelt schon im sogenannten »Entdeckkungszeitalter«. Dieser Begriff sollte eigentlich überholt sein, denn er enthält eine höchst subjektive, europazentrische Weltanschauung. Die Bewohner Australiens, Neuseelands und der südpazifischen Inseln fühlten sich beim Anblick des ersten europäischen Schiffes und seiner Besatzung keineswegs »entdeckt«. Auch waren den seefahrenden Gruppen unter ihnen die meisten Inseln, die von den Europäern mit großem Aufwand »entdeckt« wurden, nach Lage und Struktur längst bekannt. Man spricht und schreibt daher heute mehr und mehr vom »ersten Kontakt« zwischen den Bewohnern des austral-südpazifischen Raumes und den Europäern, auch wenn die Zeit des 16. bis 18. Jahrhunderts als das pazifische »Entdeckungszeitalter« in die – von Europäern geschriebene – Geschichte eingegangen ist. Andererseits ist festzustellen, daß für den in diesem Buch betrachteten Raum in jenen Jahrhunderten die entscheidenden Grundlagen seiner späteren Entwicklung gelegt wurden. Bis in die Gegenwart reichen in vielen Teilregionen des austral-südpazifischen Raumes die Konsequenzen daraus, *wer* seinerzeit eine Insel oder ein Territorium »entdeckt« hatte. Denn vielfach waren Entdeckung und Besitzergreifung identisch, wenn man es als profitabel für den eigenen Staat, der ja durchweg diese Reisen finanzierte, ansah. Daß nicht immer das Heimatland des Entdeckers die tatsächliche Herrschaft ausüben konnte, lag zumeist an machtpolitischen Auseinandersetzungen in Europa und nicht im austral-südpazifischen Raum. So hat *Nunez de Balboa* 1513 gleich den gesamten – von ihm in der Ausdehnung allerdings nicht abschätzbaren – Pazifik für Spanien in Besitz genommen, ohne daß sein König diesen Anspruch realisieren konnte.

Die ersten Seefahrer von Europa nach Westen suchten im Auftrag Spaniens eigentlich keine neuen Kontinente, sondern »nur« einen Seeweg nach Ostasien; denn die Türken blockierten den seit der Antike bekannten Landweg. Außerdem hatte Papst Alexander VI. 1493 eine ein Jahr später im *Vertrag von Tordesillas* festgelegte Grenzlinie (etwa 47° westl. Länge) zwischen einer portugiesischen und einer spanischen Interessensphäre vorgeschlagen: Die Spanier durften nur westlich dieser Linie Überseebesitzungen einrichten.

Die Entdeckung Amerikas war daher im Grunde ein Hindernis auf dem Seeweg nach Indien und China. Von dem »hinter« Amerika liegenden Meer hatte schon *Kolumbus* auf seiner vierten Reise (1502–1504) erfahren, *Balboa* hat es dann 1513 zuerst gesehen, und der in spanischen Diensten stehende Portugiese *Ferdinand Magellan* hat es als erster 1520/21 überquert. Er durchfuhr dabei die Südspitze Südamerikas (Magellan-Straße) und erreichte nach 97 Tagen Guam (Marianen). Er selbst wurde zwar 1521 in der Nähe von Cebu (Philippinen) getötet, aber eines seiner Schiffe kehrte 1522 nach dieser Weltumsegelung nach Sevilla zurück. Folgerichtig wurde 1529 der Vertrag von Tordesillas novelliert, indem man nun auch eine pazifische Grenze zwischen den Interessengebieten Portugals und Spaniens (etwa 133° östl. Länge) festlegte.

Die Information über das große Südmeer regte in Europa die sehr alte Diskussion um den »unbekannten« Südkontinent, die »terra australis incognita« an. In den folgenden drei Jahrhunderten läßt sich die Suche nach diesem Kontinent, die zur Entdeckung Australiens, Neuseelands und der südpazifischen Inselwelt für Europa führte, in drei Phasen gliedern:

Das 16. Jahrhundert stand im Zeichen der *Spanier*, die auf ihren Reisen nach Gold und sonstigen Schätzen suchten, das Christentum auszubreiten trachteten und mehrfach glaubten, den sagenhaften Südkontinent gefunden zu haben: So zum Beispiel nannte Pedro Fernandez de Quiros das von ihm 1606 erreichte Vanuatu (Neue Hebriden) »Australia des espiritu santo«. Aber schon vorher wurden mehrere spanische Schiffe in den Südpazifik gesandt, und zwar direkt von Callao (Peru) oder Acapulco (Mexiko) aus. Nach der Annexion der Philippinen (1565) durch Miguel de Legaspi führten Expeditionen des Alvaro de Mendaña 1568 zum Kontakt mit den Salomon-Inseln, 1595 mit dem Marquesas (»Las Marquezas de Mendoza«) und der Santa-Cruz-Gruppe.

Im 17. und beginnenden 18. Jahrhundert sind besonders die Reisen der *Niederländer* erwähnenswert. Sie hatten sich 1581 von Spanien gelöst und waren im wesentlichen an der Entwicklung ihres Fernhandels interessiert. Die bedeutende »Niederländisch-Ostindische Kompanie«, entstanden auf der Basis ehemals portugiesischer Interessengebiete in Südostasien, förderte auch umfangreiche Forschungsreisen, sofern sie den eigenen Zielen dienten. Schon 1611 berührten niederländische Handelsschiffe auf dem Weg nach Java den australischen Kontinent, ohne ihn als solchen zu erkennen. 1615/16 umsegelte Willem Corneliszoon Schouten aus Hoorn die Südspitze Südamerikas (durch die Magellan-Straße und ums Kap der Guten Hoffnung durfte er nicht reisen, weil er nicht im Auftrag der Niederländisch-Ostindischen Kompanie unterwegs war) und erreichte Futuna und Neuguinea. 1642 kam Abel Janszoon Tasman nach »Tasmanien« und Neuseeland und ein Jahr später nach Tonga und Ontong Java (Salomon-Inseln). 1722 durchquerte Jacob Roggeveen den Pazifik auf der Suche nach dem Südkontinent und ortete dabei die Oster-Insel, den Tuamotu-Archipel und Samoa.

Im späteren 18. Jahrhundert sind die Pazifik-Expeditionen, vornehmlich von *Briten* und *Franzosen* ausgeführt, stärker wissenschaftlich ausgerichtet. Vorteilhaft war, daß man nun exaktere Ortsbestimmungen vornehmen konnte. Seit dem 13./14. Jahrhundert ließ sich mit Hilfe des Kompasses zwar die geographische Breite erfassen; bis 1735 (Sextant 1731) fehlten jedoch exakte Uhren zur Längenbestimmung. Nach John Byron (1765), Samuel Wallis und Philip Carteret (beide 1767/68) führte James Cook drei große Pazifikreisen durch: 1768–71, 1772–75 und 1776–79. Er entdeckte für Europa zahlreiche Inseln und wies aufgrund systematischer Kreuz-und-Quer-Routen nach, daß es einen großen Südkontinent nicht gibt. 1779 wurde Cook auf Hawaii getötet. In dieser und der nachfolgenden Zeit vervollständigten Expeditionen von Bougainville, La Perouse, D'Entrecasteaux und Dumont d'Urville das Wissen der Europäer über den Südpazifik.

Bis zum ausgehenden 18. Jahrhundert bildete der austral-südpazifische Raum in der Vorstellung der Europäer eine Einheit; denn bis in die zweite Hälfte dieses Jahrhunderts vermutete man hier ja den großen Südkontinent, der sich nun aber in das gar nicht den Erwartungen entsprechende »bescheidene« Australien, das noch kleinere Neuseeland und in Tausende von Inseln aufgelöst hatte.

Die folgende Phase der kolonialen Zuordnung und Überformung hat dann aus den Interessen der Kolonialmächte heraus zu der grundsätzlichen Differenzierung in den europäisch überformten, aus relativ großflächigen Teilen bestehenden mehr kontinentalen Bereich Australien und Neuseeland und in den in Grundzügen autochthon gebliebenen, kleingegliederten insularen Bereich der südpazifischen Inselstaaten und -territorien geführt.

Bis in die jüngste Zeit haben sich Australien und Neuseeland mehr als Überseegebiet Europas – wenn nicht sogar nur Großbritanniens – denn als Bestandteile des südpazifischen Raumes gefühlt, während die Inselterritorien ein weithin kaum beachtetes

Dasein führen. Australien war als Kolonialmacht nur mit Papua-Neuguinea verbunden. Neuseeland hatte zwar mehrere Besitzungen im südpazifischen Inselraum (Niue, Cook-Inseln, Tokelau, West-Samoa als Treuhandgebiet) und entwickelte seit den 1870er Jahren Ideen einer südpazifischen Föderation unter neuseeländischer Leitung, aber in der Realität war die Einbindung Neuseelands in die Politik des südpazifischen Raumes doch weitaus bescheidener, sicherlich auch wegen des Größenabstandes Neuseelands zu den anderen Mächten – Großbritannien, Frankreich, USA – im Südpazifik.

Erst seit den 1960er Jahren gewinnt die australisch-südpazifische Region eine gewisse Dynamik: Der Eintritt Großbritanniens in die Europäischen Gemeinschaften hat Australien und Neuseeland zur ökonomischen Neuorientierung gezwungen. Die machtpolitischen Vorgänge in Südostasien, die strategischen Interessen der Sowjetunion im Pazifik, der Rückzug Großbritanniens und teilweise auch der USA aus dem unmittelbaren Engagement im pazifischen Inselraum, verbunden mit dem Prozeß der Bildung zahlreicher neuer unabhängiger Staaten im Südpazifik, das wirtschaftliche Vordringen Japans – all das sind Herausforderungen und Kräfte, die das gesamte Struktur- und Beziehungsgefüge der Großregion tiefgreifend verändern, Australien und Neuseeland politisch und wirtschaftlich stärker in die Entwicklungsprozesse des Südpazifik einbinden und so möglicherweise zur Entstehung einer wirklichen Großregion beitragen. Die Prämissen der Kolonialzeit verlieren allmählich ihre Ausschließlichkeit. Die Aufwertung des gesamten pazifischen Raumes – man spricht bereits von den 1980er Jahren als der »Pazifischen Dekade« der Zeitgeschichte – führt auch den Südpazifik aus seiner Abseitslage zu wachsender Bedeutung. Es liegt daher nahe, eine aktualisierte geographische Darstellung und Neubewertung der Großregion herauszugeben.

2 Australien

2.1 Übersicht

Bei der Erschließung Australiens durch die Europäer kamen einige Eigenheiten dieses Kontinents zum Tragen, die ihm eine Sonderstellung in der Reihe der europäisch besiedelten Neuländer verleihen. Allen voran stehen zwei entscheidende Merkmale: die isolierte geographische Lage sowie Ausmaß und Umfang der klimatischen Ungunst und der daraus resultierenden kärglichen Naturausstattung. Noch heute stellt die große Entfernung Australiens zu Westeuropa, aus dem der Großteil seiner Siedler kam und mit dem bis in jüngste Zeit die intensivsten wirtschaftlichen Beziehungen bestanden, eine deutliche Benachteiligung dar; denn nur durch Umrundung fast des halben Erdballs kann Australien erreicht werden. Auch die Entfernungen zu den heutigen Haupthandelspartnern Japan und USA sind nicht gerade gering, ebenso wie die Entfernungen im Lande selbst.

Allerdings wurde durch den modernen Schiffs- und Flugverkehr die Reise- und Transportzeit erheblich verkürzt. Der erste Konvoi, der 1787 Häftlinge zur Ansiedlung an die Ostküste Australiens brachte, erreichte sein Ziel nach acht Monaten, wovon sechs Monate auf See verbracht wurden. Noch um die Mitte des 19. Jahrhunderts betrug die Fahrtzeit von Liverpool nach Melbourne durchschnittlich 100 Tage, nur die schnellsten Klipper schafften es in 70 Tagen. Durch die modernen Motorschiffe verkürzt sich die Fahrtzeit noch einmal um die Hälfte, aber Australien leidet auch weiterhin unter seiner Isolation, da die Fortschritte auf dem Gebiet des Seeverkehrs bei weitem nicht so umwälzend gewesen sind wie auf dem Gebiet des Land- oder gar Luftverkehrs.

Die verstärkten wirtschaftlichen Beziehungen mit Asien lassen in jüngster Zeit die Lage Australiens zu seinen Handelspartnern etwas günstiger erscheinen. Aber die fast in jeden Lebensbereich eingreifende Benachteiligung durch die Entfernungen, von BLAINEY (1966) so treffend als »tyranny of distance« umschrieben, lastet weiterhin schwer auf Australien.

Ein weiteres Merkmal dieses Kontinents wirkte sich besonders nachhaltig auf seine frühe Erschließung aus. Seine Naturausstattung übte auf die ersten Europäer, die das Land betraten, keinen großen Reiz aus. Tatsächlich beruhte der wirtschaftliche Aufschwung später hauptsächlich auf der Nutzung eingeführter Pflanzen (vor allem Weizen) und Tiere (vor allem Schafe). Allein die Bodenschätze hätten zu einer frühen Erschließung des Kontinents verlocken können. Allerdings blieben sie lange Zeit unbekannt, denn die auf der Kulturstufe steinzeitlicher Wildbeuter stehenden Ureinwohner hatten diese Schätze des Landes nicht gekannt. Damit wird ein weiterer Faktor des mangelnden europäischen Interesses an Australien berührt, nämlich die überaus spärliche materielle Kultur seiner Bewohner. Da der Anbau von Pflanzen und die Viehzucht unbekannt waren, war eine ausreichende Ernährung des jagenden, sammelnden und fischenden Australiers meist nur bei fortwährendem Verlegen des Lagerplatzes möglich. Für diese nomadische Lebensweise war der Aborigine durch seine Anpassungsfähigkeit und außerordentliche Konstitution, die ihn fast ohne Bekleidung und Behausung auskommen ließen, bestens gerüstet. Allerdings konnte er den europäischen Entdeckern keine begehrenswerten Tauschobjekte anbieten.

Deshalb mieden die Seefahrer der Alten Welt diesen für sie uninteressanten Kontinent. Die erste holländische Flotte traf schon 1596 auf dem Wege vom Kap der Guten Hoffnung nach Inselindien auf die australische Westküste. Diese Route entwickelte sich zu einem der gewinnträchtigsten Handelswege der damaligen Welt, aber es kam trotz zahlreicher Kontakte mit der Küste zu keiner Niederlassung in Australien. Die Holländer waren Händler, die nach Gütern wie Gold und Gewürzen suchten, für die sich eine kostspielige und gefahrvolle Seereise lohnte. Auch die Spanier, die den Philippinen aus östlicher Richtung zustrebten, ließen Australien unbeachtet. Um nicht gegen die Westwinde der höheren Breiten ankreuzen zu müssen, querten sie den Pazifik unter Ausnutzung der Passatwinde in nordwestlicher Richtung. Einzelne spanische Seefahrer kamen zwar mit Australien in Berührung, wie z. B. Torres 1606, aber auch sie fanden an diesem Kontinent aus ähnlichen Gründen wie die Holländer kein Interesse.

Bis zur Mitte des 18. Jahrhunderts änderte sich an der Einschätzung Australiens nur wenig, obgleich sich die Verhältnisse in Europa erheblich gewandelt hatten und man nach Neusiedelland für den Bevölkerungsüberschuß suchte. Jedoch genügte die Auswanderung nach Nordamerika. Nur so erklärt es sich, daß James Cook, der 1770 die australische Ostküste entdeckte, in der Heimat berichtete, er habe keine großen Entdeckungen gemacht. Erst als sich die USA 1776 vom Mutterland lossagten, suchte

man nach einem neuen Deportationsland für die vielen Sträflinge, die die britischen Gefängnisse überfüllten. Im Jahre 1788 wurde daher die erste Sträflingskolonie in Australien gegründet.
Sicherlich war die Entlastung der britischen Gefängnisse nicht der einzige Anlaß, die Kolonie zu gründen, sondern machtpolitische und seestrategische Überlegungen, insbesondere im Hinblick auf Frankreichs wachsendes Interesse an diesem Raum, spielten eine Rolle.
Australien eignete sich also zunächst nicht zur Einrichtung einer Kolonie, die auf der Ausbeutung vorhandener Schätze beruhte. Erst als auch das Interesse an entfernten überseeischen Siedlungskolonien wuchs, wandte sich die Aufmerksamkeit Großbritanniens diesem Kontinent zu. Siedlungskolonien größeren Ausmaßes konnten jedoch nur entstehen, indem größere Flächen einer landwirtschaftlichen Nutzung zugeführt wurden. Hierbei offenbarte sich eine weitere recht hinderliche Besonderheit dieser südlichen Landmasse: Sie wies einen schwer zugänglichen größtenteils ariden und daher siedlungs- und nutzungsfeindlichen Kern auf. Neben den thermischen Verhältnissen kommt den Niederschlägen eine große Bedeutung zu, denn ihre zeitliche und räumliche Verteilung begünstigt nur sehr schmale Küstensäume (hauptsächlich im Osten und Südosten), während das Innere nur geringe und stark schwankende Niederschläge erhält. Diesen wasserarmen, von Wüste oder Strauchformation eingenommenen Kern hat man früher auch als »Totes Herz« von Australien bezeichnet. Mehr als ein Drittel des gesamten Kontinents gehören zu diesem trocken-heißen Bereich, und noch heute trifft wegen der außerordentlich dünnen Besiedlung von nur einem Einwohner auf 20 km^2 auf ihn die Bezeichnung »Leeres Australien« (G. TAYLOR) zu. Dieser Eigenart des Naturraumes ist es zu verdanken, daß alle Niederlassungen des frühen 19. Jahrhunderts an der Küste lagen und daß ihre Entwicklung nur sehr langsam vorankam. Nur so läßt es sich auch erklären, daß Großbritannien mit der Anlage weniger militärischer Küstenposten an strategisch wichtigen Stellen (z. B. 1824 auf Melville Island nördlich Darwin oder 1826 bei Albany im Südwesten von Westaustralien) den gesamten Kontinent für sich in Besitz nehmen konnte, einen Kontinent, an dessen Innerem es zunächst kaum interessiert war. Der abweisende Kern Australiens stellte in jeder Phase der Besiedlung ein beträchtliches Hindernis dar. So blieben die frühen Kolonien die ersten Jahrzehnte sogar auf die Zufuhr von Getreide angewiesen, weil sich der Ackerbau nur langsam ausbreiten konnte. Selbst bei der modernen Erschließung z. B. der

Erzlagerstätten ist man zu besonderen Maßnahmen gezwungen, um das Leben der Arbeiter in der heißen, wasserlosen Wildnis erträglich zu machen.

2.2 Lage, Fläche und politische Gliederung

Australien ist, läßt man die Antarktis außer acht, der einzige Kontinent, der mit seiner ganzen Fläche auf der Südhalbkugel liegt. Nach Norden reicht das Festland bis 10° 41' (Kap York) und nach Süden bis 39° 8' S. (Kap Wilson); rechnet man die vorgelagerte Insel Tasmanien dazu, so reicht Australien bis 43° 39' S. Damit erstreckt es sich weiter nach Süden als Afrika (34° 51' S), bleibt aber hinter Südamerika (55° 50' S) zurück. Aufgrund der relativ geringen Nord-Süd-Ausdehnung und seiner Lage beiderseits des südlichen Wendekreises gehört der mittlere Teil Australiens zum subtropischen Klimagebiet mit einem tropischen Bereich im Norden und einem gemäßigten Bereich im Süden. Entsprechend den Verhältnissen auf der Südhalbkugel fällt der Sonnenhöchststand auf den 21. Dezember und der Tiefststand auf den 21. Juni. Die Jahreszeiten sind also um sechs Monate gegenüber denen in Europa verschoben.

In seiner West-Ost-Ausdehnung reicht Australien von 113° 9' (Steep Point) bis 153° 39' östlicher Länge (Kap Byron). Im Vergleich zu Europa liegt es damit fast am Gegenpol, seine Bewohner können als unsere Antipoden bezeichnet werden. Wegen seiner großen W-O-Erstreckung ist Australien in drei Zeitzonen unterteilt. Die westliche Zone ist gegenüber Mitteleuropa (MEZ) um 7, die mittlere um 8½ und die östliche um 9 Stunden voraus.

Die Fläche Australiens umfaßt mit Tasmanien und den vorgelagerten Inseln 7 686 855 km², das entspricht ungefähr der Größe der USA ohne Alaska. Das geschlossene Festland (ohne vorgelagerte Inseln) hat eine Ausdehnung in Nord-Süd-Richtung von 3152 km und in West-Ost-Richtung von 4005 km. Die Bevölkerung wurde 1981 auf 14 Mio. Menschen geschätzt. Umgerechnet auf die Gesamtfläche Australiens ergibt sich eine mittlere Bevölkerungsdichte von 1,6 EW/km². Allerdings ist die Verteilung der Bevölkerung sehr unterschiedlich. Während sie an der SO- und SW-Küste am dichtesten ist, gibt es im Landesinneren praktisch unbesiedelte Gebiete.

Australien ist ein Bundesstaat (Commonwealth of Australia), bestehend aus sechs Staaten mit eigenen Parlamenten, nämlich

New South Wales (N. S. W.), Victoria (Vic.), Queensland (Qld.), South Australia (S. A.), Western Australia (W. A.) und Tasmania (Tas.) und mehreren von der Bundesregierung verwalteten Territorien. Zwei der Territorien – das Northern Territory (N. T.) und das Australian Capital Territory (A. C. T.) – befinden sich auf dem Kontinent, während folgende Territorien außerhalb des geschlossenen Staatsgebietes liegen: die Inseln Norfolk, Heard, McDonald und Macquarie, das antarktische Territorium sowie die Inselgruppen Kokos-(Keeling) und die Weihnachts-Inseln.

2.3 Grundzüge der naturräumlichen Ausstattung

Die naturräumliche Ausstattung Australiens bestimmt die Besiedlung und wirtschaftliche Nutzung. An erster Stelle stehen die klimatischen Bedingungen. Sie bestimmen die Möglichkeit und Art der landwirtschaftlichen Nutzung und lassen mit ihrem Einfluß auf die Vegetation und den gesamten Landschaftscharakter ein Gebiet als angenehmen Lebensraum oder als unwirtlich erscheinen. Wichtig sind vor allem das Ausmaß und die jahreszeitliche Verteilung der Niederschläge, der Grad ihrer Zuverlässigkeit und der Gang der Temperaturen.
Wie schon erwähnt, gliedert sich Australien in ein feuchtes Küstengebiet und ein trockenes Inneres. Die Verteilung der Niederschläge über das Jahr richtet sich weitgehend nach dem Windsystem, das den jeweiligen Teil des Kontinents beherrscht, wobei das steuernde Element des gesamten Klimaganges die jahreszeitliche Verlagerung der subtropischen Hochdruckzellen darstellt. Diese weitgespannten Antizyklonen wandern in östlicher Richtung über den Kontinent mit Abständen von einigen Tagen. Im Sommer überqueren diese Hochdruckzellen den südlichen Teil des Kontinents und verursachen hier stabiles, trockenes Wetter, gekennzeichnet durch oftmals schlagartige Windwechsel und Temperaturstürze, die jeweils mit dem Eintreffen einer neuen Hochdruckzelle verbunden sind. Gleichzeitig kommt es im Norden Australiens zu Einbrüchen feuchter Luftmassen – verursacht durch die Südwärtsverlagerung der ITC über Nordaustralien. Diese Luftmassen, oft als Monsun bezeichnet, bedingen starke Niederschläge entlang der Nordküste, die jedoch rasch zum Landesinneren hin abfallen. Während dieser Jahreszeit kommt es auch zur Bildung tropischer Zyklonen, die wegen ihrer verheerenden Windgeschwindigkeiten und hohen Niederschläge

gefürchtet sind. Sie entwickeln sich als kleine lokale Tiefdruckzellen über dem Meer, erfahren eine große Beschleunigung und treffen dann mit Geschwindigkeit von bis zu 150 km/h aufs Land, wo sie große Schäden anrichten können. Die Zerstörung Darwins am Weihnachtstag 1974 war z. B. die Folge eines solchen Zyklons. Im Winter verläuft die durchschnittliche Bahn der Antizyklonen etwas weiter nördlich über dem Zentrum des Kontinents und verursacht hier stabiles Wetter, sowie aufgrund der typisch antizyklonalen Drehrichtung der Winde und des Druckgefälles zur nordwärts verlagerten ITC ablandige Winde, die Passate, welche für die ausgeprägte winterliche Trockenheit Nordaustraliens verantwortlich sind.
Die Nordverlagerung der Hochdruckzellen bedingt im Süden des Kontinents ein Nachrücken der Westwindzone, die mit ihren Tiefdruckzellen dem südlichen Australien relativ zuverlässige Winterniederschläge bringt.
Die beschriebene Regelmäßigkeit im Wettergeschehen ist im Durchschnitt zwar vorhanden, aber es kann durchaus vorkommen, daß das gesamte System für längere Zeitspannen etwas weiter nördlich oder südlich der normalen Bahnen verläuft. Das kann im Falle zu stark südlich gelagerter Hochdruckzellen zu ausgeprägter Dürre im südlichen Teil des Kontinents bzw. bei einer zu starken Verlagerung nach Norden zu besonders reichhaltigen Niederschlägen führen.
Die Hauptklimaräume legen sich nahezu konzentrisch um den ariden Kernraum, der etwa ⅓ des gesamten Kontinents einnimmt. Semiaride Klimate bestimmen einen breiten Gürtel um den ariden Kern – außer im Westen, wo der aride Raum bis zur Küste vordringt. Insgesamt umfassen die ariden und semiariden Gebiete ¾ des Kontinents. Das restliche Viertel weist recht unterschiedliche Klimate auf. Im Südwesten, Südosten und Osten herrschen gemäßigte bis warm-gemäßigte Klimate mit Winterniederschlägen wie im Raum Perth und Adelaide, mit Sommerniederschlägen wie im subtropischen Qld. oder mit relativ gleichmäßig verteilten Niederschlägen wie im südöstlichen Hochland um Canberra. Der Norden Australiens unterliegt einem echt tropischen Klima mit ausgeprägter Trockenheit und regelmäßigen Sommerniederschlägen. Nur ein sehr kleiner Bereich im Küstengebiet Nordqueenslands weist ein immerfeuchtes tropisches Klima auf. Hohe gleichmäßig übers Jahr verteilte Niederschläge kennzeichnen den Westen der Insel Tasmanien, der als feucht gemäßigt bezeichnet werden kann, während der Osten ein gemäßigtes Klima mit Winterniederschlägen aufweist.

Die Regenmenge, die die einzelnen Teile Australiens erhalten, hängt außerdem von der Gestalt des Kontinents ab. Da Australien aber nur wenige Erhebungen aufweist und seine Küste schwach gegliedert ist, sind die topographisch bedingten Abweichungen vom oben skizzierten Schema sehr gering. Wenn erst bei Erhebungen über 700 m eine gewisse Beeinflussung des Klimas erkennbar wird, so kommen dafür nach G. TAYLOR nur ungefähr 7 % der Fläche Australiens in Frage.

Der Kontinent kann grob in drei große morphologische Zonen gegliedert werden. Im Westen nimmt das Westaustralische Tafelland fast die Hälfte des gesamten Kontinents ein. Es besteht weitgehend aus einer alten Rumpffläche über archaischen Gesteinen, dem australischen Schild, dessen mittlere Höhe nur 300 bis 400 m beträgt. Im Westen ist das Plateau meist zweigegliedert in eine ältere, etwas höhere Fläche mit mächtigen Lateritkrusten (sog. ferricretes) und eine jüngere, weniger stark laterisierte Fläche. An den Rändern weist das Plateau einzelne Aufwölbungen auf wie z. B. die Darling Range im Südwesten, und im Norden erheben sich zwei Bergländer, die Hamersley Range und die Kimberleys, die aber weder sehr ausgedehnt noch sehr hoch sind (max. 1200 m). Das gleiche gilt für die Mac-Donnell-Kette und andere Erhebungen im Landesinneren. Hier handelt es sich meist um Härtlingszüge, die durch Tieferlegung der Erosionsbasis und tektonische Aufwölbung herauspräpariert wurden. So eintönig diese Landschaft auf weiten Strecken durch das Fehlen von Großformen auch erscheinen mag, sie weist eine Vielfalt an kleineren Formen wie Inselberge (z. B. den bekannten Ayers Rock), Reste von Hartkrusten, Salzseen usw. auf.

Den mittleren Bereich nimmt die mittelaustralische Senke ein. Diese Senke durchzieht den ganzen Kontinent vom Golf von Carpentaria im Norden bis zur Südküste. Sie ist in einzelne Becken gegliedert, die von flachen Schwellen (unter 300 m Höhe) getrennt werden. Am bekanntesten ist das Becken des Eyre-Sees, eine abflußlose Depression (tiefste Stelle ca. 13 m unter dem Meeresspiegel), die von einem riesigen Salzsee eingenommen wird, der seit seiner Entdeckung durch weiße Australier erst dreimal für einige Jahre mit Wasser gefüllt war.

Im Osten wird der Kontinent vom ostaustralischen Randgebirge umrahmt. Seinen Kern bildet ein rund 3000 km langer Gebirgszug (Großes Scheidegebirge), der sich von der Insel Tasmanien bis ins nördliche Qld. erstreckt. Obgleich in den Australischen Alpen, dem südlichen Teil des Gebirges, einzelne Berge zu beachtlichen Höhen aufragen (Mt. Kosciusko 2233 m), handelt es sich um ein Schollengebirge mit Mittelgebirgscharakter, zum großen Teil auch um hochgelegene Rumpfflächen und Strukturflächen (z. B. Blue Mountains).

Der Ostabfall zur See hin ist meist sehr steil ausgebildet, während das Gebirge sich nach Westen zum Landesinneren nur langsam abdacht.

So kann man allgemein sagen, daß abgesehen von den Gebirgszügen an der Küste das Relief keinen großen Einfluß auf die klimatische Gestaltung des Kontinents ausübt. Die fehlende Kleinkammerung durch Oberflächenerhebungen läßt einerseits eine Gliederung in weiträumige Klimagebiete erwarten, andererseits verursacht sie die Ausbildung breiter Übergänge von einem Klimagebiet zum anderen. Diese sehr allmählichen Änderungen des Klimacharakters verführten bei der Ausweitung landwirtschaftlich genutzter Gebiete immer wieder dazu, den klimatisch sicheren Bereich zu überschreiten.

Bei der Verteilung der Jahresniederschläge wirken sich die Richtung der regenbringenden Winde, der Verlauf der Küsten und die Exposition der Gebirge aus. Die stärksten Niederschläge finden sich an der NO-Küste im Staate Qld., wo die SO-Passate und tropische Zyklonen auf die Küste und das dahinterliegende Bergland treffen. Hier erreichen die Jahresniederschläge an extrem feuchten Stellen bis zu 4400 mm. Das Küstengebiet von Cairns erhält über 2500 mm. Ein zweites Maximum befindet sich an der tasmanischen Westküste, wo die Westwinde vom Gebirge gestaut werden. Entlang der gesamten Ostküste Australiens zieht sich ein wechselnd breiter Saum mit über 760 mm Niederschlag. Im Norden verbreitert sich das Gebiet mit über 760 mm unter dem Einfluß des Monsuns und umfaßt die ganze Kap York-Halbinsel und das Arnhem-Land. Nördlich von Broome verringert sich der Niederschlag stark, und die gesamte Westküste bleibt wegen der vorherrschend ablandigen Winde sehr trocken, so daß sich das inneraustralische Trockengebiet bei Carnarvon bis an die Küste erstreckt. Erst die SW-Ecke des Kontinents reicht in die Zone der winterlichen Westwinde und erhält über 760 mm Niederschlag. Die ganze Südküste, die parallel zu den Westwinden verläuft, ist sehr trocken. In der Umgebung von Adelaide steigt dann der Niederschlag wieder etwas an, da hier die N-S streichenden Bergländer der Lofty-Ranges einen gewissen Steigungseffekt erzeugen. In verstärktem Maße gilt dies dann für die weiter im Osten liegenden Australischen Alpen. Insgesamt weisen nur etwa 15 % des Kontinents einen jährlichen Niederschlag von über 760 mm auf.

Gegen das Landesinnere wird das Wasserangebot allmählich geringer. Mit der Abnahme des Niederschlags stellt sich eine zunehmende Unregelmäßigkeit der Regenfälle ein, so daß die Wahrscheinlichkeit einer Dürre wächst. Über 37% der Fläche Australiens erhalten weniger als 250 mm Niederschlag. Das trockenste Gebiet befindet sich um den Eyre-See, wo das Jahresmittel zwischen 100 und 150 mm liegt. Den Rekord hält eine Station mit nur 100 mm im dreißigjährigen Mittel. Hierbei ist wichtig, daß diese Niederschläge meist überaus unregelmäßig fallen und es auf der einen Seite Jahre gänzlich ohne Niederschlag gibt, auf der anderen Seite Jahre, in denen ein Mehrfaches des gemittelten Jahresniederschlages innerhalb weniger Tage fällt.

Allerdings wird der Landschaftscharakter nicht allein durch die Höhe der Niederschläge bestimmt. Die Menge an Wasser, die den Pflanzen zur Verfügung steht bzw. von ihnen zum Wachstum benötigt wird, hängt auch von der Höhe der Verdunstung und damit von der Temperatur ab. So erscheint zunächst der Norden Australiens durch größere Flächen mit ergiebigen Niederschlägen begünstigt. Allerdings wird die Effektivität des Wasserangebots durch höhere Temperaturen erheblich gemindert. Besonders nachteilig wirkt es sich aus, daß die Regen im Norden während der heißen Jahreszeit fallen, in der die mittleren Temperaturen z. B. des Januars über 26,7° liegen. Dementsprechend ist die Verdunstung sehr hoch. Sie beträgt im nördlichen Küstenbereich über 2300 mm im Jahr und steigt landeinwärts sogar auf 2800 mm an. Im südlichen und östlichen Teil des Kontinents weist die Verdunstung zwar immer noch einen Jahresbetrag von 500 bis 1800 mm auf und übertrifft die jährliche Niederschlagsmenge erheblich, aber das Wasserangebot fällt im Süden in den kühlen und verdunstungsschwachen Winter, so daß mehr Wasser für den Pflanzenwuchs zur Verfügung steht.

Am besten lassen sich die Höhe der Niederschläge, ihre jahreszeitliche Verteilung und das Ausmaß der Verdunstung durch die Ermittlung von Wachstumsperioden gegeneinander abwägen. Eine Wachstumsperiode ist der Zeitabschnitt, in dem die Niederschläge die Verdunstung so stark übertreffen, daß ein Pflanzenwachstum möglich ist. Die einzelnen landwirtschaftlichen Nutzungsarten stellen verschiedene Anforderungen an die Länge der Wachstumsperiode. So braucht der intensivere Ackerbau eine Wachstumsperiode von mindestens fünf Monaten, während die extensive Weidewirtschaft auch noch mit vier Monaten auskommt. Eine Wachstumsperiode von mehr als fünf Monaten aber weisen nur die küstennahen Bereiche im Südwesten des Landes, in S. A. und entlang der Ostküste auf. Im Norden, der niederschlagsmäßig relativ gut abgeschnitten hatte, beschränkt sich die Zone möglichen Ackerbaus auf einen ganz schmalen

Streifen entlang der Küste. Im Süden dagegen gehört die ganze Insel Tasmanien dazu.

Neben den Mittelwerten des Klimas sind in Australien auch extreme Witterungsabläufe von weitreichendem Einfluß. Besonders verhängnisvoll für die Landwirtschaft können sich die hin und wieder auftretenden Dürreperioden auswirken. Von 1900 bis 1967 wurden mindestens fünf mehrjährige Dürren, die große Teile des Landes erfaßten, und sechs kleinere, örtlich begrenzte Dürren verzeichnet. Derartige Dürren haben meist verheerende Folgen für die Viehzucht- und Getreidebaubetriebe der betroffenen Gegend. Andererseits können im Gefolge von tropischen Zyklonen heftige Regenschauer niedergehen, die zu reißendem Abfluß in den Trockentälern und großflächigen Überschwemmungen führen. Obgleich fast der gesamte Kontinent zwischen den auf den Meeresspiegel reduzierten Jahresisothermen von 15° und 25°C liegt, können außer im tropischen Norden überall Fröste auftreten. Im Südwesten und Südosten des Landes fällt das Thermometer an fünf bis 50 Tagen unter den Gefrierpunkt. In den Höhenlagen der Australischen Alpen friert es sogar an mehr als 150 Tagen im Jahr, und es kann sich im Winter eine Schneedecke über längere Zeit halten (mehrere Wintersportzentren!). Die Temperaturschwankungen sind vor allem im kontinentalen Inneren sehr stark. Als absoluter Hitzerekord wurden im nördlichen Qld. 53,1 °C gemessen.

Fauna und Flora Australiens unterstreichen in besonderem Maße die Eigenständigkeit des Kontinents und seine relativ lange, seit Ende der Kreidezeit bestehende Isolierung. Allerdings gibt es auch deutliche Hinweise auf den ehemaligen Zusammenhang Australiens mit den anderen Gondwanaland-Kontinenten, vor allem Afrika, mit dem Australien eine Reihe charakteristischer Pflanzenfamilien (v. a. Proteaceen) teilt. Arten und Gattungen sind jedoch vorherrschend endemisch; weist doch Australien 86% endemische Arten und 30% endemische Gattungen auf. Besonders charakteristisch sind die über 500 Arten der Gattung Eukalyptus, die hier heimisch sind und sich in den verschiedensten Arten und Wuchsformen den Naturverhältnissen angepaßt haben. Auch Akazien sind mit rund 600 Arten weit verbreitet. Daneben treten Kasuarinen, Grasbäume und Araukarien auf.

Die Pflanzenwelt zeigt eine enge Anlehnung an die klimatischen Verhältnisse. Wälder kommen in den feuchteren Zonen im Norden, Osten und Südwesten des Kontinents vor. Im Nordosten sind es artenreiche, dichte tropische Regenwälder, die allerdings bereits auf ein Viertel ihres ehemaligen Bestandes abgeholzt wurden, im Südosten und Südwesten Eukalyptus-Feuchtwälder.

An die Regenwälder im Nordosten schließen sich gegen das Landesinnere offene Gehölzfluren (woodlands) und Grasländer an. Im Westen, Süden und Norden herrschen Busch- und Strauchformationen (Mallee- und Mulgascrub) vor, die meist aus Eukalyptus- und Akazienarten gebildet werden. Diese Buschformationen sind sehr dicht und oft nahezu undurchdringlich. Das Innere endlich wird von einer Wüste oder Halbwüste eingenommen, dem größten Trockengebiet der Südhalbkugel. Allerdings tragen viele in Australien als Wüste bezeichnete Gebiete noch eine dürftige Vegetation, vor allem vereinzelt stehende Akazien und das stachelige Igelgras oder Spinifexgras (*Triodia*). Völlig unbedeckte Sand- oder Geröllwüsten bleiben in ihrer Ausdehnung begrenzt.

Eigenartig ist auch die in Australien heimische Tierwelt. Am bekanntesten sind das Känguruh und der Emu. Trotz der Vielfalt der Fauna fand sich in Australien kein Tier, das zur Zucht auf den Farmen der Europäer geeignet war. Von den eingeführten Tieren hat das Kaninchen eine sehr zweifelhafte Berühmtheit erlangt, da es sich stark ausbreitete, durch seine rasche Vermehrung zur Landplage wurde und zum Teil katastrophale Schäden verursachte, bis durch die Einführung des Myxomatosis-Virus die Population rapide verringert werden konnte.

Da der Murray und Darling das einzige nennenswerte Flußsystem Australiens darstellen, ist die Wasserversorgung eines der Hauptprobleme im Landesinneren. Der Mangel an Oberflächenwasser wird in gewissem Maße durch das Vorhandensein von artesisch gespanntem Grundwasser kompensiert. Allerdings ist die östliche Hälfte des Kontinents mit ausgedehnten artesischen Becken im Vorteil, während im Westen nur kleine, an der Küste gelegene Vorkommen auftreten. Die Qualität des Wassers ist durchweg ausreichend für die Versorgung des Viehs, nur wenige Vorkommen lassen sich jedoch wegen des häufig auftretenden Salz- und Mineralgehalts auch zur Trinkwasserversorgung nutzen.

Betrachtet man die naturräumliche Situation im Überblick, so läßt sich verallgemeinernd sagen, daß sich alle physisch-geographischen Bedingungen zu einem Muster konzentrischer Zonen vereinigen, die nur an der West- und Südküste und im Norden durch den Golf von Carpentaria unterbrochen werden (SPATE, 1968). Zwar variieren die Bedingungen innerhalb der einzelnen Zonen vor allem in nordsüdlicher Richtung, aber im Prinzip weist jede nach innen folgende Zone weniger günstige Voraussetzungen für eine landwirtschaftliche Nutzung auf, zwingt zu verstärkter Einseitigkeit der Bewirtschaftung und macht die Anwendung extensiver Verfahren notwendig.

2.4 Besiedlungsgeschichte

2.4.1 Die australischen Ureinwohner vor der Kolonialisierung durch die Europäer

Der australische Ureinwohner, den man in Australien im Gegensatz zum »Native«, einem im Lande geborenen Weißen, »Aborigine« nennt, bildet heute nur noch eine kleine, sozial meist deutlich benachteiligte Minderheit in einem Land, das er jahrtausendelang bewohnte und zu dem er eine für Europäer schwer verständliche sehr enge, fast religiös zu nennende Bindung hatte.

Die genaue Herkunft der Aborigines ist unbekannt. Archäologische Funde in den letzten 10 Jahren haben jedoch gezeigt, daß die Besiedlung Australiens durch die Aborigines mindestens 40000 Jahre und wahrscheinlich sogar noch weiter zurückreicht. Dieses erstaunlich hohe Alter ist nicht direkt belegbar; aber da die ältesten C^{14}-Datierungen darauf hinweisen, daß der Kontinent zwischen 30000 und 40000 Jahren vor heute bereits besiedelt war, und man annehmen muß, daß diese Völker keine Seefahrer waren, liegt der Schluß nahe, daß die Besiedlung Australiens zu einer Zeit tiefen Meeresspiegels stattgefunden haben muß, möglicherweise vor 100000 Jahren. Inzwischen gibt es auch andere Hinweise auf eine derart frühe Besiedlung – wie vor allem die starke Häufung von Feuerstellen ab etwa 100000 vor heute, auf die die deutliche Zunahme von Holzkohlestücken in Seesedimenten hinweisen.

Ob die Einwanderung sich in einzelnen Wellen vollzog oder aber ein einmaliges Ereignis darstellte, ist umstritten. Mit Hilfe von Schädelfunden sind auf jeden Fall zwei deutlich getrennte Bevölkerungsgruppen zu differenzieren, ein im Gebiet des Kaw Swamp, Victoria, erstmals gefundener Typus, der sich durch Robustheit des Schädelbaus und primitive Merkmale auszeichnet, und der wesentlich feingliedrigere, durch die Funde bei Lake Mungo belegte Typus der Mungo-Menschen, der den heutigen Aborigines entspricht. Erstaunlicherweise kommen beide Typen gleichzeitig vor, d. h. zumindest für einen gewissen Zeitraum müssen beide Typen vertreten gewesen sein. Der Kaw-Swamp-Mensch wurde jedoch im Laufe der Zeit durch den Mungo-Menschen verdrängt. Andere oft angesprochene Differenzierungen wie die Kraushaarigkeit der tasmanischen Aborigines oder der pygmäenhafte Wuchs der Bewohner der Regenwaldgebiete dürften eher lokale Adaptionen oder Mutationen (Kraushaar) als echte rassische Unterschiede sein (Kirk und Thorn, 1976; Mulvaney, 1975).

Beim Eintreffen der Europäer waren die Australier Wildbeuter, die ihre Nahrung durch Sammeln, Jagen und Fischen gewannen. Da sie ihre Waffen und Geräte mit Werkzeugen aus Stein, Muschelschalen, Zähnen oder Knochen herstellten, kam es bei der Jagd mehr auf die Geschicklichkeit und Ausdauer des Jägers an als auf eine ausgeklügelte Waffentechnik. Neben dem Speer und der Speerschleuder war vor allem der aus dem einfachen Wurfstock entstandene Bumerang eine eigenständige Entwicklung der Australier. Allerdings war er nicht bei allen Stämmen in Gebrauch, und die Technik des Rückkehrwurfes blieb auch auf einzelne Gebiete begrenzt und diente meist rituellen Zwecken. Bogen und Pfeile waren nicht bekannt.

Die Australier lebten in kleinen Gruppen oder Horden mit fest umgrenzten Jagd- und Sammelgebieten, in denen sie umherschweiften. Bevorzugte Lagerplätze bildeten die Wasserstellen, an denen man auch den Tieren am leichtesten auflauern konnte. Der dürftigen materiellen Kultur, die ganz auf die nomadische Lebensweise abgestimmt war, standen eine komplizierte Ordnung des Zusammenlebens und eine reiche religiöse Vorstellungswelt gegenüber.

Zu Beginn der Kolonisation dürfte die Zahl der Aborigines ungefähr 300000 betragen haben. Auf Tasmanien lebten etwa 4000. Sie wurden bei der Landnahme der Europäer zurückgedrängt und konnten sich nur in unzugänglichen und für den Europäer nicht nutzbaren Rückzugsgebieten relativ unberührt erhalten. Die Tasmanier wurden völlig ausgerottet. 1976 belief sich die Zahl der Aborigines unter Einschluß der Mischlinge auf 160000. Etwa 50000 sind rassisch unvermischt und leben in Reservaten. Einige hundert führen heute noch ihr traditionelles nomadisierendes Leben in abgelegenen wüstenhaften Gebieten. Rund die Hälfte der Aborigines lebt in Armut in der Nähe der großen Viehstationen, am Rande der Bergbausiedlungen und in ärmlichen Shantytowns am Rande der ländlichen Zentren, vor allem in N. T., Qld. und W. A. Der Rest, fast ausschließlich Mischlinge, wohnt in den Großstädten, häufig in Ghettos, und versucht mit meist geringem Erfolg sich dem Lebensstil der Weißen anzupassen.

2.4.2 Die Sträflingskolonien und die Ausbreitung der Weidewirtschaft

Die europäische Besiedlung Australiens begann 1788 mit der Landung der »First Fleet« und der Gründung der Stadt Sydney, die Kapitän A. Philip als Gouverneur der Kolonie Neusüdwales vornahm. Neusüdwales erstreckte sich damals praktisch über die gesamte östliche Hälfte des Kontinents bis 135° östlicher Länge. Gegenüber der riesigen Ausdehnung des in Besitz genommenen Gebietes nahmen sich die Anfänge der Kolonie sehr bescheiden aus. Da es sich um eine Sträflingskolonie handelte, setzte sich die Schar der ersten Siedler aus ungefähr 780 Sträflingen und 450 Seeleuten und Soldaten zusammen. Nur zwei Siedler hatten Erfahrung in landwirtschaftlichen Dingen, und die Ausrüstung war äußerst unzureichend. Hinzu kamen die natürliche Unfruchtbarkeit der Sandböden um Sydney sowie das Verderben eines großen Teils des mitgeführten Saatguts. Aus diesem Grunde stellte der Nahrungsmangel während der ersten Jahre das Hauptproblem der Kolonie dar. Die eigentliche wirtschaftliche Grundlage fand die Kolonie in der Schafzucht, die von J. MacArthur eingeführt wurde, einem Mann, der in der frühen Geschichte der Kolonie wegen seiner Rücksichtslosigkeit und seiner Auseinandersetzung mit verschiedenen Gouverneuren, vor allem Gouverneur Macquarie, eine recht zweifelhafte Rolle spielte. Sein Verdienst allerdings bestand in der frühen Einsicht, daß nur ein unverderbliches Produkt, das den langen Transportweg nach England überstand, Aussicht auf Erfolg haben würde. Es ergab sich als sehr günstig, daß England Wolle dringend brauchte, da durch die Napoleonischen Kriege die Einfuhr aus Sachsen und Spanien unterbrochen war.

Zu Beginn des 19. Jahrhunderts zählte die Kolonie schon 1800 Einwohner, die sich ausschließlich auf Sydney und seine nähere Umgebung konzentrierten. Lange Zeit konnte die Barriere der Blue Mountains, eine mächtige Sandsteinstufe im Hinterland von Sydney, nicht überwunden werden. Erst 1813 wurde ein Weg über das Gebirge entdeckt. Die Besiedlung griff über das Gebirge hinweg und faßte auf seiner sanft geneigten westlichen Abdachung Fuß. Damit stand einer raschen Ausbreitung der auf Schafzucht basierenden Landnutzung nichts mehr im Wege. Die Aborigines versuchten zwar, ihre Territorien zu verteidigen, aber im Gegensatz zur nordamerikanischen Besiedlung kam es zu keinen großen Kämpfen mit den ursprünglichen Besitzern des Landes; denn den Aborigines fehlte die notwendige Organisation und Kopfzahl, um derartige Kämpfe durchführen zu können.

Außerdem war ihre Zahl durch eingeführte Krankheiten und Vergiftungen oft derart dezimiert worden, daß viele Gebiete beim Eintreffen der Weißen bereits menschenleer erschienen. Sechs Städte wurden bis 1820 gegründet. Schon 1823 erreichten die ersten Siedler das Gebiet von Canberra, ungefähr 300 km südlich von Sydney.
Um der unkontrolliert ins Landesinnere vorrückenden Besiedlung Einhalt zu gebieten, versuchte der Gouverneur 1829 die Landnahme auf ein Gebiet mit einem Radius von 240 km um Sydney zu beschränken. Trotzdem befand sich schon wenig später die Hälfte des Schafbestandes von N. S. W. außerhalb dieser Grenze. Bis 1840 hatte sich die Besiedlung trotz staatlicher Beschränkungsversuche über den gesamten Nordosten von N. S. W. ausgebreitet und war im Westen in die Riverina, das fruchtbare Gebiet zwischen den Flüssen Murrumbidgee und Murray, vorgedrungen. Dort traf sie auf einen anderen Besiedlungsvorstoß, der von Melbourne ausging. Diese illegale Landnahme wurde als »squatting« bezeichnet und die Siedler als »Squatters«. Die Besitznahme wurde in der Regel bald durch Pacht legalisiert, zumal es sich bei den Squatters um sehr einflußreiche und wohlhabende Personen handelte. Der Name Squatter hat sich bis heute als Bezeichnung für die Schicht der wohlhabenden Großschafzüchter gehalten.
Inzwischen hatten sich weitere Kerne gebildet, von denen aus die Landnahme einzelner Teile Australiens voranschritt. So wurde 1803 eine Sträflingskolonie in Van Diemen's Land, dem heutigen Tasmanien, gegründet. Wegen des kühleren Klimas, das den englischen Verhältnissen ähnlicher war, entwickelte sich die Siedlung Hobart zunächst erfolgreicher als Sydney und übertraf es zeitweise im Export von Wolle. Auch versorgte es die ältere Kolonie mit Weizen. Auch in W. A. entstanden Siedlungen (Albany 1826, Perth 1829), die sich aber nur langsam entwickelten. Während Tas. und W. A. besiedelt wurden, um der Gefahr einer französischen Besitznahme zu begegnen, entstand Melbourne als ein Ableger von Hobart. Es wurde 1835 von Pioniersiedlern gegründet, die auf der Suche nach neuen Weidegründen für ihre wachsenden Herden waren. Diese Niederlassung blieb zunächst ohne offizielle Anerkennung. Sie entwickelte sich aber wegen der großen Entfernung zu Sydney durchaus eigenständig und zählte 1850, als sie eine selbständige Kolonie mit Namen Victoria wurde, bereits 77 000 Siedler und 5 Mio. Schafe. Victoria wurde bald zur Hauptrivalin von N. S. W.
Die Kolonie S. A. entstand im Gegensatz zu den anderen Kolonien aus einer Gründung, bei der ganz bestimmte Ideen verwirk-

licht werden sollten. Neben den Vorstellungen eines freien Handels, einer freien Regierung und freier Religionsausübung sollte vor allem E. G. Wakefields System des Landverkaufs zu einem nicht zu geringen Preis verwirklicht werden. Wakefield wollte dadurch verhindern, daß zuviel billiges Land an einzelne Besitzer kam, die es nicht bearbeiten konnten. Mit dem Erlös aus den Landverkäufen sollte die Einwanderung von Arbeitskräften finanziert werden. Trotz anfänglicher Schwierigkeiten errang S. A. bald eine Vormachtstellung in der Landwirtschaft, die sie bis zur Erschließung der Weizengebiete Victorias und N. S. W. und dem Ausbau des Eisenbahnnetzes innehatte. Auch auf dem Gebiet der Sonderkulturen machte sich die sträflingsfreie Kolonie einen Namen. So wurde z. B. der Weinbau durch die Initiative deutscher Einwanderer, die 1838 Schlesien aus religiösen Gründen verlassen hatten, zwar nicht eingeführt (vgl. S. 44), aber vor allem im Barossa Valley nördlich von Adelaide stark vorangetrieben. Bis auf den heutigen Tag hat sich S. A. mit seiner Hauptstadt Adelaide einen besonderen Charakter bewahrt.

Qld. entstand aus Sträflingssiedlungen, die Ableger von Sydney darstellten. Im Jahre 1824 wurde zunächst das Sträflingslager Moreton Bay am Brisbane River gegründet, und bereits 1840 trieben Squatters ihre Herden über die Great Divide nach Westen und legten so den Grundstein für die Erschließung der fruchtbaren Darling Downs. Die Ausbreitung der Weidewirtschaft (Rinderzucht) stieß zunächst auf erheblichen Widerstand der Aborigines. Als Qld. 1859 eine eigene Kolonie wurde, betrug seine Einwohnerzahl ungefähr 25 000.

2.4.3 Der Goldrausch der 50er Jahre des 19. Jahrhunderts und die nachfolgende wirtschaftliche Expansion

Insgesamt wurden ungefähr 66 000 Sträflinge nach Australien transportiert, aber schon 1830 konnte man nicht mehr von Sträflingskolonien sprechen, denn die Zahl der freien Siedler übertraf die der Zwangsdeportierten bei weitem. Der Transport von Sträflingen wurde in N. S. W. und Qld. 1840, in Tasmanien 1851 eingestellt; in W. A. dagegen erst 1850 aufgenommen und 1868 eingestellt.

Um 1840 hatten sich die Squatters, die schafzuchttreibenden Großpächter, über das gesamte östliche N. S. W. verbreitet. Kleinere, isolierte Schafzuchtgebiete waren im Hinterland von Hobart, Melbourne, Adelaide und Perth entstanden. Aber die Entwicklung der Kolonien ging doch recht schleppend voran.

Dies änderte sich fast schlagartig mit der Entdeckung von Gold im Jahre 1851 in N. S. W. und Victoria. In W. A., das einige der reichsten Goldfelder aufweist, setzte die Entwicklung erst später ein (nach 1885). Eine direkte Auswirkung der Goldfunde war der plötzliche Anstieg der Einwohner auf nahezu das Dreifache innerhalb eines Jahrzehnts (1851: 405000; 1861: 1145000), hervorgerufen durch den Zustrom von Goldsuchern, die hofften, schnell und leicht ihr Glück zu machen. Vic. erlebte den größten Bevölkerungsanstieg und übertraf N. S. W. schon wenige Jahre nach den ersten Goldfunden.
Der Ansturm auf die Goldfelder hatte zunächst verheerende Folgen für die Wirtschaft. Landarbeiter, Schafhirten, Handwerker und Angestellte, selbst Polizisten legten ihre Arbeit nieder und wanderten auf die Goldfelder. Daß es dennoch nicht zu größeren Ausschreitungen kam, lag sicherlich daran, daß die Goldfelder in der Nähe von Siedlungen lagen, die die Obrigkeit fest in der Hand hatte. Zwei wichtige Ereignisse sind jedoch erwähnenswert. Das erste war der Aufstand bei Eureka, die »Eureka Stockade«, ein bewaffneter Aufstand einiger Dutzend Goldgräber, die sich gegen die rücksichtslose Eintreibung von Lizenzgebühren zu wehren versuchten. Der nur knapp zwei Tage währende Aufstand hatte auch politische, vor allem republikanische Zielsetzungen, wurde jedoch schnell niedergeschlagen. Die Eureka Stockade ist aber noch heute das Symbol der republikanischen Kräfte Australiens.
Die zweite wichtige Erscheinung war die Entwicklung einer antichinesischen Haltung. Die Chinesen kamen in großer Zahl (25000) auf die Goldfelder und stellten durch ihr andersartiges Verhalten, ihre geheimen Bünde, ihren großen Fleiß und ihre fehlende Integration einen auffallenden Fremdkörper in der vornehmlich britischen Goldgräberbevölkerung dar. Mit dem Schwinden der Goldvorräte und der allgemeinen Enttäuschung wurden sie bald zum Sündenbock für den Mißerfolg, und es kam zu einigen blutigen Ausschreitungen. In späteren Jahren traten die stets arbeitswilligen Chinesen auch als Streikbrecher auf, was die Abneigung gegen sie noch verstärkte. Diese Abneigung fand schließlich bei der Gründung des Commonwealth of Australia im Jahre 1901 mit dem »Commonwealth Immigration Restriction Act«, besser bekannt als »white Australia policy«, ihre offizielle Billigung. Dieses Gesetz wurde erst 1973 durch die damalige Labor-Regierung aufgehoben.
Nachdem die Vorräte an alluvialem Gold um 1860 weitgehend erschöpft waren, wandte sich das Interesse der beschäftigungslosen Menschen wieder einer geregelten Anstellung in den Städ-

ten oder aber der Landwirtschaft zu. Die zweite Hälfte des 19. Jahrhunderts erlebte somit eine Phase der wirtschaftlichen und vor allem landwirtschaftlichen Expansion, wobei der landwirtschaftliche Ausbau nicht so sehr auf einer Ausdehnung des Weidelands beruhte, sondern auf dem Vordringen des Ackerbaus in die Weideländer. Diese Expansion wurde durch die »closer settlement policy« der Kolonialregierung ermöglicht. Dieser Plan, eine dichtere Besiedlung Australiens herbeizuführen, stieß jedoch auf erheblichen Widerstand der einflußreichen Squatters, die ihre großen Pachtländer nicht kampflos den neuen Siedlern, den sog. »Selectors«, zu übergeben bereit waren. Diese Selectors konnten sich innerhalb der Schafspachten Land für den Ackerbau aussuchen (130 ha), mußten es dann allerdings käuflich von der Kolonialregierung erwerben. Mit unterschiedlichen, teils legalen, teils illegalen Mitteln setzten sich die Squatters zur Wehr. Eine verbreitete Methode war das »peacocking« oder »dummy selecting«. Es bestand darin, daß man die besten Gebiete eines Pachtlands, vor allem auch die Wasserstellen, durch Familienmitglieder oder Mittelsmänner aufkaufte und dadurch das restliche Land für die echten Selectors unattraktiv machte. Der Kauf des gesamten Pachtlands war meist wegen der großen Ausdehnung und des hohen Landpreises nicht möglich. Letzten Endes waren die Squatters jedoch gezwungen, das Pachtland insgesamt oder teilweise zu kaufen oder aber sich weiter ins trockene, für den Ackerbau nicht geeignete Inland zurückzuziehen. Das Ergebnis der »closer settlement policy« war schließlich eine deutliche Verdichtung der Besiedlung in den klimatischen Gunsträumen und denjenigen Gebieten, die für einen Weizenanbau in Frage kamen, sowie eine Verdrängung der extensiven Weidewirtschaft in die semiariden Gebiete. Hinzu kam, daß viele der Squatters dazu übergehen mußten, eine intensivere Form der Landnutzung zu betreiben, und daher die Weidewirtschaft durch Weideverbesserung intensivierten oder zusätzlich Weizenbau betrieben.

Die Nachfrage nach Land entwickelte sich so stürmisch, daß in einigen Gebieten die Grenze des sicheren Anbaus weit überschritten wurde und schwere Rückschläge hingenommen werden mußten. Als gravierend kam noch hinzu, daß die technischen Voraussetzungen für den Weizenanbau in Trockengebieten erst gegen Ende des Jahrhunderts gegeben waren. Immerhin wurden in dieser Zeit die großen Weizenbaugebiete erschlossen und größtenteils mit einem leistungsfähigen Eisenbahnnetz und anderen Versorgungseinrichtungen ausgestattet. Neben der Wolle und den Edelmetallen begann nun auch der Weizen eine Rolle als Exportprodukt zu spielen.

Mit dem wirtschaftlichen Aufschwung, der 1883 durch die Entdeckung der riesigen Silber-, Blei- und Zinkvorkommen bei Broken Hill weitere Impulse erhielt, erwuchs ein politisches Bewußtsein in den Kolonien. Dies wurde auch stark von der während des Goldfiebers nach Australien gelangten Bevölkerung getragen, die hauptsächlich aus dem Mittelstand kam und entsprechende berufliche Qualifikationen mitbrachte, die sie nach dem Goldrausch wieder einsetzen konnte. Südaustralien wählte bereits 1856 ein Parlament, und die anderen Kolonien folgten bald.

Das Wachstum der australischen Kolonien ließ neue Probleme von nationaler Bedeutung entstehen, die nur in vereintem Bemühen aller Kolonien gelöst werden konnten. Dazu gehörten z. B. die Zollschranken zwischen den Kolonien, öffentliche Angelegenheiten wie Post- und Telegraphenwesen oder Verteidigung und nicht zuletzt das Einsickern billiger asiatischer Arbeitskräfte. Aber es gab auch Widerstände zu überwinden. So fürchtete N. S. W. z. B., von der Mehrheit der kleineren Kolonien dominiert zu werden. Erst 1901 konnte das Commonwealth of Australia proklamiert werden.

Wirtschaftlich ergaben sich im 20. Jahrhundert einschneidende Wandlungen. Durch die beiden Weltkriege und die Weltwirtschaftskrise mußte Australien seine Rolle als Rohstofflieferant (Weizen, Wolle, Fleisch und Edelmetalle) stark einschränken. Es sah sich gezwungen, die zur Eigenversorgung notwendige Industrie selbst aufzubauen. Seit 1945 entfällt ein wachsender Teil des Nettoproduktionswertes der australischen Wirtschaft auf die weiterverarbeitende Industrie. Gegenwärtig erlebt auch der Bergbau eine neue Blüte. Statt auf Edelmetalle richtet sich das Interesse heute jedoch auf Eisen, Nickel und andere für die Industrie wichtige Erze.

2.5 Die Wirtschaft und ihre räumliche Differenzierung

2.5.1 DIE LANDWIRTSCHAFT

2.5.1.1 *Ackerbau*

Seit der Jahrhundertwende läßt sich in Australien eine ständige Abnahme der Urproduktion im Verhältnis zur verarbeitenden Industrie beobachten. Es sind nur noch 6,1 % (1980) der Beschäftigten in der Landwirtschaft tätig, und der Anteil dieses Wirtschaftszweiges am Gesamtproduktionswert des warenproduzierenden Gewerbes betrug 1980 nur noch 16%. Dennoch ist der absolute Wert der Agrarproduktion erheblich gestiegen (von 1902 bis 1968 um das Vierundzwanzigfache). In den vier Jahren vor 1967 erreichte der Export landwirtschaftlicher Produkte zwischen 70 und 80% des Exporterlöses, 1972/73 noch fast 54% und ist heute (1980) auf knapp 44% zurückgefallen. Australien ist der Hauptexporteur für Wolle und ein bedeutender Lieferant für Getreide, Molkereiprodukte, Fleisch, Zucker und Früchte.

Die Feldfrüchte nehmen zwar flächenmäßig nur etwa 2% der Fläche des Kontinents oder 3% des bewirtschafteten Areals ein, sie bestreiten aber immerhin 40% des Bruttowertes der Agrarproduktion. Der Weizen ist die wichtigste Feldfrucht. Er ist mit einem Viertel bis zwei Fünfteln am Wert aller Früchte beteiligt und nimmt ungefähr die Hälfte der Ackerfläche ein. Die Ackerbauzonen Australiens können grob in zwei Gruppen eingeteilt werden, nämlich in den Weizengürtel und die intensiver bewirtschafteten, meist in Küstennähe gelegenen oder künstlich bewässerten Gebiete.

Der Weizengürtel zieht sich wie ein Halbgürtel um das östliche, südliche und westliche Australien, wird allerdings zwischen der Eyre-Halbinsel und Esperance in Westaustralien durch die Nullarbor-Ebene unterbrochen (Abb. 1). Er bildet eine schmale, langgestreckte Zone, die sich ungefähr zwischen der 250- und 635-mm-Isohyete erstreckt. Je weiter der Weizenanbau nach Norden reicht, wie z. B. im nördlichen N. S. W. oder im südlichen Qld., um so größer werden wegen der steigenden Temperatur seine Ansprüche an den Niederschlag. Die Aussaat des Weizens findet im Herbst oder frühen Winter und die Ernte im Frühsommer statt. Wichtig ist daher die Regenmenge, die in der Zeit von April bis Oktober fällt. Da der südliche Teil des Kontinents ein Winterregengebiet ist, kommt der Weizen mit einem relativ geringen, dafür aber auf eine kurze Jahreszeit konzentrierten Jahresniederschlag aus. Trotz der weiten Erstreckung des Weizengürtels sind die klimatischen Bedingungen recht gleichförmig. Entsprechend einheitlich ist die Anbauweise.

Der Weizenanbau wurde durch drei wichtige Entwicklungen entscheidend geprägt.
1. Die Einführung von Kunstdünger (v. a. Superphosphat) und neuer Weizenvarietäten um die Jahrhundertwende. Dies führte fast schlagartig zu einer Erhöhung der ha-Erträge.
2. Die langsame Einführung des mixed wool sheep farming, d. h. die Weizenbauern übernahmen Wollproduktion. Sie kauften von den Schafzüchtern Schafe, die sie auf den brachliegenden

Weizenfeldern und den Naturweiden weideten. Damit hatten sie eine wesentlich bessere wirtschaftliche Grundlage und einen gewissen Schutz gegen die stark schwankenden Weizenpreise.
3. Am dramatischsten war jedoch die Produktionssteigerung Anfang der fünfziger Jahre, als man von der zuvor praktizierten Anbauweise des »dry farming« mit einer eingeschobenen, zur Speicherung der Bodenfeuchtigkeit dienenden einjährigen Brache dazu überging, trockenheitsresistente Kleesorten (vor allem *Trifolium subterraneum*) im Wechsel mit dem Weizen anzubauen, wobei der Klee meist so gut regeneriert, daß eine Aussaat nicht nach jeder Weizenernte notwendig ist. Auf diese Weise wird die Bodenfruchtbarkeit durch die Anreicherung von Stickstoff gesteigert, die Nahrungsgrundlage für die Schafhaltung verbessert und die Gefahr der Bodenerosion verringert. So wurde nicht nur die Weizen-, sondern auch die Wollproduktion erhöht. Durch Zugabe von Spurenelementen kann man seit dem letzten Weltkrieg auch ärmere Sandböden kultivieren, wie das vor allem auf den sogenannten »trace element soils« in W. A. geschehen ist, wo Molybdän- und Kupfermangel herrschen.

Die Hektarerträge bleiben wegen der extensiven Wirtschaftsweise mit ca. 12 dz/ha sehr niedrig, sind aber mit denen anderer außereuropäischer Weizenexportländer durchaus vergleichbar. Die durchschnittliche Weizenfarm weist eine Größe von ungefähr 400 ha auf, wobei allerdings in den trockenen Gebieten die Tendenz zu größeren Farmen besteht. Weizenanbau wird meist mit Schafzucht zur Wollgewinnung kombiniert (siehe unten).
Der Farmer ist in der Regel Eigentümer des Landes (Abb. 2) und bewirtschaftet seine Farm mit seiner Familie oft ohne zusätzliche Arbeitskräfte, dafür aber mit einem hohen Aufwand an Maschinen und Geräten. Diese kapitalintensive Bewirtschaftung großer Flächen bei minimalem Einsatz von Arbeitskräften ist typisches Kennzeichen der australischen Landwirtschaft und resultiert aus einer hohen Produktion pro Arbeitskraft, aber geringen Produktion pro Flächeneinheit. Ungefähr 70 % der Weizenernte, die durchschnittlich etwa 8–9 Mio. t beträgt, werden exportiert, womit Australien an dritter Stelle der Weizenexportländer steht. Die Ernteerträge unterliegen jedoch starken Schwankungen, je nach Niederschlagsgunst und Weltmarktlage. Rekordernte war 1968–69 mit über 14 Mio. t. Der Preissturz und das Überangebot auf dem Weltmarkt führten 1972 zu einem Produktionsabfall auf 6,6 Mio. t, bei durchschnittlichen Preisen von $ 47/t. Im darauffol-

genden Jahr stiegen die Preise auf über das Dreifache ($ 137/t), und entsprechend wurde die Produktion gesteigert. Die gleichbleibend hohe Nachfrage hat in den letzten Jahren zu einer erneuten Ausdehnung des Weizenlandes geführt, und die augenblickliche Produktion liegt bei 16–18 Mio. t, von denen rund ¾ exportiert werden. Günstig auf den Weizenanbau hat sich die Gründung des »Australian Wheat Boards« im Jahre 1979 ausgewirkt. Der Wheat Board unternimmt ähnlich wie die Wool Corporation die Vermarktung des Weizens und garantiert einen Mindestpreis. Dadurch wurde die gesamte Weizenwirtschaft deutlich stabilisiert. Die bedeutendste Entwicklung im australischen Weizenexport ist die zunehmende Lieferung in die VR China, die UdSSR, Ägypten, Irak und Japan.

Auch der Hafer wird als Winterfrucht angebaut. Er nimmt ungefähr 10 % der Feldfruchtfläche ein. Am häufigsten finden wir den Hafer im Weizengürtel, und zwar im Wechsel mit Weizen. Allerdings eignet er sich wegen seiner höheren Feuchtigkeitsresistenz auch für die regenreicheren Gebiete. Der Hafer findet eine dreifache Verwendung: als Viehweide, zur Heuherstellung und zur Körnergewinnung. Ungefähr 70 % des Hafers dienen als Viehfutter. Er wird besonders zur Überbrückung der futterarmen Trockenzeit gebraucht. Weitere 20 bis 25 % des Hafers gehen in den Export. Die Gesamterntemenge betrug 1980 etwa 2 Mio. t, 1979 2,5 Mio. t und 1978 1,6 Mio. t. Der Ertragsabfall im Jahre 1978 reflektiert die im Sommer 1977/78 herrschende Dürre, die auch die Weizenproduktion auf knapp unter 10 Mio. t sinken ließ.

Im Gegensatz zum Hafer läßt sich der Anbau von Gerste nicht so ohne weiteres mit dem von Weizen vereinbaren. Aus diesem Grunde nahm die Anbaufläche der Gerste seit 1960 bei gleichzeitiger Ausdehnung der Weizenfläche ab. Die Hauptproduktion stammt aus besonders günstigen Gebieten des Weizengürtels, wie der York- und Eyre-Halbinsel und dem Murray-Gebiet in S. A., wo der Gerstenbau als spezialisierte Form des Getreidebaus betrieben wird. Zwischen 40 und 60 % der Ernte gehen in den Export. Der Rest dient im Inland als Braugerste und als Viehfutter. Der Bedarf an Gerste verdoppelte sich in den Jahren seit 1960.

Obgleich es sich bei der Hirse um Sommergetreide handelt, sei sie in diesem Zusammenhang erwähnt. Sie wird in ähnlicher Weise wie der Weizen angebaut und dient der Futtergewinnung in Form von Grünfutter, Heu oder Silage. Über 50 % der Ernte werden exportiert. Das Hauptanbaugebiet befindet sich im südlichen Qld. Die Bedeutung der Hirse ist gering, ebenso wie die des Maises, der auf ausreichende Sommerregen und gute Böden angewiesen ist. Sein Anbau beschränkt sich daher auf das südliche Qld. und die Küstengebiete von N. S. W. und Vic. Der Mais dient zur Fütterung von Milch- und Mastvieh. Fast die gesamte Produktion wird im Inland verbraucht.

Die anderen wirtschaftlich bedeutenden Feldfrüchte finden ihre günstigsten Wachstumsbedingungen außerhalb der Weizenbauzone. So wird z. B. das Zuckerrohr, das nach dem Wintergetreide Australiens bedeutendste Kulturpflanze ist, im feuchtwarmen Klimagebiet angebaut. Ungefähr 80 % des Zuckerrohrs wachsen nördlich des Wendekreises. Da hohe Niederschläge benötigt werden (über 1000 mm), konzentriert sich der Anbau auf die Küste von Qld. und auf ein kleines Areal im nördlichen N. S. W. Im allgemeinen reichen die Niederschläge aus; an einigen Stellen, wie vor allem im Burdekin-Delta südlich von Townsville, wird jedoch künstlich bewässert. 1980 wurden in Australien 21 Mio. t Zuckerrohr geerntet. Dies entspricht knapp 3 Mio. t Rohzucker. Die Produktion, die in den vergangenen 10 Jahren nahezu konstant war, stammt zu 95 % aus Qld. Die Zuckerherstellung bildet in diesem Staat den wichtigsten Zweig des Ackerbaus.

Der Zuckerrohranbau zeigt eine interessante Entwicklung von einer ehemaligen Plantagenwirtschaft zu kleinen, von Eigentümern betriebenen Formen. Ursprünglich verrichteten farbige Arbeiter von den pazifischen Inseln, die oft mit fragwürdigen Methoden »angeworben« wurden (diese Methoden wurden als »black-birding« bezeichnet und unterschieden sich in der Praxis wenig von Sklavenjagd), die Arbeit auf den Feldern. Bei seinem Beitritt zum Commonwealth willigte Qld. unter dem Druck der anderen Staaten in die Repatriierung dieser Arbeiter ein, allerdings unter der Bedingung, daß seiner Zuckerindustrie ein günstiger Markt in Australien gesichert würde. Der Plantagenbetrieb konnte nach dem Abzug der billigen schwarzen Arbeiter nicht mehr weitergeführt werden, und das Plantagenland wurde daher fortschreitend aufgeteilt und verkauft oder verpachtet und von Familien übernommen. Aus den großen, oft über 2000 ha umfassenden Plantagen wurden kleine, durchschnittlich 30 ha umfassende Familienbetriebe. Nach dem Zweiten Weltkrieg haben sich besonders italienische Immigranten für den Zuckerrohranbau interessiert und Land erworben. Sie stellen heute mehr als 50 % der Zuckerrohrproduktion. Auch im Zuckerrohranbau wurde die Mechanisierung stark vorangetrieben. Das Schneiden, früher ausschließlich von Hand durchgeführt, ist mechanisiert, ebenso das Verladen. Aus den ehemaligen Plantagenzuckermühlen haben sich inzwischen kooperativ genutzte Zuckermühlen entwickelt. In den letzten Jahren gingen ungefähr ⅔ der Zuckerproduk-

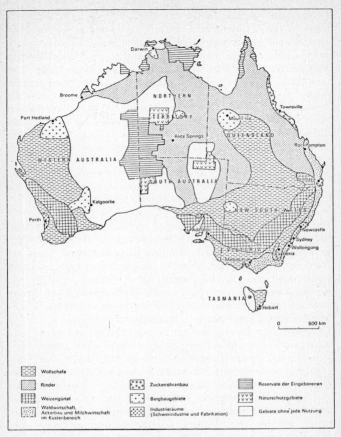

Abb. 1 Australien: Landnutzung und Industrie (Quelle: Löffler, E. und Grotz, R., Australien, Darmstadt, in Vorbereitung)

tion in den Export. Australiens rangiert im Zuckerexport nach Kuba und Brasilien mit 3 Mio. t an dritter Stelle.
Der Anbau von Tabak stieg in den sechziger Jahren beträchtlich, hat sich jedoch in den letzten 10 Jahren auf rund 8000 ha Anbaufläche und eine Jahresproduktion von 15000 t eingependelt. Auch hier wirkte sich die Errichtung einer zentralen Vermarktungsorganisation, der »Australian Tobacco Board«, stabilisierend auf den Anbau aus.

Die Tabakproduktion deckt zur Zeit ungefähr die Hälfte des australischen Bedarfs. Die Tabakpflanze wächst im Sommer und verlangt ein gemäßigtes bis tropisches Klima, hinreichende Bodenfeuchte und eine frostfreie Periode von rund fünf Monaten. Fast der gesamte Tabakanbau, der sich auf die Länder Qld., Vic. und N. S. W. beschränkt, beruht auf künstlicher Bewässerung. Auch der Reisanbau findet mit künstlicher Bewässerung statt. Im raschen Ausbau begriffen, erzeugt er etwa 2 % des Wertes der australischen Agrarproduktion, deckt den Eigenbedarf und dient überwiegend dem Export. Im Vergleich zu den Reisanbauländern SO-Asiens ist Australiens Reisbau dadurch bemerkenswert, daß er in z. T. ungewöhnlichen Rotationen (z. B. mit Klee-Schafweiden) die höchsten ha-Erträge der Welt erzielt (11,3 t/ha; im Landesdurchschnitt zwischen 6 und 8 t/ha) und daß er in äußerst großflächigen (bis 80 ha Anbaufläche) hochmechanisierten Betrieben erfolgt (UHLIG, 1973).

Das Hauptanbaugebiet befindet sich im Murrumbidgee-Bewässerungsgebiet (N. S. W.), in dem über 90 % des australischen Reises produziert werden. Kleinere Reisbaugebiete liegen im Burdekin-Delta und bei Mareeba im nördlichen Qld. sowie im Ord-River-Gebiet im nördlichen W. A. In Qld. und W. A. werden zwei Ernten pro Jahr erzielt, im Murrumbidgee-Gebiet dagegen nur eine Sommerernte. Die gesamte Anbaufläche umfaßt bei etwa 120000 ha eine Produktion von 600000 t.

Der Anbau von Baumwolle war bis Mitte der siebziger Jahre von untergeordneter Bedeutung, erlebte dann aber einen Aufschwung infolge der steigenden Nachfrage nach natürlichen Stoffen. So stieg die Produktion zwischen 1975 und 1980 von 100000 auf 170000 t, was einer Wertsteigerung von 30 Mio. Dollar auf 100 Mio. Dollar entspricht. Gleichzeitig wuchs der Exportanteil von 8000 t auf nahezu 50000 t (Exportsteigerung von 5 Mio. Dollar auf 67 Mio. Dollar). Die Baumwolle ist heute etwa gleichbedeutend mit dem Reis, den Wert der Produktion betreffend. Hauptanbaugebiete für Baumwolle sind die Bewässerungsgebiete in den Tälern des Namoi, Macquarie und Gwydir in N. S. W. sowie einige kleinere Gebiete in Qld.

Erdnüsse werden hauptsächlich zum Verzehr angebaut, die Ölgewinnung stellt lediglich ein Nebenprodukt dar. Auch der Erdnußanbau erfuhr in den siebziger Jahren eine beträchtliche Steigerung der Produktion, die in den letzten Jahren durchschnittlich 60000 t und einen Wert von knapp 30 Mio. Dollar erreichte. Hauptanbaugebiet ist das tropische Qld.

Sonnenblumen, Raps, Flachs und Sojabohnen werden in Australien ausschließlich zur Ölgewinnung angebaut, wobei die Anbaugebiete überwiegend im Bereich des Weizengürtels zu finden sind. Auch hier sind in den siebziger Jahren erhebliche Produktionssteigerungen zu verzeichnen, insbesondere bei Raps und Sonnenblumen, von denen 1979 58 000 t bzw. 186 000 t produziert wurden, was einem Wert von 11 bzw. 46 Mio. Dollar entspricht.

Obgleich der Obstanbau nur 1,3 % der gesamten Fläche der Feldfrüchte einnimmt, beträgt sein Produktionswert 8–10 % des Bruttoproduktionswertes aller Feldfrüchte. Der Verbrauch von Frischobst stieg seit dem letzten Krieg stark an. Bei Frischobst nehmen Äpfel mit ¾ des Produktionswertes die erste Stelle ein. Sie bevorzugen den kühleren Südteil des Kontinents mit Produktionsschwerpunkten in Tas. und Vic. Das gleiche gilt für Birnen. Ein großer Teil der Äpfel und Birnen wird exportiert. Wein und Zitrusfrüchte (vor allem Orangen) finden den günstigsten Standort in den warmen sommertrockenen Gebieten, wo sie z. T. unter Bewässerung angebaut werden wie v. a. in den Bewässerungsgebieten des Murrumbidgee und Murray. Bananen und Ananas beschränken sich auf den tropischen Bereich im nördlichen N. S. W. und Qld.

Der Gemüseanbau entspricht im Produktionswert etwa dem Obstbau (1980: 423 Mio. Dollar), allerdings ist sein Beitrag zum Exportgeschäft mit 21 Mio. Dollar (1980) wesentlich geringer. Der Obstbau erbrachte im gleichen Jahr rund 131 Mio. Dollar. Der Gemüseanbau dient also vornehmlich der Eigenversorgung. Die Anbaufläche erreichte während des Krieges einen Rekord von 200 000 ha. Sie schrumpfte anschließend wieder stark und hat sich in den letzten 10 Jahren auf etwa 110 000 ha eingependelt. Dennoch konnten durch Produktionsverbesserungen wie Bewässerung und Verwendung ertragsreicher Sorten beachtliche Produktionssteigerungen erzielt werden. Aufgrund der klimatischen Vielfalt kann in Australien praktisch jedes Gemüse angebaut werden – von tropischer Avocado und Yam bis zu Kohl und Kartoffeln. Die Hauptanbaugebiete für Gemüse liegen zwar noch immer in der näheren Umgebung der Städte, aber steigende Landpreise in Stadtnähe sowie sinkende Transportkosten und Möglichkeiten der Bewässerung und die Verwendung von Gefrierverfahren haben zu einer Verlagerung der Produktion in stadtfernere Gebiete, vor allem natürlich in Gebiete mit Bewässerung, beigetragen. An der Spitze der Produktion steht die Kartoffel mit rund 800 000 t Jahresproduktion, gefolgt von Tomaten (170 000–190 000 t), Kohl, gelben Rüben, Blumenkohl und Zwiebeln, von denen jeweils runde 100 000 t produziert werden. Die Produktion blieb in den vergangenen fünf Jahren relativ konstant.

Der Anbau von Weinreben dient vor allem der Herstellung von Wein und Rosinen, nur ein geringer Teil (2,6 %) dient als Tafelobst. Der Weinbau in Australien wird oft auf die Initiative deutscher Siedler im Barossa Valley in S. A. zurückgeführt; aber der eigentliche Beginn des Weinbaus fand im Hunter Valley bei Sydney statt, wo bereits 1832 Weinreben angebaut wurden. Die Barossa-Deutschen, aus Schlesien eingewandert, erkannten, daß ihr Siedlungsgebiet ebenfalls für den Weinbau geeignet war, und übernahmen daher schnell den Anbau. Begünstigt wurde der Weinanbau in S. A. durch das Auftreten von Phylloxera in den östlichen Staaten, so daß sich S. A. bald eine Vormachtstellung im Weinbau sicherte, die es auch heute noch mit über 70 % der Weinproduktion innehält. Die bekanntesten Weinbaugebiete in Australien sind neben dem Barossa Valley das Clare Valley, das südliche Adelaide und Coonawarra in S. A., Rutherglenn und Great Western in Vic. und Hunter Valley und Riverina in N. S. W. sowie Swan Valley und Margaret River in W. A. Während früher die Produktion von Rosinen, billigen Konsumweinen und Sherrys im Vordergrund standen, hat sich in den Nachkriegsjahren die Produktion auf Qualitätsweine verlagert, vor allem bedingt durch die größere Nachfrage nach diesen Produkten, die von den nicht britischen Einwanderern ausging.

So erfuhr der Weinbau allgemein in der Nachkriegszeit einen starken Ausbau mit einem Höhepunkt zu Anfang der siebziger Jahre. Seither liegt die Anbaufläche bei rund 70 000 ha und die Produktion bei 700 000–900 000 t, von denen fast 60 % zur Weinproduktion verwendet werden und etwas weniger als 40 % zur Produktion von Rosinen. Während der Qualitätswein auf nicht bewässerten Flächen angebaut wird, werden die zur Herstellung von Konsumwein und Rosinen bestimmten Rebanlagen meist bewässert und liegen dementsprechend vornehmlich in den großen Bewässerungsgebieten des Murray und Murrumbidgee.

2.5.1.2 *Weidewirtschaft*

Schon bei der Erschließung des Kontinents in der ersten Hälfte des 19. Jahrhunderts spielte die Schafzucht eine entscheidende Rolle, und auch heute noch ist sie einer der bedeutendsten Zweige der australischen Wirtschaft. Mit 720 000 t lag Australien 1980 weit an der Spitze der Wolle produzierenden Länder (UdSSR: 472 000 t) und wies mit 679 000 t den größten Export auf. 1971 betrug die Zahl der Schafe 178 Mio. Stück. Inzwischen ist der Bestand auf etwa 135 Mio. zurückgegangen. Allerdings kann diese Zahl von Jahr zu Jahr starken Schwankungen unterworfen sein, da bei großflächig auftretenden Dürren ein beträchtlicher Verlust von Schafen zu verzeichnen ist. Außerdem ist die Marktlage bestimmend, und gerade in den letzten Jahren haben viele Farmer ihren Schafbestand reduziert, um mehr Areal für den gegenwärtig rentableren Weizenanbau zu erhalten.

Die Schafzucht stellt flächenmäßig die am weitesten verbreitete Wirtschaftsform dar (Abb. 1). Sie tritt jedoch nach Art und Intensität in verschiedenen Formen auf. Dabei üben die klimatischen Verhältnisse den größten Einfluß aus. Zwar haben sich die Schafe in Australien den verschiedenartigsten Verhältnissen, wie den kalten Wintern der südlichen Alpen, den hohen Sommertemperaturen des westlichen Qld. oder selbst dem feuchtheißen Monsunklima der Kimberleys (W. A.) angepaßt, aber normalerweise weiden Schafe nicht in Gebieten, in denen hohe Niederschläge und hohe Temperaturen zusammen auftreten. Daher fehlen die Schafe im östlichen Küstenstreifen und im Norden des Kontinents. Selbstverständlich finden sich auch keine Schafe im innersten Teil des Landes, hier müssen jedoch die extreme Trockenheit und die fehlende bzw. ungeeignete Vegetation dafür verantwortlich gemacht werden. Somit zieht sich also der Gürtel der Schafweidenutzung in Form eines nur an der Südküste unterbrochenen Halbkreises von Nordwest-Qld. über N. S. W., Vic. und den Südosten von S. A. bis zum westlichen W. A. (Abb. 1). Dieser Schafzuchtgürtel läßt sich in drei unterschiedliche Zonen unterteilen.

Die reine Weidezone bildet den inneren Bereich des Gürtels. Diese Zone ist flächenmäßig mit Abstand die größte (2 Mio. km^2) und klimatisch dem semiariden, teilweise sogar dem ariden Klimagürtel zuzurechnen. Die Weidewirtschaft macht sich die natürlichen Gräser und Büsche zunutze, vor allem die Chenopodiaceen wie Salzbusch (*Atriplex*) und blue bush (*Maireana*), die ausgezeichnetes Futter liefern. Die Versorgung der Tiere mit Wasser geschieht durch Brunnen und kleine Staudämme. Wegen der spärlichen Futtergrundlage ist die Bewirtschaftung mit einer Bestockung von einem Schaf auf 2 bis 4 ha unter günstigen, auf 20 bis 40 ha unter ungünstigen Bedingungen sehr extensiv. In dieser Zone schwankt die Zahl der Schafe infolge der verheerenden Auswirkungen von Dürren sehr stark. Die Bedeutung dieser Zone ist wegen der stärkeren Zunahme der Schafe in den feuchteren Zonen im Abnehmen begriffen. So lebt heute nur noch knapp ¼ des gesamten australischen Schafbestandes in diesem Bereich. Die Schafhaltung wird hier ausschließlich zur Gewinnung von Wolle durchgeführt, wobei sich das Merinoschaf wegen der Qualität seiner Wolle und wegen seiner Anspruchslosigkeit und

Widerstandsfähigkeit ausgezeichnet bewährt hat. Die durchschnittliche Herde umfaßt 5000 bis 10000 Schafe. Die Größe der Betriebe ist beträchtlich und erreicht mit 200000 bis 400000 ha in W. A. ein Maximum. Die als extensive Weide genutzten Gebiete sind zu 99 % staatliches Pachtland (lease hold), wobei für die Kosten der Pacht die Tragfähigkeit, nicht die Größe der Weideflächen zugrunde liegt (Abb. 2).

Im etwas feuchteren Außenbereich schließt sich die Weizenbau-Schafzucht-Zone an. Sie ist mit 400000 km² Flächenausdehnung die zweitgrößte Zone, enthält aber mit 40 % des australischen Schafbestandes die größte Anzahl an Schafen. Die Schafe werden gewöhnlich im Zusammenhang mit dem Weizenanbau auf den gleichen Farmen gehalten. Nur eine geringe Zahl von Betrieben widmet sich ausschließlich der Weidewirtschaft. Die Tiere dienen nicht allein der Wollproduktion, sondern auch der Fleischgewinnung. Aus diesem Grunde finden sich neben der reinen Merinorasse auch Kreuzungen, die als Fleischtiere geeigneter sind. Die durchschnittliche Größe der Herden beträgt 800 bis 1500 Schafe, und auch die Betriebe sind wesentlich kleiner als in der Weidezone (500 bis 800 ha). Seit dem Zweiten Weltkrieg stieg die Zahl der Schafe stark an. Dies ist auf die Einführung der Rotation mit Weizen und Klee zurückzuführen. Dadurch hat sich die Futtergrundlage gegenüber der alten Stoppel- und Brachweide erheblich verbessert.

Die dritte Zone bildet außer in Qld., wo sie völlig fehlt, den küstenwärtigen Abschluß des Schafzuchtgürtels (Abb. 1). Diese Zone ist zwar mit 220000 km² die kleinste, aber in ihr findet sich der zweitgrößte Schafbestand (etwas unter 40 % des gesamten Bestandes). Der Niederschlag beträgt zwischen 500 und 1250 mm im Jahr und ist zuverlässiger als in den beiden anderen Zonen. Die Schafzucht wird meist kombiniert mit der Aufzucht von Fleischrindern, seltener mit Getreidebau, für den die Feuchtigkeit zu hoch ist. Die Schafe werden wegen der Wolle und des Fleisches gehalten; die Lämmermast stellt dabei einen wichtigen Zweig dar. Die durchschnittliche Herde umfaßt 500 bis 5000 Schafe. Auch in diesem Gebiet läßt sich seit dem letzten Krieg ein starker Anstieg der Zahl der Schafe feststellen. Als Gründe hierfür können die Verbesserung der Futterbasis und technische Neuerungen angeführt werden.

Allen Schaffarmen gemeinsam ist die Art der Schafhaltung in eingezäunten Paddocks ohne Aufsicht von Schäfern. Die Schafe werden lediglich zum Scheren, Markieren und Desinfizieren sowie zu gelegentlicher Kontrolle zusammengetrieben. Diese arbeitsextensiven Methoden bringen natürlich hohe Verluste am

Bestand und relativ geringe Vermehrungsraten mit sich. So überleben z. B. lediglich 60–70% der neugeborenen Lämmer die ersten 6 Wochen nach der Geburt.

Zwar wurden Rinder schon bei der Besiedlung des Landes mit den Schafherden mitgeführt, aber sie blieben immer von untergeordneter Bedeutung. Erst bei der Erschließung des nördlichen Australien entwickelte sich die Rinderhaltung zu einem eigenständigen Wirtschaftszweig. Ganz allgemein läßt sich sagen, daß die Aufzucht von Fleischrindern auf Gebiete beschränkt ist, die für die einträglichere Haltung von Schafen oder Milchvieh nicht geeignet sind (Abb. 1). Das gilt hauptsächlich für den tropischen Norden, der wegen der hohen Temperaturen und starken saisonalen Niederschläge keine profitable Schafzucht zuläßt. Die vorherrschenden hohen Gräser sind wenig nahrhaft, sie erschweren die Bewegungsfreiheit der Schafe und behindern ihre Kontrolle. Einige Gräser sind für Schafe giftig oder rufen, wie z. B. das Speargrass, schmerzhafte Verwundungen und Infektionen hervor. Oft wird auch das Vorkommen des Dingo für das Fehlen der Schafhaltung genannt, aber die Verluste durch Dingos werden wahrscheinlich übertrieben.

Bei einer Bestockung von unter 5–10 Rindern auf 2,5 km² nehmen die Weidebetriebe sehr große Flächen ein. Die Herden bleiben lange Zeit auf dem meist uneingezäunten Besitz unbeaufsichtigt und werden nur zum Mustern oder Abtransport zusammengetrieben. Da das Verkehrsnetz sehr weitmaschig ist, wird das Vieh weite Strecken getrieben, bevor es verkauft werden kann. Heute wird jedoch der Transport meist von Lastkraftwagen, den »road trains«, durchgeführt, die mit 3–4 Anhängern über 100 Rinder laden können. Hierdurch vermeidet man den beim traditionellen Viehtrieb (droving) auftretenden Gewichtsverlust. Trotz der großen Ausdehnung der Rinderhaltungsgebiete im tropischen Norden werden hier nur 30% des Rindfleisches produziert. Die restlichen 70% stammen aus den subtropischen und gemäßigten Breiten, wie vor allem dem mittleren Abschnitt der Küste von Qld., aber auch aus Gebieten weiter im Süden; dort werden Rinder z. T. zusammen mit Schafen gehalten. Auch ist in den Küstengebieten eine Tendenz zur Aufgabe der Milchviehwirtschaft und Übergang zur Rindfleischproduktion zu erkennen, was vor allem auf die größeren Absatzschwierigkeiten von Molkereiprodukten zurückzuführen ist.

Wie die Schafzucht ist auch die Rinderzucht durch Dürrejahre und Marktlage starken Schwankungen unterworfen. Dennoch zeigt die Produktion einen generellen Anstieg. Höhepunkt der Produktion war 1977/78 mit über 2 Mio. t, hervorgerufen

durch die starke Nachfrage in den USA und Japan, den Hauptabnehmern des australischen Rindfleischs. Der Rinderbestand liegt zwischen 7 und 10 Millionen.
Erwähnenswert ist noch die Milchviehhaltung. Über ein Viertel des australischen Rinderbestandes wird als Milchvieh gehalten. Die kommerzielle Milcherzeugung stellt eine intensive Form der Landnutzung dar und ist auf höhere Niederschläge und bessere Böden angewiesen. Sie findet sich daher vornehmlich entlang der regenreichen Ostküste und in den Bewässerungsgebieten. Das Schwergewicht der Milchviehhaltung liegt in den östlichen Staaten, die einen Überschuß an Milch erzeugen, so daß ein Teil der Molkereiprodukte exportiert werden kann. Die anderen Staaten produzieren gerade genug, um ihren eigenen Bedarf decken zu können. Die Produktion von Butter und Käse ist staatlich subventioniert, um das Preisgefälle zwischen Binnen- und Exportmarkt auszugleichen. Da etwa ⅕ der Milchproduktion exportiert wird, ist der Wert dieser Subvention im Vergleich zum Wert des Exports sehr hoch. Die Subventionen betragen rund ¼ des Exporterlöses.
Weiterhin werden auch Schweine und Geflügel auf den Farmen gehalten. Sie dienen hauptsächlich der Versorgung der australischen Bevölkerung.

2.5.2 Die Industrie

2.5.2.1 *Bergbau*

Der Nettoproduktionswert des Bergbaus fällt zwar, verglichen mit dem der Landwirtschaft, der Weidewirtschaft und der verarbeitenden Industrie, weit zurück, im Export jedoch steht er mit fast 30 % des gesamten Exportwerts an erster Stelle. Der Bergbau spielte eine Schlüsselrolle bei der Erschließung des Landes und stellte auch die notwendige Voraussetzung für eine erfolgreiche Industrialisierung des Landes dar. Australien ist reich an abbauwürdigen Mineralien. Die meisten Funde wurden schon vor 1893 gemacht. Danach wurden nur noch wenige Lagerstätten entdeckt, so daß man allgemein glaubte, daß alle oberflächennahen Erzvorkommen bekannt wären. Nach 1949 jedoch wurden umfangreiche oberflächennahe Bodenschätze gefunden, die seit Ende der sechziger Jahre zu einem stürmischen Aufleben des Bergbaus (»mineral boom«) geführt haben.
Am wichtigsten waren die in den sechziger Jahren entdeckten

Eisenerze in der Pilbara-Region in W. A., die Australien mit einem Schlag von einem Land, in dem der Export von Eisenerz wegen schwindender Vorkommen verboten war, zu einem der größten Eisenerzproduzenten der Welt machten. Die Erzlagerstätten sind mit 60–70 % Eisengehalt überaus hochgradig und mit Mächtigkeiten von bis zu 300 m sehr reichhaltig. Sie werden alle im Tagebau abgebaut.

Metallführende Gesteine sind meistens gefaltet und mehr oder weniger metamorphisiert. In Australien gibt es verschiedene Provinzen, in denen derartige Gesteine vorkommen. Die ältesten Gesteine gehören dem Präkambrium an und herrschen im westlichen und mittleren Teil des Kontinents vor. Sie führen vor allem Gold, Kupfer, Eisen- und Silber-Blei-Zink. Jüngere Gesteine (Paläozoikum) finden sich im östlichen Australien in einem breiten Streifen entlang der Küste vom nördlichen Qld. bis zum westlichen Vic. und Tas. Neben den schon erwähnten Metallen enthalten sie eine Vielfalt an Mineralien, wie Zinn, Wolfram, Molybdän, Antimon und Blei. Im übrigen finden sich hier auch die wichtigsten Kohlevorräte Australiens.

Viele der größeren Lagerstätten liegen im Landesinneren und sind oft Hunderte von Meilen entfernt von den Bevölkerungszentren und Häfen. Die Transportkosten spielen daher bei der Mineralgewinnung eine wichtige Rolle. Meistens ist es nicht allein damit getan, das Erz, Konzentrat oder Schmelzprodukt zur Küste zu transportieren, sondern häufig müssen wichtige Materialien wie Wasser, Bau- und Treibstoff herangeschafft werden. Die Gruben weisen einen hohen Stand der Mechanisierung auf, und seit dem Aufkommen schwerer Erdbewegungsmaschinen wächst der Anteil der Tagebaue. So weisen z. B. die bei Eisenerzabbau eingesetzten Traktoren Ladekapazitäten von 100 t auf, und die Schaufelbagger besitzen Schaufeln, mit denen sie jeweils 25 t Erz bewegen können. In der Ausfuhr liegt das Eisenerz mit knapp über 1 Milliarde Dollar (1980) nach der Kohle wertmäßig an zweiter Stelle, gefolgt von Blei und Bleiverbindungen (548 Mio. Dollar), Kupfer, Zink und Zinn. Seit den frühen siebziger Jahren wird auch Aluminium hergestellt; das Bauxit baut man in Weipa auf der Cape-York-Halbinsel, Qld. und in Gove im Arnhem-Land ab und verarbeitet es z. B. in Gladstone, Qld. zu Aluminium. Hauptabnehmer australischer Erze ist Japan, das seit Jahren über 70 % des australischen Bergbauexports aufnimmt.

Australien kann sich zu 70 % selbst mit Erdöl versorgen. Eingeführt wird lediglich schweres Rohöl aus den Golfstaaten. Die in den sechziger Jahren erschlossenen Ölfunde liegen hauptsächlich vor der Südostküste in der Bass Strait. Weitere Vorkommen werden auf Barrow Island, W. A. sowie Moonie, Qld. gefördert. Auch die großen Erdgasfelder von Gidealpa enthalten etwas Öl.

Mit der Ausnahme von Öl, Phosphat, Schwefel und Asbest decken in Australien die heimischen mineralischen Lagerstätten den Eigenbedarf.

Nach dem Produktionswert liegt die Kohle neben dem Eisenerz an erster Stelle der Bergbauprodukte. Australiens Kohlevorkommen sind reichhaltige, aber sehr ungleich verteilt. Hauptabbaugebiete für Steinkohle liegen um Sydney und in Qld. Die anderen Staaten besitzen nur kleinere Felder von lokaler Bedeutung. Seit 1964 nahm die Kohleproduktion einen besonders steilen Aufstieg (1964: 28 Mio. t; 1972: 60 Mio. t; 1979: 81 Mio. t Steinkohle), der außer durch die wachsende Industrie durch den zusätzlichen Export verursacht wurde. Die jüngste Entwicklung steht unter dem Einfluß langfristiger Exportvereinbarungen mit der japanischen Stahlindustrie. Im einzelnen dient die Steinkohle folgenden Verwendungszwecken: Elektrizitätsgewinnung 33,5 %; Export 30 %; Verkokung 22,5 %; Gasgewinnung 3 %, Eisenbahnbetrieb unter 2 %. Der zunehmende Kohlebedarf bei der Elektrizitätsgewinnung und bei der Stahlerzeugung hat den abnehmenden Bedarf der Industrie, Eisenbahn usw. mehr als wettgemacht. Außerdem werden in Vic. noch größere Mengen von Braunkohle gewonnen (1979: 29 Mio. t), die hauptsächlich zur Elektrizitätserzeugung verwendet werden. Diese Braunkohlenvorkommen im Latrobe Valley bei Melbourne stellen das größte Braunkohlenvorkommen der Welt dar. Das Lager erstreckt sich über 64 km in der Länge und 8–16 km in der Breite, und die Mächtigkeit der Kohleflöze liegt zwischen 60 und 100 m. Die Vorräte werden auf 85 000 Mio. t geschätzt, genug, um bei gegenwärtigem Abbau 800 Jahre zu reichen.

Die bekannten Reserven an Eisenerz in Australien betragen ca. 20 Mrd. t, von denen die meisten in der Pilbara-Region im Nordwesten des Kontinents lagern. Weitere wichtige Eisenvorkommen finden sich in anderen Teilen von W. A. (Yampi Sound, Koolanooka und Koolyanobing) und in S. A. (Middleback Ranges). Einige der großen Erzgruben sind erst wenige Jahre in Betrieb und arbeiten ausschließlich für den Export nach Japan. 1979/80 wurden 79 Mio. t Eisenerz exportiert.

Australien deckt den Weltbedarf an Blei zu 12 % und den an Zink zu 9 %. Beide Metalle werden zusammen mit Silber häufig in den gleichen Lagerstätten gefunden. Diese drei Metalle bilden daher eine wichtige Gruppe der Bergbauprodukte. Die Hauptfundorte sind Broken Hill (N. S. W.), wo der Abbau schon in den achtziger

Jahren des letzten Jahrhunderts begann, und Mount Isa (Qld.), ein Feld, das das größte Blei-Zink-Silber-Abbaugebiet der Erde darstellt.

Das ehemals so bedeutende Gold rangiert heute nach den mineralhaltigen Sanden erst an sechster Stelle. Um 1900 übernahm W. A. die Rolle des wichtigsten Goldproduzenten Australiens. Auch gegenwärtig liefert es 80 % des Goldes. Hauptzentrum des Abbaus ist Kalgoorlie. Statt der Edelmetalle rücken in letzter Zeit industriell verwertbare Metalle, wie z. B. Nickel, immer mehr in den Vordergrund.

Uran gehört zu den problematischsten Bergbauprodukten, nicht nur in Australien; aber gerade im vergangenen Jahrzehnt hat die Auseinandersetzung über den Abbau dieses Erzes eine tiefe Kluft in der australischen Gesellschaft geöffnet. Der Abbau von Uran geht zwar schon bis zum Ende der fünfziger Jahre zurück; bereits 1963 wurde er jedoch wegen des schwindenden Interesses des Hauptabnehmers Großbritannien wieder eingestellt. Der Bau von Atomkraftwerken in der westlichen Welt und die Entdeckung riesiger Uranlagerstätten im Arnhem-Land im N. T. haben aber den Abbau des Urans wieder stark in den Vordergrund des wirtschaftlichen Interesses gerückt. Der Abbau von Uran wird in Australien durch zwei Faktoren kompliziert: erstens die starke Anti-Uran-Lobby im Lande, die jeglichen Abbau und Verkauf von Uran prinzipiell ablehnt, und zweitens durch die Tatsache, daß die größten Uranfunde in einem Reservat der Aborigines liegen. Unter Anwendung starker Druckmittel gelang es der konservativen Regierung, die widerstrebenden Aborigines dazu zu »überreden«, dem Abbau zuzustimmen, und die seit Ende der siebziger Jahre im Bau befindliche Mine Ranger Uranium hat 1982 die Produktion aufgenommen. Die Uranerzvorräte dort sind die größten der Welt. Auch die 1983 an die Regierung gekommene Labor Party hielt trotz starker interner Opposition am Abbau des Uranerzes fest.

2.5.2.2 *Verarbeitende Industrie*

Lange Zeit vernachlässigte Australien aufgrund seiner Hauptfunktion als Rohstofflieferant für das Mutterland Großbritannien seine verarbeitende Industrie. Vielfach war nicht einmal die örtliche Bedarfsdeckung gewährleistet. Erst der Einfluß der beiden Weltkriege und der Weltwirtschaftskrise, in denen das Land weitgehend auf sich selbst angewiesen war, ließ die Notwendigkeit einer eigenen Industrie deutlich in Erscheinung treten. Nach dem Zweiten Weltkrieg expandierte dieser Wirtschaftszweig da-

her rasch. Der Wert der Industrieproduktion übertraf 1948 erstmals den der Landwirtschaft und betrug 1971/72 mit 9,7 Mrd. australischen Dollar fast das Doppelte des Wertes der Urproduktion (Landwirtschaft und Bergbau), ist in den letzten Jahren allerdings im Vergleich zur Urproduktion auf etwa das 1,5fache zurückgefallen (1979/80 Industrieproduktion 22 Mrd., Agrarproduktion 10,2 Mrd. und Bergbau 5,6 Mrd. Dollar). Damit hat sich Australien aus der traditionellen Rolle des kolonialen Lieferanten von Nahrungsmitteln und Rohstoffen gelöst. Allerdings bleiben der australischen Industrie wegen der geringen Bevölkerung, der hohen Lohn- und Transportkosten, der zahlreichen Streiks und der fehlenden Investitionsbereitschaft australischer Unternehmer deutliche Grenzen gesetzt. Ein Export von Fertigprodukten wird durch die begrenzte Aufnahmefähigkeit der meisten asiatischen Märkte und wegen der japanischen Konkurrenz stark behindert. Als neue Konkurrenten traten in den letzten Jahren auch die Länder Korea, Taiwan und Singapore hinzu.
Der Standort der australischen Industrie zeigt eine auffällige Abhängigkeit von den Gebieten größter Bevölkerungskonzentration. Dabei geben das Arbeiterreservoir und der nahe Absatzmarkt den Ausschlag. Da außerdem alle Bevölkerungszentren an der Küste liegen, zeichnet diese Standorte zugleich eine besondere Verkehrsgunst aus. Von überragender Bedeutung sind die Hauptstädte der Länder, denn sie weisen vielfältige Vorteile auf. Sie sind die Hauptverkehrsknotenpunkte für den See- und Landverkehr, und über ihre Häfen wird der größte Teil des inneraustralischen und des Überseeverkehrs abgewickelt. Von ihnen strahlt das Eisenbahnnetz des Landes aus, das sich von dem des Nachbarlandes bis vor kurzem meist durch eine andere Spurweite unterschied. Auch das Fernstraßensystem nimmt hier seinen Ausgang. Da die Eisenbahn sehr stark auf die Beförderung von Massengütern eingestellt ist, entwickelte sich ein leistungsfähiges Straßentransportsystem, das den Vorteil hat, keine verschiedenen Spurweiten überwinden zu müssen. Allerdings haben wenige Verbrauchsgüter einen Markt, der das gesamte Land umfaßt.
An erster Stelle der Industriezweige steht heute die *Metall-, Maschinen- und Transportmittelindustrie.* Die Bedeutung der Eisen- und Stahlproduktion steigt wegen der Ausweitung des Maschinenbaus und der Konserven- und Fahrzeugindustrie ständig. Die Zentren der Eisen- und Stahlerzeugung sind Newcastle, Port Kembla (beide bei Sydney), Whyalla (im südlichen S. A.) und Kwinana (bei Perth). Nur zwei von ihnen, nämlich Whyalla und Kwinana, liegen günstig zu den Erzvorkommen, während die Hütten von Newcastle und Port Kembla zwar über naheliegende

Kohlevorkommen verfügen, einen Teil des Erzes jedoch von Yampi Sound (W. A.), also vom entgegengesetzten Ende des Kontinents mit dem Schiff empfangen.
Im Zuge der Motorisierung entwickelte sich die Fahrzeugindustrie zusammen mit ihren Zulieferindustrien seit 1948 zum größten Industriezweig, und Australien stellt heute mit 1 Auto pro 2,5 Einwohner eines der am stärksten motorisierten Länder der Erde dar. Die Kraftfahrzeugindustrie entstand zunächst als eigene Industrie unter dem Namen Holden. Diese Firma wurde jedoch bald von General Motors aufgekauft, die 1948 die ersten massenproduzierten Fahrzeuge herstellte. Ford und Chrysler und bis 1978 auch British Leyland bauten ebenfalls Fabriken auf und entwickelten eigene Modelle. Nach starkem Aufschwung im Schutze hoher Zölle in den sechziger Jahren stagniert die Automobilindustrie in den letzten Jahren stark. Hier wirkten sich besonders der kleine Binnenmarkt aus und die japanische Konkurrenz, die das Exportgeschäft fast völlig zum Erliegen brachte. Gleichzeitig stieg auch der japanische Anteil am Autoimport trotz Zoll und Importbeschränkungen von nur wenigen Prozent im Jahre 1970 auf rund 50% seit 1977. Durch Aufkauf der Firma Chrysler sind die Japaner direkt und sehr erfolgreich an der Binnenproduktion von Automobilen beteiligt. Die Automobilindustrie beschäftigt heute etwa 110000 Arbeiter, und ihr Anteil am Bruttosozialprodukt liegt bei 10%.
An zweiter Stelle folgt die *Nahrungsmittelindustrie*. Sie bildet eine gewisse Ausnahme, da sie ihren günstigsten Standort nur teilweise in den Hauptstädten findet. Häufig bevorzugen Betriebe, die landwirtschaftliche Produkte verarbeiten, die Nähe der Rohstoffe. So befindet sich z. B. die Masse der Getreidemühlen im Weizengürtel, wenn auch die größten Betriebe in Sydney und Melbourne liegen. Auch die Zuckerfabriken verteilen sich auf die Anbaugebiete des Zuckerrohrs in Qld. und N. S. W. Die Zuckerraffinerien dagegen haben die Hauptstädte als Standort. Ebenso verhält es sich mit der Verarbeitung von Obst, Gemüse und Milch. Die Konservenindustrie nimmt eine besonders wichtige Position ein und steht in der Weltproduktion nach den USA an zweiter Stelle. Es werden hauptsächlich Früchte und Gemüse aus den Bewässerungsgebieten von N. S. W. und Victoria sowie tropische Produkte wie Ananas und Papaya aus Qld. in Dosen konserviert.
Naturgemäß lassen sich die fleischverarbeitenden Betriebe nicht so gut im Herkunftsgebiet des Rohstoffes zentrieren, da die Weidewirtschaft sehr großflächig ist und auf jeden Fall längere Transportwege in Kauf genommen werden müssen. Die Werke,

die großen US-amerikanischen und britischen Konzernen gehören, befinden sich in den größeren Hafenstädten, wo sie zumindest günstig zu den intensiveren Viehzuchtgebieten entlang der Küste gelegen sind.

Die *chemische Industrie*, heute der drittwichtigste Industriezweig, ist schon alt und begann um 1870 mit der Herstellung von Schwefelsäure und Superphosphat für den Bergbau und die Landwirtschaft. Dann folgte die Produktion von Sprengstoff und im Zusammenhang mit der Zuckergewinnung die Erzeugung von Alkohol. Nach 1945 verzeichnete die chemische Industrie einen raschen Anstieg, der vor allem durch das Aufkommen der Petrochemie verursacht wurde. Die Standorte dieser Industrie richten sich nach den Rohstoffen, der Energie und nach den Verbrauchern. Auch diese Betriebe finden in den großen Hafenstädten die günstigsten Voraussetzungen. Ausnahmen machen nur diejenigen Anlagen, die auf dem Vorkommen heimischer Rohstoffe, wie z. B. Salz usw., beruhen.

Die *Textilindustrie* bereitet die größten Schwierigkeiten. Die Textilfabriken konzentrieren sich zwar vor allem in den Hauptstädten, allen voran Sydney und Melbourne; aber auch in den Landstädten sind zahlreiche kleinere Betriebe zu finden. Die Textilindustrie leistet daher einen Beitrag zur Dezentralisierung. Von den rund 4000 Unternehmen mit 110000 Arbeitskräften (meist Frauen von Einwanderern), die in den sechziger Jahren existierten, sind inzwischen nur 625 Betriebe mit 36500 Arbeitern (1979) übriggeblieben. Wie die Automobilindustrie, so wird auch die Textilindustrie durch Billigimporte aus Asien immer stärker zurückgedrängt. Eine Senkung des Einfuhrzolles um 25 % durch die Labour-Regierung (1973) führte zur Aufgabe zahlreicher unrentabler Kleinbetriebe. Der gemeinsame Druck von Industrie und Gewerkschaften bewirkte zwar eine baldige Wiedereinführung und sogar Erhöhung des Zolls, aber die Zukunft der Textilindustrie ist dennoch unsicher, was sich auch deutlich in der von Jahr zu Jahr sinkenden Zahl der Betriebe ausdrückt; denn völlig kann sich Australien dem Import von Textilien aus Nachbarländern und wichtigen Handelspartnern nicht verschließen.

2.6 Städte und ländliche Siedlungen

Aus europäischer Sicht wird in Anbetracht der großen Flächenausdehnung und geringen Bevölkerungsdichte oft übersehen, daß Australien ein stark urbanisiertes Land ist, stellt es doch mit 86 %

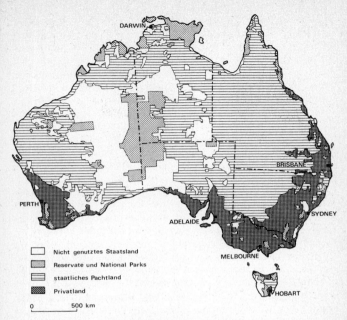

Abb. 2 Australien: Landbesitzverhältnisse (Quelle: Löffler, E. und Grotz, R., Australien, Darmstadt, in Vorbereitung)

Stadtbevölkerung das am stärksten urbanisierte Land der Erde dar. Hinzu kommt, daß sich die Bevölkerung auf wenige sehr große Städte konzentriert. So leben allein 68% der Bevölkerung in den 10 größten Städten; in Sydney und Melbourne allein wohnen 40% aller Australier. Das Ausmaß der Verstädterung wird noch deutlicher, wenn man sich die Konzentration der Bevölkerung auf die einzelnen Hauptstädte ansieht. Mit Ausnahme der Staaten Tasmanien und Queensland leben überall mehr als die Hälfte der Bewohner in der jeweiligen Hauptstadt, in S. A. sind es sogar 68% der Bevölkerung des Staats, die in Adelaide wohnen, und auch in Victoria sind es um 60%, die in Melbourne zu Hause sind. In N. S. W. leben 75% der Bevölkerung im Raum Sydney, Newcastle, Woolongong.

Die starke Verstädterung Australiens ist kein neues Phänomen, sondern besteht praktisch seit der Gründung der Kolonie. So ging auch die gesamte europäische Durchdringung des Kontinents von städtischen Siedlungen aus, die zunächst an der Küste, später dann auch im Landesinneren gegründet wurden – ohne große physische Schranken oder Landeigentumsprobleme, die ihre Ausdehnung hätten hemmen können. Erste Siedlungsansätze stellten früher der Bau der Garnison, der Unterkunft der Sträflinge und der Residenz des Kommandanten dar, später traten Verwaltungsgebäude der Zivilverwaltung sowie andere Gebäude hinzu. Fast alle frühen Gründungen waren Ergebnisse behördlicher Planungen. Zwar liegt die Gründung der meisten großen Städte vor dem Zeitalter des Automobils (mit Ausnahme von Canberra), aber dennoch sind alle Städte großzügig angelegt, und breite, rechtwinklig sich kreuzende Straßensysteme charakterisieren den Grundriß der Städte. Das Schachbrettmuster wird nur dort, wo es die Topographie nicht erlaubt, abgewandelt.

Im Gegensatz zu europäischen Städten weisen australische Städte eine relativ geringe Bebauungsdichte auf, mit Ausnahme natürlich der Stadtkerne, die sich nach dem Zweiten Weltkrieg ständig verdichteten. Außerhalb der City findet man meist Einfamilienhäuser auf Grundstücken zwischen 700 und 1000 m^2. Gewisse Ausnahmen stellen Sydney und Melbourne dar, wo es in Citynähe mit der Errichtung von Wohnblocks, Eigentumswohnungen und Mietshäusern zu einer gewissen Verdichtung der Wohngebiete gekommen ist. Die großzügige Bebauung hat zu einem rapiden Wachstum und einer räumlichen Ausdreckung der Städte geführt. In Sydney z. B. erstreckt sich das bebaute Areal über ein Gebiet von über 7500 km^2 bei einer NO-SW-Erstreckung von 100 km und einer O-W-Ausdehnung von 75 km. Brisbane, mit lediglich einem Drittel der Bevölkerung Sydneys, dehnt sich gar über 5000 km^2 aus.

Alle großen Städte besitzen wichtige Häfen, an denen in der Regel der Citybereich liegt. In den beiden Industriestädten Newcastle und Woolongong wird das Zentrum von Industrieanlagen dominiert und in Geelong von Automobilfabriken.

Die Wohngebiete, die Vororte, zeichnen sich durch große Uniformität aus, besonders wenn sie erst nach dem Zweiten Weltkrieg entstanden sind. Die meist eingeschossigen, mit roten Ziegeln, z. T. auch wellblechgedeckten Häuser stehen relativ weit inmitten der Grundstücke (Mindestabstand zur Straße: 6 m), daß vor dem Haus fast immer ein mit Rasen bestandener »front yard« liegt, dessen Zustand oft über den sozialen Stand des Eigentümers Aufschluß gibt. Baumaterial war früher oft Holz oder »fibro« (relativ preiswerte Kunststoffplatten), heute aber hat sich Backstein zumindest für die Verschalung der Außenwand durchgesetzt. Der Anteil an Hauseigentümern ist in Australien mit 80 % sehr hoch.

Die großen Städte Australiens weisen trotz ihrer Ähnlichkeit eine gewisse Individualität auf. Adelaide ist z. B. eine Stadt, die kulturell hohes Ansehen genießt und auch besonders förderungsfreudig den schönen Künsten gegenübersteht. So sind internationales Ansehen und Erfolg der australischen Filmkunst zum großen Teil auf die Förderung im Staat S. A. zurückzuführen. Das alle zwei Jahre stattfindende Adelaide Art Festival ist kultureller Höhepunkt der australischen Kunst. Auch in der Bausubstanz wirkt sich das kulturelle Interesse aus. Adelaide wird auch oft als Stadt der Kirchen bezeichnet, deren große Zahl auf die Gründung der Stadt durch freie, religiös engagierte Siedler zurückzuführen ist. Brisbane dagegen wirkt wesentlich provinzieller.

In Melbourne findet man die britische Tradition besonders stark ausgeprägt. Melbourne ist das Zentrum des Bankgeschäfts, der Börse, der Bergbaufirmen und Verlage; aber es ist auch das Modezentrum Australiens. Der starke Zustrom südeuropäischer Immigranten nach dem Zweiten Weltkrieg hat die Stadt allerdings wesentlich beeinflußt und ihr ein größeres internationales Gepräge verliehen, was sich u. a. in der Vielzahl südeuropäischer und neuerdings auch chinesischer und vietnamesischer Geschäfte und Restaurants ausdrückt.

Sydney ist Weltstadt und sicherlich die am attraktivsten gelegene Stadt Australiens, mit einer nahezu 200 Jahre währenden Tradition. Sydney ist nach wie vor mit über 3 Mio. Einwohnern die größte Stadt Australiens, der wirtschaftliche Mittelpunkt und der wichtigste Exporthafen vor allem für landwirtschaftliche Produkte.

Perth ist die am isoliertesten gelegene Stadt Australiens, und die Entfernung zur nächstgelegenen Großstadt Adelaide beträgt über 3000 km. Bis zur Fertigstellung des geteerten Nullarbor-Highways war es ein Abenteuer, mit dem Auto die Fahrt ins östliche Australien zu wagen, und so hat sich hier eine starke Individualität herausgebildet. Vom Aussehen her bietet Perth das Bild einer modernen Großstadt mit einem hochgewachsenen Stadtkern, der jedoch durch einige ältere Gebäude und vor allem die Nähe des breiten, attraktiven Swan River aufgelockert wird.

Allen diesen Großstädten gemeinsam sind die Probleme des zu schnellen Wachstums, der überaus großen Verkehrsdichte und vor allem auch der schwierigen Trinkwasserversorgung. In Dürrejahren muß das Wasser bereits stark rationiert werden, und die zunehmende Wasserverschmutzung und -versalzung stellt ein zusätzliches Problem dar. Die Verfügbarkeit von Wasser dürfte sich zum limitierenden Faktor für weiteres Wachstum entwickeln.

Eine Ausnahme unter den Städten stellt die Bundeshauptstadt Canberra dar. Sie ist die einzige Großstadt (220000 E), die nicht an der Küste liegt und die als Sitz der Verwaltung des 1901 gegründeten Commonwealth of Australia dient. Die Gründung Canberras als Hauptstadt ging allerdings nicht auf nationale Begeisterung zurück, sondern auf seinerzeit unlösbare Konkurrenz der beiden Städte Sydney und Melbourne, die gerne selbst die Hauptstadtfunktion übernommen hätten. Canberra zeichnet sich durch seine großzügige Anlage als Gartenstadt aus, wobei die ursprünglich auf 50000 Einwohner geplante Stadt durch Gründung von Satellitenstädten erweitert werden mußte. Die Stadt kann als gelungenes Beispiel moderner Stadtplanung gelten, allerdings ergeben sich aus der geringen Bebauungsdichte erhebliche innerstädtische Entfernungen (N/S-Ausdehnung 35 km) und entsprechende Probleme im öffentlichen Transportwesen.

Findet man in den großen Städten gewisse Unterschiede je nach Funktion, Tradition und Lebensstil vielfältig konkretisiert im Grund- und Aufriß, so fällt dies bei den Landstädten fast völlig weg. Sie zeigen ein Bild ausgeprägter Gleichförmigkeit mit einem Schachbrettmuster als Grundriß und einer breiten zentralen Achse, die auf beiden Seiten von niedrigen Geschäftshäusern, Verwaltungsgebäuden sowie den niemals fehlenden Hotels und Public Bars flankiert wird. Die zentralen Straßen sind meist so breit, daß sie auf beiden Seiten oder auf einem baumbestandenen Mittelstreifen das großzügige Parken von Autos zulassen.

Von der Funktion her gesehen handelt es sich hier vorwiegend um Verwaltungs-, Handels- und Service-Zentren für das umliegende Agrarland. Industrie und Gewerbe fehlen meist bzw. sind nur in den größeren Landstädten in geringem Maße vorhanden.

Dörfer in unserem Sinne, d.h. geschlossene Siedlungen einer ackerbautreibenden Bevölkerung, gibt es in Australien nicht. Die Farmer wohnen in Einzelgehöften innerhalb ihrer Farm oder ihres Weidelandes, wobei natürlich die Gehöfte (homesteads) in den dichter besiedelten und intensiver bewirtschafteten Gebieten wie dem »wheat belt« wesentlich näher beieinander liegen als in den extensiven Weidegebieten, wo die Entfernungen von einer homestead zur nächsten oft 100 km und mehr betragen können.

2.7 Entwicklungsprobleme der Gegenwart

Australien ist es gelungen, innerhalb kurzer Zeit seine Wirtschaft von der reinen Urproduktion umzustellen auf eine ausgewogenere Struktur, in der die Landwirtschaft, der Bergbau und die verarbeitende Industrie nebeneinander vertreten sind. Wenn man überhaupt von einem Übergewicht sprechen will, so kommt es am ehesten der verarbeitenden Industrie zu, die nach dem Produktionswert und der Anzahl der Beschäftigten an erster Stelle steht. In der Ausfuhr jedoch stellt die Urproduktion mit der Rangordnung der Produkte Weizen (2178 Mio.), Fleisch (1754 Mio.), Wolle (1744 Mio.), Kohle (1677 Mio.), Eisenerz (1076 Mio.), Zucker (667 Mio.) und Blei (548 Mio.) immer noch den Hauptdevisenbringer dar. Die führende Stellung des Weizens ist sicher nur von kurzer Dauer, bedingt durch den Weizenboom im Jahre 1980; 1981 stand der Weizen mit nur 794 Mio. Dollar Exporteinnahmen hinter Fleisch, Wolle, Kohle und Eisenerz an fünfter Stelle.

Dagegen erreichten alle exportierten Industrieprodukte nicht einmal die Hälfte dieses Wertes. So produziert zwar die australische Industrie noch hauptsächlich für den heimischen Markt, sie ist aber groß genug, um die infolge der Mechanisierung aus der Landwirtschaft und dem Bergbau frei werdenden Arbeitskräfte aufzufangen. Gegenwärtig sind nur noch 7,7 % (1980) der Beschäftigten in der Urproduktion tätig, gegenüber 20 % in der Industrie und 56 % im tertiären Sektor (Dienstleistungen). Immerhin leben ca. 85 % der Bevölkerung in Städten. Australien ist also bei weitem nicht der Kontinent der Farmer und Bergleute, wie es aufgrund seiner Exportprodukte zunächst erscheinen mag.

Auf der anderen Seite ergeben sich eine Reihe von Schwierigkeiten, die sich auf die zukünftige Entwicklung hinderlich auswirken. Einer der größten Nachteile des Kontinents ist das Mißverhältnis zwischen den drei wichtigsten Erscheinungen der Naturausstattung, nämlich dem Wasser, dem Boden und den Bodenschätzen. Die Aridität des Landes wurde schon erwähnt. An einem Beispiel möge die Benachteiligung Australiens in dieser Hinsicht noch einmal verdeutlicht werden. Verglichen mit den USA, die etwa gleich groß sind, weist Australien nur ein Fünftel an Fläche mit über 500 mm, andererseits aber eine fünfmal so große Fläche mit unter 250 mm Jahresniederschlag auf. Es gibt auf der Erde 15 Flüsse, die jeder für sich einen größeren jährlichen Abfluß aufweisen als alle australischen Flüsse zusammen. Die Wasserarmut wirkt sich auch auf die Möglichkeiten der Elektrizitätsgewinnung durch Staudämme aus. Nur im äußersten

Osten des Kontinents bieten sich die entsprechenden Voraussetzungen, wenn man einmal vom nordöstlichen Australien absieht, in dem bisher kein Bedarf besteht.

Das Problem der meist nährstoffarmen Böden konnte teilweise gelöst werden, die Abhängigkeit vom Kunstdünger ist jedoch sehr stark und die damit verbundenen Probleme der Wasserverschmutzung sind im Murray-River-Gebiet schon heute akut.

Der kommerzielle Ackerbau wird verhältnismäßig extensiv betrieben. Wegen der niedrigen Bodenpreise und der hohen Arbeitslöhne beziehen sich die Rentabilitätsberechnungen nicht auf den Ertrag pro ha, sondern pro Arbeitskraft. Mit Hilfe von Düngemitteln und Spurenelementen konnten auch auf Sandböden ausreichende Erträge erzielt werden.

Sehr günstig dagegen kann die Ausstattung mit Bodenschätzen bewertet werden. Praktisch weist Australien Vorräte von fast allen wichtigen Metallen und anderen Mineralien auf. Sie decken in den meisten Fällen nicht nur den eigenen Bedarf, sondern ermöglichen auch einen beträchtlichen Export. Dennoch offenbart sich auch bei den Bodenschätzen ein Nachteil. Die meisten Funde liegen im Landesinneren oder im tropischen Norden, so daß ihre Gewinnung und ihr Abtransport zu einer schwierigen Aufgabe werden.

Ganz allgemein ergibt sich bei der ungünstigen Lage der Bodenschätze zu den Zentren der Bevölkerung und den Industriesammlungen das Problem der Verkehrsverbindungen. Keiner der australischen Häfen befindet sich an einem in das Land hineinreichenden schiffbaren Fluß, da es derartige Flüsse nicht gibt. Der Murray-Darling entspricht nicht den modernen Verkehrsansprüchen. Ein leistungsfähiges Eisenbahnnetz gibt es nur an der Küste, abgesehen von den Bahnen Adelaide–Perth und Adelaide–Alice Springs, die als Transkontinentalbahn nur zur Hälfte gebaut wurde. Die Eisenbahnnetze spiegeln noch die alte koloniale Verwaltungsgliederung wider; jeder Staat hat sein eigenes, auf die Haupt- und Hafenstadt zentriertes System.

Auch von der Wirtschaftsstruktur her ergeben sich einige Schwierigkeiten. So ist die australische Wirtschaft durch ihre starke Abhängigkeit vom Export landwirtschaftlicher Produkte sehr leicht verwundbar. Die Schwankungen der Weltmarktpreise, die gerade bei Agrarprodukten beträchtlich sind, führen zu großer Instabilität. Die in unregelmäßigen Abständen auftretenden Dürren verstärken diese Tendenz noch. Staatliche Maßnahmen zur Stützung der Preise haben hier jedoch zu einer wesentlichen Verbesserung und Stabilität beigetragen. Ähnlichen Problemen steht die verarbeitende Industrie gegenüber. Nur durch eine strenge Schutzzollpolitik kann sie sich auf manchen Gebieten gegen billige Importe schützen. Auch dem erneut aufblühenden Bergbau steht man in Australien mit gemischten Gefühlen gegenüber. Viele der neuen Erzgruben werden mit ausländischem, vor allem japanischem Kapital ausgebaut, und man sieht sich wieder in die Rolle des ausgebeuteten Rohstofflieferanten gedrängt. Die größten Schwierigkeiten entstehen jedoch durch die geographische Situation: Die Verteilung von dichtbesiedelten und menschenleeren Räumen macht hohe Ausgaben zur Verbesserung der Infrastruktur notwendig; die Entfernung von den Rohstoffen und den Märkten belastet die Industrie mit zusätzlichen Kosten.

Ein weiteres nationales Problem beruht auf dem Gegensatz zwischen dem entwickelten Süden und dem fast menschenleeren Norden des Kontinents (Abb. 3). Australien nördlich des Wendekreises umfaßt 39 % der Fläche, beherbergt aber nur 3 % der Einwohner des Landes. Zwar weist auch dieses Gebiet in letzter Zeit ein relatives Bevölkerungswachstum von beträchtlichem Ausmaß auf, aber die absolute Einwohnerzahl des N. T. betrug auch 1979 nur 115000 unter Einschluß der Aborigines (über 23000). Von der weißen Bevölkerung leben über die Hälfte in der Hauptstadt Darwin.

Mit der Ausnahme des Küstenstreifens von Qld., in dem es der weißen Bevölkerung gelungen ist, ohne farbige Arbeitskräfte erfolgreich Zuckerrohr anzubauen, ist das tropische Australien ein abweisendes Gebiet. Trotz der teilweise hohen Niederschläge steht nur ein Flächenanteil von ungefähr 14 % mit einer Wachstumsperiode von über fünf Monaten zur Verfügung. Nur diese Fläche ließe sich also ohne künstliche Bewässerung durch den Ackerbau nutzen. Jedoch muß wegen der verbreiteten schlechten Böden eine weitere Einschränkung des bebaubaren Landes in Rechnung gestellt werden. Es fehlen die großen fruchtbaren Schwemmlandebenen Monsunasiens. Andererseits können die Vorräte an Bodenschätzen gar nicht hoch genug angesetzt werden.

Es leuchtet durchaus ein, daß dieses große, fast ungenutzte Land von jeher eine Herausforderung an die staatliche Siedlungspolitik darstellte. Die Motive für die Bestrebungen der Besiedlung des Nordens (»populate the north«) waren hauptsächlich emotioneller Natur. Man bemüht sich, den Anspruch auf das Land gegenüber den dichtbesiedelten asiatischen Ländern zu rechtfertigen. Dabei geht man häufig von viel zu optimistischen Berechnungen der möglichen Bevölkerungsdichte aus. Vorsichtigere Schätzungen nehmen zwei bis drei Mio. Siedler unter den heutigen

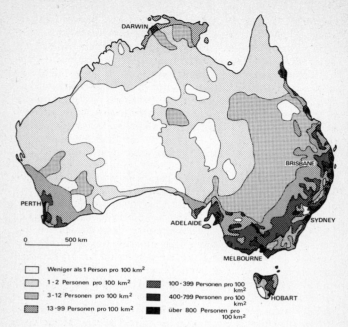

Abb. 3 Australien: Bevölkerungsverteilung (Quelle: Löffler, E. und Grotz, R., Australien, Darmstadt, in Vorbereitung)

wirtschaftlichen Bedingungen an, eine Zahl, die Nordaustralien im Vergleich zu Asien immer noch dünn besiedelt erscheinen ließe. An Versuchen, den Norden zu besiedeln, hat es nicht gefehlt. Ein Reisanbauprojekt bei Darwin (Humpty Doo) schlug fehl. Am Ord-River (W. A.) läuft ein Bewässerungsprojekt mit Anbau von Baumwolle. Der Wert dieses Projekts ist noch sehr umstritten (DAVIDSON, 1965). Jedenfalls wird es mit einer geschätzten Endbevölkerung von 20000 Menschen kaum nennenswert zur Bevölkerungsverdichtung Nordaustraliens beitragen. Neben den Bodenschätzen bleibt einzig die traditionelle Rinderzucht das Rückgrat der wirtschaftlichen Entwicklung. Sie stellt jedoch eine extensive Bewirtschaftung dar und schließt von Natur aus eine dichte Besiedlung aus.

Australien hat von jeher eine konsequente Einwanderungspolitik betrieben, die bis 1972 Angehörigen außereuropäischer Rassen den Eintritt ins Land verwehrte. Auf diese Weise konnte man

Rassenkonflikte auf die Auseinandersetzungen mit den einheimischen Aborigines beschränken. Trotz der zahlenmäßigen Unterlegenheit der australischen Eingeborenen – sie bilden nur 1 % der Gesamtbevölkerung – beginnt man inzwischen doch, die Frage der Ureinwohner als ernsthaftes Problem zu betrachten. Die schon erwähnte Dürftigkeit ihrer materiellen Kultur und die Fremdheit ihrer Vorstellungswelt ließen die Aborigines in den Augen der meist ungebildeten und verständnislosen europäischen Siedler des 18. und 19. Jahrhunderts als primitive Wesen erscheinen.

Sie wurden durch die Weißen von ihren lebenswichtigen Wasserstellen vertrieben, dafür glaubten sie in den Schafen und Rindern eine neue Jagdbeute gefunden zu haben, die sich zudem noch wesentlich leichter erlegen ließ als das Känguruh. Da die Aborigines zu organisiertem Widerstand größeren Ausmaßes nicht fähig waren, mußten sie zurückweichen. Diejenigen, die sich aus den Stammesbindungen lösten und sich von der traditionellen Lebensweise abkehrten, sanken meist zu verachteten, von Almosen lebenden Bettlern ab. Später erwachte dann das Interesse der Wissenschaftler an dieser sterbenden Rasse, von der man möglichst viele Zeugnisse zu retten bestrebt war. Erst in den letzten 30 Jahren stellte sich heraus, daß diese Rasse durchaus noch lebensfähig ist. Zwar spiegeln die wachsenden Zählungsergebnisse (1954: 58 000; 1961: 75 000; 1971: 106 288; 1976: 160 915) ebenso die zunehmende Erfassung der isoliert lebenden Aborigines wie den allgemeinen Bevölkerungsanstieg wider, aber letzterer ist doch unverkennbar. Nicht zu vergessen ist hier auch das Kriterium der Erfassung der Aborigines; denn als Aborigine gilt der, der sich als solcher bekennt. Das wachsende Selbstbewußtsein der Aborigine-Bewegung und ihre Anerkennung haben dazu geführt, daß sich gerade in den siebziger Jahren sehr viele Mischlinge als Aborigines bekannten. Der Anstieg von 1971 bis 1976 von über 50 % ist hauptsächlich darauf zurückzuführen. Damit wird auch das Problem dieser Minderheit wieder akut. Die allgemein angestrebte Assimilation, die auf eine Mischung der unterschiedlichen Rassen in einer einheitlichen Gesellschaft abzielt, bleibt wegen der zwangsläufig einseitigen Anpassung der Minderheit nicht unwidersprochen (vgl. SPATE, 1968, S. 247 f). Wie eine Integration zu einer pluralistischen Gesellschaft, die den unterschiedlichen Moralvorstellungen und Sozialstrukturen gerecht würde, zu verwirklichen wäre, läßt sich allerdings auch nicht absehen.

2.8 Australiens Rolle in Weltwirtschaft und Weltpolitik

Trotz seiner von Europa aus gesehen entlegenen Position hat Australien seit der Gründung der Kolonie die engsten wirtschaftlichen Beziehungen zum Mutterland aufrechterhalten. Erst in jüngster Zeit wendet sich der Kontinent stärker seinen Nachbarn im pazifischen und asiatischen Raum zu. Recht drastisch wurde das unter dem Schutz und in der Abhängigkeit von Großbritannien dahindämmernde Land gezwungen, seine Position im Kräftefeld der Erde neu zu überdenken, als im Zweiten Weltkrieg japanische Streitkräfte das von Australien verwaltete Neuguinea einnahmen und australische Küstenorte (Darwin) bombardierten, nachdem zuvor die britische Flotte bei Singapore vernichtend geschlagen worden war. Erstmals suchte Australien Schutz und Hilfe außerhalb des britischen Commonwealth bei den USA. Das war die erste Loslösung vom Mutterland, die sich in der Nachkriegszeit auch auf die wirtschaftliche Ebene verlagerte. Ein zweites wichtiges Ereignis war Großbritanniens Beitritt zur EG, der Australien endgültig aus der wirtschaftlichen Verbindung mit dem Mutterland löste, und in der Tat nimmt Großbritannien lediglich 5,6 % der australischen Exporte auf, liefert allerdings noch 10 % der Importe.

Der verhältnismäßig große Anteil des Außenhandels an der australischen Wirtschaft gründet sich auf die hohen Ausfuhren von Primärgütern wie Wolle, Nahrungsmittel und Erze. Dennoch darf man nicht übersehen, daß sich die Ein- und Ausfuhrstruktur in den letzten dreißig bis vierzig Jahren ganz erheblich gewandelt hat (vgl. RÜTTER, 1963). Allmählich begann Australien auch Industrieprodukte zu exportieren. Zwar beträgt der Anteil der Grundstoffe immer noch ca. 70 % (davon 56 % unveredelte, 16 % veredelte Produkte) des Exportwertes; er hat aber seit 1928 (86 %) an Bedeutung eingebüßt. Zugenommen hat dagegen die Ausfuhr von verarbeiteten Gütern (1978/79: 22 %), von denen allein 39 % aus Maschinen und Transportausrüstungen bestehen. Es folgen Arzneimittel sowie chemische Erzeugnisse, Papier und Holzwaren. Der absolute Wert dieser aufstrebenden Exportzweige ist allerdings immer noch gering, und Australien wird weiterhin hauptsächlich ein Rohstoffexporteur bleiben.

Auch in der Liste der Importgüter haben sich einige für die wirtschaftliche Entwicklung Australiens bezeichnende Veränderungen ergeben. Die Einfuhr von Garnen, Textilwaren und Bekleidung sank von 26 % (1928) auf ca. 6,7 % (1979/80). Trotz der wachsenden Nachfrage, die sich aus der Bevölkerungszunahme und dem steigenden Lebensstandard ergibt, ist Australien zunehmend in der Lage, sich selbst zu versorgen. Den größten Posten stellen die Maschinen mit 35% des Imports. Während jedoch um 1930 noch die Landwirtschafts- und Textilmaschinen an der Spitze dieser Gruppe lagen, sind es heute Maschinen zur Metallverarbeitung, Büromaschinen und vor allem Kraftfahrzeuge und Kraftfahrzeugzubehör (13% des Imports). Auch die Wandlung der Investitionsgütereinfuhr läßt also auf eine höhere Stufe der Industrialisierung schließen.

Damit deutet sich eine Loslösung aus der engen wirtschaftlichen Verflechtung mit Großbritannien und anderen weltwirtschaftlichen Gravitationszentren in Europa und Amerika an.

Wo fand Australien nun einen Ausgleich für seine schwindenden Beziehungen zum Mutterland? Es ist nicht von potenten Handelspartnern umgeben wie die europäischen Länder. Eine auf Canberra zentrierte Hemisphäre umfaßt außer den weiten Wasserflächen des Pazifik, des Südlichen und des Indischen Ozeans nur die Antarktis und den südlichen und östlichen Rand des asiatischen Kontinents. Und gerade in diesem für Australien »Nahen Norden« (SPATE) scharen sich Länder mit Volkswirtschaften, wie man sie sich unterschiedlicher nicht vorstellen könnte. Vom industrialisierten Japan über das kommunistische China, die Freihandelshäfen Hongkong und Singapore bis zum übervölkerten Indonesien reicht die Palette.

Als Empfängerland australischer Handelsgüter wurde Großbritannien in den sechziger Jahren von Japan übertroffen, inzwischen auch von den USA und gelegentlich auch von der UdSSR und China; als Exporteur nach Australien von den USA und Japan. Fast 28% des australischen Textilfaserexports – vornehmlich Wolle – gehen nach Japan und 30% in die EG-Länder, von denen Italien mit 10% an erster Stelle steht, gefolgt von der Bundesrepublik Deutschland (6,5%), Frankreich (6%) und Großbritannien (3%).

Einen erstaunlichen Aufstieg nahm der Export von Metallerzen und Schrott nach Japan. In den sechziger Jahren steigerte sich der Export von Metallerzen nach Japan um ein Vielfaches und erreichte Anfang der siebziger Jahre mit über 70% des australischen Erzexports einen Höhepunkt. In den letzten Jahren ist der Erzexport nach Japan relativ gesehen auf etwas über 40% zurückgefallen, aber im absoluten Wert gestiegen (1980: 1378 Mio. Dollar). Der Kohleexport nach Japan belief sich mitunter auf über 80% des gesamten Kohleexports, und auch heute noch nimmt Japan etwas über 70% der australischen Kohleausfuhr zu einem Wert, der sich 1980 mit 1208 Mio. Dollar dem der Erze näherte, ab. Beim Import australischer Fertigwaren dagegen fällt Japan

weit hinter die USA und Großbritannien zurück. Diese Zahlen spiegeln den großen Bedarf Japans an Grundstoffen wider.
Unter den Handelspartnern in Asien rangierten Hongkong und Singapore längere Zeit gleichauf an zweiter Stelle. Inzwischen hat sich durch die Öffnung Chinas zum Westen und die verstärkte Industrialisierung Koreas das Bild etwas verschoben: China liegt mit 4,5 % des australischen Exports (die Hälfte des Exports stellt Getreide dar) an erster Stelle, gefolgt von Malaysia (2,3 %), Korea (2,2 %), Singapore (2,1 %), Taiwan (1,7 %), Indonesien (1,5 %) und dann erst Hongkong (1,4 %). Zwar stellen diese Länder im einzelnen nur kleine Abnehmer für australische Produkte dar, in der Summe jedoch sind sie ein bedeutender Faktor. Dennoch darf nicht übersehen werden, daß trotz der großen Bevölkerung der asiatische Markt nur begrenzt aufnahmefähig ist. Weizen und Hammel- bzw. Rindfleisch gehören nicht zu den gängigen Nahrungsmitteln in diesen Ländern. In jüngster Zeit versucht sich Australien sogar im Anbau spezieller Weizensorten den asiatischen Eßgewohnheiten anzupassen. Als größtes Hindernis erweist sich die mangelnde Kaufkraft der meisten asiatischen Staaten. Auf dem Gebiet der Industrieprodukte wirkt sich dies besonders nachteilig aus. Hinzu kommt, daß Japan, China, Hongkong usw. mit ihrem großen Reservoir an billiger Arbeitskraft viele Waren zu konkurrenzlos niedrigen Preisen anbieten können.
In unmittelbarer Nähe befindet sich noch Neuseeland als potentieller Handelspartner. Etwa 5 % des australischen Exports gehen nach Neuseeland, und dieser Anteil ist schon seit langem konstant. Allerdings sind sich beide Länder in ihrer Wirtschaftsstruktur zu ähnlich, als daß es zu einem stärkeren Warenaustausch kommen könnte. Es scheint, als hätten die USA die Rolle des Mutterlandes Großbritannien übernommen. Im Export führen sie auch die Skala des australischen Imports an: 22 % des australischen Imports kommen aus den USA, und der Wert der Importe überwiegt den der Exporte um das Eineinhalbfache. An erster Stelle stehen elektrische Maschinen, Industriemaschinen, Büromaschinen und Computer, ferner Transportmaschinen, Fernsprechanlagen und Unterhaltungselektronik, also technologisch hochentwickelte Industriewaren, die zusammen rund 38 % des amerikanischen Imports ausmachen.
Darüber hinaus liefern die Vereinigten Staaten Kapital und »Know-how« für eine ganze Reihe von Wirtschaftszweigen, besonders für den Bergbau und die Viehzucht im »leeren Australien«, da viele der dabei auftretenden Probleme in beiden Ländern ähnlich sind. Alles deutet darauf hin, daß sich die Beziehungen

zwischen den USA und Australien noch weiter festigen werden. Aber auch Japan baut seine Stellung als Lieferant von Maschinen usw. weiter aus und erreicht heute etwa die Hälfte des von den USA eingeführten Werts für die oben genannten Erzeugnisse. Beim Import von Kraftfahrzeugen übertrifft Japan die USA jedoch um das Dreifache.

Aus europäischer Sicht interessiert besonders die Reaktion Australiens auf den Beitritt Großbritanniens zur EG. Im allgemeinen wird die Abhängigkeit der australischen Wirtschaft vom Mutterland Großbritannien überschätzt. Als Empfänger australischer Produkte rangierte die EG 1972/73 mit 11,7% des Exportwertes hinter Japan (31,1%) und den USA (12,2%) an dritter Stelle. Dieses Verhältnis hat sich nur geringfügig geändert, denn 1980 lag die EG mit 14% der australischen Exporte hinter Japan mit 27% an zweiter Stelle, während die USA mit 11% an dritter Stelle lagen. Für diese Verschiebung ist vor allem der hohe Wollexport in die EG-Länder verantwortlich. Großbritannien liegt mit 5% des australischen Exports bzw. 35% des Exports in die EG allerdings immer noch an erster Stelle, gefolgt von der Bundesrepublik, die 2% der australischen Exporte bzw. 18% der Exporte in die EG aufnimmt. In der Reihe der Warenlieferanten hielt die EG 1972/73 mit 13,6% den vierten Platz nach den USA (20,9%), Großbritannien (18,6%) und Japan (17,9%). Im Jahre 1979/80 führte die EG mit 23% der Importe knapp vor den USA mit 22% und Japan mit 16%. Unter den EG-Ländern lag Großbritannien mit 10% des Gesamtimports bzw. 43% des Imports aus der EG an der Spitze, gefolgt von der Bundesrepublik, die 6,3% des Imports lieferte (27% des EG-Imports). Mit großem Abstand folgten die anderen EG-Länder. Was den Import aus asiatischen Ländern anbetrifft, folgten 1980 auf Japan (16%) Singapore und Taiwan mit je 2,7%, Hongkong mit 2,3%, Indonesien mit 1,8% und China mit 1,2% Importanteil. Der Handel Australiens mit den Ländern Asiens ist mit Ausnahme von Hongkong und Singapore durch einen starken Überschuß zugunsten Australiens ausgezeichnet.

Die australische Wirtschaft hat sich also heute deutlicher als vor zehn oder gar 20 Jahren von ihrer Bindung an Großbritannien gelöst und anderen Handelspartnern zugewandt. Unter diesen spielt Japan eine beherrschende Rolle für den Export und die USA für den Import. Die stärkere Zuwendung zu den asiatischen Ländern spiegelt sich auch in einem verstärkten Export in andere Länder Asiens wider, der 1980 immerhin rund 17% betrug, d. h. der gesamte asiatische Raum nimmt nahezu die Hälfte der australischen Exporte auf. Der Import aus Asien dagegen belief sich im gleichen Jahr auf lediglich 23 %, davon 16 % aus Japan. Dieses Mißverhältnis zwischen Export und Import belastet das Verhältnis Australiens mit seinen asiatischen Nachbarn, die einen besseren Zugang zum australischen Markt fordern – ohne die derzeit hohen Importzölle und Importbeschränkungen.

Trotz dieser Änderung der Handelspartner hat Australien im weltwirtschaftlichen Rahmen seine Stellung im Prinzip nur wenig geändert. Australien bleibt weltwirtschaftlich trotz seiner Bedeutung als Rohstofflieferant ein kleines Land unter den großen Wirtschaftsnationen der Erde, vereint es doch nur etwa 2 % des Welthandels auf sich. Es liefert Rohstoffe und Agrarprodukte an die Industrieländer und erhält dafür hochwertige Industriegüter. Für die benachbarten Wirtschaftsgebiete Südostasiens und Ozeaniens ist Australien allerdings wegen seiner vergleichsweise hohen Industrialisierung ein wirtschaftlicher Riese. Es liefert Industriegüter und erhält dafür von ihnen wenig bearbeitete Agrar- und Bergbauprodukte, die entweder nicht in ausreichendem Maße im Lande selbst vorkommen oder nicht produziert werden können. Australien hat sich also weltwirtschaftlich gesehen zu einem Randkern (Rütter) entwickelt, der im kleinen und mit begrenzter Reichweite die Rolle der hochindustrialisierten Länder spielt, von denen es im großen als Rohstofflieferant abhängig ist.

Auch auf der weltpolitischen Bühne hat Australien begonnen, eine eigene Rolle zu spielen. Australien wurde durch eine Reihe von Krisen gezwungen, eine selbständige Haltung einzunehmen, die seiner Bedeutung im asiatisch-pazifischen Raum entspricht. Den Koreakrieg, den Kleinkrieg in Malaysia gegen kommunistische Guerillas (die sog. »emergency«) und den Vietnamkrieg führte Australien noch an der Seite der traditionellen Verbündeten Großbritannien und USA; aber bereits vor Ende des Vietnamkriegs zog Australien seine Truppen ab und eröffnete diplomatische Beziehungen zur Volksrepublik China und später auch zu Vietnam und Nordkorea. Das ehemals von Australien verwaltete Ostneuguinea erhielt 1975 seine Unabhängigkeit, und die Stabilität des neuen Staates geht nicht zuletzt auf Australiens geschickte Politik und großzügige wirtschaftliche Hilfe zurück. Auch anderen Staaten im südostasiatischen und pazifischen Raum gewährt Australien maßgebliche Wirtschaftshilfe.

Viele Neuerungen in der australischen Politik wurden durch die Labor-Regierung eingeleitet, die 1972 nach 23 Jahren Opposition an die Regierungsmacht gelangte und die konservative Koalition aus Liberal und Country Party ablöste. So wurde z. B. die »white Australia policy« endgültig aufgehoben und durch eine nicht

rassistische, aber dennoch restriktive Einwanderungspolitik ersetzt. Wehrdienst wurde abgeschafft, der gesamte Wohlfahrtsbereich reformiert und sehr viel mehr Aufmerksamkeit wurde den unterprivilegierten Bevölkerungsgruppen, allen voran den Aborigines, zugewandt. Auch die Handelspolitik wurde stärker den nationalen Interessen angepaßt, vor allem was die ausländische Kontrolle über die Ressourcen des Landes angeht.
Die Labor-Regierung wurde im Jahre 1975 in einem sensationellen Akt des Governor-Generals (Vertreter der Königin) entlassen, da ihr die Mehrheit zur Haushaltsbewilligung im Senat fehlte, und durch den damaligen Oppositionsführer M. Fraser ersetzt. Fraser gewann überlegen die darauffolgende Wahl wie auch zwei weitere Wahlen in den Jahren 1977 und 1980. Trotz der Rückkehr zu einer stärker von Geschäftsinteressen (v. a. Bergbau und Landwirtschaft) getragenen Politik und einer stärkeren Bindung an die USA und, wenn auch nur emotionell, an Großbritannien, hat Australien seine Rolle als unabhängige Macht im südostasiatisch-pazifischen Raum beibehalten. Australiens Innen- und Außenpolitik, von Europa aus kaum beachtet, ist im Wandel begriffen. Die Liberal/Country-Party-Koalition erlitt im konservativen Victoria nach 25 Jahren Amtszeit im Jahre 1982 eine hohe Niederlage, und der volkreichste Staat N. S. W. ist fest in den Händen der Labor Party. Die konservative Koalition in Canberra unter M. Fraser wurde 1983 von der Labor Party unter dem äußerst populären R. Hawke erneut geschlagen, und die neue Labor-Regierung versucht sehr viel stärker als ihre Vorgängerin eine unabhängige Politik zu führen, die auf den asiatischen und pazifischen Raum ausgerichtet ist. Es gilt für Australien eine Rolle zu finden, die seiner Bedeutung als kleine politische und wirtschaftliche Macht des Weltgeschehens, aber auch seiner überragenden Stellung innerhalb des pazifischen Raums gerecht wird. Erschwert wird diese Stellung durch die ethnischen und kulturellen Unterschiede, die Australien als eine Insel europäischer Kultur und Zivilisation innerhalb des indopazifischen Raums erscheinen lassen, wo gerade in der postkolonialen Zeit die Völker stark nach ihrer eigenen, oft auf traditionellen Werten beruhenden Identität suchen. Australien wird es schwer haben, dieser Rolle gerecht zu werden und den permanenten Konflikt zwischen Eigeninteressen und übergreifenden regionalen Notwendigkeiten zu lösen.

3. Neuseeland

3.1 Gestein und Relief

Neuseeland ist geologisch wie geschichtlich ein junges Land. Die starke Reliefierung und die weithin noch unausgereifte Kulturlandschaft, die durch ihr inneres Ungleichgewicht gekennzeichnete Wirtschaft des Landes wie auch die hohe Mobilität seiner Bevölkerung verdeutlichen beispielhaft die Jugendlichkeit der antipodischen Inselgruppe.

Hebung, Gestalt und *Formgebung* der neuseeländischen Inseln sind im wesentlichen der erst im Miozän/Altpliozän einsetzenden und im Jungpliozän/Altpleistozän sich voll entfaltenden Orogenese und der nachfolgenden Erosions- und Akkumulationstätigkeit zu danken. Ihrem *Aufbau* nach aber sind beide Inseln verschieden. Während auf der Südinsel vornehmlich Tiefen-, metamorphe (Phyllite, Schiefer, Gneise) und sehr alte Sedimentgesteine (Grauwacken) anstehen, herrschen auf der Nordinsel Sedimente kretazisch/tertiären/pleistozänen Alters vor; allein die von Südwest nach Nordost die Insel durchziehende Gebirgskette wird in wesentlichen Teilen von älteren Gesteinen (Grauwacken) aufgebaut. Daneben nehmen auf der Nordinsel, besonders im zentralen »Volcanic Plateau«, auch Ablagerungen des tertiären und quartären Vulkanismus weite Flächen ein (auf der Südinsel allein Otago und Banks Peninsula bedeutend). Im Zuge des labilen zirkumpazifischen Faltengürtels gelegen, dauern Erdbeben und vulkanische (Nordinsel) Tätigkeit auch heute noch an. Das Landschaftsbild beider Inseln ist so dank der jungen orogenen Vorgänge weithin durch hohe Gebirgsketten und ausgedehnte Berg- und Hügelländer mit tiefeingesenkten Tälern und weiten Becken (Otago) sowie durch einzelne größere Tief- bzw. Küstenebenen und zahlreiche kleinere Küstenhöfe gekennzeichnet. Die »Southern Alps« und das ihnen gegen Osten vorgelagerte Bergland (»High Country«) bilden das Rückgrat der Südinsel. Der Hauptkamm (Mt. Cook 3764 m) ist stark vergletschert. Der glaziale Formenschatz bezeugt die ausgedehnte pleistozäne Vergletscherung der Südinsel. Jenseits der Cook Strait erlangt der zentrale Gebirgskörper nicht mehr die Höhe und Breite wie auf der Südinsel; dafür treten hier zahlreiche Vulkankegel (Mt. Ruapehu, Mt. Egmont u. a.) in den Vordergrund.

3.2 Entdeckung und Erschließung

In der Mitte bzw. zu Ende des 1. nachchristl. Jahrtausends landeten die ersten *Polynesier* (Moa-Jäger) an den Küsten Neuseelands; um 1350 folgten – gleichfalls aus der polynesischen Inselwelt – die Maori. Wohl erreichte 1642/43 Abel Tasman neuseeländische Küstengewässer, doch erst 1769 betrat James Cook als *erster Europäer* neuseeländischen Boden (erstmalige Umsegelung 1769/70). Die allmähliche Einbeziehung in den europäischen Wirtschafts- und Kulturraum (durch Robben- und Walfänger, Kaufleute und von 1814 an auch durch Missionare) erfolgte, zunächst nur punktförmig, erst von der Wende des 18. zum 19. Jahrhundert an. Das in den dreißiger Jahren des 19. Jahrhunderts rasch wachsende wirtschaftliche Interesse führte 1839 infolge der engen Beziehungen zu Port Jackson (Sydney) vorübergehend zur Angliederung an New South Wales.

Weite Teile waren in der Mitte des 19. Jahrhunderts von Urwald (»bush«) oder Buschwerk (»scrub«) bedeckt. Allein auf der Südinsel war das Land östlich der Southern Alps weithin offen (Tussockgras). Soweit dieses von den Europäern angetroffene Landschaftsbild nicht mehr dem ursprünglichen Zustand entsprach, war es wohl weniger von den Maori als vielmehr von den Moa-Jägern verändert worden. Ihnen wird die Ausweitung der Tussockgrasfluren durch das Legen von Bränden (zur leichteren Jagd der Moas) zugeschrieben. Die Wirtschaftsweise der vornehmlich auf der Nordinsel wohnenden Maori, gekennzeichnet durch Fisch- und Vogelfang und gartenbaumäßigen Anbau von Feldfrüchten, hatte einen eher stabilisierenden Einfluß auf den Naturhaushalt. Das heutige Bild der Kulturlandschaft ist dem Eingriff der europäischen Siedler zu danken und somit das Ergebnis einer nur etwas mehr als einhundertjährigen Entwicklung.

Die *planmäßige Kolonisation* Neuseelands durch europäische Siedler setzte 1840 (1800 erst etwa 50, 1839 etwa 2000 Europäer) unter der Leitung der New Zealand Company und kirchlicher Gesellschaften ein. Während sich das Interesse der Europäer in den ersten Jahrzehnten des 19. Jahrhunderts noch vornehmlich auf den Norden der Nordinsel und auf die Südküste der Südinsel (Robben- und Walfang, älteste europäische Dauersiedlung im Dusky Sound 1792/93) gerichtet hatte, wurden die ersten Kolonien (»settlements«) vornehmlich beidseits der Cook Strait angelegt. In ihrer Bedeutung wurden sie jedoch sehr bald von den nur wenige Jahre später an der Ostküste der Südinsel begründeten Siedlungen übertroffen. Der weithin offene Charakter der Landschaften östlich der Southern Alps begünstigte ihre schnelle

Inbesitznahme; das rasche Bevölkerungswachstum in den Goldfeldern Otagos und der »West Coast« in den sechziger Jahren beschleunigte ihre wirtschaftliche Inwertsetzung. Infolge vielfach fehlender Überlandverbindungen entwickelten sich die einzelnen Küstenplätze weitgehend unabhängig voneinander zu unbestrittenen Mittelpunkten ihres jeweiligen Um- und Hinterlandes.
Die *Erschließung* der einzelnen Landesteile wurde durch die unterschiedlichen naturräumlichen Gegebenheiten sowie durch die fehlenden bzw. gegebenen Auseinandersetzungen mit den Maori begünstigt bzw. erschwert oder (zunächst) verhindert. Sie wurde in der Folgezeit durch die (sozial-)politischen Kräfte und wirtschaftlichen Entwicklungstendenzen beschleunigt oder vorübergehend hintangehalten. Phasen der Kolonisation oder des inneren Ausbaus standen solchen der Stagnation gegenüber; die Kulturlandschaft ist daher differenziert.

3.3 Die Bevölkerung

3.3.1 Herkunft, Wachstum und natürliche Struktur

Neuseeland ist zwar die volkreichste Inselgruppe im Südpazifik, doch seine durchschnittliche Bevölkerungsdichte ist gering (1981 11,8 EW/km^2). (Neuseeland im politischen Sinne umfaßt alle Inseln zwischen 33° und 53° S und zwischen 162° O und 173° W und die Kermadec Islands – insgesamt 268808 km^2 – sowie, als »overseas territory«, die Tokelau Islands/10,1 km^2. Die Cook Islands mit insgesamt etwa 240 km^2 werden seit 1965 von Neuseeland nur noch nach außen hin vertreten, desgleichen seit 1974 Niue Island. Überdies beansprucht Neuseeland seit 1923 alles Land südlich 60° S zwischen 160° O und 150° W als »Ross Dependency«, etwa 414400 km^2.) Im Laufe von nur etwas mehr als hundert Jahren stieg die Bevölkerungszahl von etwa 115000 in den Jahren 1857/58 (erste allg. Volkszählung) auf 3,2 Mio. (1981); die durchschnittliche jährliche Bevölkerungszunahme betrug – von Kriegs- und Zwischenkriegsjahren abgesehen – zumeist mehr als 2,0 %. Gegenüber den anderen Inselgruppen im Südpazifik ist Neuseeland aber im besonderen durch das Vorherrschen des europäischen Bevölkerungselementes ausgezeichnet. Den fast 2,7 Mio. Europäern (1981 nahezu 85 % der Gesamtbevölkerung) stehen etwa 280000 Maori (8,9 %), etwa 90000 Polynesier (2,8 %) und etwa 50000 Angehörige anderer

Rassen (im besonderen Chinesen und Inder) gegenüber. Die Maori sind (wie auch die anderen völkischen Minderheiten) voll in den Staat integriert. Die ihnen zugesicherten Rechte werden vom neuseeländischen Staat gewissenhaft beachtet.
Die schnelle Zunahme der Bevölkerung in der Mitte des 19. Jahrhunderts (um 1880 bereits 0,5 Mio. EW) war vor allem der starken Zuwanderung aus Übersee zu danken. Nach 1880 wurde das Wachstum (1908: 1 Mio. EW, 1952: 2 Mio. EW) aber vornehmlich, zeitweise sogar ausschließlich vom Geburtenüberschuß getragen (nach dem Zweiten Weltkrieg bis Anfang der sechziger Jahre mehr als 17‰, in der Mitte der siebziger Jahre auf unter 10‰ fallend; 1981 8,1‰). Allein in Jahren starken wirtschaftlichen Wachstums (wie etwa zwischen der Jahrhundertwende und dem Ersten Weltkrieg und abermals nach dem Zweiten Weltkrieg) trug die Einwanderung in stärkerem Maße zum Bevölkerungswachstum bei (zwischen 1951 und 1966 zu etwa 20 bis 30%). Die Wanderungsbilanz der Jahre 1959/60, 1967/69 und der letzten Jahre (seit 1975/76) verdeutlicht jedoch andererseits den ungünstigen Einfluß auch kurzfristiger Rezessionen auf das Wanderungsgeschehen. Die Einwanderung wurde anfänglich von den Kolonisationsgesellschaften, später von den Provinzialregierungen (bis 1876) und der Zentralregierung finanziell unterstützt. In den siebziger Jahren des 19. Jahrhunderts etwa wurden in unmittelbarem Zusammenhang mit dem großzügigen Ausbau des neuseeländischen Eisenbahn- und Straßennetzes mehr als 1 Mio. £ für die Einwanderung von mehr als 100 000 Personen zur Verfügung gestellt. Nach dem Zweiten Weltkrieg kamen aufgrund eines Rahmenplanes (1947) allein mit Hilfe des neuseeländischen Staates bis 1975/76 mehr als 100 000 Einwanderer (vornehmlich Facharbeiter und anfänglich auch nur britische Staatsbürger) als »assisted immigrants« ins Land.
Der weitaus größte Teil aller Einwanderer ist zu allen Zeiten britischer Abstammung gewesen. Die stärkste völkische Minderheit bildeten im 19. Jahrhundert deutsche Einwanderer, nach dem Zweiten Weltkrieg vor allem Holländer (z. T. direkt aus Indonesien zugewandert). Die Nachfahren der im 19. bzw. zu Beginn des 20. Jahrhunderts eingewanderten Minderheiten nehmen z. T. eine wirtschaftliche und soziale Sonderstellung ein. So tragen etwa Dalmatiner den Weinbau in Central Auckland, Italiener im besonderen den Tomatenanbau in Nelson; die Chinesen leben vor allem als Gemüsegärtner, als Obst- und Gemüsehändler, als Besitzer kleiner Wäschereien und Restaurants in den Städten bzw. in ihrem unmittelbaren Umland.
Die infolge des hohen Geburtenüberschusses (30–40‰) unzurei-

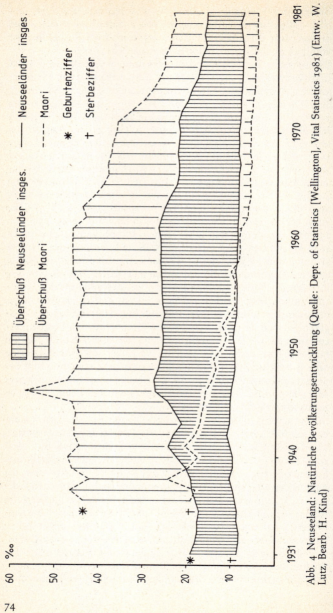

Abb. 4 Neuseeland: Natürliche Bevölkerungsentwicklung (Quelle: Dept. of Statistics [Wellington], Vital Statistics 1981) (Entw. W. Lutz, Bearb. H. Kind)

chende wirtschaftliche Grundlage vieler pazifischer Inseln und der gleichzeitig gegebene Arbeitskräftebedarf Neuseelands haben seit dem Zweiten Weltkrieg eine dritte polynesische Einwanderungswelle ausgelöst. Seit den fünfziger Jahren wanderten einige zehntausend Bewohner (West)Samoas, der Cook-Inseln, Tokelaus, Niues und Fijis nach Neuseeland ein (1981: 88 827 Polynesier). Die polynesische Zuwanderung wird durch die staatliche Bindung der genannten Inseln und Inselgruppen an Neuseeland bzw. durch ihre Zugehörigkeit zum britischen Commonwealth begünstigt. Ihre Zielgebiete sind die Städte; 1976 lebten 92,4 % der insg. 61 354 Polynesier (sogar 96,3 % aller Niueans und 95,7 % aller Samoans) in den 17 Stadtregionen (urban areas), allein mehr als 60 % in Auckland. Diese Zuwanderung hat besonders in Auckland zu einer starken Viertelbildung der Polynesier bzw. ihrer einzelnen Gruppen geführt. Sie sind vornehmlich als ungelernte Arbeiter(innen) in der Industrie sowie im Bau-, Transport- und Dienstleistungsgewerbe tätig.

Die Bevölkerung Neuseelands ist dank der bislang vergleichsweise hohen Geburtenziffer und der Zuwanderung fast ausschließlich niederer und mittlerer Altersjahrgänge durch einen günstigen Altersaufbau ausgezeichnet. 29,7 % (1976) der Bevölkerung sind jünger als 15 Jahre, nur 13,0 % 60 Jahre und älter. Diese günstige Altersgliederung beeinflußt ihrerseits Geburten- (bis Anfang der sechziger Jahre mehr als 26‰, bis Anfang der siebziger Jahre mehr als 22‰, seit Ende der siebziger Jahre nurmehr etwas mehr als 16‰) und Sterbeziffern (seit vielen Jahren unter 9‰) in vorteilhafter Weise. Infolge des guten Gesundheitswesens ist die Säuglingssterblichkeit bereits zu Beginn der sechziger Jahre unter 20‰, in der Mitte der siebziger Jahre unter 15‰ gefallen (1981 11,65‰). Die Sexualproportion ist 1968 erstmals auf über 1000 gestiegen (1971: 1001 Frauen auf 1000 Männer). Unter den einzelnen Bevölkerungsgruppen besitzen die Chinesen aufgrund des bis 1939 strikt gehandhabten Zuwanderungsverbots für Chinesinnen die ungünstigste Geschlechtergliederung (im 19. Jahrhundert zumeist weit unter 25, 1936 noch 210, 1981 929 Frauen auf 1000 Männer).

Das starke Wachstum der Maoribevölkerung ist die auffälligste Erscheinung der letzten Jahrzehnte. Zu Beginn der europäischen Kolonisation betrug die Zahl der *Maori* aufgrund der Schätzung Dieffenbachs etwa 115 000. In den folgenden Jahrzehnten fiel sie infolge erhöhter Sterblichkeit, wohl auch abnehmender Geburtenzahlen und starker Verluste in Stammesfehden und in den »Maori Wars« so sehr, daß man mit ihrem Aussterben rechnete (1896 nur noch etwa 42 000). Die Zunahme der Maoribevölkerung seit der Jahrhundertwende – von 1901 bis 1981 hat sich ihre Zahl mehr als versechsfacht, allein in den letzten 25 Jahren (1956–1981) mehr als verdoppelt – ist allein dem starken natürlichen Wachstum infolge fallender Sterblichkeit (auch stark fallender Säuglingssterblichkeit) bei nach wie vor hohen Geburtenzahlen zu danken. Der Geburtenüberschuß betrug seit Ende des Zweiten Weltkrieges bis Anfang der siebziger Jahre stets mehr als 30‰, zeitweise sogar mehr als 35‰ (Mitte der siebziger Jahre ist die Geburtenziffer unter 25‰ gefallen; 1980: 22,3‰). 40% aller Maori sind jünger als 15 Jahre, nur 3,9% sind 60 Jahre und älter (1981). Infolge dieser Jugendlichkeit liegt der Anteil der erwerbstätigen Maori (an der Gesamtzahl dieser Bevölkerungsgruppe) weit unter jenem der Gesamtbevölkerung.

3.3.2 Räumliche Verteilung

Nahezu drei Viertel der Bevölkerung des Landes leben auf der Nord- (73,1%, 144727 km^2), nur wenig mehr als ein Viertel auf der Südinsel (150521 km^2). Stewart Island (1746 km^2) und die Chatham Islands (963 km^2) sind nur schwach bevölkert. Die Bevölkerung ist auf den beiden Hauptinseln eher punktförmig und bandartig denn flächenhaft verteilt. Bevorzugte Siedlungsräume sind die schmalen Küstenebenen und Küstenhöfe und schmale Tal- und Senkungszonen; die Hügel- und besonders Bergländer sind nur dünn besiedelt. Die zunehmende Verstädterung hat den Gegensatz zwischen den wenigen, zumeist an der Küste gelegenen Siedlungsschwerpunkten und dem übrigen Raum verschärft. Mehr als 80% der Bevölkerung leben in Städten bzw. in stadtähnlichen Siedlungen (1981). 1926 wohnte kaum mehr als die Hälfte (54,4%) der Gesamtbevölkerung in den derzeit 17 »urban areas« des Landes, 1981 belief sich dieser Anteil auf nicht weniger als 67,4%; allein 46,9% der insg. 3,2 Mio. Bewohner sind in den vier größten Stadtregionen konzentriert (Auckland, Wellington und Hutt, Christchurch und Dunedin, jeweils mehr als 100000 EW). Die Stadtkörper wachsen außerordentlich schnell, dies um so mehr, als der weitaus größte Teil der Bevölkerung in (zumeist ebenerdigen) Einfamilienhäusern wohnt.

Die Hauptansiedlungsgebiete der Maori liegen seit alters auf der Nordinsel (nahezu 95% aller Maori; ihr Anteil an der Gesamtbevölkerung beträgt hier etwa 10%, auf der Südinsel hingegen nur etwa 1,5%) nördlich des »Volcanic Plateau«, an der Ost- und an der Westküste. An der »East Coast« hat das starke Vorherr-

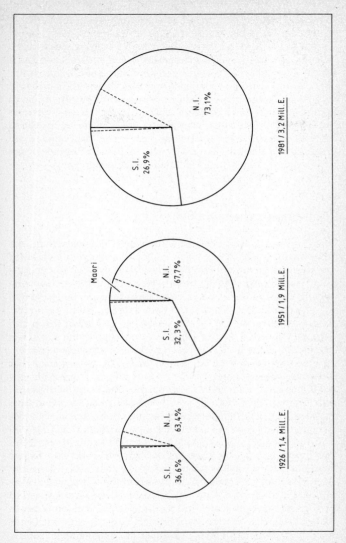

Abb. 5 Neuseeland: Bevölkerungsverteilung (Quelle: N. Z. Census of Population and Dwellings, 1956 [vol. X] und 1981 [Regional Statistics Series, Bulletin 10]) (Entw. W. Lutz, Bearb. H. Kind)

schen der Maoribevölkerung (auf dem Lande weit mehr als 50 %) nach dem Zweiten Weltkrieg die Abwanderung europäischer Siedler begünstigt. Der Einsatz von Maori während des Zweiten Weltkrieges in Industriebetrieben löste eine zunehmende Landflucht auch dieser Bevölkerungsgruppe aus. 1962 wohnten nur 10,1 %, 1956 23,9 %, 1971 jedoch schon mehr als 50 % und 1976 56,3 % der insg. 270 035 Maori in den »urban areas«. Allein in Auckland leben mehr als 60 000 Maori (1976). Mit der Verstädterung der Maori geht gleichzeitig auch eine stärkere Vermischung mit der europäischen Bevölkerung einher. Die Maori sind in den Städten vornehmlich als (ungelernte) Arbeiter tätig; sie finden sich selten in gehobeneren sozialen Stellungen.

3.4 Landwirtschaft und Besiedlung

Die *Landwirtschaft* bildet die Grundlage der neuseeländischen Wirtschaft. Obgleich nur 9,2 % (1976) aller Beschäftigten in ihr tätig sind, sind etwa 68 % (1981/82) des Exporterlöses der Ausfuhr von Fleisch, Wolle, Butter, Käse und anderen landwirtschaftlichen Produkten zu danken. Mehr als 60 % der gesamten Agrarproduktion werden exportiert (1976: Wolle ca. 90 %, Lammfleisch 90 %, Käse 87 %, Butter 77 %, Rindfleisch 71 %). Neuseeland ist der größte Exporteur von Fleisch und Molkereierzeugnissen und nach Australien der zweitgrößte Exporteur von Wolle. Der neuseeländischen Wirtschaft ist es nur dank der Leistungsfähigkeit ihrer Landwirtschaft möglich, Rohstoffe, Investitionsgüter und Halbfertigprodukte und auch Fertigwaren einzuführen. Weite Bereiche des sekundären und vor allem auch des tertiären Wirtschaftssektors werden unmittelbar von der Landwirtschaft getragen. Die Nahrungsmittelindustrie (1978/79 22,2 % aller Industriebeschäftigten und 21,5 % der industriellen Nettoproduktion) verarbeitet in starkem Maße für den Export bestimmte Agrarprodukte; dank der starken Mechanisierung und Motorisierung der Landwirtschaft sind einzelne Zweige der Investitionsgüterindustrie und des Reparaturwerkstättengewerbes aufs engste mit diesem Wirtschaftszweig verflochten. Ebenso dienen zahlreiche Zweige des Dienstleistungsgewerbes der Landwirtschaft. Bei der starken Abhängigkeit des gesamten Außenhandels von der Landwirtschaft und der starken Verflechtung weiter Bereiche der Industrie und des Dienstleistungssektors mit der Landwirtschaft beeinträchtigen selbst kurzfristige Absatzschwierigkeiten und/oder geringere Preise die gesamte Wirtschaft.

Die Weite des Raumes und das gemäßigte Klima der neuseeländischen Inseln begünstigten die Entwicklung der Landwirtschaft. Im einzelnen aber wurde sie durch technische Entwicklungen, durch (sozial-)politische Veränderungen, durch die jeweiligen weltwirtschaftlichen Gegebenheiten und insbesondere auch durch die enge Verflechtung der Wirtschaft mit jener Englands bestimmt. Die offenen Landschaften vornehmlich der Südinsel begünstigten in der Mitte des 19. Jahrhunderts gleich jenen der anderen Süd-Kontinente die schnelle Ausweitung der extensiven Schafweidewirtschaft (Wolle); allein in den an den Küsten gelegenen Kerngebieten der ersten »settlements« wurden in Gemischtbetrieben (Milch-)Viehhaltung und Ackerbau betrieben. Günstige Absatzverhältnisse in Übersee, die allgemeine technische Entwicklung und die zunehmende Erschließung des Landes durch Bahnen ermöglichten in den siebziger Jahren den großflächigen Weizenanbau in den Canterbury Plains. Die weitere Entwicklung der neuseeländischen Landwirtschaft wurde in entscheidender Weise von der Entwicklung des Gefrierverfahrens und von der Möglichkeit des Exports von Fleisch und Molkereierzeugnissen (besonders nach Großbritannien) bestimmt (erstmals »Dunedin« 1882). Sie erlaubte nicht nur die Intensivierung der Landwirtschaft in den Altsiedelgebieten, sondern schuf gleichzeitig auch die Voraussetzung für die großflächige Erschließung der Waldgebiete (besonders auf der Nordinsel) und für die Durchführung bedeutsamer sozialpolitischer Maßnahmen vom Ende des 19. Jahrhunderts an (»Closer Settlement Scheme«: Errichtung zumeist kleiner Farmen durch Aufteilung großer »stations«). Die zunehmende Technisierung und Motorisierung der Landwirtschaft, die Anwendung neuer wissenschaftlicher Verfahren in der Tierhaltung und in der Bodenbearbeitung, die Verwendung von Kunstdünger (Beteiligung an der Treuhandverwaltung der wegen ihrer Phosphatlagerstätten bedeutsamen Insel Nauru 1919!) und die erfolgreiche Bekämpfung der Kaninchenplage führten von den dreißiger Jahren an, besonders aber nach dem Zweiten Weltkrieg im Zusammenspiel mit gesetzgeberischen Maßnahmen (Neuordnung des Bodenrechts 1948) und den im allgemeinen günstigen Exportbedingungen zu einer bedeutenden Intensivierung der Landwirtschaft.

Im Zuge dieser Entwicklung wurde nicht nur von den siebziger Jahren des 19. Jahrhunderts an die »frontier« in einzelnen Phasen gegen das Waldland vorgeschoben, sondern auch die Agrarlandschaft in den bereits bestehenden Siedlungsräumen nachhaltig differenziert. Die letzte Phase der Kolonisation setzte im »Volcanic Plateau« (im Inneren der Nordinsel) wie auch anderenorts

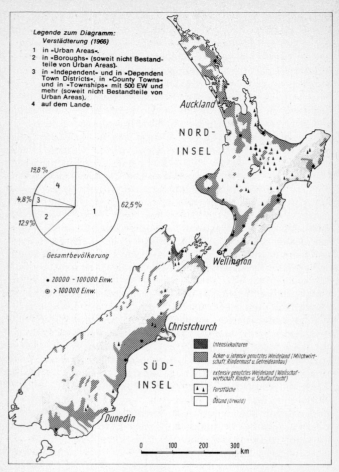

Abb. 6 Neuseeland: Landnutzung (Diagramm: Verstädterung) (Entw. W. Lutz)

(etwa in North- und in Southland) erst in den ausgehenden dreißiger Jahren, vor allem aber nach dem Zweiten Weltkrieg ein. Sie wird vom Staat getragen. Diese kolonisatorische Tätigkeit erhielt entscheidende Impulse durch die Arbeitslosigkeit während der Weltwirtschaftskrise und durch die Rückkehr von Kriegsteilnehmern. Gleichzeitig aber wurden nach dem Zweiten Weltkrieg große, zuvor nur extensiv genutzte oder wieder verfallene Weideflächen im Hügel- und im Bergland unter starkem Kapitaleinsatz und Anwendung neuer technischer Hilfsmittel kultiviert. In den Jahren 1941 bis 1981 wurden allein durch den neuseeländischen Staat mehr als 760000 ha Land entwickelt und in mehr als 4500 Farmen aufgeteilt.

Die Intensivierung der Landwirtschaft ist in den (Küsten-)Ebenen und Küstenhöfen beider Inseln am augenfälligsten; die Durchsiedlung ist hier am weitesten fortgeschritten. Dank der vergleichsweise hohen Flächenerträge auf der Grundlage intensiver Milch-, Schaf- (vor allem Mastlamm-) und Rindermastwirtschaft, stärkerem Ackerbau und auch Sonderkulturen herrschen hier kleine bis mittelgroße Betriebe vor. Im Hügel- und Bergland hingegen haben sich die kolonisatorischen Maßnahmen bislang nicht in gleicher Weise durchsetzen können; ihre Stoßkraft ist hier in den einzelnen Entwicklungsphasen infolge ungünstigerer natürlicher Gegebenheiten stets aufs neue erlahmt. Nach dem Zweiten Weltkrieg ist die Landwirtschaft jedoch auch in den Hügelländern beider Inseln dank der Verwendung von Kunstdünger und dem Einsatz von (Kleinst-)Flugzeugen intensiviert worden. An die Stelle von Schafwollwirtschaft und -aufzucht tritt auch hier auf der Grundlage stärkeren Feldfutterbaus mehr und mehr die Mastlammwirtschaft. Die Bergländer werden nach wie vor extensiv genutzt (vornehmlich Schafwollwirtschaft). Die Bestockziffern abgelegener »stations« im High Country der Südinsel betragen nicht selten nur noch ein Hundertstel jener auf intensiv genutzten Farmen in den vorgelagerten Küstenebenen.

Auf der Nordinsel haben sich dank dem besonders günstigen Klima große Milchfarmgebiete entwickelt. In den gegen Norden und Westen gelegenen Landschaften werden mehr als 80% des gesamten Milchviehs des Landes gehalten. In den östlichen, insgesamt etwas trockeneren Landstrichen herrscht Schafwirtschaft vor. Die stärkeren klimatischen Unterschiede auf der Südinsel haben hier zu einer Differenzierung der Landwirtschaft und der Agrarlandschaft beidseits der Southern Alps geführt. Während die reichlichen Niederschläge an der »West Coast« (mehr als 2500 mm/Jahr) eine ackerbauliche Nutzung gleichsam verbieten, haben sich im Osten der Südinsel, weithin im Regenschatten der Southern Alps, in den Canterbury Plains und in den Küstenlandschaften Otagos und Southlands Ackerbaulandschaften entwickelt. Daneben aber wird hier auf der Grundlage starken

Feldfutterbaus intensive Rinder- und Schafmast betrieben. Das gleichfalls im Regenschatten gelegene High Country dient vornehmlich der Wollschafwirtschaft und der Rinderaufzucht. In einigen klimatisch und z. T. auch edaphisch besonders bevorzugten Gegenden (zumeist Küstenhöfen) hat sich der stärkere Anbau von Obst und sonstigen Intensivkulturen durchgesetzt. Trotz der geringen Temperaturunterschiede zwischen den nördlichen und südlichen Landesteilen (im Jahresmittel etwa 5 °C; im Sommer nahezu aufgehoben) ist der Anbau von Wein und subtropischen Kulturpflanzen (u. a. Zitrusfrüchten) nur in den Küstenlandschaften der Nordinsel möglich (Bay of Plenty, Central Auckland, Northland). Bevorzugte Obstanbaugebiete sind Central Otago, Nelson und Hawke's Bay. Hohe Sonnenscheindauer und windarmes Klima begünstigen den Anbau von Tabak und Hopfen im Hinterland der Tasman Bay (Nelson). Der Gemüseanbau konzentriert sich im wesentlichen auf das Umland der Großstädte und – im Anschluß an verarbeitende Betriebe der Konservenindustrie – auf die Heretaunga Plains (Hawke's Bay). Die Landwirtschaft war nahezu von Anbeginn an markt- und exportorientiert. In den sechziger Jahren des 19. Jahrhunderts lieferten viele Farmen in den Kerngebieten der ersten »settlements« Fleisch und Milchprodukte in die volkreichen Goldfelder Otagos, der »West Coast« und auch Australiens. Dem Export von Wolle und Weizen nach Übersee folgte von den achtziger/neunziger Jahren an auch der Export von Fleisch und Molkereierzeugnissen. Die trotz der großen Marktferne gegebene Konkurrenzfähigkeit der Landwirtschaft beruht in erster Linie auf ihrer Leistungsfähigkeit. Die Flächenerträge sind wohl in weiten Teilen Neuseelands gering, doch der Produktionswert pro landwirtschaftlicher Arbeitskraft ist außerordentlich hoch.

Die *Viehwirtschaft* ist der tragende Zweig der Landwirtschaft; aus ihr bezieht der größte Teil der etwa 70 000 landwirtschaftlichen Betriebe (1980) sein Einkommen. Die weithin nur kurzfristig unterbrochene Vegetationszeit ermöglicht in Verbindung mit einer ergänzenden Fütterung einen ganzjährigen Weidegang. Dank zunehmender Intensivierung ist der Viehbestand auf nahezu 70 Mio. Schafe und etwa 8,1 Mio. Rinder (1980) angewachsen und hat sich somit nach dem Zweiten Weltkrieg nahezu verdoppelt. Der weitaus größte Teil der von land- und forstwirtschaftlichen Betrieben in Besitz genommenen Fläche (etwa 21,2 Mio. ha – nahezu ⅕ der Gesamtfläche des Landes) dient der (wenn auch weithin nur extensiven) Weide; nicht weniger als 88% des in Kultur genommenen Landes (1980 etwa 10,8 Mio. ha) sind eingesät. Darüber hinaus nimmt der Feldfutterbau den größten

Teil des Ackerlandes ein (1980 etwas mehr als 1,0 Mio. ha); nur etwas mehr als 200 000 ha entfallen auf den Anbau von Getreide. Die Getreideanbaufläche hat im Laufe der letzten hundert Jahre in Abhängigkeit von der Pferdehaltung (Hafer) bzw. von den (Welt-)Marktpreisen (Weizen) stark geschwankt.

Die Zahl der Farmen hat insbesondere um die Jahrhundertwende mit der starken Kolonisationstätigkeit im Waldland der Nordinsel und der Aufteilung großer »stations« (vornehmlich auf der Südinsel) außerordentlich stark zugenommen; von 1881 bis 1911 stieg sie um mehr als das Dreifache auf nahezu 74 000 an, Mitte der fünfziger Jahre erreichte sie mit mehr als 90 000 ihren Höchststand. Seither vermindert sich die Zahl der Farmen durch den Abgang meist kleinerer Betriebe stetig (1980: etwa 71 500). Der Staat unterstützt die Zusammenlegung von Betrieben durch zinsgünstige Darlehen. Mehr als 40 % (40,5 %) aller Betriebe sind größer als 100 ha, 3,6 % größer als 1000 ha (zumeist im Bergland).

Die vollständige Entwaldung weiter Flächen zur Anlage oft nur außerordentlich extensiv und nicht selten auch nur vorübergehend genutzter Weiden und die Überbestockung durch Schafe, Rinder, Kaninchen und Rotwild lösten, durch die im allgemeinen starke Reliefenergie und die hohen Niederschläge begünstigt, weithin eine starke *Bodenerosion* aus, die vielerorts zu schweren Schäden am Kulturland führte. Seit Beginn des Zweiten Weltkriegs (1941) versucht man mit gesetzgeberischen Maßnahmen und beträchtlichen finanziellen Mitteln durch Aufforstung und Sperrung extensiv genutzten Landes der Bodenerosion zu wehren.

Unter dem Eindruck der starken Waldverwüstungen setzte nach dem Ersten Weltkrieg eine starke Belebung der *Forstwirtschaft* ein. Von der Mitte der zwanziger Jahre an wurden große Flächen bisher ungenutzten Landes aufgeforstet (vornehmlich Pinus radiata), während der Weltwirtschaftskrise durch den Einsatz billiger Arbeitskräfte begünstigt. Diese Aufforstungen der Zwischenkriegsjahre führten vom Beginn der fünfziger Jahre an vor allem auf der Nordinsel zur Errichtung großer holzverarbeitender Betriebe und gleichzeitig auch zum Aufschwung des Hafens von Tauranga. Die Notwendigkeit einer kontinuierlichen Belieferung der Holzindustrie und gute Absatzmöglichkeiten für Holz, Zellstoff und Papier (Australien, Japan) leiteten um 1960 eine zweite Aufforstungsperiode ein. Dank staatlicher Hilfe fühlten sich nun auch Farmer ermutigt, extensiv genutztes Land aufzuforsten. Etwa 880 000 ha (1980, 8,2 % der in Kultur genommenen Fläche) sind bereits aufgeforstet, davon mehr als 40 % auf dem »Volcanic

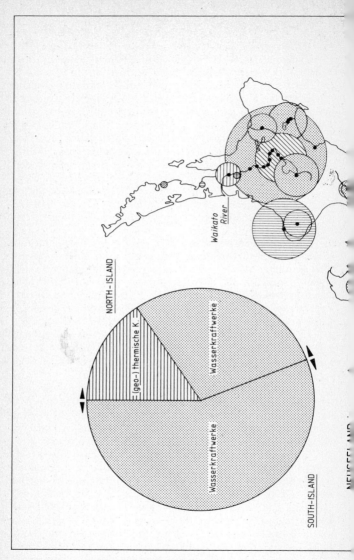

Abb. 7 Neuseeland: Elektrizitätswirtschaft
(Quelle: Report of the Ministry of Energy [1981/82, März])
(Entw. W. Lutz, Bearb. H. Kind)

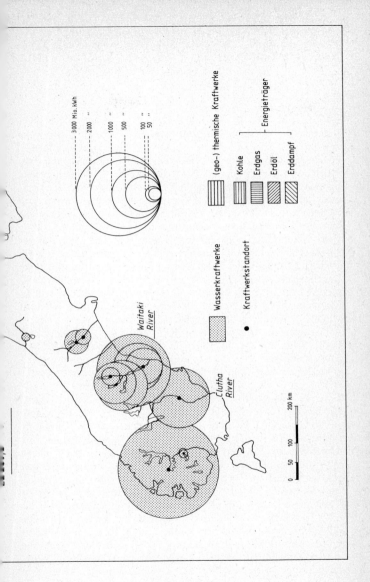

Plateau«. Der Anteil einheimischer Hölzer am Gesamteinschlag ist im Laufe der Nachkriegsjahre von etwa 70 % auf nahezu 5 % (1980/81) gefallen.

3.5 Bergbau und Industrie

Seit Beginn des Jahrhunderts ist *bergbaulich* nur die Gewinnung von Steinen, Sanden und Erden und von Kohle (1981 2,2 Mio. t) bedeutungsvoll. Die Strukturkrise des Kohlebergbaus hat zu einer spürbaren Schwächung der Wirtschaftskraft der Bergbaugebiete geführt. (Gold-)Seifenwäscherei (und Goldbergbau), in den sechziger Jahren des 19. Jahrhunderts Ursache rascher (wenn auch zumeist nur vorübergehender) Bevölkerungszunahme in einigen Landesteilen, sind heute bedeutungslos.
Dem Mangel an mineralischen Rohstoffen steht ein reiches Angebot an *elektrischer Energie* gegenüber (1981/82 22,2 Mrd. kWh). Die reichlichen Niederschläge und die weithin günstigen Gegebenheiten des Reliefs haben einen starken Ausbau der Wasserkräfte für große Kraftwerke und Kraftwerksketten ermöglicht. Nicht weniger als 84,6 % der tatsächlichen Leistung entfallen auf Hydroelektrizität, weitere 4,9 % auf das in der Taupo Volcanic Zone gelegene geothermische Kraftwerk von Wairakei (seit 1958). Eine 610 km lange 500-KV-Leitung, die die Cook Strait quert, dient seit 1965 dem Energieausgleich zwischen der energiereicheren Süd- und der volk- und industriereicheren Nordinsel.
Gewerbe und Industrie beschäftigen mehr als doppelt soviel Arbeitskräfte wie die Landwirtschaft (1976 24,0 % gegenüber 9,2 %, weitere 8,8 % im Baugewerbe). Anders als die Landwirtschaft hat die Industrie bis in die jüngste Vergangenheit ausschließlich für den heimischen Markt produziert. Nach Jahren einer stärkeren Industrialisierung und intensiver Bemühungen um den Export entfallen heute etwa 25 % des gesamten Exports (1981/82 etwa 6,6 Mrd. NZ$ f. o. b.) auf die Ausfuhr industrieller Erzeugnisse (zu Beginn der siebziger Jahre noch kaum mehr als 5 %). Die Anfänge der Industrie reichen in die vierziger Jahre des 19. Jahrhunderts zurück, doch durch mehr als ein Jahrhundert fehlten jene Voraussetzungen und Kräfte, die eine wirkliche Industrialisierung ermöglicht hätten. Die bäuerliche Besiedlung, die geringe Größe des Marktes und der Wunsch, eine neue Gesellschaft – ohne die negativen Seiten einer Industriegesellschaft – zu begründen, standen anfänglich einer Industrialisie-

rung entgegen. So dienten anfangs allein kleinere Gewerbebetriebe der Aufbereitung landwirtschaftlicher Produkte und der Versorgung mit Nahrungsmitteln und Getränken, Baustoffen, Ersatzteilen usw. In der Folge wurde die Entwicklung der Industrie durch das allgemeine wirtschaftliche Wachstum, den Strukturwandel der Landwirtschaft, die Technisierung und Motorisierung und den Wunsch bzw. die Notwendigkeit (Zweiter Weltkrieg), sich in stärkerem Maße mit industriellen Gütern zu versorgen, begünstigt. Die starke Abhängigkeit von Großbritannien erwies sich aber als nachteilig. Dies macht auch die strukturelle Unausgeglichenheit der neuseeländischen Industrie verständlich. Der komplementäre Charakter der neuseeländischen Wirtschaft (Produktion preiswerter Nahrungsmittel unter günstigen Bedingungen für das Mutterland, gleichzeitig aufnahmefähiger Markt für britische Industrieerzeugnisse) hatte bis in die Mitte dieses Jahrhunderts allein die stärkere Entwicklung einzelner weniger Industriezweige ermöglicht. Die Industrie ist nach wie vor durch die starke Verflechtung mit der Landwirtschaft, durch das Fehlen einer stärkeren Grundstoff- und Investitionsgüterindustrie und durch eine ungünstige Betriebsgrößenstruktur gekennzeichnet (1978/79 beschäftigten nur 5,0 % der insg. etwa 9400 Betriebe 100 Arbeitskräfte und mehr). Als Folge der oftmals starken Rohstofforientierung (»freezing works«, Molkereien, Käsereien usw.) und der durch die Kammerung des Siedlungs- und Wirtschaftsraumes bedingten Ausrichtung auf zahlreiche kleinere Märkte sind die Betriebe vieler Industriezweige weit gestreut und oftmals sehr klein. Erst seit Ende der fünfziger Jahre bemüht sich Neuseeland ernsthaft um den Aufbau einer Grundstoff- und Investitionsgüterindustrie. Erste Schritte waren die Errichtung einer Raffinerie bei Whangarei (1964), zweier Eisen- und Stahlwerke in und bei Auckland und einer Aluminiumhütte bei Bluff (1971, Südküste der Südinsel, Tonerde von Queensland!). Bereits in den fünfziger Jahren wurden auf der Nordinsel große Sägewerke, Zellstoffabriken und Papiermühlen errichtet. Der Nettoproduktionswert der Industrie stieg von etwa 140 Mio. NZ$ (1948/49) über etwa 320 Mio. NZ$ (1958/59) und etwa 760 Mio. NZ$ (1968/69) auf etwa 2,5 Mrd. NZ$ (1978/79).

3.6 Verkehr, Städte und Außenhandel

3.6.1 Erwerbs- und Sozialstruktur

Der *Fremdenverkehr* gewinnt seit Ende der sechziger Jahre mehr und mehr an Bedeutung. Die Zahl der Touristen ist von etwa 40000 zu Beginn der sechziger Jahre über etwa 100000 zu Ende der sechziger Jahre, über etwa 200000 zu Beginn der siebziger Jahre (1972/73) auf etwa 350000 (1980/81) gestiegen! Nahezu jeder zweite Tourist kommt aus Australien, etwa jeder fünfte aus den USA und aus Kanada. Die Bedeutung des Fremdenverkehrs für die Zahlungsbilanz wird jedoch durch die hohen Ausgaben der reisefreudigen Neuseeländer geschmälert.

Mehr als 55 % (1976) aller Erwerbstätigen sind im tertiären Wirtschaftssektor beschäftigt (u. a. 17,0 % im Groß und Kleinhandel, im Hotel- und Gaststättengewerbe, 6,3 % im Bank- und Versicherungsgewerbe, 8,8 % im Transport- und Verkehrswesen, 20,7 % im Öffentlichen Dienst bzw. im privaten Dienstleistungsgewerbe). Diese Stärke des tertiären Wirtschaftssektors ist Ausdruck eines hochentwickelten Gemeinwesens, wenn auch einige Zweige dieses Wirtschaftsbereiches – vielleicht ebenso als Folge der hochentwickelten Landwirtschaft wie als Ausdruck der strukturellen Schwäche der Industrie – überbesetzt sind.

Soziale Spannungen fehlen in Neuseeland. Die weitgehende Umverteilung der Vermögen und die zu Ausgang des 19. Jahrhunderts begründete, vor allem aber in den ausgehenden dreißiger Jahren erweiterte Sozialgesetzgebung (Gesundheitsvorsorge, Krankenfürsorge, Altersversorgung) haben die Voraussetzung für den Ausgleich zwischen den einzelnen Bevölkerungsgruppen geschaffen. Die 40-Stunden-Woche, das hohe Pro-Kopf-Einkommen, die hohe Kraftfahrzeug- (1981 1,7 EW/Kfz.) und die Telefondichte (1981 569 Telefonanschlüsse/1000 EW) verdeutlichen den hohen Lebensstandard. Darüber hinaus aber gestatten die Weite des gering durchsiedelten Raumes und die liberale Gesetzgebung dem einzelnen die Pflege seines besonderen Lebensstiles.

3.6.2 Verkehrserschliessung

Die Errichtung leistungsfähiger *Landverbindungen* bildete eine der entscheidenden Voraussetzungen für die wirtschaftliche Entwicklung und die politische Integration des Landes. Der in den siebziger Jahren einsetzende Ausbau des Eisenbahnnetzes und die Entwicklung des Kraftfahrzeugverkehrs seit den zwanziger Jahren schmälerten die Bedeutung der Küstenschiffahrt. Die *Schiffahrt* hat aber ihre Bedeutung für den Güterverkehr von und nach Übersee bewahrt (Errichtung des »roll on/roll off«-Verkehrs mit Australien 1969; Eröffnung des Container-Verkehrs 1971). Auckland, Wellington und Christchurch (Lyttelton) sind die bedeutendsten Häfen. Das *Eisenbahnnetz* beider Inseln wurde durch den »Cook Strait Rail Ferry Service« miteinander verbunden (Wellington–Picton, 1962). Der Personenverkehr hat sich vorwiegend auf die Straße verlagert; allein im Nahverkehr der Großstädte kommt der Eisenbahn noch Bedeutung zu. Infolge der Weiträumigkeit des Landes hat aber auch der *Luftverkehr* im innerstaatlichen Verkehr ein außerordentliches Gewicht (1980 nahezu 2,5 Mio. Passagiere). Der »Cook Strait Rail/Air Freight Service« (seit 1947) bildet eine Luftbrücke für den Güterverkehr zwischen den beiden Inseln.

3.6.3 Die Städte

In voreuropäischer Zeit wie in den ersten Jahren der Kolonisation lebte der überwiegende Teil der Bewohner auf der Nordinsel. Dank der schnellen Inbesitznahme weiter Landstriche und reicher Goldfunde verlagerte sich jedoch das wirtschaftliche Schwergewicht des Landes von den fünfziger Jahren des 19. Jahrhunderts an auf die Südinsel. Sie bildete in jenen Jahrzehnten das Zielgebiet der europäischen (und auch chinesischen) Einwanderung; Dunedin entwickelte sich zum bedeutendsten Industriestandort. Vom Ende des 19. Jahrhunderts an aber gewann die Nordinsel im Zuge der Erschließung, der allmählichen Industrialisierung und der Ausweitung des tertiären Sektors wieder an Gewicht; ihr Anteil an der Gesamtbevölkerung stieg von 50% (um 1900) auf 73,1% (1981) an. Nicht weniger als 75,8% des Nettoertrages der Industrie (1978/79) werden auf der Nordinsel erbracht. Die Errichtung größerer Betriebe der Grundstoff- und Investitionsgüterindustrie seit etwa 1960 auf der Nordinsel dürfte den Konzentrationsprozeß in der voraussehbaren Zukunft noch verstärken. Die wirtschaftliche Entwicklung der Südinsel ist trotz des billigeren Industriegeländes und billigerer Energie durch die größere Marktferne (Inland, Übersee) belastet. Auckland, bereits im 19. Jahrhundert ein vergleichsweise bedeutender Industriestandort (1841–1865 auch Hauptstadt des Landes), hat sich seit der Jahrhundertwende zum führenden

Wirtschaftszentrum und zum Knotenpunkt im internationalen See- und Luftverkehr entwickelt; es übertrifft heute (samt Umland) hinsichtlich Industriepotential und -leistung die gesamte Südinsel. Daneben besitzen allein noch Wellington (Hauptstadt seit 1865)/Hutt und Christchurch übergeordnete wirtschaftliche Bedeutung. Nach dem Zweiten Weltkrieg haben insbesondere die städtischen Zentren im Norden der Nordinsel sowie jene der Hawke's Bay eine günstige Entwicklung erfahren. Die Anlage neuer Industriebetriebe und die Entwicklung der Land- (und Forst-)wirtschaft in ihrem Hinterland führten zum starken Wachstum dieser Städte. Allein an der »East Coast« und in Wanganui sind Wirtschafts- und Bevölkerungswachstum schwächer geblieben. Auf der Südinsel hingegen haben sich nach dem Zweiten Weltkrieg nur Christchurch und Invercargill stärker entwickelt. Die räumliche Abgeschlossenheit einzelner Landschaften (etwa Nelson) hat ihre gesamtwirtschaftliche Entwicklung behindert. Die Strukturkrise des Kohlebergbaus hat an der »West Coast« wirtschaftliche Sondermaßnahmen notwendig gemacht.

3.6.4 AUSSENHANDEL

Der Außenhandel bildet seit jeher die wesentliche Grundlage der Wirtschaft; sein Anteil am BSP beträgt nahezu 50 %! Vorzugszölle für britische Industrieerzeugnisse auf dem neuseeländischen Markt (erstmals 1841) und die bevorzugte und (zumeist) zollfreie Einfuhr neuseeländischer Agrarerzeugnisse in Großbritannien führten von Anfang an zur engen Verflechtung der neuseeländischen und der britischen Wirtschaft. Sie war die Voraussetzung für die Entwicklung der neuseeländischen Landwirtschaft. Als Folge verstärkter Bemühungen um den Aufbau neuer Absatzmärkte hat sich der Anteil der neuseeländischen Exporte nach Großbritannien seit dem Zweiten Weltkrieg jedoch verringert (1945 72,3 %, 1950 66,4 %, 1960 56,6 %, 1970 35,9 %, 1975 21,7 %, 1980 13,9 %). Dennoch besitzt der britische Markt für einzelne Agrarprodukte nach wie vor überragende Bedeutung (1980/81 nahezu 50 % des Butter- und noch mehr als 40 % des Lammfleischexports). Der Exportanteil anderer Länder hat sich in den letzten Jahren jenem Großbritanniens (1980/81 12,5 %) angenähert (übrige EG) bzw. ihn sogar schon übertroffen (Australien 13,5 %, USA 13,1 %, Japan 12,9 %). Der Handel mit Japan und Australien (New Zealand – Australia Free Trade Agreement 1965, Australia New Zealand Closer Economic Relationship 1983) hat sich seit den ausgehenden sechziger Jahren stetig entwickelt.

Die nach wie vor gegebene Abhängigkeit der Ausfuhr von einigen wenigen Agrarerzeugnissen und einigen wenigen Ländern macht die Wirtschaft gegenüber Preisschwankungen, kurzfristig eingeschränkten Absatzmöglichkeiten auf einzelnen Märkten oder gar ihrem Verlust außerordentlich anfällig. Gleichzeitig führt die Notwendigkeit, Grundstoffe (Erdöl) und Industrie-, vor allem Investitionsgüter einzuführen, angesichts ihrer zunehmenden Verteuerung (bei vielfach stagnierenden oder sogar fallenden Preisen für die eigenen Agrarerzeugnisse) zu einer Öffnung der Preisschere. In Anbetracht dieser Außenhandelsstruktur ist die neuseeländische Wirtschaft in hohem Maße den derzeitigen inflationären Tendenzen auf dem Weltmarkt ausgesetzt (1982 nahezu 20 %ige Geldentwertung).

3.7 Neuseelands politische Stellung

Die Außenpolitik Neuseelands als Kronkolonie (seit 1841), später als Dominion (seit 1907) und somit als Teil des Britischen Empire bzw. des britischen Commonwealth wurde bis zum Zweiten Weltkrieg nahezu ausschließlich von Großbritannien bestimmt. Aufgrund dieser Abhängigkeit und der starken inneren Bindungen an das Mutterland kämpften Neuseeländer in beiden Weltkriegen. Die kriegerischen Ereignisse im pazifischen Raum während des Zweiten Weltkrieges, der Koreakrieg und die sich gleichzeitig abzeichnende Schwächung des britischen Einflusses »östlich von Suez« führten aber in der Folgezeit zu einer zunehmenden Verselbständigung der neuseeländischen Außenpolitik und leiteten ihre Neuorientierung ein. Neuseeland schloß sich in den letzten Jahrzehnten zahlreichen Interessen- und Verteidigungsbündnissen an, um so – vor allem in Anlehnung an die USA – die Sicherung des eigenen Landes zu gewährleisten. Im Rahmen bestehender Verpflichtungen innerhalb des Commonwealth (Commonwealth Strategic Reserve) und der SEATO leistete Neuseeland seinen militärischen Beitrag in Korea, in Malaysia und in Vietnam. Daneben aber versucht es im Rahmen bilateraler Abkommen und als Mitglied internationaler Organisationen durch umfangreiche Kapital- und technische Hilfe zur Entwicklung des pazifischen sowie des süd- und SO-asiatischen Raumes beizutragen (South Pacific Commission, 1947; South Pacific Forum, 1971; South Pacific Bureau for Economic Co-operation/SPEC, 1972; usw.). Besonderes Interesse zeigt es für die Entwicklung der benachbarten polynesischen Inseln und Inselgruppen, vor allem der Cook-Inseln, Tokelaus, Niues und des einstigen Mandatsgebietes Western Samoa (u. a. South Pacific Forum Fishes Agency; Pacific Forum Line/PFL; South Pacific Regional Trade and Economic Co-operation Agreement/ SPARTECA).

Trotz seiner antipodischen Lage gehört Neuseeland zum abendländischen Kulturkreis. Nicht allein durch politische und wirtschaftliche, sondern auch durch starke persönliche und geistige Bande rund um den halben Erdball ist es mit Großbritannien, dem alten »home country«, verbunden. Seit dem Zweiten Weltkrieg besinnt sich Neuseeland jedoch in zunehmendem Maße seiner Lage im pazifischen Raum und der ihm hieraus erwachsenden Möglichkeiten und Aufgaben.

4 Der südpazifische Inselraum

Es ist ganz ausgeschlossen, der Vielfalt der vielen tausend Inseln, die sich über eine extrem große Fläche verteilen, in einer kurzen länderkundlichen Darstellung gerecht zu werden. Es gibt hohe und niedrige, große und kleine, klimatisch mehr und weniger begünstigte Inseln. Einige scharen sich in Gruppen eng zusammen, andere verlieren sich fast in der Weite des Pazifischen Ozeans. Einige liegen in der Nähe transpazifischer Schiffahrtsrouten, andere weit davon entfernt. Manche Inseln verfügen über Bodenschätze, andere haben kaum eine ausreichende Bodenqualität zur landwirtschaftlichen Nutzung. Auch die Lebensformen und Sprachen sind traditionell außerordentlich vielgestaltig und unterschiedlich. Schließlich wurden die einen Inseln von Briten (einschließlich Australiern und Neuseeländern), andere von Franzosen, wieder andere von Amerikanern, manche zusätzlich von Spaniern, Deutschen und Japanern seit der Kolonialzeit beeinflußt, geformt, ja überformt und – das gilt besonders für Hawaii – vollständig umgeformt und verwandelt.
Aus diesem Grunde muß auch Hawaii in der folgenden Darstellung oft ausgeklammert werden, obwohl es räumlich dem Südpazifik zuzurechnen ist; denn Hawaii weist schon seit dem Ende des 19. Jahrhunderts vollständig andere, höchst unterschiedliche Strukturen im Vergleich zu den übrigen Inselländern des Südpazifik auf. Es unterliegt seit langem den Gesetzmäßigkeiten eines Industriestaates, und zwar eines in der Gegenwart sehr modernen und leistungsfähigen Industriestaates. Aus der Sicht des amerikanischen Kontinents oder auch Japans, erst recht aus der Sicht Europas strahlt Hawaii das romantische Image der Südsee aus; in Wirklichkeit hat Hawaii keine Gemeinsamkeiten mit Ponape, Tuvalu oder Tonga. Es erfüllt gewisse Funktionen für den südpazifischen Raum, vergleichbar etwa Neuseeland, das ja ebenfalls von südpazifischen Volksgruppen besiedelt war, bis es seit dem 19. Jahrhundert zu einem Staat europäischer Prägung wurde. Hawaii wird daher in der folgenden Gesamtdarstellung nur dort in Charakterisierungen und Argumentationen eingeschlossen, wenn es ausdrücklich Erwähnung findet.
Papua-Neuguinea gehört wegen zahlreicher vergleichbarer Strukturelemente, wegen seiner kolonialen Entwicklung und seiner gegenwärtigen funktionalen Verflechtungen ganz wesentlich

zum insularen Südpazifik. Allerdings erlauben insbesondere Flächengröße und Einwohnerzahl des Landes keine zusammenfassende und vergleichende Betrachtung mit den übrigen, viel kleineren Inselterritorien im Rahmen der Kap. 4.1 bis 4.4. Dafür erhält Papua-Neuguinea jedoch eine seinem Gewicht angemessene umfangreiche Berücksichtigung als Einzeldarstellung in Kap. 4.5.2.1.

Mehrere kleinere Inseln oder Inselgruppen, die lagemäßig zum Südpazifik zählen, aber politisch, strukturell und funktional nicht dem Inselraum, sondern den festländischen Randstaaten zugehören, und von denen auch nicht zu erwarten ist, daß irgendwann eine politische Eigenständigkeit und Zuordnung zum südpazifischen Inselraum eintreten könnte, entfallen in den folgenden Ausführungen. Gemeint sind im Westen die neuseeländischen Kermadec-Inseln, die australischen Territorien Norfolk-Insel, Lord Howe-Insel, Coral Sea-Inseln und Torres Straits-Inseln und im Osten die chilenischen Territorien Sala-y-Gomez, Juan Fernandez, S. Felix und S. Ambrosio, die ecuadorianischen Galapagos-Inseln sowie die mexikanischen Inseln Revilla Gigedo und Guadalupe. Die Oster-Insel stellt einen Grenzfall dar. Sie bildet einen kleinen chilenischen Außenposten, dessen Beziehungen seit dem Ende des 19. Jahrhunderts zum übrigen südpazifischen Inselraum (die nächste westlich gelegene Insel, Pitcairn, ist immerhin 1600 km entfernt) immer weiter verkümmert sind. Die Oster-Insel ist in der nachfolgenden Darstellung impliziert, auch wenn nicht immer der chilenische Anteil an der kolonialen Umstrukturierung und Bereichsbildung im Südpazifik ausdrücklich genannt wird.

Die Behandlung des südpazifischen Inselraumes wird hier in fünf Abschnitte zusammengefaßt. In einem einführenden physio- und kulturgeographischen Doppelkapitel (Kap. 4.1) werden Entstehung und Struktur beschrieben sowie großräumige Regionalisierungen diskutiert, um den fernen, extrem ausgedehnten und weithin unbekannten Raum begreifbar zu machen.

Gewisse Schwierigkeiten ergeben sich dabei aus dem durchweg sehr lückenhaften Forschungsstand und der noch immer schwachen Dokumentation amtlicher Daten, die in Europa zudem kaum verfügbar sind.

Die Fülle unterschiedlicher Struktur- und Entwicklungsaspekte der zahlreichen Inselländer wird auf drei – allerdings nach Meinung des Verfassers besonders bedeutsame – Problemfelder reduziert: Im ersten Problemfeld (Kap. 4.2) geht es um die Bevölkerung des Betrachtungsraumes, ihr Wachstum, ihre Verteilung und ihre Mobilität. Das zweite Problemfeld (Kap. 4.3) beschäftigt sich mit den ökonomischen Aktivitäten der Bevölkerung in Landwirtschaft und Industrie sowie mit dem Außenhandel. Das dritte Problemfeld (Kap. 4.4) ist den limitierenden Faktoren der Lage, der Raumgliederung und der natürlichen Ressourcen, die zugleich insgesamt auch das Potential des Betrachtungsraumes darstellen, gewidmet. Sodann erfolgt in Kap. 4.5 die individuelle Behandlung der Staaten und Territorien, wobei jeweils nur wenige, aber charakteristische Wesenszüge dargestellt und erläutert werden können. Trotz einiger konzeptioneller Bedenken, die sich aus dem notwendig begrenzten Rahmen dieser Länderkunde ergaben, wurden die Einzeldarstellungen auch deshalb vorgenommen, weil die Staaten und Territorien des Südpazifik dem überwiegenden Teil des Leserkreises weithin unbekannt sein dürften und andere Nachschlagewerke kaum zur Verfügung stehen.

Generell werden in der folgenden Darstellung die neuen Staats- und Inselnamen – z.B. Vanuatu anstelle von Neue Hebriden, Tuvalu anstelle von Ellice-Inseln – verwendet, wobei jeweils bei ihrer ersten Erwähnung auch die alte Bezeichnung angegeben wird. Ein umfassendes Orts-, Insel- und Staatsnamenverzeichnis der ehemaligen und gegenwärtigen Bezeichnungen im Südpazifik enthält z.B. das *Pacific Islands Yearbook* (1981).

4.1 Entstehung und großräumige Regionalisierung

4.1.1 Naturräumliche Grundstrukturen

4.1.1.1 *Geotektonik und Inseltypen*

Der Pazifische Ozean ist nicht nur das größte aller Weltmeere, sondern auch das inselreichste. Die Landfläche aller Kontinente zusammen (rd. 149 Mio. km^2) hätte im Pazifik mit seinen etwas über 181 Mio km^2 bequem Platz. Reich an Inseln sind im allgemeinen außer kontinentalen Schelfen nur Mittelmeere, wie das europäische, das amerikanische und besonders das australasiatische, nicht jedoch die Ozeane. Aber im tropischen Teil des Pazifik liegt ein riesiger Schwarm von Inseln und Inselchen verschiedenster struktureller Typen. Wenn man die Riffinseln, die auf den Atollen die Lagune umgeben, einzeln zählt, kommt man auf etwa 7500 Inseln.

Der Pazifik wurde schon lange als Urozean betrachtet, dem

einander nahe benachbarte und nur durch Mittelmeere wechselnder Ausdehnung getrennte Ur- und Altkontinente gegenüberstanden. Durch neue geophysikalische Untersuchungen konnte diese Ansicht im Prinzip bestätigt werden. Es ergab sich allerdings eine Akzentverschiebung: Der Meeresboden des Pazifik ist wie der aller Ozeane geologisch sehr jung und nirgends älter als 200 Mio. Jahre, während auf den Kontinenten Schildregionen mit über 3 Mrd. Jahre alten Gesteinen vorkommen.

Meeresboden bildet sich nämlich fortlaufend neu durch Erstarrung von glutflüssigem Magma, das in riesigen Spalteneruptionen auf einem alle Weltmeere durchziehenden und rd. 70 000 km langen System von mittelozeanischen Rücken austritt. Diese neue ozeanische Lithosphäre driftet mit einer Geschwindigkeit von einigen Zentimetern pro Jahr von ihrem Entstehungsort weg. Atlantik und Indik haben sich dadurch seit ihrer Entstehung im Erdmittelalter zunehmend ausgeweitet. Da aber die Oberfläche der Erdkugel konstant bleibt, muß alte Lithosphäre auch wieder verschwinden. Das geschieht vor allem an den Rändern des Pazifik, wo überall ozeanische Kruste mit entgegendriftenden Platten kollidiert und unter sie abtaucht. Wenn die entgegenkommende Platte aus mächtiger kontinentaler Kruste besteht, bildet sich dabei ein Faltengebirge.

Die Sedimente am Kontinentrand werden zu einem dicken Wulst zusammengestaucht, durch Druck und Hitze metamorphisiert und von aufgeschmolzenen Massen intrudiert. Fast stets ist damit auch Vulkanismus verbunden. Der zirkumpazifische Gebirgsgürtel ist gleichzeitig ein Ring von Hunderten tätiger und Tausenden erloschener Vulkane.

Am Nord- und Westsaum des Pazifik spielt sich die Plattenkollision nicht in einem einzigen schmalen Orogen ab, sondern sie erfolgt in einem breiten Gürtel und in mehreren Etappen. Der Rand der nach Norden driftenden Australischen Platte wurde dabei zwischen Neuguinea und Neuseeland in festlandnahe »kontinentale« Inselketten und äußere »ozeanische« Inselgirlanden aufgesplittert. Zwischen ihnen sind kleinere und größere Teilplatten mit eigener ozeanischer Krustenbildung eingeschaltet, wie etwa das Becken der Korallensee.

Vom Bismarck-Archipel über die Salomon-Inseln, Vanuatu (Neue Hebriden) und Neukaledonien bis Fidschi reichen die kontinentalen Inselgruppen. Geologisch-tektonisch handelt es sich um teilweise aufgetauchte Faltengebirgsstränge. Deshalb bestehen sie auch meist aus mehreren parallelen Ketten nahe benachbarter großer Inseln. An Gesteinen findet sich – wie in Faltungsräumen üblich – ein breites Spektrum von verschiedensten Sedimenten, Metamorphiten und Intrusivmassen. Besonders zu erwähnen sind die sonst an der Erdoberfläche sehr seltenen und an Halbedelmetallen reichen Peridotite aus der unteren Lithosphäre, die z. B. ein Drittel von Neukaledonien bedecken. Dafür fehlt auf dieser Insel junger Vulkanismus, der am Aufbau der anderen Gruppen entscheidenden Anteil besitzt. Korallenriffe und Atolle sind häufig, wegen der anhaltenden Tektonik auch gehobene und gekippte Kalkplattformen, die in einigen Fällen die Ausdehnung kontinentaler Inseln erreichen.

Die Vielfalt der geologischen Ausstattung läßt entsprechende Erzlagerstätten erwarten. Tatsächlich hat der Bergbau (Gold, Nickel, Chrom, Mangan, Kobalt, Kupfer, Eisen und Aluminium) auf verschiedenen Inseln die Entwicklung tiefgreifend beeinflußt.

Die Randmeere vor Australien und Ostasien werden gegen den offenen Pazifik von ozeanischen Inselketten ohne kontinentale Gesteine begrenzt: Bonin-Inseln, Marianen, Tonga- und Kermadec-Inseln. Auf einer Schwelle des Meeresbodens sind hier Vulkane aufgereiht. Daneben kommen Atolle und gehobene, terrassierte Korallenkalkinseln vor. Östlich dieser Schwelle finden wir Tiefseegräben, in denen die größten Meerestiefen überhaupt beobachtet werden. Sie markieren die Linie, an der die nach WNW driftende Pazifische Platte schräg unter die Inselbögen untertaucht. Mit dem Aufschmelzen der von marinen Sedimenten bedeckten ozeanischen Kruste wird der explosive Vulkanismus erklärt, der diese Inselketten (ebenso wie die meisten kontinentalen Inselgruppen) kennzeichnet. Hier herrschen aschenreiche, steile Vulkankegel vor mit kieselsäure- und aluminiumreichen Auswurfprodukten vom Typ der Andesite.

Alle anderen Inseln Polynesiens und Mikronesiens östlich der »Andesitlinie« und der Tiefseegräben sind Schildvulkane. Sie erheben sich vom Boden der Tiefsee und sind aus dünnflüssigen, dunklen und kieselsäurearmen Basaltlaven aufgebaut, ähnlich dem Material der ozeanischen Kruste.

Die Vorstellungen über die Mechanismen der Faltung und des Vulkanismus in Inselbögen an Plattenrändern divergieren weit weniger als die Ansichten über die Entstehung der Vulkanreihen auf der Pazifischen Platte selbst. Obwohl die Wachstumsnaht des Ostpazifischen Rückens, an dem sich die Pazifische Platte bildet, der Hauptschauplatz vulkanischer Erscheinungen ist und obwohl sich dieser Rücken unter dem Einfluß thermischer Konvektion und hohen Wärmeflusses aus dem Erdinnern bis zu 3000 m über den im Mittel 5000 m tiefen Ozeanboden erhebt, entstehen hier noch keine Inseln. Vulkane können sich nicht so rasch aufbauen, wie die wegdriftende Kruste absinkt. Erst in über 2000 km Abstand beginnen die Inselketten, deren Längsachsen meist in der Richtung der Drift verlaufen, nämlich nach WNW. Es liegt deshalb nahe, Verwerfungsspalten quer zum Verlauf des Ostpazifischen Rückens (die nach den Regeln der sphärischen Trigonometrie zu fordern sind und von denen auch viele gefunden wurden) anzunehmen, über denen sich Vulkanreihen aufbauen. Da aber solche »*transform faults*« in der Nähe der Wachstumsnaht am aktivsten sind und später vernarben, müßten die Vulkane grundsätzlich in Richtung WNW zunehmend älter werden. Das ist zwar oft innerhalb der einzelnen Gruppen, aber nicht generell der Fall. Auch in großem Abstand vom Ostpazifischen Rücken gibt es noch junge Inseln und Inselketten. Eine andere Möglichkeit ist, daß an solchen Querspalten tiefliegende vulkanische Herde in der Lithosphäre bei der Drift mitgeschleppt werden und erst später die Ausbruchsreife erreichen.

Schließlich wird die Theorie der »*hot spots*« diskutiert. Solche heiße Stellen sollen unterhalb der driftenden Lithosphäre lokalisiert sein und durch diese hindurch Vulkanreihen aufbauen, die dann gegen die Drift, also in OSO-Richtung immer jünger werden müssen. Bei einigen Inselgruppen (vor allem Hawaii) ist diese Abfolge durch morphologische Analyse des Abtragungszustandes wie durch absolute Altersbestimmung der Gesteine (^{40}Kalium-^{40}Argon-Methode) erwiesen. Aber sie trifft nicht überall zu: Auf der Samoa-Gruppe werden die Inseln in WNW-Richtung deutlich jünger. Dabei mag es sich aber um eine Auswirkung der schon nahe gelegenen Plattengrenze handeln, die gerade hier Verlauf und Charakter ändert, nämlich aus der NNO verlaufenden Subduktionslinie des Tonga-Grabens in eine WNW streichende Scherzone übergeht.

Die Vielfalt der Inselformen im tropischen Pazifik ist in erster Linie durch ihr unterschiedliches Stadium im Lebenszyklus der Inselvulkane begründet. Dabei nimmt die Aufbauphase einen relativ kurzen Zeitraum ein. Deshalb gibt es auch nur zwei tätige Inselvulkane auf der Pazifischen Platte: Hawaii in Nordpolynesien und Savaii in Westpolynesien, das für den Namen Hawaii Pate gestanden hat. Beide Schildvulkane sind allerdings sehr groß und beanspruchen zusammen schon fast ein Drittel der Landfläche aller Inseln.

Das zweite Drittel wird von vielleicht hundert Inseln eingenommen, die sich in allen Stadien der Abtragung befinden. Es gibt Beispiele von jungen Schildvulkanen mit radialer Schluchtenbildung. Andere sind schon tief zertal und zeigen Hochgebirgsformen, lassen aber ihre ursprüngliche Struktur als Schild oder

flacher Kegel noch erkennen. Schließlich läßt die Hangrückverlegung nur noch einige stark reduzierte Restketten übrig.
Der in der Großform gut erhaltene Doppelkegel von Tahiti und die immer stärker abgetragenen »Inseln unter dem Wind« bis zur Vulkanruine von Bora Bora bieten gute Beispiele für diese geomorphologische Sequenz. In diesem Stadium ist auch das Korallenriffwachstum bedeutsam. Es verhindert die Abtragung durch die Meeresbrandung und ermöglicht die Entstehung von sedimentären Küstenebenen und Lagunen, die zusammen die ökologische Ausstattung entscheidend erweitern.
Das letzte Drittel der etwa 28000 km² Inselfläche im zentralen Pazifik ist auf rd. 300 Atolle verteilt, die an der Oberfläche keine Spur mehr von vulkanischen Gesteinen zeigen. Bei ihnen ist der einstige Inselvulkan von der Brandung auf tieferem Meeresniveau abradiert worden und/oder infolge Senkung des Ozeanbodens untergetaucht. Durch Bohrungen ist erwiesen, daß Korallenkalk vielfach bis weit über 1000 m hinabreicht, viel tiefer als die eiszeitlichen Meeresstandsschwankungen und auch weit unter die Grenze des Korallenwachstums. Nur eine Krone von Kalkschutt überragt den Meeresspiegel um wenige Meter, meist in Form sehr kleiner Inselchen, die sich um eine flache Lagune zum Atoll zusammenschließen. Es braucht nicht besonders erläutert zu werden, wie beschränkt und wie einseitig der Naturraum solcher »Niedriger Inseln« ausgestattet ist. Beispiele für reine Atoll-Inselgruppen sind die Tuamotu mit 80 und die Marshall-Inseln mit 29 Atollen.
Gehobene Koralleninseln sind im inneren Pazifik relativ selten, da offensichtlich Hebungsbereiche nicht häufig vorkommen. Aber einige von ihnen haben als Lagerstätten von Guano oder Phosphat Bedeutung erlangt. Darüber hinaus gibt es kaum Bodenschätze. Nur Bauxit als Verwitterungsprodukt von bestimmten Basalten wurde bisher in abbauwürdigen Mengen nachgewiesen.
Es fällt auf, daß Norden, Osten und Süden des Pazifik fast frei sind von Inseln. Diese ungleichmäßige Verteilung kann durch zwei verschiedene Ansätze erklärt werden. Der Osten des Ozeans ist zu jung, denn die Wachstumsnaht des Ostpazifischen Rückens, an der ständig neuer Meeresboden entsteht, zieht sich hier von Mexiko nach SSW. Erst in größerer Entfernung davon und mit höherem Alter der Kruste – also weiter im Westen – haben Vulkane eine gute Chance, den Meeresspiegel zu erreichen. Hier werden sie aber bei nachlassender Aktivität von der Abtragung bedroht, wenn nicht Korallenriffe ihre Küsten schützen und durch ihr Wachstum positive Meeresspiegel- bzw. negative Mee-

resgrundbewegungen ausgleichen können. Diese inselerhaltende Tätigkeit ist aber nur in der Tropenzone möglich, wo ganzjährig die Wassertemperatur nicht unter 20° absinkt. Deshalb liegen alle Inseln im Bereich der Pazifischen Platte zwischen 30° N und 30° S. Außerhalb dieser Grenzen wurde die Abrasion bei eiszeitlich tieferem Meeresstand nicht verhindert bzw. das Absinken des Meeresgrunds mit zunehmendem Lithosphärenalter nicht kompensiert. Hier fand man beim genaueren Kartieren des submarinen Reliefs neben vielen Vulkankegeln, die die Meeresoberfläche offensichtlich nie erreichten, schon Hunderte von untermeerischen, tafelbergartigen Vulkanstümpfen, sog. Guyots, als untergetauchte Abtragungsreste ehemaliger Inseln. Aber auch schon in der Nähe der Wendekreise und besonders im östlichen zentralen Pazifik, wohin die Ausläufer der kalten Strömungen von der amerikanischen Küste reichen, ist das Korallenwachstum so schwach, daß schützende Riffe und Lagunen nicht mehr generell auftreten. Das gilt besonders von der Hawaii-Gruppe, von den Marquesas und Rapa (Franz.-Polynesien), wo ganze Küstenpartien ungeschützt und durch hohe Kliffs und Brandung praktisch unzugänglich sind.

4.1.1.2 *Klima und Boden*

Das *Tropenklima* der Festländer ist oft feuchtheiß und schwer erträglich. Aber im Pazifik trifft das höchstens auf die äquatornächsten großen Inseln Melanesiens zu. Der Seewind oder der Passat bringen den kleinen Inseln Kühlung vom Meer, denn dort wird ein großer Teil der Sonnenstrahlung bei der Verdunstung verbraucht. Auch die tagsüber aufkommende Bewölkung mildert die Hitze. In der Nähe der Wendekreise kommt ein thermischer Jahresgang hinzu: Die kühlsten Monatsmittel sinken hier auf und unter 20° ab, während sie äquatornah stets bei oder über 25° bleiben. Aber weit wichtiger sind in den Tropen Regenzeit und Trockenzeit. Die ganzjährige Vegetationszeit der inneren Tropen mit über 2000 mm Jahresniederschlag wird in den Randtropen durch eine Trockenruhe unterbrochen. Aber in der Pazifischen Inselwelt fehlen die Wendekreiswüsten und ihre dürregefährdeten Randzonen völlig. Das ist aber nicht auf die ozeanische Lage an sich zurückzuführen, wie man vielleicht annehmen könnte, sondern darauf, daß die Inseln auf die Westhälfte des Pazifik beschränkt sind. Im Ostpazifik liegen nämlich ausgedehnte Trockenräume, die von der nord- und südamerikanischen Westküste weit in den Ozean ausgreifen. Das sind die Wurzelgebiete der Passate, die im spitzen Winkel auf den Äquator zuströmen. Dabei beladen sich die anfangs trockenen Luftmassen mit Feuchtigkeit und werden zunehmend niederschlagsbereit. Wenn die Passate stromabwärts langsamer werden (und erst recht, wenn sie konvergieren – je nach Sonnenhöchststand mehr nördlich bzw. südlich des Äquators –), muß die Luft aufsteigen und sich abregnen. Deshalb ist der jeweilige Sommer die Hauptregenzeit. Nur auf Hawaii ist es umgekehrt, da hier am Nordrand der Tropen im »Winter« der Passat stärker gestört ist.

Eine regelhafte Zunahme der Regenmengen und der Dauer der Regenzeit ist somit nicht nur äquatorwärts, sondern auch westwärts zu beobachten. Es ist fast paradox, daß sich mit den herrschenden Winden und Meeresströmungen eine Zunge kalten Auftriebswassers und damit ein Ausläufer des südamerikanischen Küstenwüstenklimas ausgerechnet am Äquator entlang bis tief nach Polynesien, ja bis an den Rand Mikronesiens erstreckt. In den meisten Jahren werden dadurch die Passatkonvergenzregen verhindert. Charakteristisch sind in diesem Gürtel Schwankungen der Jahresregenmengen, wie sie nicht einmal in den kontinentalen Randtropen vorkommen: Auf Christmas Island wurden minimal 99 mm und maximal 1999 mm/Jahr registriert. Gelegentlich kann dieser Streifen extrem unzuverlässiger Regen bis zu den Marquesas auf 10° S pendeln und Dürrejahre bringen.

In der äquatornahen Zone des westlichen Pazifik, wo die Passatkonvergenz die Regen verursacht, sind als Regenbringer neben der Oststromung auch Winde aus anderen Richtungen und bei Windstille reine Konvektionsvorgänge häufig. Deshalb werden hier die Gebirge auf allen Seiten ziemlich gleichmäßig beregnet. Nicht so in den Zonen der konstant wehenden Passate: Jede hohe Insel hat auf der Windseite ein feuchtes Lokalklima, da hier die Luft zum Aufsteigen, zur Abkühlung und zur Kondensation ihrer Feuchtigkeit gezwungen wird. Wenn durch radiale Täler die feuchte Grundschicht des Passats zusätzlich konvergieren muß, können in der Gipfelregion mancher Inseln (Kauai, West-Maui, Tahiti) exzessive Regenmengen fallen, die selbst die Niederschlagswerte im äquatorialen Westpazifik weit übertreffen. Die windabgewandte Leeseite ist wegen der absteigenden Luftbewegung (Föhneffekt) dauernd wolken- und regenarm, besonders ausgeprägt in der Trockenperiode der betreffenden Zone. Viele Vulkaninseln in Polynesien, das ja seine größte Inseldichte im Passatregengebiet hat, aber auch kontinentale Inseln wie Fidschi und Neukaledonien, werden nachhaltig von der Feuchtedifferenzierung der beiden Flanken geprägt. Sie wirkt sich eben nicht nur in der Naturvegetation aus – auf der Luvseite dichter immergrüner Regenwald, im Lee dürftiger Trockenwald oder Busch –, sondern auch in der dauernden oder stoßweisen Wasserführung der Bäche, in den Böden, in der Tiefe und Dichte des Talnetzes, in der Gesamtheit der klimagesteuerten Naturbedingungen, die ja auch weitgehend die Nutzungsmöglichkeiten durch den Menschen kontrollieren. So wird die zonale Gliederung des Feuchteklimas auf den hohen Inseln in der Passatzone überlagert und oft weitgehend ausgelöscht von einer ganz kleinräumigen lokalklimatischen Differenzierung, wie sie auf den Kontinenten bei trockenerer passatischer Grundschicht nie möglich wäre.

Nur sehr kleine oder tief abgetragene Inseln und natürlich die Atolle haben das unveränderte Klima ihrer Zone, wenn auch tagsüber häufig stationäre Konvektionswolken über dem stärker erwärmten Insel- und Lagunenareal entstehen.

Tropische *Wirbelstürme* treten vor allem in den westlichen Bereichen der Inselflur auf. Sie bilden sich im Sommer und Herbst der jeweiligen Hemisphäre, also in der Zeit größter Wärme und Luftfeuchtigkeit, in einiger Entfernung vom Äquator über dem Meer und scheren meist polwärts aus der tropischen Zirkulation aus, nehmen aber auch oft Kurs auf Ostasien (Taifune) oder Australien. Der größeren Erwärmung der Nordhalbkugel wegen sind sie im mikronesischen Sektor weitaus am häufigsten. Besonders für ungeschützte, flache Küsten und niedrige Koralleninseln stellen sie eine tödliche Gefahr dar, denn sie können durch ihre Windstärke und die begleitenden sintflutartigen Regen nicht nur Siedlungen und Kulturen vernichten, sondern mit ihren Flutwellen auch die Bewohner fortspülen.

Was die Verwitterung und *Bodenbildung* betrifft, so gibt es keine Besonderheiten durch die insulare Situation. Wie bei allen tropischen Böden fällt die rasche und weitgehende chemische Veränderung des Ausgangsgesteins auf: Abfuhr der Alkalien, der Erdalkalien und auch eines großen Teils der Kieselsäure. (Diese Auswaschung fehlt nur auf den Böden der trockensten Standorte, wo sich sogar $CaCO_3$ oder $MgCO_3$ anreichern können.) Als Mineralneubildungen entstehen vor allem die sorptionsschwachen und unfruchtbaren Kaolinite oder – bei vollständigem SiO_2-Verlust – die noch ungünstigeren Aluminium- und Eisenoxide. Auf den weitverbreiteten und ohnehin SiO_2-armen Basalten und unter vollhumidem Klima gehen der Entzug von Kieselsäure und die Bildung solcher eisenhaltiger (ferrallitischer) Böden besonders intensiv vor sich. Trotzdem ist die Bodenfruchtbarkeit im allgemeinen hoch, denn steiles Relief und kräftige Abtragung auf den hohen Inseln lassen die verarmte Bodendecke selten so mächtig werden, daß der Wurzelraum vollständig vom frischen, unverwitterten und basenreichen Substrat getrennt wird. Auf Inseln mit explosivem Vulkanismus sorgt darüber hinaus nicht selten Aschenfall für eine nachhaltige natürliche »Mineraldüngung« und äußerst hohe Bodenfruchtbarkeit. Kalkuntergrund, wie er auf allen niedrigen und an den Küsten vieler hoher Inseln ansteht, ist zwar sehr wasserdurchlässig und arm an bestimmten Pflanzennäherstoffen, aber seine Produktivität läßt durch Nutzung (vor allem Kokospalmenpflanzungen) nicht nach. Auf den sehr feuchten Inseln Mikronesiens hat sich auch auf Korallenkalk ein humusreicher Oberboden gebildet, der den Anbau der meisten Nutzpflanzen erlaubt, die auf dem reinen Kalksand ostpolynesischer Atolle nicht gedeihen.

So ist die Bodensituation fast überall im Vergleich mit den meisten anderen Tropenländern positiv zu bewerten. Es gibt aber auch negative Ausnahmen: Die Verwitterungsdecke auf dem schon erwähnten Peridotit Neukaledoniens enthält so viele Schwermetallverbindungen, daß sie nur eine ganz speziell angepaßte, endemische Flora trägt. Für alle Kulturpflanzen sind diese Böden toxisch. Das ist die Kehrseite des Erzreichtums der Peridotite.

4.1.1.3 *Flora in Isolation*

Die *natürliche terrestrische Lebewelt* verarmt mit zunehmendem Abstand vom austral-asiatischen Mittelmeer, aus dessen Raum die meisten Arten auf die Pazifischen Inseln gelangten. Obwohl Winde und Meeresströmungen für Pflanzen- und Tierverbreitung aus Amerika besser geeignet wären, stellte offensichtlich der weite inselleere Raum des östlichen Pazifik das entscheidende Hindernis dar. Die Bedeutung der Zwischenstationen läßt sich gut am Beispiel der abnehmenden Artenzahl aus der Gattung Ficus (Banyanbaum, Feige), die in den altweltlichen Tropen eine große Rolle spielt, ablesen: Auf Neuguinea zählt man 129 Ficus-Arten, auf den Salomonen 46, auf Neukaledonien 25, auf Fidschi 14, auf Samoa 8, auf Tonga 4, auf Tahiti 2 und nur eine auf Rapa (Franz.-Polynesien), den Tuamotu und den Marquesas. Nach Hawaii, das auch von Westen über Zwischenstationen schwer erreichbar war, wurden Ficus-Arten erst durch den Menschen gebracht.

Daneben gibt es noch eine Differenzierung der Vielfalt von vertretenen Familien und Gattungen nach der Größe und dem Alter der Inseln sowie dem Angebot an verschiedenen lokalklimatisch bestimmten Standorten. Es ist klar, daß die Atolle

am Ende der Reihe stehen – was natürlich ganz und gar nicht für die aquatische Lebewelt der Lagunen zutrifft, für die ja ganz andere Gesetze der Verbreitung und des Zusammenlebens gelten.
Außer auf Neuguinea und benachbarten größeren Inseln gab es ursprünglich kaum Pflanzen und Landtiere, die dem Menschen Nahrung liefern konnten. Nicht einmal die Kokospalme, die heute zu jedem Südseestrand gehört, war vorhanden. Die Ankunft der pazifischen Völker brachte den Beginn einer Reihe von ökologischen Krisen für die natürliche Lebewelt. Denn der Mensch führte nicht nur seine Kulturpflanzen ein, für die er Raum schaffen mußte, sondern auch Schweine, Hunde und Hühner als Haustiere, die bald auch verwilderten, sowie Ratten als weniger erwünschte Begleiter. Aber das Feuer und eine große Menge unbeabsichtigt mitgebrachter Pflanzensamen, Insekten usw. waren der einheimischen Flora und Fauna noch gefährlicher. Es versteht sich von selbst, daß sich diese Bedrohungen mit dem Europäerkontakt und den jetzt weltumspannenden Seereisen vervielfachten. Je abgelegener, kleiner und einseitiger ökologisch ausgestattet eine Insel war, um so verletzlicher erwies sich ihre Flora und Fauna. Diese Inseln hatten ja vor Ankunft des Menschen ihren natürlichen Lebensraum mit den Abkömmlingen ganz weniger, zufällig eingewanderter Arten ausgefüllt. Für Hawaii nimmt man nur rd. 275 höhere Pflanzen als ursprüngliche Besiedler an, aus denen sich eine endemische Flora von etwa 2000 Arten entwickelte. Dabei gab es kaum Wettbewerb, eher ein ökologisches Vakuum, in dem aus wenigen Zuwanderern schließlich viele Varietäten und neue Arten entstanden, die an ihre Standorte nicht streng angepaßt sein mußten und deshalb den neu eingeschleppten Konkurrenten oder Schädlingen unterlegen bzw. hilflos ausgeliefert waren.
So ist die ursprüngliche Tier- und Pflanzenwelt der Pazifischen Inseln – und gerade der weit verstreuten und kleinen in Polynesien und Mikronesien – aus der heutigen Flora und Fauna nur noch schwer zu rekonstruieren. Besonders die Gesellschaften der trockenen Standorte wurden durch Brand und Weidevieh von Grund auf verwandelt. Es sind heute Buschformationen oder Steppen, fast ganz aus vergleichsweise wenigen neu eingeschleppten Pflanzen zusammengesetzt. Dagegen haben sich die tropischen Bergregenwälder auf vielen Inseln, selbst auf Tahiti oder Hawaii, in unzugänglichen Lagen am besten und ursprünglichsten behaupten können.

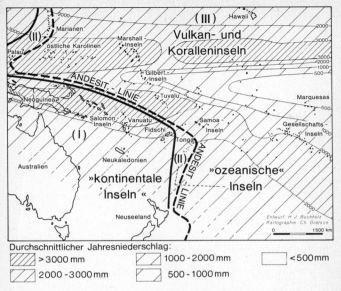

Durchschnittlicher Jahresniederschlag:
///// >3000 mm   ///// 1000-2000 mm   [ ] <500 mm
///// 2000-3000 mm   ///// 500-1000 mm

Abb. 8 Der südpazifische Inselraum: Naturräumliche Gliederung

4.1.1.4 *Naturräumliche Großgliederung*

Nach den in den vorangegangenen Abschnitten dargestellten Sachverhalten läßt sich eine naturräumliche Großgliederung des südpazifischen Inselraumes ableiten, die allerdings ein stark vereinfachtes Bild vermittelt. Am Westrand des Betrachtungsraumes befindet sich auf der Australischen Platte die Gruppe der »*Kontinentalen Inseln*« (I): Neuguinea, Salomon-Inseln, Vanuatu, Neukaledonien und Fidschi bis hin nach Neuseeland. Sie sind stark reliefiert, enthalten Erzlagerstätten und bieten aufgrund ihrer Größe und des damit verbundenen Ressourcenreichtums insgesamt günstige Entwicklungsmöglichkeiten. Bogenförmig schließen sich nach Osten die »*ozeanischen*« *Inselketten* (II) der austral-asiatischen Platte an: von den Marianen über Palau und Yap nach Tonga. Diese Inseln sind durchweg erheblich kleiner und viel stärker als die kontinentalen Inseln von explosivem Vulkanismus geprägt. Sowohl die kontinentalen als auch die ozeanischen Inseln liegen innerhalb bzw. westlich der Andesit-Linie, die man als Grenze zwischen Pazifikrand und innerem

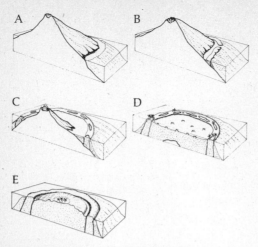

Abb. 9 Schema südpazifischer Inseltypen
A »Hohe« Insel
B Saumriffbildung beim Absinken des Vulkankegels
C Reliktform einer »Hohen« Insel
D Atoll
E Gehobene Koralleninsel

Pazifik ansehen kann. (Vgl. McDonald, 1949; zur Kritik dieser Grenzziehung siehe u. a. Menard, 1964.) Unter geologischen Aspekten bilden die Regionen I und II wegen des andesitischen Vulkanismus und des zumeist vorhandenen sialischen Materials eine Einheit.

Östlich der Andesit-Linie folgt die *innerpazifische Region der (basischen) Vulkan- und Koralleninseln* (III), die kein sialisch-kontinentales Gesteinsmaterial enthalten. Vulkane auf dem Meeresboden bilden die Basis sowohl der »hohen« Inseln als auch der »Atolle« und der »gehobenen« Inseln; es sind drei Varianten einer einheitlichen geologischen Grundform. Bei den »hohen« Inseln ragt das vulkanische Massiv über den Meeresspiegel empor; es ist auf den unter der Wasseroberfläche liegenden Flanken von einem von Korallen aufgebauten Saumriff umgeben, so daß sich eine mehr oder weniger schmale Außenlagune bildet. Die hohen Inseln weisen zumeist landwirtschaftlich nutzbare Küstenebenen – mit starker Differenzierung zwischen Luv- und Leeseite – und einen kaum nutzbaren hohen und stark reliefierten Binnenraum auf, dessen Speicherkapazität den Wasserhaushalt (natürliche Wasserläufe) der Inseln sehr begünstigt. »Atolle« bestehen aus Korallenaufbauten auf erodierten und/oder abgesunkenen Vulkanmassiven, wobei der obere Rand des Korallenringes in der Höhe des Meeresspiegels liegt und zur Grundlage kleiner Inseln wird. Ihre Landflächen sind schmal, erheben sich kaum über die Meeresoberfläche und sind wasserarm. Allerdings verfügen Atolle nicht nur über eine schmale Außen-, sondern auch über eine mehr oder weniger große Binnenlagune. »Gehobene« Koralleninseln sind Atolle oder Korallenaufbauten, die über den Meeresspiegel gehoben wurden und bei denen nun das ehemalige Riff (Makatea) die Küste bildet. All diese Vulkan- und Koralleninseln sind recht klein und liegen weit gestreut im inneren Pazifik. Nach dem generellen Erscheinungsbild und den räumlichen Voraussetzungen der Inseln für die menschliche Nutzung empfiehlt es sich, die auf dem Plattenrand gelegenen »ozeanischen« Inseln den innerpazifischen Vulkan- und Koralleninseln zuzurechnen.

4.1.2 Kulturräumliche Genese und Gliederung

4.1.2.1 *Frühe Besiedlung und ethnische Gliederung*

Das dominante Merkmal des südpazifischen Raumes ist seine Fragmentierung in Tausende von Inseln, die oft nicht nur extrem weit voneinander, sondern auch von den Kontinenten am Rand des Pazifischen Ozeans entfernt sind. Wegen dieses Lagemoments und der relativen »Jugend« der Inseln müssen die ersten Bewohner von weither zugewandert sein. Der Verlauf dieser Zuwanderung, besonders auch seine Datierung, ist noch weithin ungeklärt. Zwar ist die Annahme, die Inselbewohner seien aus Südamerika mit Flößen zu den pazifischen Inseln gelangt (der Norweger Thor Heyerdahl unternahm zum Nachweis dieser Theorie 1947 eine abenteuerliche Floßfahrt von Peru bis zum Tuamotu-Archipel/Französisch-Polynesien), inzwischen ganz eindeutig widerlegt. Aus vergleichenden Analysen rassischer Körpermerkmale, kultureller Traditionen und Sprachverwandtschaften kann man nachweisen, daß die erste Besiedlung aus dem südostasiatischen Raum erfolgt ist. Sie ist Teil eines außerordentlich alten – und eigentlich bis heute anhaltenden – Wanderungs- und Verdrängungsprozesses, in dem die in Südostasien jeweils ansässigen Bevölkerungen durch nachfolgende Zuwanderer aus Norden und Nordwesten in ungünstige Bergländer oder nach Süden und

Südosten abgedrängt, großenteils aber auch ethnisch überformt oder aufgerieben werden.
So sind Gruppen der Negriden (die von den Spaniern wegen der vermeintlichen Verwandtschaft mit den Negern Afrikas sogenannten Negritos, dann Ainoide und Weddoide) im letzten Glazial und im frühen Postglazial aus Südostasien über den Bereich des heutigen Indonesien nach Australien und Neuguinea samt benachbarten Inseln gewandert; während der Eiszeit lag der Meeresspiegel tiefer, und somit waren die zu überwindenden Meeresteile schmaler. Die Vermischung dieser Volksgruppen ergab in den jeweiligen Bereichen unterschiedliche neue Ethnien: So zum Beispiel blieb in und um Neuguinea das physische Element der Negritos dominant, so daß sich die hier lebenden Menschen von denjenigen in Australien mit anders gewichteten ethnischen Komponenten unterschieden.
Vor mehr als 4000 Jahren wurden die bis dahin in Südostasien verbreiteten Proto-Malayen (gebildet aus mongoloiden und mediterranen Gruppen) nun ihrerseits nach Süden und Südosten verdrängt. Sie gelangten in leicht differenzierten ethnischen Varianten zum einen nach Neuguinea und auf die Inseln des umgebenden Raumes, zum anderen über Neuguinea ins östliche Mikronesien; das westliche Mikronesien (Palau, Yap, Marianen) wurde wohl unmittelbar über die Philippinen mit stärker asiatisch geprägten Proto-Malayen besiedelt.
Während sich Teile der Proto-Malayen im Bereich von Neuguinea und über die Salomon-Inseln, Vanuatu (Neue Hebriden), Neukaledonien bis Fidschi hin mit den dort lebenden dunkelhäutigen Negritoiden vermischten, gelangten andere um 1000 v. Chr. bis Tonga und Samoa und bildeten dort die Ausgangsbasis der Bevölkerung Polynesiens.
Es ist unbekannt, ob sie von hier aus planmäßig zu neuen Siedlungsgebieten aufbrachen oder aufgrund von Unglücksfällen, die sich auch heute noch in fast jedem Jahr in vergleichbarer Weise ereignen, zu anderen weit entfernten Inseln abgetrieben wurden. Jedenfalls erreichten sie, wahrscheinlich aus Samoa kommend, spätestens zur Zeit um Christi Geburt die Marquesas-Inseln. Etwa ab 400 n. Chr. hat sich der Ausbreitungsprozeß der Polynesier von den Marquesas-Inseln aus fortgesetzt. Sie gelangten um diese Zeit nicht nur zur Oster-Insel, sondern möglicherweise auch bis auf den südamerikanischen Kontinent. (Die Möglichkeit dazu hat, im Gegenzug zu Thor Heyerdahls Unternehmen, der Franzose Eric de Bisschop im Jahr 1957 mit einer Floßreise von Tahiti bis in den Bereich der chilenischen Küste bewiesen.) Eine derartige Verbindung würde auch das Vorkom-

men der aus Südamerika stammenden Süßkartoffel (Ipomoea batatas) auf den südpazifischen Inseln erklären.
Um 500 gelangen die Polynesier über die Gesellschaftsinseln mit Tahiti und die Cook-Inseln nach Neuseeland, um 600 nach Hawaii.
Aufgrund dieser – zu großen Teilen rein physischen – ethnischen Differenzierung hat man dann zu Beginn des 19. Jahrhunderts die bis heute geläufigste regionale Gliederung des südpazifischen Inselraumes vorgenommen:

1. Melanesien (griech. μέλας [melas] = schwarz, νῆσος [nesos] = Insel) nannte man auf Anregung des Entdeckungsreisenden Dumont d'Urville (1832) den von dunkelhäutigen, stärker negrid geprägten Menschen bewohnten Bereich (Neuguinea, Bismarck-Archipel, Salomon-Inseln, Vanuatu, Neukaledonien, Fidschi).
2. Mikronesien (griech. μικρός [mikros] = klein) umfaßt den Lebensbereich einer Bevölkerung mit zum großen Teil deutlich mongoloiden Merkmalen (Marianen-, Karolinen- und Marshall-Inseln, Nauru und Gilbert-Inseln).
3. Polynesien (griech. πολύς [poly] = viel) ist das Gebiet der im ethnischen Sinne mehr europäiden Bewohner (Hawaii, Line-, Phönix-, Marquesas-, Tuamotu-, Gesellschaftsinseln, Osterinsel, Pitcairn, Cook-Inseln, Niue, Samoa, Tonga, Tokelau, Wallis und Futuna, Tuvalu und – in bezug auf die frühen Bewohner – auch Neuseeland).

Es muß aber festgestellt werden, daß diese Dreigliederung schon von Anfang an sowohl von der ethnischen Struktur als auch von den Abgrenzungen her durchaus zweifelhaft war. In allen drei Gebieten wohnen Menschen, die rassisch miteinander mehr oder weniger verwandt sind, nur die Anteile ihrer Herkunftskomponenten sind unterschiedlich. Auch die früher angenommene linguistische Gliederung in einen austronesischen und einen papuanischen Sprachbereich (letzterer umfaßte sowieso nur Sprachen mit dem Merkmal, nicht-austronesisch zu sein) kann nicht mehr als Beleg ethnischer Raumgliederung helfen: Untersuchungen (GRACE, 1959) haben ergeben, daß die austronesische Sprachfamilie aus Untergruppen zusammengesetzt ist, deren eine zum Beispiel Fidschi, Polynesien und Ost-Mikronesien umfaßt. Schließlich muß auch berücksichtigt werden, daß die in vorgeschichtlichen Zeiten gegebenen Unterscheidungen nach Lebensformen (also Sammler und Jäger, Bauern) schon seit Tausenden von Jahren ausgeglichen sind.
Die Abgrenzungen sind entsprechend unscharf: Fidschi gehört

kulturhistorisch stärker zu Polynesien und vom physischen Erscheinungsbild der Bewohner eher zu Melanesien. Dabei ist zu berücksichtigen, daß über die Hälfte aller Bewohner Fidschis gegenwärtig indischer Herkunft sind (vgl. S. 130). Auch in Neukaledonien besteht die Mehrheit der Bewohner aus Nicht-Melanesiern, nämlich aus Franzosen oder deren Nachkommen und aus Vietnamesen. Starke ethnische Unterschiede bestehen zwischen den Bewohnern der Palau-Inseln und denjenigen der östlichen Karolinen; trotzdem zählt man beide zu Mikronesien. Und die Differenzierung zwischen den Küstenbewohnern Neuguineas und den Hochland-Papuas (ähnlich ist die Situation auf einigen Salomon-Inseln) dürfte erheblich größer sein als zwischen Melanesiern und Ost-Mikronesiern. Schließlich gibt es im melanesischen und mikronesischen Bereich noch eine große Zahl von Inseln, die von Polynesiern bewohnt werden: Nukuoro und Kapingamarangi (Karolinen), Nukumanu, Luaniua, Takuu und Nuguria (nahe Bougainville), Sikaina, Bellona, Rennell, Tikopia und Anuta (Salomon-Inseln) usw.

Zusammenfassend kann man feststellen, daß selbst für eine ethnologische Gliederung die drei allgemein bekannten Regionalbegriffe Melanesien, Mikronesien und Polynesien nicht mehr genügen (DOUGLAS, 1961). Erst recht kann eine solche Dreiteilung des südpazifischen Inselraumes nicht mehr für eine gegenwartsbezogene geographische Raumgliederung nützlich sein.

4.1.2.2 *Der Zugriff der Europäer und die koloniale Bereichsbildung*

Extreme soziale, ökonomische und politische Veränderungen sowie eine erste politische Regionalisierung des südpazifischen Inselraumes brachte die Kolonialisierung durch europäische Staaten und die USA. Von den übrigen Kolonialmächten waren Australien und Neuseeland anfangs Objekte dieser Entwicklung, bevor sie später von Großbritannien als Statthalter und Nachfolger eingesetzt wurden. Japan hatte nach der Meiji-Restauration (1868) zahlreiche politische Verhaltensweisen der »westlichen« Mächte übernommen und beteiligte sich, sobald sich die Gelegenheit im Ersten Weltkrieg bot, ebenfalls am Kolonisationsprozeß im südpazifischen Inselraum. Der Einfluß Südamerikas blieb dagegen gering.

Schon in der Frühzeit des Kontaktes der Europäer mit den Bewohnern des Südpazifik hatte es erste Koloniebildungen gegeben: 1565 annektierten die Spanier die Marianen (anfangs Islas de los Ladrones, also Diebesinseln genannt). Aber kolonisatorische Maßnahmen wurden kaum unternommen, bis über hundert Jahre später (ab 1668) spanische Jesuiten die Missionierung der auf den Marianen einheimischen Chamorros begannen und damit deren Lebensstil ganz wesentlich veränderten. Von 1670 bis 1695 gab es zwischen Chamorros und Spaniern erhebliche kriegerische Auseinandersetzungen, an deren für Spanien siegreichem Ende sämtliche Bewohner der Marianen auf Guam zusammengezogen wurden und hier ein zwar katholisch geprägtes, aber ansonsten von Kolonisationsprozessen wenig gestörtes Leben führten. Die Niederlage Spaniens gegen Napoleon (1805) brachte dann den Schiffsverkehr zwischen den seit 1521 spanischen Philippinen und Mexiko, der Guam als Relais-Station benutzte, zum Erliegen, so daß diese frühe spanische Kolonie bis zum Ende des 19. Jahrhunderts, als sie in amerikanische* (Guam) und deutsche (die nördlichen Marianen) Hände übergingen, keine nennenswerte Rolle spielte.

Australien (1788 Neusüdwales) und Neuseeland (1839) waren die nächsten, und zwar britischen Kolonien. Sie gehören zwar nicht zu den hier betrachteten Inselterritorien; aber ihre Auswirkungen auf den Kolonisations- und Entwicklungsprozeß des südpazifischen Inselraumes waren beträchtlich.

Eigentlich hat – nach Spanien – nur Frankreich mit seinem direkten Zugriff auf Tahiti mit Moorea und Tetiaroa sowie die nördlichen Tuamotu-, die Marquesas-Inseln und Tubuai und Raivavae von den Austral-Inseln (1842 Protektorat, 1880 Kolonie, der 1888 auch die »Inseln unter dem Winde« sowie die restlichen Austral-Inseln 1889 als Protektorat und 1901 endgültig eingegliedert wurden), auf Neukaledonien (1853 Kolonie, bis 1860 dem Gouverneur von Tahiti unterstellt) und auf die Loyalty-Inseln (1864 Neukaledonien angegliedert) von Anfang an die völkerrechtliche Einbindung von südpazifischen Inselterritorien in sein Hoheitsgebiet gesucht. Auch die südlich von Mexiko liegende Insel Clipperton wurde 1855 von Frankreich annektiert.

Die übrigen Kolonialmächte vermieden anfangs das unmittelbare staatliche Engagement. Die Vereinigten Staaten von Amerika entwickelten aufgrund eigener geschichtlicher Erfahrung bis zum Ende des 19. Jahrhunderts keine starken kolonialen Interessen. Man annektierte zwar eine Reihe von Inseln, die jedoch unbewohnt waren und spezifischen bergbaulichen, später auch verkehrstechnischen und dann militärischen Zielen dienten. Mit

---

* Das Adjektiv »amerikanisch« bezieht sich immer auf die USA.

dem sogenannten »Guano Act« von 1856 konnte eine unbewohnte und keiner anderen Regierung unterstehende Insel, auf der ein amerikanischer Bürger Phosphat (»American Guano«) entdeckte und abbauen wollte, mit Billigung des amerikanischen Präsidenten als den USA zugehörig betrachtet werden. Auf insgesamt 48 Inseln wurde dieses Gesetz angewandt; viele ließen sich jedoch später wegen ungenauer Angaben und auch aus mangelndem Interesse nicht mehr identifizieren. Aus jener Rechtsgrundlage resultierten jedoch die US-Ansprüche u. a. auf Jarvis/Line-Inseln (1889 bis 1935 von Großbritannien annektiert, dann wieder an USA), Baker und Howland im zentralen Pazifik, Kanton und Enderbury (ab 1939 gemeinsam mit Großbritannien verwaltet) und Johnston-Insel (1858 sowohl von den USA als auch vom Königreich Hawaii beansprucht; das Problem löste sich mit der Annexion Hawaiis durch die USA). Auch die Inbesitznahme der zu jener Zeit unbewohnten Midway-Insel (Hawaii-Gruppe) im Jahr 1867 war kein eigentlicher Kolonisationsakt: Hier ging es um die Bereitstellung einer Station für den transpazifischen Verkehr zwischen den USA und den sich »öffnenden« Staaten China und Japan. 1888 hat Großbritannien für das geplante Empire-Kabel die Inseln Teraina (Fanning), Christmas-Insel (beide Kiribati), Penrhyn und Suwarrow (beide Cook-Inseln) annektiert (nur Teraina erhielt letztlich eine Kabelstation auf der Route Vancouver–Australien), 1899 geschah dasselbe mit der Insel Wake durch die USA.

Großbritannien und Deutschland scheuten aus finanziellen Gründen den Verwaltungsaufwand, der bei einer kolonialen Übernahme von Inseln entstand – besonders dann, wenn der volkswirtschaftliche Gewinn, den ein südpazifisches Inselterritorium bringen konnte, keineswegs von vornherein abzusehen war. Man überließ die ökonomische Nutzung der Inseln privaten Unternehmern oder Gesellschaften, denen man zum Teil Konsularaufgaben übertrug.

Schwierigkeiten erwuchsen jedoch aus internen und externen Aspekten: Seit dem 18. Jahrhundert begann in zunehmendem Maße die Infiltration der Inseln mit Missionaren und Händlern aus Europa und den von Europäern bewohnten Räumen. 1795 wurde von Kongregationalisten, Calvinisten, Methodisten, Presbyterianern und Anglikanern die »London Missionary Society« (LMS) gegründet, die 1797 mit ihrem Missionsschiff »Duff« Tahiti erreichte. Von dort breitete sich, zum Teil unter erheblichen Schwierigkeiten, die Missionstätigkeit über Tonga (1823), Marquesas (1825), Cook- und Austral-Inseln (um 1827) und Samoa (1830) bis hin nach Vanuatu (Neue Hebriden; 1839) aus.

Ab 1814 beteiligten sich im südpazifischen Raum weitere Missionsgesellschaften, ab 1833 – wenn man von der spanischen Kolonie der Marianen und ihrem Interessengebiet der Karolinen absieht – auch die katholische Kirche.

Daneben kam es zu Kontakten einzelner Inseln mit Walfängern, die allgemein selten und wechselnd erschienen; aber es kristallisierten sich einige bevorzugte Ankerplätze (Honolulu und Lahaina in der Hawaii-Gruppe, Bay of Islands in Neuseeland, Papeete auf Tahiti, dazu Tongatapu und Vava'u in Tonga, Kandavu und Ovalau in Fidschi, Upolu und Tutuila in Samoa u.a.m.) heraus, an denen sich auch bald schon Europäer niederließen, die als Vermittler zwischen den Einheimischen und den Walfängern auftraten. Hinzu kamen sogenannte »beachcomber«, d. h. gestrandete Seeleute, Abenteurer, desertierte Soldaten, Flüchtlinge, die zum Teil als Agenten für Handelsfirmen tätig wurden. Schließlich ergab sich aus der Gründung der britischen Kolonie Neusüdwales ein nennenswerter Absatzmarkt für landwirtschaftliche Produkte der Inseln, so daß die Zahl der auf vielen Inseln lebenden Weißen immer größer wurde. Es kam zur Einrichtung fester und relativ großer Handelsstationen und schließlich zur Ansiedlung europäischer Pflanzer.

Diese Fremden paralysierten in zunehmendem Maße mit ihrem überlegenen technischen Wissen, mit ihren Feuerwaffen, mit ihren kaufmännischen Tricks und auch mit ihrem Alkohol die einheimischen Lebens- und Herrschaftsstrukturen. Unrecht und Auseinandersetzungen gab es nicht nur zwischen Weißen und Einheimischen, sondern auch zwischen den Weißen selbst – oft als Spiegel der in Europa stattfindenden politischen Vorgänge.

Um die Ordnung mit den weißen Einwanderern wiederherzustellen, übernahmen die Häuptlinge mehr und mehr – vielfach gefördert von den Missionaren – Verwaltungssysteme und Rechtsnormen europäischer Länder. Sie schufen damit durchaus mehr Rechtssicherheit für die weißen Einwanderer, aber ihre eigenen Bevölkerungen verunsicherten sie; denn für die autochthonen Inselbewohner waren die »westlichen« Formen von Wahlen, Repräsentantenhäusern, Justizsystemen, Appellationshöfen usw. außerordentlich fremd. Schon aus Unwissenheit konnten sie ihre Rechte oft gar nicht wahrnehmen.

Auch die Häuptlinge selbst und ihre Minister sahen sich kaum in der Lage, die »westlichen« Verwaltungsinstrumente richtig und effektiv zu handhaben. Sie mußten europäische Berater und Fachleute anstellen, die ihnen durchaus helfen konnten, die aber in praxi zum großen Teil die exekutive Gewalt im Staat übernahmen. Und da mit den gesetzgebenden Körperschaften auch die

Legislative immer stärker von den Fremden unterwandert wurde, bildeten die de jure existierenden einheimischen Regierungen oft kaum mehr als eine kraftlose Hülle. Als diese Situation erst eingetreten war, mußte es im Verständnis des 19. Jahrhunderts fast zwangsläufig zum Eingreifen der europäischen Mächte und damit zur Bildung von Protektoraten und schließlich von Kolonien kommen.

Eine weitere Quelle wachsender Rechtlosigkeit und Gewalt auf den Inseln ergab sich aus der rücksichtslosen Beschaffung von Arbeitskräften für europäische Plantagen oder sonstige Großbetriebe, insbesondere in Peru, Queensland und Fidschi. Besonders ab 1862 wurden mit Methoden des Sklavenhandels sogenannte »Vertragsarbeiter« vor allem aus den nördlichen Cook-Inseln (Penrhyn), von Vanuatu (Neue Hebriden), den Salomon-Inseln und aus Neuguinea zu den Baumwoll- und Zuckerrohrpflanzungen oder Phosphatbrüchen vielfach verschleppt (SCARR, 1967; PARNABY, 1972). Auch hier waren nur die europäischen Mächte in der Lage, für die Einhaltung eines geregelten Vertragsarbeitersystems zu sorgen.

Der andere Anlaß zur Etablierung von Schutzgebieten oder Kolonien lag im außenpolitischen Bereich: Nachdem Frankreich 1842 den neueren Kolonisationsprozeß im Südpazifik eröffnet hatte, zögerten die anderen Staaten zwar noch einige Zeit. Aber dann führte die Konkurrenz zwischen den im Pazifik agierenden Mächten doch zu einer Fixierung der jeweiligen Interessengebiete. Daß Tonga und Samoa so lange von Annexionen verschont blieben, findet ebenfalls seine Begründung in der Konkurrenz der Kolonialmächte: Gegenseitig verhinderte man den Zugriff des anderen, bis man auch hier zu einem Interessenausgleich auf Kosten der Einheimischen kam.

Auf den dritten Anlaß zu Annexionen durch fremde Mächte wurde schon verwiesen: Die wachsende transpazifische Kommunikation erforderte Kohlenbunkerstationen, Kabelstationen, später Flugplätze zum Auftanken. Zumeist hat man dabei auf unbewohnte Inseln (Midway, Clipperton, Wake u. a.) zurückgegriffen.

Das Jahr 1874 brachte mit der Annexion der Fidschi-Inseln durch Großbritannien zwar den Beginn einer umfassenden kolonialen Aufteilung der südpazifischen Inselterritorien; allerdings versuchte Großbritannien auch hier noch einmal, sich dieser Entwicklung entgegenzustemmen: In Fidschi wurde 1877 eine britische Hoch-Kommission gebildet, die rechtlich für britische Staatsbürger auf allen Südpazifik-Inseln, soweit diese nicht anderen europäischen Mächten zugeordnet waren, zuständig war.

Damit wollte man der Notwendigkeit entgehen, auch auf allen anderen Inseln Kolonialbehörden zu errichten.
Im Grunde hat dann die Auseinandersetzung zwischen Großbritannien und Deutschland die endgültige Aufteilung bewirkt: Deutsche Wirtschaftsinteressen wurden seit 1857 in zahlreichen Inselgruppen des Südpazifik wahrgenommen, und zwar ohne jede staatliche Anbindung dieser Gebiete an deutsche Regierungsstellen oder später an das Deutsche Reich. Bis 1871 bestand Deutschland aus zahlreichen kleinen Staaten, so daß kolonialpolitische Interessen im Südpazifik sowieso erst nach dem gewonnenen Deutsch-Französischen Krieg und der Reichsgründung aufkamen. Im November und Dezember 1884 konkretisierte Deutschland seine territorialen Ansprüche durch Fahnenhissungen in Neu-Britannien, in der Duke-of-York-Gruppe sowie in Neuguinea.
Während Deutschland sich an der Nordseite Neuguineas (Kaiser-Wilhelms-Land) sowie im Bismarck-Archipel festsetzte und beide Bereiche als deutsches »Schutzgebiet« im Mai 1885 der schon 1884 in Berlin gegründeten »Neu-Guinea-Kompanie« (bis 1899) unterstellte, reagierte Großbritannien durch Protektoratsansprüche im Süden Neuguineas, indem es am 6.11.1884 in Port Moresby seine Flagge hissen ließ (anfangs Protektorat, ab 1888 Kolonie). Die Grenzfestlegung zwischen beiden Bereichen auf Neuguinea sowie die endgültige Absprache von Interessensphären im Pazifik zwischen Deutschland und Großbritannien erfolgte durch das Deutsch-Britische Südseeabkommen vom April 1886. Es sah – unter Ausnahme von Samoa, Tonga und Niue – vor, daß nördlich und westlich einer Linie Neuguinea–Südspitze Santa Isabel (Salomonen)-Ostseite der Marshall-Inseln Deutschland aktiv werden könne, südlich und östlich dieser Linie (abgesehen von den genannten Ausnahmen) Großbritannien. 1885 hatten sich auch Frankreich und Deutschland vertraglich geeinigt, keine gegenseitigen Maßnahmen bei Annexionen des Vertragspartners zu unternehmen.
Nun begann die Realisierung der jeweiligen Gebietsansprüche. Im Mai 1885 wurde das nordöstliche Neuguinea zusammen mit dem Bismarck-Archipel zur deutschen Kolonie, im Oktober 1885 ergänzt durch die Marshall-Inseln. Ab Oktober 1886 kamen die nordwestlichen Salomon-Inseln und ab April 1888 die Insel Nauru hinzu. 1885 hatte das Deutsche Reich die Karolinen annektieren wollen, deren Besitz aber von Spanien reklamiert wurde. Den Streit schlichtete der Papst zugunsten Spaniens in einem Schiedsspruch, dem sich auch Deutschland unterwarf; es behielt aber das Recht, freien Handel in den Karolinen zu treiben.

Nun begann Spanien mit der Einrichtung fester Stationen (u. a. Colonia de Santiago auf Ponape), um seinen Kolonialbesitz zu sichern.
Über den Streitfall Samoa-Tonga-Niue einigte man sich erst 1899: Die östlichen Samoa-Inseln wurden amerikanisch, die westlichen Samoa-Inseln fielen an Deutschland, das dafür auf Ansprüche in Tonga und Niue zugunsten Großbritanniens verzichtete sowie von seinem Besitz in den Salomonen alle Inseln südlich von Bougainville an Großbritannien abtrat und politische Zugeständnisse in Afrika machte.
Großbritannien fügte seinen Südpazifik-Besitzungen Fidschi und Britisch-Neuguinea nach 1886 die folgenden Inseln und Inselgruppen hinzu: Neue Hebriden (Vanuatu) als Kondominium mit Frankreich 1887 (auch um mögliche deutschen Maßnahmen zuvorzukommen); Tokelau- und einige Phönix-Inseln 1889 – restliche Phönix-Inseln 1892; Cook-Inseln 1888/92; Gilbert- und Ellice(Tuvalu)-Inseln 1892; Teile der südlichen Salomon-Inseln 1893 – ergänzt 1899; Ocean Island (Banaba), Tonga (nur Protektorat) und Niue 1900. Pitcairn, auf dem die Nachkommen der Meuterer der »Bounty« (1789) lebten, wurde 1898 offiziell der britischen Krone unterstellt.
Südamerikanische Staaten haben wohl die Inselgruppen vor ihren Küsten annektiert; aber die politischen Verhältnisse des 19. Jahrhunderts ließen weiterreichende Aktionen kaum zu. Spanien hatte nämlich bis 1824 sämtliche südamerikanischen Besitzungen verloren und schied daher als potentielle Kolonialmacht im Südpazifik aus. Den gerade unabhängig gewordenen Staaten fehlten aber Interesse und Fähigkeit zu aufwendigen kolonialen Engagements. Nur Chile hat 1888 mit der Annektierung der Oster-Insel und der unbewohnten Felseninsel Sala-y-Gomez einen weiten Vorstoß nach Westen unternommen.
Die Vereinigten Staaten von Amerika trieben – wie erwähnt – lange Zeit keine aktive Kolonialpolitik. Erst am Ende des 19. Jahrhunderts erwachten auch hier koloniale Expansionsbestrebungen, die aber nicht mit voller politischer Kraft umgesetzt wurden. Immerhin übernahmen die USA 1898 zuerst Hawaii, dann – nach dem Friedensschluß des Spanisch-Amerikanischen Krieges im Dezember 1898 – Guam (Marianen) und die Philippinen und 1899 die östlichen Samoa-Inseln. Es kennzeichnet die distanzierte Annexionspolitik der USA, daß sie lange Zeit ihre Besitzungen durch Militärbehörden verwalteten.
Damit war zu Beginn des 20. Jahrhunderts die koloniale Aufteilung der südpazifischen Inseln abgeschlossen. Veränderungen haben sich bis zur Zeit nach dem Zweiten Weltkrieg nur durch

das Ausscheiden Deutschlands als Kolonialmacht infolge des Ersten Weltkrieges ergeben: Die Marianen-, Karolinen- und Marshall-Inseln fielen 1921 als Treuhandgebiet des Völkerbundes bis zum Ende des Zweiten Weltkrieges an Japan, dann ab 1947 – im Auftrage der Vereinten Nationen – an die USA. 1919 einigten sich Großbritannien, Australien und Neuseeland auf eine gemeinsame Verwaltung der Insel Nauru, die ihnen offiziell 1920 vom Völkerbund übertragen wurde. Der vormals deutsche Teil Neuguineas sowie der Bismarck-Archipel samt Bougainville wurden 1920 als Völkerbundmandat Australien unterstellt, das – nach seiner staatlichen Verselbständigung 1901 – zwischen 1902 und 1906 auch schon das bis dahin britische Neuguinea als »Papua-Territorium« übernommen hatte. Deutsch-Samoa kam – ebenfalls als Völkerbundmandat (ab 1946 als UN-Treuhandgebiet) – im Jahr 1920 an Neuseeland, das seit 1901 Kolonialmacht über die Cook-Inseln (einschließlich Niue) als Nachfolger Großbritanniens war und von Großbritannien im Jahr 1925 auch die Hoheitsrechte über die Tokelau-Inseln erhielt.

Nach dem Ende des Zweiten Weltkrieges gab es also drei Kolonialregionen, die von der jeweiligen Kolonialmacht politisch, wirtschaftlich und gesellschaftlich geprägt wurden:

1. Im Norden die amerikanische Region mit der Hawaii-Gruppe, den nördlichen Marianen und Guam, den Karolinen, den Marshall-Inseln und einer Reihe gestreut liegender weiterer Inseln sowie dem südlich entfernten Amerikanisch-Samoa.
2. Im mittleren und südlich-zentralen Südpazifik die britische Region einschließlich australischer und neuseeländischer Kompetenzbereiche: Papua-Neuguinea und der Bismarck-Archipel, die Salomon-Inseln, das Kondominium der Neuen Hebriden (Vanuatu), Nauru, Ocean-Inseln und die Gilbert-Inseln bis über die Phönix- zu den Line-Inseln, die Ellice-Inseln, Fidschi, Tokelau, Tonga, West-Samoa, Niue und die Cook-Inseln.
3. Im Südwesten und Südosten die französische Region mit Neukaledonien und den anteilig verwalteten Neuen Hebriden (Vanuatu), Französisch-Polynesien sowie dem in der Mitte dazwischen liegenden kleinen Territorium Wallis und Futuna.

Für eine detaillierte Charakterisierung der spezifischen nationalen Konditionierungen, wie sie aus den unterschiedlichen Verhaltensweisen der drei Kolonialmächte (und zum Teil ihrer Vorgänger Spanien, Deutschland, Japan) resultieren, fehlen bisher ausreichende Forschungsergebnisse. Aber sicherlich kann man ganz allgemein feststellen:

1. Die USA haben »ihre« Inselterritorien – abgesehen von Hawaii – sehr lange Zeit fast nur unter verkehrs- und militärstrategischen Aspekten gesehen und behandelt. Hinzu kam die ja nur temporäre Ausbeutung der durchweg unbewohnten Phosphat-Inseln. Sie haben zwar auf bestimmten Inseln und dort oft in klar abgegrenzten Bereichen Schiffs- und Flughäfen, Wetter- und Radarstationen, Raketenabschußrampen, Kasernen und Wohngettos errichtet; aber sie haben kaum gepflanzt oder sich auf andere Weise lokal engagiert: Sie haben – vermeintlich – die Lebensformen der Einheimischen ungestört gelassen. Als nun Ende der 1960er Jahre plötzlich bewußt wurde, daß die Inselterritorien einmal eigenständig werden müßten, da wurde mit sehr viel Kapital, weitreichenden Plänen und modernster Technologie ein Entwicklungsprozeß eingeleitet, der vielfach an den Bedürfnissen und Fähigkeiten der Einheimischen vorbeiführt; denn die können oder wollen den »American way of life« nicht übernehmen. Charakteristisch ist der Ausspruch eines alten Mikronesiers (zit. nach MANHARD, 1979, S. 9): »The Germans we disliked but respected and we were willing to work for them; the Japanese we feared but respected and we had to work very hard for them; the Americans we like very much but we don't respect them and have no need to work for them.«
Hawaii bildet eine Ausnahme: Es wurde nicht von Staats wegen kolonisiert, sondern von privaten Kolonisten usurpiert und demographisch vollständig verändert, ja geradezu überwältigt. Als die USA 1898 Hawaii annektierten, war es quasi schon ein amerikanisches Territorium.
2. Großbritannien – und im Gefolge auch Neuseeland und Australien – haben »ihre« Inselterritorien patriarchalisch-kooperativ verwaltet. Sie haben Siedler, Geschäftsleute und Beamte ins jeweilige Territorium gebracht, haben ihre Landsleute mit mehr Rechten ausgestattet, haben durchaus den ökonomischen Profit gesucht und weitgehend rücksichtslos durchgesetzt. Aber sie haben auch die Rechte der Einheimischen geschützt, sie haben sie schon frühzeitig – selbstverständlich in gewissen Grenzen – an der Kolonialwirtschaft und der Kolonialverwaltung beteiligt. Damit wurde ein Entwicklungsprozeß eingeleitet, der die spätere Selbständigkeit der Kolonien ein wenig erleichterte.
3. Frankreichs Verwaltungsstil in »seinen« südpazifischen Inselterritorien muß als autoritär bezeichnet werden. Hier wurde schon frühzeitig ein Prozeß eingeleitet, die Kolonien in den französischen Kulturraum zu integrieren, indem sie als –

separat gelegenes – französisches Staatsgebiet behandelt und geformt wurden. Ohne nennenswerte Rücksichtnahme wurde Land enteignet (besonders in Neukaledonien), französisches Kapital in sehr großem Umfang in die Territorien geleitet, französische Einwanderer in erheblicher Zahl in die Besitzungen gezogen, französisches Recht und schließlich die französische Staatsbürgerschaft auch für die Einheimischen eingeführt. Das autochthone Element auf den Inseln findet wenig offizielle Berücksichtigung, während andererseits die französische Lebensform – besonders in Französisch-Polynesien – vielfach eine positive Symbiose mit dem einheimischen »Pacific Way« eingegangen ist.

4.1.2.3 Entkolonialisierung und politische Gliederung der Gegenwart

Im Grunde hat sich die erläuterte kolonial bedingte Großgliederung bis heute weitgehend erhalten, obwohl inzwischen die meisten Inselgruppen selbständig sind oder kurz vor ihrer formalen Unabhängigkeit stehen. Der Entkolonialisierungsprozeß begann eigentlich schon kurz nach dem Ende des Zweiten Weltkriegs. Wie zum Beispiel im südostasiatischen Kolonialraum, so hat auch im Südpazifik der Zweite Weltkrieg eine tiefe Zäsur in der Kolonialentwicklung bewirkt: Das Kampfgeschehen zwischen Weißen und Japanern hat die isolierten Anschauungen vieler Inselbewohner über Europa und die von Europa besiedelten Kontinente verändert; die zum Teil jahrelange Anwesenheit amerikanischer Truppen auch auf zahlreichen Inseln, die nicht unmittelbar in den Krieg einbezogen waren, konfrontierte die Einheimischen plötzlich mit dem modernen technischen Zeitalter; schließlich haben die kriegführenden Kolonialmächte zumindest kurz nach Kriegsende ihre politischen Aktivitäten sehr stark auf ihre Heimatländer eingeschränkt. Nach dem Zweiten Weltkrieg waren sowohl die Kolonien als auch die Einstellung der Kolonialmächte zu ihnen anders geworden. Nicht, daß man nun unmittelbar bereit war, den Kolonien die Unabhängigkeit zu gewähren. Aber es setzte sich doch mehr und mehr bei fast allen Kolonialmächten die Einsicht durch, daß in einer absehbaren Zeit den abhängigen Territorien die Selbständigkeit gewährt werden müsse. Besonders in den britischen, australischen und neuseeländischen Besitzungen, die ja zum Teil sowieso nur Treuhandgebiete der Vereinten Nationen (Neuguinea/austr., Nauru/austr., brit., neuseel., West-Samoa/neuseel.) waren, begann man schon bald, einheimische Regierungskörperschaften zu bilden. Ihnen wurden

nach und nach immer weitergehende Kompetenzen übertragen, bis hin zur inneren Selbstverwaltung. Dieser Prozeß hatte sich in Hawaii eigenständig schon seit dem 19. Jahrhundert entwickelt, wobei allerdings anstelle der Einheimischen die eingewanderten Fremden ihre Selbstverwaltung auf- und ausbauten, bis schließlich – auch als eine Konsequenz des Zweiten Weltkrieges – Hawaii im Jahr 1959 zum 50. Staat der USA erklärt wurde.
Im übrigen Südpazifik erhielt zuerst West-Samoa (Samoa i Sisifo) im Jahr 1962 seine Unabhängigkeit. 1965 folgten die Cook-Inseln, die sich allerdings für eine sogenannte »Free Association« mit Neuseeland entschieden, so daß der Status als unabhängiger Staat umstritten ist. 1968 wurden die kleine, aber – wegen ihrer Phosphatvorräte – reiche Insel Nauru selbständig und 1970 Fidschi und das Königreich Tonga. Tonga war allerdings nie Kolonie gewesen, sondern nur britisches Protektorat. Tonga und Fidschi wurden mit ihrer Unabhängigkeit Mitglieder des britischen Commonwealth – ebenso wie vorher die Cook-Inseln und wie später Niue, das 1974 den Status eines sich selbst verwaltenden Staates in »Free Association« mit Neuseeland erhielt. Als 1975 Papua-Neuguinea, 1978 die Salomon-Inseln und Tuvalu (Ellice-Inseln), 1979 Kiribati (Gilbert-Inseln) und 1980 schließlich Vanuatu (Neue Hebriden) ihre Unabhängigkeit erhielten, war quasi das Ende des britischen Kolonialreichs im südpazifischen Inselraum erreicht; denn Pitcairn (brit.) und Tokelau (neuseel.) sind beide zu klein und wirtschaftlich zu schwach, um eigenständige Staaten bilden zu können. Es fehlt auf beiden auch der Wunsch der Bevölkerung nach einer Auflösung der gegenwärtigen Bindungen.
Die Treuhandgebiete der USA – also die Marianen, Karolinen und die Marshall-Inseln – werden wohl als nächstes ihren quasikolonialen Status ablegen. Zur Zeit herrscht dort ein recht kompliziertes Regierungssystem: Offiziell existiert das US-Treuhandgebiet der pazifischen Inseln. Aber schon 1976 wurde den Nord-Marianen der Commonwealth-Status mit den Vereinigten Staaten zugebilligt (1978 in Kraft gesetzt). Nur Verteidigungs- und Außenpolitik werden von den USA wahrgenommen, die außerdem das Recht haben, Militärbasen in den Nord-Marianen zu unterhalten. 1979 folgte die Übertragung des Rechts zur inneren Selbstverwaltung auf Palau, auf die Marshall-Inseln und die »Föderierten Staaten von Mikronesien« (FSM); zu letzteren hatten sich die ansonsten ebenfalls selbstverwaltenden Staaten Yap, Truk, Ponape und Kosrae zusammengeschlossen. Allerdings müssen sämtliche Gesetze, die von den amtierenden Legislativen erlassen werden, von den USA durch ihren Gouverneur des

offiziell noch bestehenden »Treuhandgebietes« bestätigt werden. Der Grund der Verzögerung der schon längst erwarteten Beendigung des Treuhandauftrages liegt in strategischen Ansprüchen der USA: Die betroffenen Inselgruppen sind nämlich 1947 den USA durch den Sicherheitsrat der Vereinten Nationen ausdrücklich mit dem Recht der militärischen Nutzung zu Verteidigungszwecken übergeben worden.

Zur Entwicklung einer Selbstverwaltung wurde 1966 im Treuhandgebiet der »Kongreß von Mikronesien« (Repräsentantenhaus und Senat) eingerichtet, und die USA favorisierten als Ziel eine Föderation sämtlicher Distrikte des Treuhandgebietes als Commonwealth der USA, vergleichbar mit Puerto Rico. Jedoch nur die Nord-Marianen entschieden sich 1975 für die Commonwealth-Regelung. Im selben Jahr erbrachte ein Referendum eine weitere Differenzierung: Während die Distrikte Yap, Truk, Ponape und das seit 1977 einen eigenen Distrikt bildende Kosrae (vorher zu Ponape gehörend) für die vorgeschlagene Verfassung der »Föderierten Staaten von Mikronesien« stimmten, lehnten die Palau- und die Marshall-Inseln eine solche Lösung ab. Seit 1979 gibt es daher die Föderation der vier vorher genannten Staaten (FSM), die Republik Marshall-Inseln sowie seit 1981 die Republik Palau. Alle drei politischen Einheiten sollen in einem weitgehend ausgehandelten »Compact of Free Association« mit den USA verbunden bleiben, der neben finanziellen Hilfen der USA insbesondere die Übertragung aller Verteidigungsrechte auf die USA vorsieht. Strittig sind zur Zeit (1983) besonders noch Fragen der Archipelregelung im Rahmen des neuen Seerechts (Durchfahrtprobleme für Schiffe) und der Lagerung von radioaktivem Material. Man muß aber davon ausgehen, daß eine Lösung in absehbarer Zeit gefunden wird.

Amerikanisch-Samoa hingegen wird als »Unincorporated Territory of the United States« oder in leicht veränderter Form (vgl. Guam) auf absehbare Zeit in der Zugehörigkeit zu den USA bleiben. Die Mehrheit der Bewohner drängt zwar auf mehr Selbstverwaltung, aber wünscht wohl die feste Verbindung mit den USA, die ihnen umfangreiche ökonomische Zuwendungen sowie den freien Zugang zum US-Festland garantiert. Eine Vereinigung mit West-Samoa wird gegenwärtig von keiner Seite gefordert, da auch West-Samoa zahlreiche Vorteile durch das amerikanische Samoa genießt (vgl. Kap. 4.5.2.7). Auch die teils unbewohnten, teils militärisch genutzten Inseln Midway, Johnston, Wake, Kingman Reef, Palmyra, Jarvis sowie Howland und Baker werden sicherlich auf unabsehbare Zeit amerikanische Besitzungen bleiben.

Im französischen Bereich hat es bisher kaum offizielle Veränderungen in Richtung auf eine Entkolonialisierung gegeben. Nur das mit Großbritannien gemeinsam verwaltete Kondominium der Neuen Hebriden wurde als Vanuatu nach fast bürgerkriegsähnlichen Auseinandersetzungen 1980 unabhängig. In den relativ großen politischen Einheiten Neukaledonien und Französisch-Polynesien haben sich zwar starke Unabhängigkeitsbewegungen etabliert; aber sie haben bis zur Gegenwart keine politischen Änderungen herbeiführen können. Im Falle Neukaledoniens muß berücksichtigt werden, daß nur noch eine Minderheit der Bevölkerung aus echten Einheimischen besteht, und in Französisch-Polynesien befürchten viele Bewohner, daß eine Trennung von Frankreich ihren Lebensstandard erheblich mindern würde. Insgesamt wurden die Selbstverwaltungskompetenzen im Rahmen einer verstärkten Dezentralisierung allmählich vergrößert, jedoch stets in der Weise, daß die Exekutive unter der Leitung eines von der französischen Zentralregierung in Paris ernannten Beamten stand. Sowohl Neukaledonien und Französisch-Polynesien als auch Wallis und Futuna bilden französische Überseeterritorien. Es ist ein erklärtes politisches Ziel der bisherigen französischen Regierungen, diesen Status beizubehalten.

Die Entkolonialisierung des südpazifischen Raumes hat, soweit sie bisher geschehen oder abzusehen ist, nur bedingte Veränderungen der politischen Formierung gebracht: Die französischen Bereiche bleiben sowieso noch bestehen, die amerikanischen werden ihre enge Bindung zu den USA beibehalten, und die britischen (australischen, neuseeländischen) sind über Verträge von »Free Association« oder das britische Commonwealth ebenfalls ihren ehemaligen Kolonialherren eng verbunden.

Die Abgrenzung der nun selbständigen Staaten spiegelt ebenfalls in vielen Fällen die Kolonialzeit wider: Seinerzeit hatten die Kolonialmächte ihre Kolonien vielfach ohne Rücksicht auf einheimische traditionelle Stammesgebiete und Raumgliederungen territorial zugeschnitten. Wie zum Beispiel in Afrika, so gibt es auch im Südpazifik derartige willkürliche Grenzziehungen, die sich bis in die gegenwärtige Staatengliederung fortsetzen. Die Grenze zwischen Irian Jaya und Papua-Neuguinea wurde zwischen Niederländern, Deutschen und Briten ausgehandelt. Die Insel Bougainville gehört eigentlich zu den Salomon-Inseln, liegt aber wegen der deutsch-britischen Absprachen über Samoa heute in Papua-Neuguinea. Aber auch die Salomon-Inseln Choiseul, New Georgia und Santa Isabel gehörten heute zu Papua-Neuguinea, wenn Deutschland sie nicht in gewissem Sinne gegen West-Samoa »ausgetauscht« hätte. West- und Ost(Amerikanisch-)Samoa bilden im Grunde eine Einheit, die im Vertrag von Berlin 1899 getrennt wurde. Ocean-Insel (Banaba) oder erst recht die Line-Inseln haben nichts mit den Gilbert-Inseln bzw. der heutigen Republik Kiribati zu tun, außer daß sie von Großbritannien der damaligen Kolonie der Gilbert- und Ellice-Inseln zugeschlagen wurden. In ähnlicher Weise wurde die Insel Rotuma 1881 von Großbritannien annektiert und dem über 500 km entfernten Fidschi zugeordnet. Auch die Cook-Inseln haben nie eine Einheit gebildet; aber im Rahmen der kolonialen Verwaltungsgliederung wurden sie zusammengefaßt, und 1965 ist daraus der Staat der Cook-Inseln entstanden. Eine vergleichbare Situation hätte sich beinahe auch mit dem US-Treuhandgebiet der pazifischen Inseln ergeben, das die USA am liebsten als eine politische Einheit in die Selbstverwaltung entlassen hätten. Wie schon erläutert, haben jedoch die Bewohner (die verschiedene Sprachen sprechen, sich in Tradition und sozialem Aufbau unterscheiden und die ja auch – schon wegen der Entfernungen – kaum miteinander in Kontakt stehen) eine größere politisch-territoriale Differenzierung gewählt.

4.1.2.4 Südpazifische Kooperation

Bei der großen Zahl kleiner Staaten und Territorien im Südpazifik ergibt sich notwendig das Problem der Tragfähigkeit für eine jeweils eigenständige Entwicklung (vgl. Kap. 4.4.1) sowie die Frage nach den Möglichkeiten und Formen regionaler Kooperation, um einerseits das eigene politische Gewicht zu stärken und andererseits den Bewohnern der Region Dienstleistungen bereitzustellen, für die der einzelne Kleinstaat keine ausreichende Kapazität besitzt.

Die einzige Organisation mit hoher politischer Bedeutung ist das *South Pacific Forum*: die jährlich stattfindende Versammlung der Regierungschefs aller unabhängigen südpazifischen Inselstaaten. Die Vertreter der (noch) abhängigen Territorien nehmen als Beobachter teil. Außerdem – und das ist kennzeichnend für die um Ausgleich und Verständigung bemühte politische Grundhaltung der Region – gehören, wenn auch nach anfänglichen Widerständen, Australien und Neuseeland zum South Pacific Forum. Es handelt sich um eine autochthone Gründung, 1971 initiiert von Fidschi, Tonga, West-Samoa und den Cook-Inseln. Diese vier Inselländer (sowie Niue und die Kolonie der Gilbert- und Ellice-Inseln) hatten schon seit 1965 im *Pacific Islands Producers Secretariat* (PIPS) bzw. der daraus hervorgegangenen *Pacific Islands Producers Association* (PIPA; 1974 auf-

gegangen in SPEC) zusammengearbeitet, weil sie ihre Interessen in den älteren staatlichen Regional-Organisationen, der *South Pacific Commission* (SPC) bzw. der *South Pacific Conference* nicht ausreichend berücksichtigt fanden.
Die *South Pacific Commission* war am 6. 2. 1947 (»Canberra Agreement«) noch von den Kolonialmächten Australien, Frankreich, Großbritannien, Neuseeland, den Niederlanden und den USA gegründet worden; 1962 schieden die Niederlande aus, nachdem sie ihre Kolonie Niederländisch-Neuguinea (Irian Jaya) aufgegeben hatten. Zwar konnten die unabhängig werdenden Staaten des Südpazifik sowie ab 1980 auch solche Inselstaaten, die sich autonom verwalten, aber anderen Staaten assoziiert sind (Cook-Inseln, Niue, Federated States of Micronesia, Commonwealth of the Northern Marianas), Mitglieder werden; aber politische Aktivitäten waren der SPC untersagt. Das niemals kolonial verwaltete Königreich Tonga ist der SPC nicht beigetreten.
Die SPC (Sitz: Noumea/Neukaledonien; Nebenstellen in Suva/Fidschi und Sydney/Australien) übernimmt technisch-wissenschaftliche Dienstleistungsfunktionen (Datensammlung und Statistik, Analysen lokaler Ressourcen, Vermittlung von Markterfahrung und technischem Wissen durch Publikationen und Trainingskurse u. a.) für die kleinen Inselstaaten zu Fragen der wirtschaftlichen und sozialen Entwicklung. Unmittelbar vor der Jahrestagung der SPC-Mitglieder tagte seit 1950 (anfangs alle 3 Jahre, seit 1967 jährlich) eine Konferenz aller Territorien und Staaten des Südpazifik (South Pacific Conference), die Empfehlungen an die SPC aussprechen konnte. Ab 1975 wurden beide Veranstaltungen zur (neuen) *South Pacific Conference* vereinigt; die Themen blieben jedoch auf unpolitische Bereiche beschränkt. Allerdings erweist sich die SPC auf dem Dienstleistungssektor als sehr nützlich und effizient. Politische Bedeutung hat sie insofern erzielt, als in ihrem Rahmen die Delegierten der verschiedenen Inselstaaten erstmals die gemeinsamen Entwicklungsprobleme und Aufgabenstellungen kennenlernten und den Vorteil kooperativen Handelns erkannten.
Auf Beschluß des South Pacific Forum sind einige weitere Dienstleistungsinstitutionen mit regionaler Zuständigkeit entstanden, so z. B. im September 1972 das *South Pacific Bureau of Economic Co-operation* (SPEC; Sitz: Suva/Fidschi) als ständige Geschäftsstelle des Forums. Es hat die Aufgabe, Daten, Analysen und Vorschläge zur Entwicklung des Außenhandels, der produzierenden Wirtschaft und des Tourismus aller Mitgliedsländer zu erarbeiten. Eine in der Gegenwart besonders

benötigte Regional-Organisation ist die 1979 entstandene *South Pacific Forum Fisheries Agency* (SPFFA; Sitz: Honiara/ Salomon-Inseln). (Vgl. Kap. 4.4.3) Ihre Aufgabe besteht in der Bereitstellung technisch-wissenschaftlicher Expertise zu Fragen des Fischfangs und der politisch-wirtschaftlichen Koordinierung der Aktivitäten der Mitgliedsländer in bezug auf die neue Seerechtskonvention. Festzuhalten ist, daß alle diese Einrichtungen regionaler Kooperation keine supranationalen Rechte haben. Sicherlich wäre es auch zuviel verlangt, wenn Staaten, die soeben erst ihre Unabhängigkeit gewonnen haben, schon wieder auf Teile ihrer Souveränität verzichten sollten.
Auf Betreiben des South Pacific Forum ist 1976 die *Pacific Forum Line* (PFL) gegründet worden, eine regionale Schifffahrtslinie zur Bedienung der Forum-Mitgliedsländer. Das sehr unterschiedliche Frachtaufkommen der einzelnen Inselländer behindert ganz erheblich eine gleichgewichtige Routenfrequenz, so daß ein duales System von Hauptlinien und Zubringerdiensten notwendig wird. Die von Anfang an auftretenden Defizite der PFL sind bisher überwiegend von Australien ausgeglichen worden. Der Versuch zur regionalen Kooperation im Flugverkehr blieb bisher erfolglos, auch wenn 1979 eine *Association of South Pacific Airlines* gebildet wurde.
Eine wichtige Funktion im Entwicklungsprozeß der südpazifischen Inselländer erfüllt die *University of the South Pacific* (USP; Sitz: Suva/Fidschi); 1968 nahm sie den Lehrbetrieb auf. Sie wird finanziert von den (nicht-französischen) südpazifischen Inselstaaten und -territorien sowie regelmäßigen Zuschüssen Australiens, Neuseelands und der USA. Zur USP gehören als externe Einrichtungen die »School of Agriculture« in West-Samoa und das »Rural Development Centre« in Tonga sowie Außenstellen in den Cook-Inseln, West-Samoa, Tonga, Kiribati und den Salomon-Inseln.
Neben diesen staatlichen und halbstaatlichen Formen regionaler Kooperation gibt es noch weitere ca. 200–250 staatliche, halboffizielle und privatwirtschaftliche Einrichtungen (Kirchen, Verbände, Interessengruppen, Firmen), oftmals nur Teilregionen des Südpazifik umfassend – wie z. B. das *Pacific Basin Development Council* für den Bereich der von den USA verwalteten Gebiete, die *South American Permanent Commission for the South Pacific* (SAPCSP), die *Pacific Conference of Churches* (PCC) und mehrere Unterorganisationen der Vereinten Nationen.
Das sich entwickelnde Gemeinschaftsbewußtsein im Südpazifik, dem sich nun in stärkerem Maße auch die nach Unabhängigkeit

strebenden politischen Einheiten der US-Treuhandgebiete zugehörig fühlen, wirkt nicht nur nach innen, sondern wird auch von außen anerkannt: Seit 1981 können unter dem *South Pacific Regional Trade and Economic Co-operation Agreement* (SPARTECA) fast sämtliche Waren aus allen Forumländern zollfrei auf den australischen oder neuseeländischen Markt gebracht werden.

Für den Außenstehenden fast erstaunlich, für manche Politiker wohl eher beunruhigend ist das Fehlen einer großräumigen militärstrategischen Konzeption, geschweige denn Kooperation. Die meisten Inselstaaten verfügen sowieso über keine Streitkräfte; die in Europa geradezu täglich von einer großen Öffentlichkeit getragenen Diskussionen über Kriegsszenarien und Waffensysteme erscheinen ihnen durchweg absurd. Militärische Bedrohungen werden weithin nicht empfunden. Die einzigen »größeren« Militäreinheiten unterhalten Fidschi und Papua-Neuguinea mit 2051 bzw. 3775 Soldaten (Asia Year Book 1983, S. 38). Als eine den pazifischen Raum übergreifende Zusammenarbeit besteht zwar seit 1951 das ANZUS-Abkommen zwischen Australien (A), Neuseeland (NZ) und den USA (US); die Inselstaaten sind daran nicht beteiligt. Ansonsten gibt es die teilregionalen Sicherheitssysteme zwischen den Kolonialmächten und ihren jeweiligen abhängigen Gebieten sowie zwischen Neuseeland und den Cook-Inseln und Niue und in Zukunft wohl auch zwischen den USA und den Staaten ihres Treuhandgebietes. In einer Phase wachsender strategischer Bedeutung des pazifischen Raumes bleibt das Fehlen militärischer Kooperation, verbunden mit dem Fehlen einer Führungsmacht, bemerkenswert.

4.2 Erstes Problemfeld: Bevölkerungsdruck und Wanderungsprozesse

4.2.1 Wachstum und Disparitäten der Bevölkerung

Trotz der Vielzahl der weit auseinander liegenden Inseln kann man deren Bevölkerungsentwicklung generell in drei Phasen einteilen:
1. In der Zeit *vor* dem Kontakt mit den Europäern eine, wenn auch weitgehend nur höchst unbekannte, relativ hohe Bevölkerungszahl, von der man nicht weiß, ob sie sich in einem Aufwärts- oder Abwärtstrend befand.

2. In der Kolonialzeit bis zum Ersten Weltkrieg eine allgemeine Bevölkerungsabnahme oder zumindest Stagnation der Bevölkerungszahl.
3. In der neueren Zeit eine akzelerierende Bevölkerungszunahme.

Der allgemein angenommene Bevölkerungsrückgang besonders im 19. Jahrhundert ist bei der Bewertung seiner Bedeutung abhängig von den Ausgangsdaten zum Bevölkerungsstand in der Zeit der ersten Kontakte mit Europäern. Wie schon angemerkt, sind diese Angaben zum Teil sehr fragwürdig. So schreibt Mendana, der 1568 als erster Europäer die Salomon-Inseln besuchte, von 300000 einheimischen Kämpfern auf Guadalcanal und von mehr als einer Million auf San Cristobal. 1797 wurde die Bevölkerung Tahitis auf 50000 geschätzt, wenige Tage (!) später auf 16500 (McArthur, 1967, S. 346). Missionare schätzten die Bevölkerung Samoas im Jahr 1839 auf 56600; 10 Jahre später sollen es nur noch 37000 gewesen sein (a.a.O., S. 101). Für Fidschi schwanken die Bevölkerungsangaben für die erste Hälfte des 19. Jahrhunderts zwischen 100000 und 300000 Personen. Diese Liste widersprüchlicher und variierender Daten ließe sich beliebig fortsetzen; eine einigermaßen exakte Größenordnung ist vielfach daraus nicht abzuleiten. Damit werden aber auch die Aussagen über anschließende Bevölkerungsrückgänge suspekt und müssen mit viel Vorsicht geprüft werden.

Sicherlich steht fest, daß die Bevölkerungsentwicklung vieler Inseln oder Inselteile aufgrund der Kontakte mit Europäern oder auch später in der eigentlichen Kolonialzeit erheblich gestört wurde. Die insulare Fragmentierung des südpazifischen Raumes läßt keine einheitliche Erläuterung für den Gesamtraum zu, da sowohl endogene als auch exogene Kräfte an den jeweiligen Bevölkerungsprozessen beteiligt waren. So zum Beispiel gab es immer wieder Naturkatastrophen (Wirbelstürme, Seebeben, Vulkanausbrüche), die lokale Hungersnöte auslösten mit entsprechenden Folgen für die Bewohner. Es wurden oft brutale Stammeskriege geführt, denen ganze Inselbevölkerungen zum Opfer fielen. Es gab Bereiche mit hoher Kindersterblichkeit oder möglicherweise Kindestötungen (McArthur, 1967). Die größeren Einflüsse kamen jedoch von außen. An erster Stelle sind die von den Ausländern eingeschleppten Krankheiten zu nennen (besonders Masern, Grippe, Ruhr, Keuchhusten, Pocken), denen die Einheimischen schutzlos ausgeliefert waren. So grassierten die Ruhr auf Rarotonga 1829, die Pocken auf Tahiti 1841 und auf den Marquesas 1864 und die Masern auf Fidschi 1875, wobei allein etwa 40000 Tote zu verzeichnen waren. Selbst noch 1918 raffte eine Grippewelle 5000 Menschen auf Fidschi und etwa 20% der erwachsenen Bevölkerungen West-Samoas und Tahitis hinweg. Die Folgen dieser ansteckenden Krankheiten betrafen jedoch nicht nur die unmittelbaren Todesfälle; sie hatten auch Konsequenzen für die Geburtenrate der folgenden Zeit.

Eine weitere Ursache von Bevölkerungsverlusten lag an dem nach 1862 verstärkt einsetzenden Menschenhandel, d. h. es wurden Arbeitskräfte besonders für Peru, Queensland und Fidschi auf zahlreichen Inseln rekrutiert, die zumeist trotz anderslautender Bestimmungen nicht wieder in ihre Heimat zurückkehren konnten. Viele Inseln wurden auf diese Weise geradezu entvölkert oder in ihrem demographischen Aufbau wesentlich gestört.

Schließlich hat auch ganz allgemein das Eindringen einer fremden Kultur in bis dahin recht isolierte kleine Gesellschaften erhebliche Wirkungen auf das generative Verhalten ausgeübt.

Genauere Bevölkerungszahlen auf der Basis von Volkszählungen liegen erst aus dem 20. Jahrhundert vor (vgl. Tab. 5 auf S. 248 u. 249). Sie zeigen ganz deutlich, daß in neuerer Zeit die Bevölkerungszahlen in allen Inselländern mehr oder weniger stark angestiegen sind. Eine Ausnahme bildet nur der Inselstaat Niue, dessen Bevölkerung bis 1978 im Vergleich zur Jahrhundertwende um 9% abgenommen hat. Als Regel kann man feststellen, daß die Einwohnerzahlen der großen, »hohen« Inseln schneller gewachsen sind als diejenigen der kleinen, »niedrigen« Inseln. Auch hier gibt es eine Ausnahme: Der kleine Inselstaat Nauru konnte aufgrund seines profitablen Phosphatbergbaus seine De-facto-Bevölkerung durch Zuwanderung von Vertragsarbeitern erheblich steigern.

In mehreren Inselstaaten und -territorien beruht der Bevölkerungsanstieg nicht nur auf dem eigenen generativen Verhalten, sondern auch auf umfangreichen Zuwanderungen fremder Nationalitäten oder Ethnien. Die oben erwähnten Rekrutierungen von anderen südpazifischen Inseln mußten seit den 1870er Jahren sehr stark eingeschränkt werden. Plantagenwirtschaft und Bergbau waren auf den Inseln jedoch nicht ohne eine große Zahl von Arbeitskräften durchzuführen. Da die Einheimischen zum großen Teil nicht bereit waren, für die ausländischen Unternehmer zu arbeiten, begannen die Kolonialmächte, Arbeitskräfte aus anderen Gebieten anzuwerben.

Hawaii, Fidschi, Neukaledonien, Französisch-Polynesien, Nauru und in neuerer Zeit auch Guam sind die herausragenden Bereiche mit hohen fremden Bevölkerungsanteilen, zu denen ja auch die

aus den Kolonialländern eingewanderten Europäer, Australier, Neuseeländer und Amerikaner zählen. Nur vorübergehend war die enorme Zuwanderung von Japanern (1938 = 70000) in die im Ersten Weltkrieg von Deutschland übernommenen Marianen, Karolinen und Marshall-Inseln.
Es gibt kein Insselland im Südpazifik, in dem nicht Zuwanderer (einschließlich ihrer Nachkommen) aus den ehemaligen oder gegenwärtigen Kolonialländern leben und durchweg größere Plantagen besitzen, Handwerks-, Handels- oder Dienstleistungsbetriebe leiten oder wichtige Regierungsämter innehaben. Dieser Personenkreis ist jedoch weitgehend gesellschaftlich integriert, sei es durch die Länge der Anwesenheit oder – was fast immer damit verbunden ist – durch die seit Generationen bestehenden familiären Verbindungen mit den Einheimischen. (Die Ausnahmen Hawaii und Neukaledonien werden im folgenden erläutert.) Hinzu kommt eine zwar kleine, aber wichtige Gruppe von Ausländern, die zumeist von den Regierungen, aber auch von privaten Unternehmen als Experten ins Land geholt worden sind. Ihr Aufenthalt ist fast immer befristet.
Unter demographischen – allerdings im Grunde noch mehr unter sozialen und politischen – Gesichtspunkten war von größerer Folgewirkung die Zuwanderung fremder Vertragsarbeiter. Schon 1852 hatte man die ersten 293 Chinesen nach *Hawaii* gebracht (46000 bis 1898). Ab 1868 stellten die Japaner die größte Einwanderungsgruppe Hawaiis; allein von 1896 bis 1939 nahm Hawaii 180000 Japaner auf. Ab 1878 folgten zahlreiche portugiesische Familien (ca. 17500 bis 1913), zum größten Teil aus Madeira. Schließlich kamen Filipinos in großer Zahl (ca. 120000 bis 1939) nach Hawaii, nachdem die Philippinen ab 1899 amerikanisch geworden waren. Ab 1920 wanderten in zunehmendem Maße Amerikaner vom Festland nach Hawaii. Außerdem gab es eine größere Zahl von Zuwanderern aus Spanien, Korea, Puerto Rico sowie aus vielen Ländern Europas. 1938 waren 37,3 % der Bewohner Hawaiis Japaner, 26 % Europäer (einschließlich Amerikaner), 15 % Hawaiianer oder Teil-Hawaiianer, 12,8 % Filipinos, 6,9 % Chinesen und 2 % Sonstige. Im Laufe der Zeit sind selbstverständlich viele Zuwanderer entweder in ihre Heimatländer zurückgegangen oder auf das amerikanische Festland umgezogen, oder die Angehörigen verschiedener Nationalitäten oder Ethnien haben sich miteinander vermischt, so daß gegenwärtig (1980) 26,3 % Weiße (»Caucasians«), 23,5 % Japaner, 11,2 % Filipinos und 25,7 % Personen, deren Eltern verschiedenen Rassekreisen angehören, in Hawaii leben. (Nicht berücksichtigt sind dabei die Besatzungen der großen Militärbasen.) Die – nicht nur

– demographische Überformung und Wandlung Hawaiis ist weitgehend vollständig.

Auch *Guam* hat – besonders seit dem Zweiten Weltkrieg – eine erhebliche Veränderung seiner Bevölkerungsstruktur durch Zuwanderung erfahren. Nach den ersten 42 Jahren der Zugehörigkeit zu den USA lebten zwar zahlreiche Filipinos und zivile Amerikaner (insgesamt 787) und amerikanische Soldaten (778) auf Guam; aber das ergab 1940 erst 6,8 % der Gesamtbevölkerung. Bis 1978 haben die Zuwanderung von Arbeitskräften (besonders im Bausektor) von den Philippinen sowie die Stationierung von umfangreichen Militäreinheiten dafür gesorgt, daß nur noch 62 % der Gesamtbevölkerung von den einheimischen Chamorros gestellt werden; 21 % der Bevölkerung stammen von den Philippinen, und mehr als 16 % entfallen auf Militärpersonen und deren Angehörige.

In *Fidschi* begann die Beschäftigung indischer Arbeiter 1879. Nach 20 Jahren gab es bereits ca. 13 000 Inder im Lande, die durchweg in den ersten fünf Jahren zur Arbeit in den Zuckerrohrpflanzungen verpflichtet waren und dann weitere fünf Jahre als freie Arbeitskräfte tätig sein konnten. Viele verzichteten auf den dann vorgesehenen Rücktransport nach Indien und blieben im Lande. Bis 1916 dauerte die offizielle Anwerbung indischer Vertragsarbeiter an. Zusammen mit den inzwischen geborenen Kindern und auch einer nennenswerten Zahl selbständig eingewanderter Inder gab es 1936 schon ca. 85 000 Inder in Fidschi, von denen 72 % hier geboren waren. Die höhere Reproduktionsrate des indischen Bevölkerungsanteils bei gleichzeitig weitgehender ethnischer Separierung hat dazu geführt, daß inzwischen mehr Inder als Fidschianer in Fidschi leben (obwohl sich inzwischen z. B. über 10 000 fidschianische Inder in Vancouver/Kanada befinden): Im Jahr 1978 gliederte sich die Bevölkerung in 50 % Inder, 44 % Fidschianer, 2 % Halb-Europäer und 1 % Chinesen.

In *Neukaledonien* bilden die französischen Einwanderer die größte Fremdgruppe der Bevölkerung. Schon frühzeitig kamen erste französische Siedler; sie wurden ganz wesentlich verstärkt durch die ab 1864 in die Strafkolonie Neukaledonien deportierten Gefangenen. 1887 lebten fast 11 000 Deportierte in Neukaledonien. Insgesamt wurden bis 1894 über 40 000 Verurteilte nach Neukaledonien deportiert. Viele blieben nach ihrer Freisetzung im Land, als Siedler gefördert von der französischen Regierung. Nach Beginn des Nickelbergbaus wurden zusätzliche Arbeitskräfte benötigt. 1884 holte man Chinesen, 1891 Arbeiter von den Neuen Hebriden (Vanuatu), ab 1893 Japaner, ab 1895 annamitische und tonkinesische Gefangene und schließlich in großer Zahl Vertragsarbeiter aus Java (für die Landwirtschaft) und Indochina (für den Bergbau); 1929 waren es über 14000. Die Zahl der einheimischen Bevölkerung ist in derselben Zeit erheblich zurückgegangen. Sie wurde nicht nur durch Krankheiten, die die Europäer mitbrachten, dezimiert. Gravierender waren die kolonisatorischen Maßnahmen, in deren Rahmen weitgehend rücksichtslos die französischen Wirtschafts- und Siedlungsinteressen durchgesetzt wurden. Die Einheimischen verloren zum großen Teil ihre traditionelle Existenzgrundlage. Von 1870 bis 1936 ging ihre Zahl um über die Hälfte auf ca. 29000 oder 54% der Gesamtbevölkerung zurück. Inzwischen (1976) stellen sie nur noch 41,7% der Gesamtbevölkerung, während die übrigen Bevölkerungsgruppen sich nach ihrer Herkunft folgendermaßen gliedern: 38,1% Europäer; 7,2% von Wallis und Futuna; 4,8% Polynesier; 3,8% Indonesier; 1,5% Vietnamesen; 0,8% von Vanuatu und 2,1% Sonstige.

In *Französisch-Polynesien* gibt es zwar ebenfalls einen relativ hohen Bevölkerungsanteil fremder Herkunft, jedoch ist die Mehrheit der Bewohner immer noch polynesisch. Auch hier wurden seit der Mitte des 19. Jahrhunderts Vertragsarbeiter aus China, Indochina und aus verschiedenen französischen Besitzungen eingeführt. Es fehlte jedoch die Eignung des Territoriums für umfangreiche Plantagen, es fehlten auch die Bodenschätze (abgesehen vom Phosphat auf Makatea) als Voraussetzung für einen Bergbau. Insofern hielt sich die Zahl sowohl französischer Siedler als auch anderer fremder Zuwanderer in Grenzen. 1936 bestand die Bevölkerung zu 10% aus Chinesen und zu ca. 3% aus Europäern, zumeist Franzosen. In neuester Zeit haben sich zwei wesentliche Veränderungen ergeben: einerseits ist die Zahl der Europäer (Franzosen) – u. a. mit der Durchführung der Atombombentests auf Mururoa (Tuamotu-Inseln) seit 1966 – sehr stark angestiegen (von 3000 = 3,6% im Jahr 1962 auf 15300 = 11,2% im Jahr 1977); zum anderen hat der Anteil der Polynesier von 74,2% (1962) auf 65,6% (1977) erheblich abgenommen, obwohl deren absolute Zahl von 62700 (1962) auf 90200 (1977) gestiegen ist. Der Grund liegt auch in der Tatsache, daß Zahl und Anteil der Halb-Polynesier (euro-polynésiens) ganz wesentlich von 8500 (= 10,1% im Jahr 1962) auf 23700 (= 17,2% im Jahr 1977) zugenommen haben. Der Anteil der Chinesen sank im gleichen Zeitraum, bei gleichzeitig leichtem absoluten Rückgang, von 11,3% (1962) auf 5,4% (1977).

Der gegenwärtige 40%-Anteil fremder Bewohner in *Nauru* hat nur temporäre Bedeutung. Unmittelbar nach Beginn des Phosphatabbaus (1906) wurden die ersten Arbeiter aus China und von den Karolinen sowie ab 1908 auch aus Japan angeworben. Die Japaner und die Bewohner der Karolinen mußten 1920 auf Wunsch der japanischen Regierung zurückgesandt werden. Hong-Kong-Chinesen traten an ihre Stelle. Hinzu kamen ca. 200 Europäer, die in der Regierung und in der Leitung und Verwaltung der Phosphat-Gesellschaft beschäftigt waren. Ab 1951/52 wurden verstärkt Vertragsarbeiter von den Gilbert-Inseln (Kiribati), später auch einige Filipinos angeworben, so daß gegenwärtig ca. 25 % der Inselbewohner aus Kiribati (und zum geringeren Teil aus Tuvalu) stammen, 8 % aus Hong Kong, ca. 2,5 % von den Philippinen und die übrigen 5 % aus Australien, Neuseeland und sonstigen Ländern. Allerdings lassen die Landesgesetze eine echte dauerhafte Zuwanderung nicht zu.

4.2.2 Räumliche Konzentration und Verstädterung

Die Inseln des Südpazifik sind nur zum Teil bewohnt, das heißt nur ein Teil ist überhaupt bewohnbar. Das entscheidende Kriterium ist die Wasserversorgung. Besonders in Äquatornähe, also im Bereich der durch kalte Auftriebswässer gestörten innertropischen Konvergenz der Passate, kommt es oft zu lange anhaltenden Trockenzeiten. Die kleinen Inseln, besonders die Atolle, verfügen kaum über natürliche Wasserspeichermöglichkeiten, so daß eine Besiedlung sehr erschwert, oft kaum möglich ist. Selbstverständlich kann diese »Grenze der Ökumene« mit hohem technischen und finanziellen Aufwand überwunden werden, wenn wichtige, zum Beispiel verkehrs- oder militärstrategische Gründe es erfordern (u. a. Jarvis, Nikumaroro, Orona, Kanton).

In Verbindung mit Wasserarmut ist oft das Problem der zu geringen Fläche gegeben, so daß auch aus diesem Grunde keine Dauersiedlungen eingerichtet werden können. Dagegen hat die entlegene Position einer Insel – aus der Sicht eines Mitteleuropäers ein durchaus wichtig erscheinendes Argument – im Südpazifik das Entstehen von Dauersiedlungen bisher nicht behindern können. Erst die gegenwärtigen sozio-ökonomischen Strukturwandlungen könnten zur Entvölkerung abseits gelegener Inseln führen.

Wenn man nämlich die gegenwärtige Bevölkerungsentwicklung in den einzelnen Inselstaaten im Detail betrachtet, kann man feststellen, daß die Bevölkerungen der Hauptstädte bzw. Hauptinseln wesentlich schneller wachsen als diejenigen der Außeninseln. Dieses unausgewogene Wachstum ergibt sich aus einem

Wanderungsstrom von der Peripherie zum Zentrum (CONNELL, 1982). Schon während der kolonialen Zeit hat es diese Wanderungsbewegung gegeben; aber mit der Unabhängigkeit haben die jungen Inselstaaten ihre Regierungs- und Wirtschaftsfunktionen erheblich ausbauen und mit eigenen Arbeitskräften besetzen müssen. Außerdem sind die meisten wirtschaftlichen Aktivitäten und Bildungseinrichtungen auf die Hauptstädte bzw. Hauptinseln konzentriert. Dieser Arbeitsmarkt und das Angebot an Schulen haben den Wanderungsstrom ganz wesentlich verstärkt und den Konzentrationsprozeß vergrößert. Allgemein kann man feststellen, daß sämtliche Hauptstädte (Hauptinseln) der südpazifischen Länder gewachsen sind, ja daß sie in den vergangenen 20 Jahren ihre Einwohnerzahl zumindest verdoppelt haben. (Siehe Tabelle 9, S. 252.)
Die größte Stadt der südpazifischen Inselländer ist Honolulu mit einer Stadtregionsbevölkerung von 582 463 Einw. (1980). Suva, Hauptstadt von Fidschi, hat, wenn man auch hier die Stadtregion betrachtet, die Großstadtgrenze mit fast 120 000 Einw. (1976) überschritten. Als nächste folgen die beiden »französischen« Städte Papeete (Französisch-Polynesien) und Nouméa (Neukaledonien) mit ca. 78 000 bzw. 74 000 Einw. (1977 bzw. 1976, Stadtregionen). Alle übrigen Hauptstädte liegen in der Größenordnung weit zurück, manche kann man im geographischen Sinne kaum als »Stadt« bezeichnen. Aber alle weisen ein ganz enormes Wachstum auf.
Umgekehrt hat sich das Bevölkerungswachstum auf den Außeninseln verlangsamt; nur in wenigen Fällen ist es bisher zu echten Bevölkerungsabnahmen gekommen. Insgesamt entstehen jedoch immer größere Disparitäten in der Bevölkerungsverteilung – und auf den kleinsten Inseln sinken die Wachstumsraten überproportional.
Die Abwanderung von den Außeninseln ist selektiv: Es wandern allgemein mehr Männer als Frauen ab, so daß sich in den Abwanderungsgebieten die Sexualproportion zugunsten der Frauen verschiebt – mit entsprechenden Auswirkungen auf die natürliche Bevölkerungsbewegung. Es wandern aber auch besonders viele Personen im erwerbsfähigen Alter ab, so daß der Anteil der Kinder und der alten Personen im Verhältnis zur Gruppe der Erwerbstätigen steigt: Die Abhängigenrate wird größer.
Auffällig ist auch das niedrigere Ausbildungsniveau in den Abwanderungsgebieten. Zum Teil liegt das an dem geringeren Ausbildungsangebot, zum Teil aber auch daran, daß Personen mit einer qualifizierten Ausbildung einen angemessenen Arbeits-

platz zumeist nur in der Hauptstadt oder auf der Hauptinsel finden können und daher abwandern.

Die ganz überwiegend arbeitsorientierte Bevölkerungsverschiebung in den südpazifischen Inselländern hat allerdings auch einen positiven Effekt auf die Außeninseln: Zahlreiche Abwanderer senden monatlich nennenswerte Geldbeträge an ihre daheimgebliebenen Verwandten.

In den Hauptstädten bzw. auf den Hauptinseln wachsen entsprechend die Bevölkerungen nicht nur zahlenmäßig an, sondern sie verändern auch ihre Struktur: Es gibt durchweg einen Männerüberschuß (falls die Männer nicht ins Ausland weiterwandern, vgl. Kap. 4.2.3), eine geringe Abhängigenrate und ein relativ hohes Ausbildungsniveau. Derartige Bevölkerungsstrukturen bringen wirtschaftliche Vorteile, weil sie die Tragfähigkeit für Dienstleistungsbetriebe und das Arbeitskräfteangebot für Produktionsbetriebe verbessern. Andererseits entstehen aber Probleme durch Arbeitslose; denn die Zahl der Arbeitskräfte übersteigt sehr oft das Angebot an Arbeitsplätzen. Daneben ergeben sich in wachsendem Maße Schwierigkeiten bei der Wohnraumbeschaffung. Weiterhin werden umfangreiche öffentliche Investitionen zur Verbesserung der technischen Infrastruktur (Elektrizität, Trinkwasser, Abwasser) nötig, um der steigenden Bevölkerung gerecht zu werden.

Was im nationalen Rahmen in bezug auf die Hauptstadt geschieht, kann vielfach auch im Bereich der Provinzen und Distrikte auch der sehr kleinen südpazifischen Inselländer festgestellt werden: Hier gibt es kleinere städtische Siedlungen, die mit ihrem Arbeitsplatzangebot und ihren Ausbildungseinrichtungen Zuwanderer aus ihrem Um- und Hinterland anziehen. Allerdings ist die Wachstumskraft dieser kleinen Städte sehr begrenzt; denn seit der Kolonialzeit sind die Investitions- und Entwicklungstätigkeit einseitig auf die Hauptstadt und ihr Umland gerichtet.

Insgesamt handelt es sich bei den Verstädterungsprozessen im südpazifischen Raum um eine sehr junge Entwicklung; denn es gibt hier keine traditionelle, vorkoloniale Stadtentwicklung. Die Städte entstanden vielfach aus Walfängerstationen des 18. und 19. Jahrhunderts: Honolulu (Oahu) und Lahaina (Maui) in der Hawaii-Gruppe, Papeete (Tahiti) und Uturoa (Raiatea) in Französisch-Polynesien, Levuka (Ovalau) in Fidschi und Neiafu (Vava'u) in Tonga sind u. a. aus solchen Ansätzen hervorgegangen. Damit soll nicht gesagt werden, daß jene Orte vorher unbesiedelt waren. Aber es handelte sich um rein ländliche Siedlungen, oft um Streusiedlungen, die erst aufgrund der europäischen Vorstellungen einer »Gemeinde« von christlichen Missionaren zu Grup-

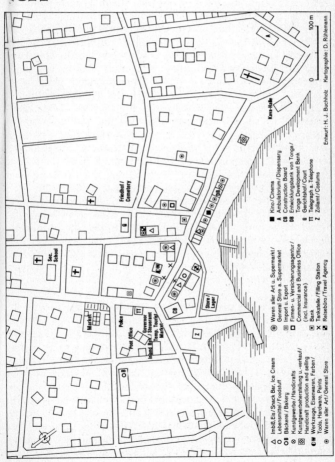

Abb. 10 Neiafu auf Vava'u (Tonga): Charakteristisches Beispiel einer südpazifischen Distriktstadt

pensiedlungen zusammengefaßt wurden. Da die Walfänger vor allem günstige Ankerplätze mit einem fruchtbaren und wasserreichen Hinterland (um sich verproviantieren zu können) ausgesucht hatten, wurden diese Standorte später auch von den Kauffahrteischiffen bevorzugt. Dort siedelten sich dann im Laufe der Zeit Agenten, Geschäftsleute, Banken, Rechtsanwälte, Schiffsausrüster, Hotels und Gaststätten an, so daß allmählich städtische Siedlungen entstanden. Eine wesentliche Förderung erfuhren sie, als im 19. Jahrhundert auch Kolonialverwaltungen eingerichtet werden mußten, die selbstverständlich ebenfalls diese Standorte nutzten. In der Kolonialzeit waren Kolonialverwaltung und Kolonialwirtschaft vielfältig miteinander verbunden, so daß sich sehr rasch ein bedeutendes Übergewicht des Standortes mit dem Hauptverwaltungssitz ergab. Die anfangs geringe Verwurzelung der Hauptstädte erweist sich an ihrer Labilität. Zahlreiche Hauptzentren haben im Laufe der Zeit ihren Standort gewechselt: Levuka – Suva (Fidschi), Tulagi – Honiara (Salomon-Inseln), Butaritari – Betio – Bairiki (Kiribati), Jaluit – Majuro (Marshall-Inseln) u. a. Daß sich neben den Hauptstädten trotz der geringen Gesamtbevölkerung der Inselländer noch weitere Städte bildeten und erhalten blieben, liegt ganz wesentlich an der insularen Zergliederung der Territorien. Die Erreichbarkeitsprobleme etwa zur Hauptinsel sind oftmals so groß, daß die Notwendigkeit separater zentraler Orte besteht (BUCHHOLZ, 1984).

Die Städte der südpazifischen Inselländer haben eine doppelte Bedeutung für den Entwicklungsprozeß: Zum einen bedarf das ländliche Hinterland der städtischen Wachstumspole, zum anderen bilden die Städte die Schwerpunkte der Akkulturation zwischen den südpazifischen und den fremden Gesellschaften und Lebensformen (HEINE, 1974).

4.2.3 Das Ventil internationaler Wanderungen

Die Ausbildungs- und Erwerbsmöglichkeiten sind im südpazifischen Raum sehr beschränkt. In vielen Inselstaaten und -territorien ist für höherqualifizierte Ausbildungseinrichtungen keine ausreichende Tragfähigkeit gegeben, und der Produktions- und Verarbeitungssektor bietet bei seinem derzeitigen Entwicklungsstand zumeist nur eine geringe Zahl und schmale Bandbreite von Arbeitsplätzen. Außerdem ergibt sich eine zunehmend ungünstigere Relation zwischen landwirtschaftlicher Nutzfläche und Bevölkerung; denn die Bevölkerungszahlen steigen, während die landwirtschaftlichen Nutzflächen kaum vermehrt werden können. Insofern sind studienwillige und arbeitsuchende Inselbewohner oftmals gezwungen, ihr Land zu verlassen. Höhere Ausbildungsmöglichkeiten bieten im Südpazifik außer Hawaii im wesentlichen nur Fidschi (University of the South Pacific/USP, Fiji Institute of Technology, Fiji School of Medicine u.a.m.) und Guam (Universität). Hinzu kommen die »School of Agriculture« in West-Samoa und das »Rural Development Centre« in Tonga, beides Abteilungen der Universität in Fidschi, sowie in Neukaledonien das »Centre National des Art et Metiers« (CNAM), der Kern einer seit 1966 geplanten Universität. Die Universität in Fidschi hat den größten Einzugsbereich mit mehreren hundert Studierenden aus fast sämtlichen südpazifischen Inselländern (vgl. SCHÖLLER, 1978); nur Studierende aus den amerikanisch verwalteten Gebieten besuchen die Universität in Guam. Darüber hinaus gehen zahlreiche Studierende aus allen südpazifischen Inselländern besonders zu den Universitäten oder sonstigen Ausbildungsstätten Neuseelands, Australiens, Hawaiis oder des amerikanischen Festlandes; die französischen Territorien senden ihre Studierenden in größerer Zahl nach Frankreich. Problematisch ist, daß der befristet geplante Studienaufenthalt außerhalb des südpazifischen Inselraumes oftmals zur endgültigen Auswanderung führt.

Bedeutender aber sind die regionalen Wanderungsprozesse von Erwerbstätigen: Von den Cook-Inseln, von Niue und von Tokelau wandern in jedem Jahr so viele Personen ab (fast ausschließlich nach Neuseeland, da sie wegen der besonderen politischen Beziehungen die neuseeländische Staatsbürgerschaft besitzen), daß die Gesamtzahl der Bevölkerung auf den Inseln sinkt und inzwischen mehr Personen von den Cook-Inseln, von Niue und Tokelau in Neuseeland wohnen (über 20000, über 10000 bzw. ca. 1700) als in den Heimatländern. Ebenfalls nach Neuseeland wandern, oft illegal, zahlreiche Einwohner West-Samoas und Tongas. Gegenwärtig (1980) leben ca. 30000 West-Samoaner und über 4000 Tonganer in Neuseeland. Ein weiteres Ziel für Arbeitsuchende aus den beiden genannten Ländern ist Amerikanisch-Samoa: 1981 zählte man dort 10500 West-Samoaner und 1100 Tonganer. Es gibt auch einige Tonganer, die im Phosphatbergbau in Nauru beschäftigt sind. Die Mehrzahl der ausländischen Arbeiter kommt dort jedoch aus Kiribati (ca. 1300) und Tuvalu (ca. 700). Weitere ca. 400 Personen aus Tuvalu leben noch in Kiribati, mit dem Tuvalu bis 1975 als »Gilbert and Ellice Island Colony« verbunden war.

So wie die Auswanderer aus den vormals britischen Territorien überwiegend in britischen oder vormals britischen Zielgebieten eine Erwerbstätigkeit suchen, so bleiben Personen aus französischen Territorien im französischen Bereich: Bei der Volkszählung 1976 lebten 9568 Personen aus Wallis und Futuna in Neukaledonien, während zur selben Zeit nur 9192 Bewohner im Heimatland gezählt wurden.

Die regionalen Wanderungsbewegungen der amerikanisch verwalteten Territorien verbleiben entsprechend im amerikanischen Bereich. Allerdings sind sie ganz überwiegend auf Hawaii und das Festland der USA ausgerichtet: Ende der 1970er Jahre lebten über 20000 vormalige Bewohner Amerikanisch-Samoas in Hawaii, ca. 30000 in den festländischen USA. Die Zahl der Abwanderer aus dem US-Treuhandgebiet der pazifischen Inseln sowie aus Guam ist nicht bekannt. Es handelt sich jedoch um recht geringe Wanderungsbewegungen, überwiegend nach Hawaii oder in die festländischen USA, zum Teil auch, besonders von Ponape, zu den Marshall-Inseln, weil auf Kwajalein Erwerbsmöglichkeiten in der großen amerikanischen Raketenstation gegeben sind.

Die schon in Kapitel 4.2.2 angemerkte Problematik der »selektiven« Abwanderung gilt bei der regionalen Wanderung entsprechend für den jeweiligen Gesamtstaat: Aufgrund der Abwanderung zahlreicher, oft ausgebildeter Männer im erwerbsfähigen Alter fehlen den Inselstaaten und -territorien diese vielfach besonders aktiven Arbeitskräfte im eigenen Entwicklungsprozeß. Andererseits darf aber auch hier der positive Effekt nicht unberücksichtigt bleiben: Die im Ausland arbeitenden Inselbewohner senden erhebliche Geldbeträge an ihre Familien. Davon profitiert auch die Zahlungsbilanz der Inselstaaten.

4.3 Zweites Problemfeld: Subsistenz und Exportorientierung

4.3.1 Subsistenz-Landwirtschaft im Umbruch

Auf den südpazifischen Inseln hat sich aufgrund der kolonialen Überformung – wie auch in vielen anderen Entwicklungsländern – eine merkwürdige Diskrepanz aufgetan: Auf der einen Seite gibt es die traditionelle Subsistenz-Landwirtschaft, also eine marktunabhängige Selbstversorgung; auf der anderen Seite steht die exportorientierte Landwirtschaft als oftmals einzige Möglichkeit zur Einnahme von Bargeld. Eine binnenmarktorientierte Produktion ist nur sehr schwach entwickelt.

In der Subsistenz-Landwirtschaft wird mit relativ einfacher Technik von einer durchweg auf Familien- oder Sippenbasis beruhenden Gruppe all das erzeugt (Nahrung, Kleidung, Wohnung, Werkzeuge), was die Gruppe benötigt. Hinzu kommen einige Produkte, die an Verwandte oder im Rahmen sozialer Verpflichtungen abgegeben werden müssen.

Im gesamten Inselraum wird die traditionelle Landwirtschaft in unterschiedlichen Varianten des (Brand-)Rodungs-Wanderfeldbaus (»shifting cultivation«) betrieben: Eine bestimmte Fläche wird gerodet und (nicht immer) abgebrannt und dann bepflanzt. Nach mehreren Jahren der Nutzung läßt man sie für einige Jahre, manchmal allerdings auch mehr als zehn Jahre, brachfallen, damit der Boden sich wieder erholt.

Angebaut werden im wesentlichen – mit unterschiedlichen Schwerpunkten je nach Lage, Bodenarten, Wasserhaushalt usw. – die verschiedenen Taro-Arten (Colocasia sp., auch Alocasia), Yams (Dioscorea sp.), Süßkartoffeln (Ipomea batatas), Maniok (Manihot esculenta), dazu Bananen (Musa sp.), Papaya (Carica papaya) und Pandanus (Pandanus tectorius). An Bäumen sind besonders zu nennen die Kokospalme (Cocos nucifera) und der Brotfruchtbaum (Artocarpus altilis). Dazu kommen in neuerer Zeit einige von den Europäern eingeführte Gemüse wie Tomaten, Bohnen und Kohl.

Die Pflanzen werden auf dem vorgesehenen Stück Land in recht ungeregelter Weise, wenn auch in durchweg sehr guter Anpassung an die Mikrostandortbedingungen, gesetzt und dann möglichst bis zur Ernte sich selbst überlassen. Da im tropischen Bereich keine nennenswerten thermischen Jahreszeiten zu unterscheiden sind, stehen Ernten das ganze Jahr über zur Verfügung, so daß das Anlegen von Vorräten weitgehend unterlassen wird. Man baut so viel an, wie der zugehörige Familienverband benötigt – und zwar unter Berücksichtigung anstehender Familienfeiern und notwendiger Geschenke. Das bedeutet, daß nicht die Größe der zur Verfügung stehenden Flächen oder die Zahl der vorhandenen Arbeitskräfte den Umfang der landwirtschaftlichen Produktion bestimmen. Auch der Einsatz wirkungsvollerer landwirtschaftlicher Geräte (Beil, Säge usw.) wird nicht zur Produktionssteigerung, sondern zur Verminderung des Arbeitseinsatzes genutzt. Die Pro-Kopf-Produktion bleibt weitgehend konstant (FISK, 1962; LOCKWOOD, 1971). Die Produktionsmenge wächst allerdings mit der Zahl der Personen, die von einer bestimmten Fläche abhängig sind. Hier bestehen aber auch durchaus erhebliche Steigerungsmöglichkeiten, weil zum einen der bisherige Grad der Intensivierung relativ gering ist und weil zum anderen die nährstoffreichen Böden der hohen vulkanischen Inseln oder benachbarter Inseln, die von vulkanischen Aschen erreicht wurden, selbst im flächenintensiven System des Wanderfeldbaus noch eine wesentliche Intensivierung verkraften können (Maude, 1973).

Eine andere Situation ist auf vielen Atollen gegeben. Die außerordentlich geringe Landfläche enthält nur sehr arme, aus Korallenmaterial entstandene alkalische Böden. Der feuchte Seewind trägt ständig Salz»staub« auf die Inseln, und das Grundwasser ist brackig. Die flachen Atolle (vielfach nicht höher als 3 bis 5 m über der normalen Hochwasserlinie) sind, besonders in Äquatornähe, sehr unregelmäßigen Niederschlägen, das heißt oft sogar monatelangen Trockenzeiten ausgesetzt. In diesem begrenzten Lebensraum gedeihen nur wenige Pflanzen. Kokospalme und Pandanus widerstehen den hohen Salzmengen am besten; die Brotfruchtbäume sind schon durchaus gefährdet. Im wesentlichen leben die Atollbewohner traditionell von Kokosnüssen und Meerestieren, besonders aus dem bei Ebbe trockenlaufenden Riffbereich. Eine wichtige Rolle spielt noch der »Große Sumpftaro« (Cytro sperma chamissonis), für den mit großer Mühe künstliche Sumpfbeete angelegt werden müssen. Wegen der mäßigen geschmacklichen Qualität wird er auf hohen Inseln kaum angebaut. Im marginalen Milieu der Atolle ist er von großer Bedeutung, weil die Wurzel bis zu 90 kg schwer wird, die Pflanze eine Lebenszeit von bis zu 15 Jahren erreicht und damit eine gewisse Versorgungsgarantie auch für schwierige Zeiten besteht (Small, 1972). Daneben gibt es in geringerem Umfang noch weitere Nutzpflanzen, wie sie von anderen südpazifischen Inseln bekannt sind.

Seit der Kolonialzeit hat sich die Landwirtschaft auf den südpazifischen Inseln sukzessive verändert, und zwar nicht nur in bezug auf die von den Europäern geförderte und entwickelte Exportproduktion. Hier waren Veränderungen sicherlich am größten: Von eingewanderten Siedlern wurden Pflanzungen und Plantagen (in dieser Darstellung wird zwischen beiden Begriffen nicht unterschieden) angelegt mit Kokospalmen, Ölpalmen, Baumwolle (aufgegeben), Zuckerrohr, Kautschuk, Kaffee, Kakao sowie in geringerem Umfang Vanille. Diese Plantagen bestehen zum großen Teil auch heute noch. In vielen Fällen, besonders in den inzwischen unabhängig gewordenen Inselstaaten, haben sich die Besitzverhältnisse geändert, indem zunehmend einheimische Firmen oder Eigentümer, zum Teil auch der Staat, die ehemals fremden Besitzungen übernommen haben. Die von Einwanderern und ausländischen Unternehmen aufgebauten Plantagen erzeugen durchweg den größten Teil der landwirtschaftlichen Exportprodukte, auch wenn sie nur verhältnismäßig geringe, allerdings oft die günstigsten Flächen einnehmen. Monokultur, rationelle Organisation, Anwendung bestmöglicher Agrartechnik usw. führen zu vergleichsweise hohen Erträgen. Oft sind Aufbereitungs- oder Weiterverarbeitungsanlagen mit den Plantagen verbunden: Ölmühlen für Kopra und Ölfrüchte, Zuckerfabriken, Fermentier- und Trocknungsanlagen für Kakao- und Kaffeebohnen, Trocknungs- und Konservierungsanlagen für Vanille.

Das Angebot an Industriegütern oder sonstigen Importwaren (die ersten wirtschaftlichen Abhängigkeiten dürften sich aus der Einführung des Tabaks ergeben haben) veranlaßte die Inselbewohner dazu, überschüssige Kokosnüsse oder Bananen an Exportfirmen oder später auch an staatliche Ankaufstellen (»Boards«) zu verkaufen. Was man anfangs nur zusätzlich erntete, wurde mit wachsendem europäischen Einfluß zusätzlich auf den der Selbstversorgung dienenden Flächen angebaut. Schließlich kam es immer mehr zur Anlage separater Anbauflächen für marktfähige Pflanzen (»cash crops«), besonders von Bananen, aber auch Vanille, Erdnüssen, Paprika (Capsicum sp.), Ananas u.a.m. Der Einsatz von Kunstdünger und Maschinen sowie die Anwendung agrarwissenschaftlicher Erkenntnisse geschah und geschieht dabei wegen der Kosten großenteils nur bei der Erzeugung marktfähiger Pflanzen (MAUDE, 1973).

Der Einfluß der exportorientierten Kolonialwirtschaft bleibt jedoch nicht begrenzt auf die flächenmäßige Ausdehnung der Felder. Dieser Anbau geschieht nämlich auf den besten Böden, so daß die Subsistenz-Erzeugung auf die schlechteren Böden abgedrängt wird, die damit in Gefahr geraten, stark zu degenerieren. Parallel zum Wandlungsprozeß in der Landwirtschaft wächst seit der Jahrhundertwende die Einwohnerzahl auf den Inseln enorm an (vgl. Kap. 4.2.1), so daß zur Steigerung der Erträge die Brachzeiten der landwirtschaftlichen Flächen immer geringer werden. Maude stellte in Tonga schon vor mehr als 10 Jahren teilweise eine Relation von 1:1 zwischen Brache und Anbauzeit fest. Kürzere Brachzeiten bedingen aber verminderte Erträge bzw. den Anbau genügsamerer Pflanzen (Maniok), was in Veränderungen der Nahrungsmittelgewohnheiten resultiert.

Ein weiteres Problem ergibt sich aus der Tatsache, daß die in die Marktproduktion investierte Arbeitszeit bei der Produktion von Subsistenz-Gütern fehlt, so daß sich eine weitere zunehmende Abhängigkeit von importierter Nahrung ergibt. Hier scheinen Chancen und Notwendigkeiten zum Aufbau eines Binnenmarktes zu liegen (vgl. Kap. 4.3.2).

Eine erhebliche Veränderung des tradierten Anbausystems geschieht auch im Zusammenhang mit dem Anbau der charakteristischen Nutzpflanze des gesamten südpazifischen Raumes, der Kokospalme. Für den Export ist nur das Samenfleisch (getrocknet: Kopra) von Bedeutung. Dieses Samenfleisch spielt ebenfalls eine wichtige Rolle bei der Ernährung der Inselbewohner. Daneben wird aber auch das Nußwasser (Kokosmilch) getrunken, aus der harten inneren Schale der Nuß können zahlreiche Geräte gefertigt werden, aus den Fasern der Nußumhüllungen entstehen unter anderem Matten, aus den Blättern werden Körbe oder Hausdächer geflochten, die Stämme finden als Bauholz Verwendung, aus der Kopra preßt man Öl und verwertet den Ölkuchen als Viehfutter, die Endknospe wird als Gemüse gegessen, und aus dem Saft des heranwachsenden Blütenstandes kann man Toddy, ein alkoholisches Getränk, herstellen. Wegen ihrer Nützlichkeit ist die Kokospalme von den Bewohnern des südpazifischen Raumes auf alle temporär oder permanent bewohnten Inseln gebracht worden. (Die Theorie der Verbreitung der Kokospalme durch herumschwimmende Früchte kann nur in seltenen Ausnahmefällen herangezogen werden.) Die Kokospalme erlaubt zwar etwa bis zu ihrem siebzigsten Lebensjahr ausreichende Erträge; doch da erst nach vielen Jahren Früchte geerntet werden können, müssen kontinuierlich Setzlinge nachgepflanzt werden. In vielen Kolonien wurde per Verordnung der Kolonialverwaltung dieses Neupflanzen geregelt; in manchen Staaten – zum Beispiel Tonga – gehört es heute noch zu den Pflichten der Bauern, eine bestimmte Zahl von Kokospalmen neu zu pflanzen. Während die Banane und andere Marktpflanzen im System des Wanderfeldbaus genauso behandelt werden wie die Subsistenzprodukte, unterliegt die Kokospalme ja wegen ihrer Lebensdauer nicht diesem Rotationssystem. Um aber ihre Erträge wegen der notwendigen Geldeinnahmen zu steigern, müssen die brachfallenden Flächen unter den Kokospalmen ebenfalls saubergehalten werden. Damit drängt auch unter diesem Aspekt die Entwicklung zu einer Veränderung des traditionellen Systems. Inzwischen sind schon zahlreiche Bewohner von Inseln mit günstigen Bodenqualitäten (u. a. Rarotonga/Cook-Inseln, Tongatapu/Tonga) zum Dauerfeldbau – bei Zugaben von Kunstdünger und geeigneter Fruchtfolge – übergegangen.

Wenn also auch gegenwärtig die Subsistenz-Landwirtschaft mit marktorientierten Ansätzen im südpazifischen Raum noch weit verbreitet ist und wenn auch der Wanderfeldbau im Prinzip ein ökologisch sehr stabiles und leistungsfähiges System darstellt, so bedingen doch die stark wachsenden Bevölkerungen und die sich wandelnden Lebensformen eine stärkere Hinwendung zu marktorientierter Landwirtschaft im Dauerfeldbau. Daß die Subsistenz-Landwirtschaft die angestrebte Selbstversorgung schon längst nicht mehr sicherstellen kann, zeigen die wachsenden Importe im Nahrungsmittelsektor. Das Bargeld zur Bezahlung dieser und anderer Importwaren muß großenteils nicht durch den Verkauf landwirtschaftlicher Produkte eingenommen werden. Vielmehr dienen hierzu die Geldsendungen der im Ausland oder auch bei inländischen Arbeitgebern einschließlich der Regierung arbeitenden Familienangehörigen. Es ist geradezu eine Strategie des Familienverbandes – besonders in den amerikanischen Territorien mit ihren personell stark übersetzten Regierungs- und Verwaltungsstellen –, zumindest für ein Familienmitglied eine Anstellung im »Öffentlichen Dienst« zu finden, um den Bargeldbedarf der Familie zu sichern. Vorauszusetzen ist dabei jedoch ein relativ bescheidenes Anspruchsniveau sowie die allgemeine Anerkennung des Prinzips kollektiven Eigentums auch im erweiterten Familien- oder Sippenverband. Bisher zeigen sich erste Auflösungserscheinungen nur zwischen langfristig ausgewanderten Arbeitnehmern und ihren auf den Inseln gebliebenen Großfamilien, während innerhalb des Heimatbereiches die familiären Interdependenzen noch recht stark sind.

Aber gerade diese Familien- und Sippenverbände mit ihrem durchweg hierarchischen Aufbau stellen viele Landesentwicklungsmaßnahmen vor erhebliche Schwierigkeiten. Das Land als wesentlicher Faktor der ökonomischen Entwicklung von Agrarstaaten untersteht nämlich im südpazifischen Raum noch weithin der kollektiven Verfügungsgewalt solcher erweiterter Familien oder Clans. Mit Ausnahme von Guam und Hawaii gibt es bis heute in keinem südpazifischen Inselland das allgemeine individuelle Landeigentum mit dem unbegrenzten Recht des Landverkaufs. Einige Flächen sind zwar jeweils von dieser Regel ausgenommen, weil eingewanderte Siedler, Firmen und Institutionen Land in der frühen Kolonialzeit erworben haben. Aber zum Teil sind diese ausländischen Eigentumsansprüche mit der politischen Unabhängigkeit der Inselländer erloschen, so daß gegenwärtig der Anteil des Landes, das nicht traditionellem Recht unterliegt, zumeist nur wenige Prozente ausmacht. Es gehört im wesentlichen Kirchen und Missionsgesellschaften sowie den inzwischen mit Einheimischen verheirateten Nachkommen von Einwanderern. In Fidschi beträgt der Anteil ca. 10% und in Neukaledonien wegen der französischen Einwanderungs- und Siedlungspolitik etwa 20%.

Grundsätzlich ist in allen Inselländern – mit der oben erwähnten

Ausnahme von Guam und Hawaii sowie einigen Inseln, deren Landfläche sich insgesamt in amerikanischem Privatbesitz befindet (z. B. Washington, Fanning) – der Verkauf von Land an Ausländer verboten oder unterliegt strengsten Restriktionen; in Französisch-Polynesien mag es noch am ehesten für Ausländer möglich sein, Land zu erwerben. Ansonsten bleibt nur die Möglichkeit kurz- bis mittelfristiger (40 bis 60 Jahre) Pachtverträge, die jedoch erst von der jeweiligen Regierung genehmigt werden müssen.

Der größte Teil aller landwirtschaftlich nutzbaren Flächen unterliegt im südpazifischen Raum traditionellen, wenn auch seit der Kolonialzeit mehr oder weniger stark gewandelten Landeigentumssystemen (CROCOMBE, 1971). Die Vielfalt der einzelnen Regelungen ist im Detail fast so groß wie die Zahl der Inseln; denn oft sind sogar schon auf mittelgroßen Inseln mehrere unterschiedliche Systeme festzustellen. Allgemein gilt jedoch, daß das Land sich in kollektivem Eigentum befindet, und selbst dort, wo es individualisiert zu sein scheint (besonders Kiribati, Cook-Inseln, Ponape), handelt es sich nur um das individualisierte Recht zur *Nutzung* einer bestimmten Landfläche, wobei man generell darunter ein lebenslanges Recht versteht. Über das Erbrecht verbleibt das Land jedenfalls im Bereich eines Familienverbandes. Tonga bietet eine singuläre Landrechtssituation: Mit der Verfassung von 1875 erklärte der damalige König das gesamte Land zum Eigentum der Krone, die ihrerseits große Flächen an 33 traditionelle Adelsfamilien als eine Art Lehen gab. Jeder männliche Tonganer hat, nachdem er 16 Jahre alt geworden ist, das Recht auf lebenslange Pacht eines landwirtschaftlich nutzbaren Grundstücks von ca. 3 ha und eines Dorf- oder Stadtgrundstücks von ca. 0,16 ha aus diesem Staatsland. Die jährlichen Pachtzahlungen haben mehr nominellen Charakter. Der bei wachsender Bevölkerung immer spürbarer werdende Landmangel sowie die Landpolitik mancher Adelsfamilien führen zu erheblichen Schwierigkeiten und innenpolitischen Spannungen. Immerhin hat dieses System während der Kolonialzeit sicherlich dazu beigetragen, das Königreich vor einer nennenswerten Überfremdung zu bewahren. Aber auch diese Form der individualisierten Nutzungsrechte schließt selbstverständlich den Eigentumsbegriff aus. Vielmehr wird auch hier nur ein Nutzungsrecht ausgesprochen, das übrigens keineswegs realisiert werden muß: Viele Inhaber eines solchen Rechts lassen die Flächen brachliegen und gehen statt dessen einer Erwerbstätigkeit in der Stadt oder auch im Ausland nach, während anderen Bewohnern keine Landflächen zur Verfügung stehen. Das gilt übrigens nicht nur für

Tonga, sondern auch für die anderen Inselländer mit hohen Raten (temporärer) Auswanderer – West-Samoa, Tokelau, Kiribati u.a.m. Man betrachtet den Rechtsanspruch auf Land als soziale Absicherung, auch sicherlich als Prestige.
Die Kolonialverwaltungen ließen in ihren Territorien zwar anfangs durchaus den Landerwerb durch einwandernde Siedler zu, wobei der den Einheimischen gezahlte Gegenwert (teilweise Geld, teilweise aber auch Waffen oder simple Industriewaren) dem Landwert vielfach nicht entsprach. Auch betrachteten die Einheimischen den Verkauf einer Landfläche aufgrund ihrer Landrechtstradition oft gar nicht als endgültig. Seit der Zeit der Jahrhundertwende sind die meisten Kolonialverwaltungen dazu übergegangen, einen weiteren Ausverkauf der durchwegs günstigsten Nutzflächen an Ausländer einzuschränken oder zu verhindern. Andererseits versuchten sie jedoch, das ungeschriebene Landrecht auf den Inseln zu kodifizieren, oft mit wesentlichen Mißverständnissen, und möglichst individuelle, ersatzweise auch gruppenbezogene Flächenkataster und Grundbücher anzulegen. Während der Kolonialzeit war damit nicht nur die Absicht verbunden, heimisches Recht auf die Kolonien zu übertragen (daher auch viele Unterschiede zwischen den französischen, britischen, deutschen und amerikanischen Besitzungen); vielmehr wollte man den ständigen Rechtsstreitigkeiten vorbeugen, die von den Einheimischen über Grundstücksgrenzen und Nutzungsrechte geführt wurden. Inzwischen haben sich weitere Begründungen, nun für die inzwischen selbständig gewordenen Inselstaaten, ergeben: Um Investitionskredite gewähren zu können, fehlt bei traditionellem Landrecht die Möglichkeit, den Grundbesitz zu beleihen. Weiterhin sind die – im wesentlichen Sinne – unklaren Nutzungsrechte, bei denen ja oft auch noch zwischen der Nutzung des Bodens und der Nutzung der Bäume unterschieden wird, kaum geeignet, größere Anbauflächen durch Zusammenfassung mehrerer kleinerer Grundstücke zu erreichen – wie man es für eine marktorientierte landwirtschaftliche Produktion für nötig hält. Gar nicht ist im traditionellen Landrecht die Weidewirtschaft geregelt, da die Viehhaltung der einheimischen Inselbewohner auf Schweine und Hühner begrenzt war.
Überhaupt fehlen ja im südpazifischen Inselraum kleine oder mittlere Landwirtschaftsbetriebe, die hauptsächlich für einen Markt produzieren; denn die Initiative des einzelnen wird vom tradierten System nicht gefördert. Er kann zwar recht problemlos eine bisher ungenutzte bzw. kaum nutzbare Bergwald- oder Sumpffläche roden und landwirtschaftlich bearbeiten. Aber auf

günstige Anbauflächen ist ihm der Zugriff verwehrt. Ausnahmen bilden die Betriebe der Franzosen in Neukaledonien und der Inder in Fidschi. Es existieren also weithin nur einerseits die kleinflächige Subsistenz-Landwirtschaft mit einem – allerdings wachsenden – marktorientierten Appendix und andererseits zumeist große, exportorientierte Plantagen. Zur Überwindung dieser Diskrepanz müßte das überkommene Landrecht der Inselgesellschaften an eine marktorientierte und arbeitsteilige Wirtschaft angepaßt werden. Das geschieht zwar im Grunde kontinuierlich seit den ersten Kontakten mit den Europäern – und seit einigen Jahrzehnten werden Lösungsversuche über genossenschaftliche Systeme angestellt. Trotzdem: Es besteht ein grundsätzlicher Konflikt zwischen modernisierenden Entwicklungsmaßnahmen und traditionellem Recht – ein Konflikt, der tief in das Sozialgefüge der Inselbevölkerungen eingreift.

4.3.2 Industrielle Produktion

Die industrielle Ausstattung der Inselstaaten und -territorien ist sehr gering und höchst ungleichmäßig. Zum einen liegt das an der kolonialen Entwicklungspolitik; denn die Kolonialmächte wollten ihre Industrieprodukte auf den Inseln verkaufen und waren daher an einer industriellen Entwicklung nicht interessiert. Sie förderten die Verarbeitungsindustrie auch nicht dort, wo sie am ehesten hätte eingeführt werden können, nämlich bei der Kokosöl-Produktion. Hier wurde sogar die bestehende Eigenproduktion der Einheimischen beendet und die Ölherstellung nach Europa (u. a.) übertragen. Zum anderen muß allerdings auch bedacht werden, daß die Tragfähigkeit der Inselländer für industrielle Produktionsweisen von der zumeist geringen Ressourcenbasis, dem begrenzten Binnenmarkt und der geringen Erfahrung der Einheimischen sehr eingeschränkt wird. Für exportorientierte Industrien kommt noch die große Distanz zu potentiellen Märkten hinzu.

Die ersten Industriebetriebe haben sich auf der Basis von Bodenschätzen entwickelt – und die sind nur auf wenigen Inseln vorhanden bzw. bekannt (vgl. Kap. 4.4.2). Aber zumindest in der Gegenwart ist die industrielle Verarbeitung landwirtschaftlicher Produkte wesentlicher. An erster Stelle ist Hawaii zu nennen, wo schon seit der Mitte des vergangenen Jahrhunderts Zuckerrohr in zunehmendem Maße angebaut und zu Zucker verarbeitet wurde. Auch heute noch stellt Zuckerrohr das wichtigste landwirtschaftliche Produkt der Inselgruppe dar. Trotzdem ist die Bedeutung

für die gesamte Wirtschaft Hawaiis geringer als etwa die Zuckerindustrie für den Inselstaat Fidschi.
Zuckerrohr ist seit langem in Fidschi bekannt; allerdings wurde daraus kein kristalliner Zucker hergestellt. Das geschieht erst, seitdem Großbritannien die Inselgruppe annektierte und den Zuckerrohranbau förderte, nachdem die von den europäischen Pflanzern angebaute Baumwolle ab etwa 1870 auf dem Weltmarkt nicht mehr abzusetzen war (Ende des amerikanischen Bürgerkrieges 1865). 1881 begann die Produktion in der ersten Zuckerfabrik. Rasch dehnten sich die Zuckerrohrfelder aus, weitere Zuckerfabriken wurden gebaut. Rohrzucker wurde der wichtigste Exportartikel Fidschis und ist auch heute noch mit 60–75 % an den Exporterträgen des Landes beteiligt. Um 1980 waren über 100000 Menschen von der Zuckerrohrproduktion abhängig.
Kein anderes südpazifisches Inselland verfügt über eine auch nur annähernd gleichwertige Agrarindustrie. Auszunehmen ist hier selbstverständlich Hawaii, dessen Obstsaft- und Obstkonservenindustrie (besonders Ananas) Weltbedeutung besitzt. Aber auf den anderen südpazifischen Inselstaaten ist die industrielle Verarbeitung von tropischen Früchten außerordentlich beschränkt. Nennenswert sind die Cook-Inseln (Orangen, Ananas), Niue (Passionsfrucht), West-Samoa (Obstkonserven) und Fidschi (Passionsfrucht, Guaven, Mango, Papaya). In diesem Wirtschaftssektor mag auch die Rindfleisch-Konservenproduktion in Vanuatu Erwähnung finden; exportiert werden die Konserven fast ausschließlich nach Neukaledonien und Französisch-Polynesien.
Eine sehr traditionelle Produktion, die im 19. Jahrhundert durch die europäischen Unternehmer von den Inseln nach Europa übertragen worden war, kehrt gegenwärtig allmählich wieder in den Südpazifik zurück, nämlich die Erzeugung von Kokosöl. Nachdem man anfangs Kokosöl auf den Inseln gekauft und vornehmlich nach Europa oder Amerika verschifft hatte, trat zu Beginn der 1870er Jahre Kopra (getrocknetes Fleisch der Kokosnuß) als Exportgut an die Stelle von Kokosöl. Das auf den Inseln hergestellte Kokosöl war selten von gleichbleibender Qualität, und zudem bot der Überseetransport von Flüssigkeiten zu damaliger Zeit erhebliche Schwierigkeiten. Zwischen 1867 und 1869 stellte die Niederlassung der Hamburger Firma Godeffroy in Apia (West-Samoa) entsprechende Versuche an, die schon 1875 dazu führten, daß der Kopra-Export denjenigen von Kokosöl fast völlig abgelöst hatte. Diese Entwicklung verbreitete sich sehr schnell im gesamten südpazifischen Raum. Bis in die Gegenwart gab es fast nur Kopra-Exporte aus den Inselländern, und erst neuerdings trachten alle Staaten danach, ihre Exportprodukte so

weit wie möglich zu veredeln, um einen höheren Gegenwert erzielen zu können. Daher entstehen nun wieder in wachsender Zahl in den Inselländern Ölmühlen, die jedoch den Arbeitsmarkt nur geringfügig beeinflussen.
Fischkonserven und sonstige Erzeugnisse aus Fisch (Fischmehl) werden im Südpazifik nur an wenigen Standorten hergestellt, obwohl umfangreiche Fänge zur Verfügung stehen würden (vgl. Kap. 4.4.3). Die überwiegend von fremden Fischereiflotten gefangenen Fische werden jedoch zum großen Teil tiefgekühlt unmittelbar nach Japan oder in die USA (einschließlich Hawaii) gebracht. Die auf den südpazifischen Inseln arbeitenden Fabriken unterstehen weitgehend japanischer oder amerikanischer Kontrolle. In Pago Pago (Amerikanisch-Samoa) gibt es sogar zwei amerikanische Konservenfabriken (Produktionsbeginn 1954 und 1963) mit zusammen ca. 1300 Beschäftigten. Der Standort in Amerikanisch-Samoa ist so wichtig, weil über ihn die hier im Wert um über 50 % gesteigerten Produkte (das ist eine fiskalische Bedingung) zollfreien Zugang zum USA-Markt haben. Die Arbeitskräfte kommen großenteils aus West-Samoa und Tonga. Während die Konservenfabriken in Pago Pago nicht von einheimischen, nicht einmal überwiegend von amerikanischen, sondern weitgehend von japanischen und südkoreanischen Fangschiffen beliefert werden, hat die Fischkonservenfabrik (1976) von Levuka (Fidschi), obwohl sie zu etwa zwei Dritteln japanischen Aktionären gehört, eine wichtige Funktion bei der Errichtung einer nationalen Fischereiindustrie. Eine entsprechende Stellung könnte auch einmal die Konservenfabrik in Tulagi (Salomon-Inseln) einnehmen, die 1973 als »joint venture« der Salomonen-Regierung mit einer japanischen Firma (seit 1978 sind 49 % der Anteile im Besitz der Salomon-Inseln) eröffnet wurde. Eine zweite Fischkonservenfabrik soll in Noro gebaut werden. 1980 arbeiteten ca. 300 Personen in der Fischereistation Tulagi, davon ca. 150 in der Konservenfabrik. Hier – wie auch in Levuka und Pago Pago – gehören zur Konservenfabrik auch Gefrieranlagen und Kühlhäuser, in denen die Fische entweder bis zur Konservierung oder bis zum Transport in die Abnehmerländer gelagert werden. Derartige Anlagen – ohne Konservenfabrik – stehen auch noch in Noro (Salomon-Inseln), in Palekula (Vanuatu; japanisch-australisch-amerikanisches joint venture; seit 1957; 1980 ca. 100 Beschäftigte). Eine Fischereistation in Palau (Gefrieranlage) wurde 1982 geschlossen. Es ist auffällig, daß in dem ausgedehnten US-Treuhandgebiet nun nur noch Fische umgeladen werden (Tinian, Guam); denn schon unter japanischer Verwaltung gab es 23 Katsuobushi-Betriebe (Trockenfisch) und zwei Konservenfabriken (in Dublon /

Truck und Jaluit / Marshall-Inseln). Gegenwärtig entsteht auf Dubon allerdings wieder eine größere Fischereistation, einschließlich Konservenfabrik, deren Fertigstellung jedoch ungewiß ist.
Die bisher sämtlich unter fremder Leitung stehenden und mit fremdem Kapital operierenden Fischverarbeitungsbetriebe sind – außer in Fidschi – kaum in die Wirtschaft ihres jeweiligen Aufenthaltslandes integriert. Außer der Bereitstellung einiger Arbeitsplätze und der Zahlung einiger Steuern bringen sie durchweg nur sehr geringe Vorteile für die betreffenden südpazifischen Länder. Veränderte Verträge (in bezug auf Ausbildung Einheimischer, Beschäftigung von Einheimischen auch in leitenden Stellungen, Nutzung lokaler Hilfsmittel, Aufbau eigener Fangflotten) könnten zu größerem Nutzen für die Inselländer führen. Auch deuten die weit über die Kapazitäten der Konservenfabriken hinausgehenden Fänge auf nennenswerte Expansionsmöglichkeiten hin (KENT, 1980; BUCHHOLZ, 1983).
Von ähnlich begrenzter Bedeutung für die Inseln sind Industriebetriebe, die ausländischen Firmen gehören und nur zur Nutzung von niedrigen Arbeitslöhnen und Steuervorteilen auf den Inseln gegründet werden. Beispiele dieser Art bestehen in mehreren Inselländern: u. a. Fußballnäherei und Pulloverstrickerei in Tonga, Zigarettenfabrik in West-Samoa, Uhrenfabrik auf Guam. Die Auslastung oder Lebensdauer derartiger Betriebe unterliegt jedoch auswärtigen Entscheidungen, die oft nicht im Interesse des Standortlandes gefällt werden. Rohstoffe und Waren berühren ebenfalls kaum oder gar nicht den einheimischen Wirtschaftskreislauf, so daß auch hier der positive Effekt einzig bei den gewonnenen Arbeitsplätzen liegt.
Sinnvoller ist dagegen der Aufbau einer angemessenen industriellen Produktion von Waren für den Binnenmarkt. Bisher ist diese Basis fast überall, abgesehen selbstverständlich von Hawaii und zum Teil auch von Fidschi, recht schmal. Die Betriebe beschränken sich zumeist auf die Herstellung von Seife, Limonaden, Textilien, Kleinmöbeln, Baumaterialien, Booten u. ä. In Neukaledonien, Tahiti, Fidschi und neuerdings auch in West-Samoa gibt es Bierbrauereien.
Der US-Staat Hawaii muß aus all diesen Betrachtungen herausgelassen werden, da er aufgrund seiner Entwicklung, seiner gegenwärtigen Bevölkerung und seiner weitgehend vollständigen Integration in das Gesellschafts- und Wirtschaftssystem der USA sowohl absolut andere Strukturen als auch entsprechend unterschiedliche Probleme aufweist. Im industriellen Sektor sind schon Obst- und Fischkonservenfabriken sowie die Zuckerpro-

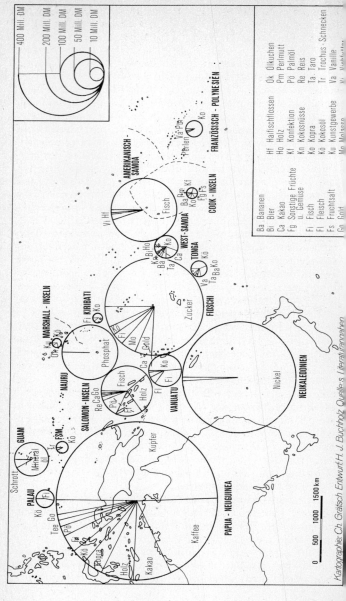

duktion genannt worden. Deren Dimension sowie diejenige der Bekleidungs- und Lebensmittelindustrie bis hin zur Ölraffinerie zeigen Hawaii heute als Teil eines Industriestaates.

4.5.3 Export – Import

Der Außenhandel der südpazifischen Inselländer hat sich während und nach der Kolonialzeit in dem ansonsten ja keineswegs uniformen Raum außerordentlich gleichartig entwickelt. Diese Gemeinsamkeit resultiert aus der Tatsache, daß den Inseln von den Europäern bzw. von den in diesem Bereich vergleichbaren Japanern die Exportwirtschaft aufoktroyiert wurde, während man zugleich die auf den Binnenmarkt bezogene Wirtschaft bewußt vernachlässigte. Es entstand schon im 19. Jahrhundert (anfangs mit Sandelholz, bêche-de-mer/Seegurken u. a.) eine bis zur Gegenwart andauernde einseitige Exportorientierung. Der erste kontinuierliche Handel mit Europa ist wohl von Apia (West-Samoa), der zentralen Umschlagstelle für Kokosöl und Kopra der deutschen Firma C. Godeffroy ab 1857, ausgegangen, nachdem 1818 Kokosöl von LMS-Missionaren erstmals nach Europa gebracht worden war, wo es ab 1840 zur Herstellung von Seife und Kerzen verwendet wurde.

Selbst in den inzwischen unabhängig gewordenen Inselstaaten verfolgen die Regierungen im wirtschaftlichen Bereich oft dieselbe Politik, die ihnen von den Kolonialmächten vorgeführt worden ist. Sie begeben sich damit in eine – wahrscheinlich jedoch nie ganz vermeidbare – Abhängigkeit vom Weltmarkt, von den Abnehmerländern und teilweise auch von Schiffahrtsunternehmen. Zwar haben sie mit ihren begrenzten Exportmengen zumeist kaum Absatzprobleme; Schwierigkeiten ergeben sich eher aus dem zu geringen Mengenaufkommen, da sich ein regelmäßiger Frachtschiffdienst kaum lohnt und Aufkäufer ihren Warenbedarf in anderen Weltgegenden bei größeren Produzenten decken.

Man kann allgemein feststellen, daß sich an der Palette der Exportgüter der südpazifischen Inseln seit Beginn unseres Jahrhunderts kaum etwas geändert hat. Über 90 % aller Exporte heimischer Produkte setzen sich wertmäßig aus nur fünf Gütern zusammen, wenn man Nickel, Mangan und Gold als »metallische

Abb. 11 Südpazifische Inselstaaten und -territorien: Export aus der Eigenproduktion 1980

Mineralien« zusammenfaßt (Abb. 11). Der Anteil dieser metallischen Mineralien an sämtlichen Exportgütern des Südpazifik liegt bei fast 50 %, rechnet man als weiteres Bergbauprodukt Phosphat hinzu, bei über 60 %. Der Zucker aus Fidschi erreicht fast 20 % aller Exporte, Kopra und Kokosöl etwa 5 % und Fisch 9 %. Im Prinzip entspricht diese Gliederung einer außenwirtschaftlichen Situation, wie sie auch schon zur Zeit der Jahrhundertwende gegeben war.

Die sehr geringe Zahl von Exportgütern ist nicht nur charakteristisch für den südpazifischen Raum insgesamt, sondern weitgehend auch für jede einzelne Inselgruppe, wobei einige nur lokal bedeutsame Varianten das Exportangebot bereichern.

Der Export von Bodenschätzen beschränkt sich bisher auf ganz wenige Inseln: Nickel aus Neukaledonien, Phosphat aus Nauru, Gold aus Fidschi und in geringen Mengen von den Salomon-Inseln, ein wenig Mangan aus Vanuatu. In Neukaledonien und Nauru bilden Nickel bzw. Phosphat zugleich auch quasi die einzigen Exportgüter aus eigener Erzeugung. Fisch wird zwar in den Meeresgebieten fast aller Inselländer gefangen, jedoch nur an wenigen Standorten angelandet. Infolgedessen kann er nur von Amerikanisch-Samoa, Vanuatu, den Salomon-Inseln und in zunehmendem Umfang auch von Fidschi exportiert werden. In Amerikanisch-Samoa machen Fisch und Fischprodukte über 90 % aller Exporte aus; aber auch in Fidschi und den Salomon-Inseln hat Fisch als Exportgut die traditionelle Kopra überholt. Die gegenwärtige Expansion südpazifischer Fischproduktion läßt allgemein eine wesentliche Zunahme der Fischexporte in nächster Zeit erwarten.

Zucker wird nur aus Fidschi exportiert; zusammen mit der ebenfalls gehandelten Molasse erreicht er wertmäßig immer noch 74,2 % (1979) aller Exporte des Landes, obwohl in Fidschi eine nennenswerte Diversifizierung der Exportindustrien festzustellen ist.

In den meisten übrigen Inselländern stehen Kopra oder Kokosöl traditionell an erster Stelle der Exportgüter. Auszunehmen sind davon Niue und die Cook-Inseln. In dem Kleinstaat Niue hat man sich seit einigen Jahren auf den Anbau und die Verarbeitung von Passionsfrucht spezialisiert. Der für Niue offene Markt Neuseelands erleichtert den Export dieser Produkte. Auch die exportorientierte Erzeugung von Obst (Zitrus, Ananas, einschließlich Saftproduktion und Konservierung) und Feingemüse auf den Cook-Inseln ist nur möglich, weil diese Produkte aufgrund der besonderen politischen Verbindungen ohne größere Schwierigkeiten nach Neuseeland exportiert werden können. Bei allen Inselländern gibt es zusätzlich einige Exportgüter von nur lokaler Bedeutung: Perlen und Perlmutter aus Französisch-Polynesien, Wassermelonen aus Tonga, Bekleidung (aus importierten Stoffen) aus den Cook-Inseln, kunstgewerbliche Artikel aus Niue, Ponape, Truk und Yap, Fleischkonserven aus Vanuatu sowie Gemüse aus West-Samoa (für Amerikanisch-Samoa).

Mit all diesen Exporten, die zudem noch in ihren Erträgen den großen Schwankungen des Weltmarktes ausgesetzt sind, lassen sich in den meisten Fällen die notwendigen Importe nicht bezahlen. Denn importiert werden quasi Güter aller Art, da eine nennenswerte Eigenproduktion für den Binnenmarkt in den Inselländern nicht besteht. Auffällig ist jedoch, daß auch Nahrungsmittel in recht großem Umfang eingeführt werden – und zwar vielfach Nahrungsmittel (Fisch [!], Fleisch, Eier), die durchaus im eigenen Lande produziert werden könnten. Der Anteil von Nahrungsmitteln und Getränken am gesamten Import beträgt zum Beispiel in den Cook-Inseln, in Niue und in Tonga 30–36 %, in Tuvalu 44 %, in Ponape sogar 48 %.

Nur drei Inselländer haben gegenwärtig eine positive Außenhandelsbilanz: die mineralische Rohstoffe exportierenden Länder Nauru und Neukaledonien sowie Amerikanisch-Samoa als ein Schwerpunkt der Fischkonservenindustrie. Alle anderen Länder weisen in jedem Jahr erhebliche Außenhandelsdefizite auf, die nur ausgeglichen werden können 1. durch Geldsendungen von Staatsangehörigen, die im Ausland arbeiten (besonders Tonga, Niue, West-Samoa, Cook-Inseln, Wallis und Futuna, Tokelau, Tuvalu, Kiribati), 2. durch Einnahmen aus dem Tourismus, 3. durch Lizenzgebühren von Fernfischfangländern und 4. durch Unterstützungsmaßnahmen der Industrieländer; die Cook-Inseln und Vanuatu bemühen sich zusätzlich um Deviseneinnahmen, indem sie sich als »Steuer-Oasen« und »Billig-Flaggen-Länder« zur Verfügung stellen. Alle diese Einnahmequellen sind instabil; jedoch bisher hat besonders die unter 4. genannte Möglichkeit noch immer funktioniert: Unter weltstrategischen Gesichtspunkten sind die Industrieländer durchaus bereit, die kleinen südpazifischen Inselstaaten vor finanziellen Katastrophen zu bewahren.

4.4 Drittes Problemfeld: Kleinheit, insulare Fragmentierung und Ressourcenarmut

4.4.1 Kleinheit, Fragmentierung und Abseitslage

Sämtliche territoriale Einheiten (außer Papua-Neuguinea) der Großregion Südpazifik weisen als gemeinsame Merkmale der räumlichen Konfiguration und Lage außerordentliche Kleinheit, zusätzliche insulare Fragmentierung der kleinen Territorien und große Distanz zu Nachbarn, Verkehrsknoten und Märkten auf. Zum einen handelt es sich um die Kleinheit der Landflächen (vgl. Tab. 6). Die kleinsten Einheiten sind Tokelau mit 10 km^2 oder die Republik Nauru mit 21 km^2, die größten Neu-Kaledonien mit 19103 km^2 oder die Salomon-Inseln mit 28530 km^2. Diese Kleinheit bedingt ein sehr eng begrenztes Potential an mineralischen Ressourcen, wobei die Atolle und gehobenen Koralleninseln schon von ihrem geologischen Aufbau her kaum Bodenschätze in erreichbaren Tiefen enthalten. Aber auch Vorräte an Steinen und Erden, die als Baumaterial Verwendung finden könnten, sind sehr knapp. Dasselbe gilt für Wasser, das selbst auf vielen hohen Inseln für eine eventuelle industrielle Nutzung kaum ausreichen dürfte. Es fehlen auch die Ressourcen zur Energieerzeugung; die Nutzung der Erdwärme in Gebieten vulkanischer Potentiale (Salomon-Inseln), die Gewinnung von Energie aus den Temperaturdifferenzen des Meeres (O.T.E.C. in Nauru) oder der Einsatz von Windrädern im weithin stetigen Passatbereich sind noch im Stadium erster Pläne und Versuche. Ganz abgesehen von relief- und untergrundbedingten Einschränkungen sind aber auch die land- oder forstwirtschaftlich nutzbaren Flächen begrenzt, so daß auch Holz, sonstige agrare Rohstoffe und Nahrungsmittel aus eigener Produktion limitierende Faktoren darstellen. So z. B. sind nur 2 % der Landfläche Neukaledoniens »günstiges Ackerland« und 13 % »gutes Grasland«, 50 % werden als »mittelmäßig und schlechter« eingestuft (WARD, 1983). 51 % der Landfläche von West-Samoa bieten nur eine »geringe oder sehr geringe« Bodenfruchtbarkeit, weitere 35 % sind ungeeignet für eine mechanisierte Landwirtschaft (WRIGHT, 1963, S. 88–89; WARD, 1983).

Daß auf den kleinen Landflächen auch nur relativ geringe Siedlungsflächen für Dörfer und Städte zur Verfügung stehen, ist selbstverständlich.

Entsprechend klein ist die Bevölkerung der Inselländer. Bevölke-

rungsmengen von 3578 (Niue) bis ca. 200000 (Salomon-Inseln) ergeben nur einen sehr kleinen Binnenmarkt und somit auch nur eine begrenzte Tragfähigkeit für nationale Produktionsbetriebe zur Eigenversorgung. Noch gravierender ist der Mangel an Tragfähigkeit für viele Dienstleistungseinrichtungen. Denn während Waren, die man im eigenen Land nicht zu produzieren vermag, aus anderen Ländern importiert werden können, besteht bei zahlreichen, besonders bei qualifizierten Dienstleistungseinrichtungen (Krankenhäuser, Universitäten, Fachschulen, Bibliotheken, Museen, Fachärzte, spezielle Rechtsanwälte, Ingenieurbüros u.v.a.m.) der Zwang, diese Einrichtungen im Ausland aufzusuchen (vgl. Kap. 4.1.2.4).
Insgesamt resultiert daraus ein wenig differenzierter Arbeitsmarkt, so daß zahlreiche qualifizierte Berufstätigkeiten im eigenen Lande nicht ausgeübt werden können – ganz abgesehen davon, daß selbstverständlich die Zahl der fachlich qualifizierten Personen begrenzt ist.
Als weitere Konsequenz der Kleinheit ergibt sich die Störanfälligkeit des ökologischen Gleichgewichts der Kleinstaaten. Das bisher durchweg ausgewogene Beziehungsgefüge zwischen Mensch und Natur bietet wegen der geringen Menge der jeweiligen Faktoren kaum Elastizität beim Eindringen neuer Lebensformen; das ökologische Gleichgewicht ist leicht verwundbar.
Die Kleinheit birgt auch die Gefahr der politischen Abhängigkeit. Militärisch können die kleinen Staaten ihre Eigenständigkeit nicht verteidigen – und wirtschaftlich benötigen sie die Hilfe größerer Staaten, die ihnen selten uneigennützig gegeben wird.
Als eine positive Auswirkung der Kleinheit und des geringen eigenen Produktionspotentials muß aber auch berücksichtigt werden, daß es durchweg keine Schwierigkeiten macht, die eigene, mengenmäßig geringe exportorientierte Produktion auf dem Weltmarkt zu verkaufen. Allerdings ergibt sich dabei gleichzeitig ein negativer Aspekt: Die geringen Exportmengen sind nur wenig attraktiv für internationale Frachtschiffahrtslinien, so daß es oft Transportprobleme für die Exportprodukte der kleinen Staaten gibt. Das gilt ganz besonders, seit hohe Personal- und Ölkosten zur Entwicklung immer größerer Container-Frachtschiffe geführt haben, denen in den einzelnen Inselterritorien kein zufriedenstellendes Frachtaufkommen geboten werden kann. Entsprechende Folgerungen ergeben sich auch für den Flugverkehr.
Die insulare Fragmentierung der einzelnen Staaten und Territorien verstärkt die Konsequenzen der Kleinheit vielfältig; denn die einzelnen Inseln, aus denen die Staaten bestehen, sind ja jeweils

noch viel kleiner und potenzieren das gesamte Problem (vgl. Kap. 4.5).
Außerdem bedingt die insulare Zergliederung der Territorien erhebliche Kommunikationsinvestitionen in Fährschiffe, Flugzeuge, Sendeanlagen und Häfen. Die Erreichbarkeit der Teilräume der einzelnen Staaten ist schwierig, aufwendig, teuer und zeitraubend.
Die Abseitslage verschärft zusätzlich die Situation der Inselstaaten und -territorien. Kleine Staaten benötigen im Grunde große Nachbarn, deren Arbeitsmarkt und Dienstleistungsangebot ihnen zur Verfügung steht. Die südpazifischen Inselstaaten haben jedoch kaum nahe gelegene Nachbarn – und dann sind es durchweg ebenfalls kleine Inselstaaten. Die nächsten großen Industriestaaten liegen Tausende von Kilometern entfernt. Das verhindert selbstverständlich Pendelwanderungsverflechtungen, erschwert und verteuert aber auch alle sonstigen, insbesondere auch alle Warenbeziehungen. Der aus der Distanz sich ergebende Schutz vor Übergriffen größerer Mächte, den Kleinstaaten immer zu fürchten haben, kann diese Nachteile nicht ausgleichen.

4.4.2 BODENSCHÄTZE

Schon 1855 entdeckten amerikanische Walfänger auf den Inseln Baker und Jarvis Kalziumphosphat. Es entsteht aus Vogelkot (WARIN, 1968), der in ariden Verhältnissen als stickstoffreicher »Guano« erhalten bleibt, dessen phosphorsaure Bestandteile aber unter dem Einfluß von Regen und Meerwasser (auf den niedrigen Inseln) den Inselkalk in phosphorsauren Kalk bzw. Kalziumphosphat (»American Guano«) verwandeln. Andere Theorien gehen davon aus, daß der Phosphor aus verwesten Meeresorganismen, die auf – eventuell flach übersspülten – Korallenriffen abgelagert waren, in den Korallenkalk eindringt und ihn zu Kalziumphosphat umwandelt (BURNETT und LEE, 1980). Jedenfalls stellt der in unterschiedlicher Qualität abgebaute Phosphat besonders als – wasserlöslich gemachter – Superphosphat einen der am meisten weltweit benötigten Kunstdünger dar.
Um 1840 wurde erstmals Guano von Peru nach London gebracht, und 1858 und in den folgenden Jahren begann der Abbau durch amerikanische Firmen auf Jarvis (insgesamt ca. 200000 t, bis 1879), Baker (ca. 250000 t, bis 1879), Howland (ca. 100000 t, bis 1879) und in geringem Umfang auch auf McKean, Phönix, Enderbury und ab 1877 auf Fanning. Britische Phosphatfirmen waren ab 1860 tätig auf Malden (bis 1927), ab Anfang der 1870er

Jahre auf Starbuck, Flint und Caroline und ab Anfang der 1880er Jahre auf Sydney und Canton und geringfügig auch auf Clipperton. Der Phosphatabbau endete (bis auf Malden) überall spätestens in den neunziger Jahren des vergangenen Jahrhunderts. Die betroffenen Inseln waren entweder unbewohnt (auch wenn zum Beispiel auf Fanning, Howland, Sydney, Malden alte Steinbauten und Grabstätten auf eine frühere polynesische Besiedlung hinweisen) oder zum Teil erst kurz vor Beginn des Phosphatabbaus von britischen Unternehmen (zum Beispiel mit Arbeitskräften aus den Cook-Inseln) betreten worden, um dort Kokospalmen anzupflanzen. Insofern war die direkte Auswirkung dieses frühen Phosphatabbaus auf den südpazifischen Inselraum gering.

Von größerer Bedeutung war die Ausbeutung der Phosphatlagerstätten auf Nauru und Ocean-Insel (heute Banaba) sowie auf Makatea (Tuamotu-Inseln). Die zufällige Entdeckung in Sydney (Australien) im Jahre 1899, daß ein von Nauru mitgebrachter Felsbrocken, den man für versteinertes Holz hielt, aus hochwertigem Phosphat bestand, führte zu vorsichtigen Verhandlungen mit der seinerzeit deutschen Kolonialverwaltung Naurus und der deutschen »Jaluit-Gesellschaft« über Bergbaurechte, die auch gewährt wurden. Der Abbau begann 1906 und erreichte bald enorme Ausmaße.

Wegen der strukturellen Ähnlichkeit der nur 260 km entfernt liegenden Ocean-Insel mit Nauru prüfte die britische Firma schon 1899 auch das dortige Gestein und fand ebenfalls hochwertiges Phosphat. Daraufhin wurde die bis dahin keiner europäischen Macht zugehörige Insel sofort annektiert. Der Phosphatabbau begann hier schon im Jahr 1900, ebenfalls bald in jährlichen Mengen von über 100 000 t. Die nun wieder verstärkt einsetzende Suche nach weiteren Phosphatinseln hatte nennenswerten Erfolg 1903 durch die Deutschen auf Angaur (Palau/Karolinen; Abbau ab 1909) und die Franzosen auf Makatea. Als Japan im Verlauf des Ersten Weltkrieges die bis dahin deutschen Inselgruppen der Karolinen, Marianen und Marshall-Inseln übernahm, intensivierte es die Suche nach Phosphat und entdeckte es auf zahlreichen weiteren Inseln, von denen es auf Saipan und Rota (Marianen), Peleliu, Sonsoral und Tobi (Palau) sowie auf Ebon (Marshall-Inseln) dann auch abgebaut wurde. Auf fast sämtlichen Inseln sind die Phosphatvorräte inzwischen erschöpft, und der Abbau wurde eingestellt – zuletzt 1955 auf Angaur, 1966 auf Makatea und Ende 1979 auf Banaba (Ocean-Insel). Nur auf Nauru wird weiterhin in beträchtlicher Menge Phosphat gewonnen (1980 = ca. 1,5 Mio. t). Die Vorräte betragen (nach lokalen Informationen) noch etwa 30 Mio. t (1980).

Eine vergleichbare bergbauliche Nutzung von Lagerstätten gibt es bisher im Südpazifik nur in Neukaledonien. Schon ab 1865 wurden hier neben Gold, Kupfer, Blei, Zink, Eisen, Kobalt, Antimon, Mangan und Chrom umfangreiche Nickelerz-Lager gefunden, die an der Unterseite einer Lateritkruste eines langgestreckten Serpentingebirges als Verwitterungsprodukt entstanden sind. Zwar wurden auch immer wieder Versuche unternommen, die übrigen Erze zu fördern; sie waren jedoch – bis auf das Chromit – durchweg von unzureichender Qualität oder Menge. Der 1875 beginnende Nickelerz-Bergbau entwickelte sich jedoch, besonders ab 1889, sehr bald zum wichtigsten Wirtschaftsbereich der französischen Besitzung. Anfangs wurde das im Tagebau gewonnene Nickelerz (Garnierit) unmittelbar exportiert. Ab 1910 begann man, das nur 2–6 % Nickel enthaltende Erz zu »Nickelmatte« (bis über 75 % Nickelgehalt) oder, ab 1927, in einem Elektrolyseverfahren zu »Ferronickel« (ca. 55–60 % Nickel) aufzubereiten. Um 1980 wurden ca. 45 000 t Nickel in Form von Ferronickel oder Nickelmatte produziert und exportiert. Neukaledonien ist derzeit der zweitgrößte Nickelproduzent der Erde. Der Nickel-Weltmarkt unterliegt jedoch großen Schwankungen mit erheblichen Einflüssen auf den Umfang der Produktion in Neukaledonien.

Lange Zeit wurde – zum Teil im Tagebau – auch Chromerz (Chromit) gefördert und exportiert. Seit 1960 sind jedoch die leichter zugänglichen Abbaugebiete erschöpft; es werden zur Zeit umfangreiche Explorationsarbeiten durchgeführt. Nahezu vollständig abgebaut sind auch die seit 1961 aufgeschlossenen Manganerz-Vorräte in Forari (Vanuatu); die Suche nach weiteren Erzlagerstätten verlief bisher unbefriedigend.

Von geringerer internationaler Bedeutung, aber wichtig für das eigene Land, ist die Goldförderung in Fidschi. Seit 1931 wird Gold in nennenswerter Menge gewonnen, ab 1976 haben sich jedoch die Fördermengen wesentlich verringert (1978 = 1000 kg). Immerhin konnten mit den Goldexporten im Jahr 1978 über 5 Mio. Fidschi-Dollar erzielt werden.

Sonstige Bodenschätze werden in keinem südpazifischen Inselland in wirtschaftlich erwähnenswertem Umfang gefördert. Dabei muß jedoch berücksichtigt werden, daß die Kenntnisse über Lagerstätten auf den südpazifischen Inseln vielfach noch höchst unvollkommen sind. Sicherlich bergen besonders die »kontinentalen« Inseln am Rand der austral-asiatischen Platte noch Bodenschätze unterschiedlicher Art, deren Erschließung bei näherer Kenntnis und günstigeren Weltmarktpreisen einsetzen wird. Die niedrigen oder auch die gehobenen Koralleninseln dagegen enthalten außer dem genannten Phosphat keine mineralischen Lagerstätten – mit einer Ausnahme: Es besteht eine, wenn auch geringe, Möglichkeit, daß sich auch im Korallenuntergrund dieser Inseln Ölvorräte befinden, die jedoch nach aller Erfahrung recht klein sein dürften. In Tonga wurde von 1970 bis 1972 und erneut ab 1977 auf Tongatapu und Eua nach Öl gesucht, bisher allerdings ohne Erfolg. Seit dem Ende der 1970er Jahre finden auch in Fidschi – und zwar im Schelfbereich – mit einiger Aussicht auf Erfolg Probebohrungen nach Öl statt.

Damit ergibt sich die Frage nach Bodenschätzen, die aus oder von dem Meeresboden vor den Küsten der Inseln gefördert werden könnten. Auch hier muß angemerkt werden, daß diese Bereiche noch weitgehend unerforscht sind – trotz intensiver Bemühungen insbesondere des von den Vereinten Nationen (ESCAP) eingesetzten »Committee for Co-ordination of Joint Prospecting for Mineral Resources in South Pacific Offshore Ares« (CCOP/SOPAC).

Die allermeisten südpazifischen Inseln verfügen über keine Schelfzonen, die durchweg größere Möglichkeiten an Bodenschätzen bieten. Es bleibt also nur der Tiefseeboden mit den möglicherweise darauf befindlichen mineralischen Vorräten. Gegenwärtig versteht man darunter im südpazifischen Bereich fast nur die sogenannten »Manganknollen«, die schon 1873–76 von dem amerikanischen Forschungsschiff »Challenger« entdeckt worden sind. In unterschiedlichen Anteilen enthalten sie Mangan, Eisen, Nickel, Kupfer, Kobalt und in geringem Umfang auch Zinn, Molybdän und Titan. Die »Knollen« oder auch Krusten wachsen durch Anlagerung in einer Million Jahren um einige Millimeter bis zu einigen Zentimetern. Nach den bisherigen Erkenntnissen (HALBACH und FELLERER, 1980) bedecken sie in wirtschaftlich interessanten Konzentrationen nur etwa 5 % des pazifischen Tiefseebodens, und zwar 1. wohl überwiegend zwischen 5° und 20° nördlicher Breite zonal vom Bereich südlich Hawaiis bis zur nordamerikanischen Küste, und 2. südlich des Äquators besonders im Bereich der nördlichen Cook-Inseln und Französisch-Polynesiens.

Das von der Dritten UN-Seerechtskonferenz im Frühjahr 1982 vorgelegte neue Seerecht sieht vor, daß innerhalb einer bis zu 200 Seemeilen breiten Zone vor den Küsten von Meeresanliegerstaaten oder im Bereich des zugeordneten Festlandsockels (bis 100 Seemeilen seewärts der 2500-Isobathe) sämtliche Bodenschätze in oder auf dem Meeresboden ausschließlich der ökonomischen Nutzung durch den Küstenstaat zur Verfügung stehen. Festlandsockel sind aber bei den meisten südpazifischen Inseln sowieso nicht gegeben – und auf die 200-Meilen-Zone entfallen weniger als 10 % der bisher bekannten und eventuell wirtschaftlich nutzbaren Manganknollenvorkommen. Es bestehen also bisher kaum Aussichten, daß die südpazifischen Inselländer aus diesem Sektor in absehbarer Zeit nennenswerte Vorteile ziehen könnten.

4.4.3 Fischerei und neues Seerecht

Es scheint ganz selbstverständlich zu sein, daß bei den extrem meerbezogenen Inselstaaten des Südpazifik die Fischerei einen wesentlichen Teil der Wirtschaft ausmacht. Eine Untersuchung der Importstatistiken zeigt jedoch, daß Fisch und Fischprodukte in nennenswertem Umfang eingeführt werden, so daß also offenbar nicht einmal der Eigenverbrauch der Bevölkerung von den eigenen Fischern gefangen bzw. im Lande erzeugt wird. Die Gründe für diesen auffälligen Tatbestand sind vielfältig: Zum einen hat die stark gewachsene Bevölkerung auf vielen Inseln dazu geführt, daß die Innen- und Außenlagunen und die Riffbereiche längst überfischt sind. Das Fischen auf hoher See ist jedoch mit den verfügbaren kleinen Booten (oft Auslegerkanus) sehr arbeitsintensiv und gefährlich. Die Anschaffung von sachgerechten Fischereiausrüstungen scheitert zumeist am Kapitalmangel. Zum anderen gibt es auf vielen Inseln in zahlreichen Orten oder insgesamt keine Elektrizitätsversorgung. Daher fehlen auch Kühlanlagen, die dem Fischer eine gewisse Vorratshaltung oder dem Verbraucher eine zumindest kurzfristige Lagermöglichkeit gestatten. Die tropischen Klimabedingungen erfordern jedoch den sofortigen Verzehr gefangener Fische. Infolgedessen ist konservierter Fisch aus Japan, Norwegen oder anderen weit entfernten Ländern in fast jedem Dorf zu kaufen. Oft sind die Konserven mit Fischen gefüllt, die im Bereich der südpazifischen Inseln gefangen wurden. Denn es gibt einen durchaus nennenswerten Fischreichtum im tropischen Bereich des Südpazifik, auch wenn aufgrund der geringen Planktonanteile, das heißt der damit geringeren Nährstoffbasis, sowohl Zahl als auch Reproduktionsrate der Fische geringer sind als in kühleren Meeren.

Es ist zu unterscheiden zwischen Küsten-, Riff- und Lagunenfischerei einerseits und der Hochseefischerei andererseits. Im Küsten-, Riff- und Lagunenbereich – wie überhaupt allgemein in flachen Meeresgebieten (Schelf) – ist der Fischbesatz, falls nicht durch Überfischung dezimiert, recht groß, allerdings gegliedert in zahlreiche Fischarten. Diese Vielfalt eignet sich nicht besonders gut für einen technisierten und damit rationalisierten Fischfang; denn nach Art, Größe, Form und innerem Aufbau sowie auch nach der Verwendungsmöglichkeit sind die Fische sehr unterschiedlich. Allerdings kann hier das Fangen von Fischen und anderen Meerestieren mit relativ einfachen, auch traditionellen Methoden betrieben werden: zum Beispiel das Einsammeln von Schalentieren, Tintenfischen, Seegurken oder eßbarem Seegras bei Ebbe im Riff, das Fischen mit Fallen, Speer, Angel, Gift (zumeist verboten) oder Netz in den Lagunenbereichen – oft von großen Familien oder ganzen Dorfgemeinschaften gemeinsam. Allerdings werden diese Fische fast ausschließlich für den Eigenbedarf gefangen; sie gelangen nur zu ganz geringen Teilen in den lokalen Handel. Eine gewisse Ausnahme bilden die großen Inseln (z. B. der Salomonen) mit klar getrennten Küsten- und Inlandbereichen. Hier gibt es seit alter Zeit und auch heute noch Tauschmärkte, auf denen die Binnenlandbewohner ihre Landwirtschaftsprodukte gegen Fische eintauschen.

Die geringe Eigenversorgung der Inselbevölkerungen mit Fischen und anderen Meerestieren aus dem Riff ließe sich sicherlich mit geeigneten Hegemaßnahmen sowie der Anlage von Aquakulturen u. ä. steigern (BARDACH, 1975; JOHANNES, 1978). Im verwandten Bereich der Köderfisch-Zucht (für den Thunfischfang) gibt es vergleichbare Ansätze im Tarawa-Atoll (Kiribati).

Im tiefen offenen Meer sind sowohl die Zahl als auch der Artenreichtum der Fische wesentlich geringer. Ökonomisch genutzt werden gegenwärtig im wesentlichen nur die verschiedenen Thun- und Speerfischarten sowie einige Makrelenarten. Man fängt sie mit unterschiedlichen Techniken, je nach ihrer Lebensform.

Albacoren-Thunfisch (Thunnus alalunga), Gelbflossen-Thunfisch (Thunnus albacares), Großaugen-Thunfisch (Thunnus obesus) sowie die meisten Speerfische (Tetrapturus angustrirostris, Tetrapturus audax, Makaira mazara und Makaira indica u. a.) leben im tiefen Wasser. Sie werden mit der sogenannten »longline«-Technik gefangen. Der Echte Bonito (Katsuwonus pelamis) und junge Gelbflossen-Thunfische schwimmen nahe der Wasseroberfläche. Sie werden mit Hilfe von Köderfischen angelockt und mit Angeln gefangen. Die viele Arten bedrohende Netzfischerei steht zwar erst in den Anfängen, entwickelt sich jedoch mit außerordentlicher Schnelligkeit.

Über 90 % aller Fänge im Bereich der südpazifischen Inseln werden, seitdem ab etwa 1960 japanische Fischereiflotten nach Süden vorrückten, von Fangschiffen aus sogenannten Fernfischfangländern, besonders aus Japan, Taiwan, der Republik Korea, der UdSSR und den USA eingebracht. Die südpazifischen Insel-

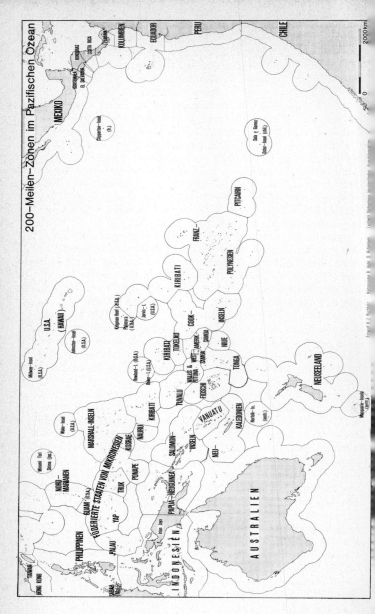

länder sind an diesem weltmarktorientierten Hochseefischfang kaum beteiligt. Nur Fidschi hat seit 1975 eine nennenswerte Fangflotte aufgebaut, während die übrigen Inselstaaten und -territorien bestenfalls über einzelne Fangschiffe verfügen. (Vgl. Tab. 7, S. 250 u. 251.)
Auch die Weiterverarbeitung der Fänge geschieht zum großen Teil außerhalb des Südpazifik oder zumindest weitgehend außerhalb der Verfügungsgewalt der Südpazifikstaaten. Während vielfach die gefangenen Fische tiefgefroren direkt nach Japan oder in die USA (das sind die beiden wichtigsten Märkte) gebracht werden, gibt es im Südpazifik nur vier Standorte von Konservenfabriken: Pago Pago (Amerikanisch-Samoa), Levuka (Fidschi), Tulagi (Salomon-Inseln) und in Hawaii. Sämtliche Konservenfabriken gehören entweder insgesamt ausländischen Unternehmen, oder es handelt sich – wie in Fidschi und den Salomon-Inseln – zumindest um »joint ventures«.
Die außerordentlich geringe Beteiligung der Inselländer an der Nutzung der lebenden Ressourcen aus dem sie umgebenden Meer dürfte sich in absehbarer Zeit erheblich ändern. Im Frühjahr 1982 hat die Dritte UN-Seerechtskonferenz eine »Convention on the Law of the Sea« vorgelegt, der die Staaten der Erde allerdings erst noch beitreten sollen – was trotz der erzielten Kompromisse keineswegs selbstverständlich sein wird. Als eine besonders für Inselstaaten sehr wichtige Neuregelung ist im neuen Seerecht vorgesehen, daß alle Küstenstaaten eine bis zu 200 Seemeilen breite Meereszone vor ihren Küsten als »Exklusive Wirtschaftszone« beanspruchen dürfen. In dieser Zone haben sie u. a. das ausschließliche Recht der Erforschung und Ausbeutung, Erhaltung und Bewirtschaftung der lebenden und nichtlebenden Ressourcen in und auf dem Meeresboden und in dem darüberliegenden Wasser. Im Vorgriff auf dieses kommende Völkerrecht haben fast sämtliche Inselstaaten eine solche 200-Meilen-Zone erklärt – oder zumindest eine entsprechende Fischereizone, wenn sie die Verabschiedung des neuen Seerechts erst abwarten wollten.
Die ganz enorme Ausdehnung der – wenn auch auf die wirtschaftliche Nutzung beschränkten – Hoheitsbereiche (vgl. Abb. 12 und Tab. 6, S. 249 u. 250) wird in einigen Fällen (Fidschi, Vanuatu, Salomon-Inseln, Papua-Neuguinea, beabsichtigt auch von den zukünftig unabhängigen Staaten des US-Treuhandgebietes der pazifischen Inseln) noch dadurch vergrößert, daß Archi-

Abb. 12 Südpazifik: 200-sm-Zonen

pelstaaten unter bestimmten Bedingungen ihre äußersten Landpunkte durch gerade Basislinien verbinden dürfen, um dann von dort die 200-Meilen-Zone zu berechnen. Die gesamte Landfläche der hier behandelten Inselländer (außer Papua-Neuguinea) beträgt 104 898 km², die zugeordnete Seefläche (nach der Regelung über die 200-Meilen-Zonen) jedoch 30 151 000 km²!
Die Verfügungsgewalt über diese enormen Meeresflächen versetzt die südpazifischen Inselländer in die Lage, einen wesentlich höheren Nutzen aus dieser natürlichen Ressource zu ziehen. Sie können nun zum Beispiel erhebliche Lizenzgebühren von den Fischereiunternehmen der Fernfischfangländer beziehen, wenn diese im 200-Meilen-Bereich eines Inselstaates fischen wollen. Zum anderen besteht die Möglichkeit, eine eigene Fischereiindustrie aufzubauen, sei es allein oder in der Form von »joint ventures« mit anderen Fischfangnationen. Die dabei zu überwindenden Hindernisse sind allerdings groß: Es fehlt das Kapital, es mangelt an Erfahrung und Fachpersonal, es gibt zuwenig Energie oder auch Wasser auf den kleinen Inseln für Kühlhäuser und Weiterverarbeitungsanlagen; schließlich verfügt man bisher weder über Vermarktungstechniken noch Zugang zu den ausländischen Märkten (KENT, 1980; BUCHHOLZ, 1983). So werden die besonders kleinen und kapitalarmen Inselstaaten (Niue, Cook-Inseln, Tuvalu) wohl auch in Zukunft die Zusammenarbeit mit anderen Staaten suchen müssen, möglicherweise im eigenen südpazifischen Bereich (zur Zeit Tuvalu-Fidschi). Die größeren und reicheren (Nauru) Staaten planen allerdings durchaus den Aufbau einer eigenen Fischereiindustrie. Auch hier wird die regionale Zusammenarbeit – zum Beispiel bei der Überwachung der Fischerei- oder Wirtschaftszonen – unbedingt nötig sein. Als erster Ansatz wurde 1979 die »South Pacific Forum Fisheries Agency« (Sitz: Honiara, Salomon-Inseln) gegründet. Bisher nimmt diese Agentur nur Aufgaben der gegenseitigen Information und technischen Assistenz wahr; aber möglicherweise entwickeln sich daraus in Zukunft Formen der politischen Kooperation.

4.5 Die Staaten und Territorien des Südpazifik

4.5.1 Der amerikanisch beeinflusste Südpazifik

4.5.1.1 Hawaii

Die 8 hohen Inseln und 124 niederen Atolle und Felseninseln der Hawaii-Gruppe gehören lagemäßig und aufgrund ihres physiogeographischen Aufbaus zum Südpazifik; denn auch die Hawaii-Inseln sind vulkanischen Ursprungs; sie liegen in deutlich linearer NW-SO-Ausrichtung und entstanden seit ca. 25 Mio. Jahren in zeitlicher Reihenfolge von Kure im NW bis zur Insel Hawaii im SO (letztere mit den noch tätigen Vulkanen Mauna Loa und Kilauea). Die hohen Inseln sind also die jüngeren und bestehen durchweg aus Massiven breiter Schildvulkane mit großen Calderen und kleinen Nebenkratern, insgesamt in unterschiedlich fortgeschrittenen Stadien der Erosion. Sie verfügen über mehr oder weniger breite Küstenebenen, z. T. aus gehobenen Riffen (Makatea), und sind von Korallenriffen umgeben. Aber dieses äußere Erscheinungsbild, einschließlich der tropischen Vegetation, trügt. Auch die seit ca. 1300 Jahren ansässige polynesische Bevölkerung hat nicht verhindern können, daß sich die Hawaii-Gruppe aus dem südpazifischen Kulturkreis entfernt hat.

Hawaii bietet das Beispiel einer Koloniebildung durch kulturelle Transformation. Eigentlich hätte man aus Gründen seiner politischen Geschichte viel eher den Erhalt der Eigenständigkeit erwartet: 1795 etablierte sich nämlich Kamehameha I. – mit Hilfe »westlicher« Waffen – als Herrscher über die gesamte Inselgruppe (Kauai und Niihau erst 1810). Das Königreich Hawaii hatte Bestand bis 1893. Es wehrte Annexionsversuche Frankreichs erfolgreich ab, konnte aber umgekehrt Großbritannien nicht als Schutzmacht gewinnen. 1843 schlossen Großbritannien und Frankreich einen Vertrag über die Anerkennung des unabhängigen Königreichs Hawaii. Die USA lehnten in den 1850er Jahren ebenfalls eine Anbindung Hawaiis ab. Als aber dann in den 1880er Jahren der König von Hawaii Verhandlungen mit anderen südpazifischen Inselherrschern (u. a. Samoa) zur Gründung einer »Südpazifischen Föderation« aufnahm, war es zu spät: Die europäischen Mächte hatten mit der Aufteilung der südpazifischen Inselterritorien bereits begonnen.

Die Bedeutung des Königshauses in Hawaii resultierte aus der Tatsache, daß man die Handelstätigkeiten der Europäer und Amerikaner nachahmte und daß die Regierung immer mehr ausländische Experten einstellte. Damit erhöhte man die Effizienz, brachte jedoch die einheimische Regierung in zunehmende Abhängigkeit. Seit 1820, dem Beginn protestantischer Missionstätigkeit in Hawaii, arbeiteten insbesondere amerikanische Missionare als Berater, sogar als Minister der Könige. Zugleich veränderte die christliche Religion die traditionellen Lebensformen der Einheimischen, und das gesamte Sozialwesen entwickelte sich nach den Vorstellungen der zumeist aus den Neu-England-Staaten kommenden Missionare.

Während die Beschaffung von Sandelholz seit etwa 1800 sowie die Nutzung Hawaiis als Station des transpazifischen Schiffsverkehrs zwischen Asien (Kanton) und der nordamerikanischen Westküste noch relativ wenige Ausländer auf den Hawaii-Inseln seßhaft machten, brachte der sich seit den 1820er Jahren nach Norden verlagernde südpazifische Walfang große Mengen von Schiffen und Seeleuten (bis zu 500 Schiffe und Tausende von Seeleuten pro Jahr) sowie eine entsprechend große Zahl von Schiffsausrüstern und anderen Folgeeinrichtungen auf die Inseln. Schwerpunkte dieser Entwicklung waren die günstigen Hafenstandorte Lahaina (Maui) und Honolulu (Oahu). Während Lahaina mit dem Abklingen des Walfangs in den 1860er Jahren seine Bedeutung verlor, entwickelte sich Honolulu, seit 1850 als Hauptstadt des Königreichs, zum überragenden Zentrum (1831 = 13 344 Einw., 1970 = 443 749 Einw. in der Stadtregion).

Den entscheidenden Anstoß zu der die Hawaii-Inseln prägenden Entwicklung gab die 1835 beginnende Zuckerproduktion. Bis zum Zweiten Weltkrieg wurden darin nicht nur die weitaus größten und wichtigsten Erträge erwirtschaftet – besonders nach Abschluß eines Vertrages (1875/76) über zollfreie Zuckerexporte in die USA; vielmehr hat der Arbeitskräftebedarf der Zuckerrohrplantagen und Ananaspflanzungen (letztere seit dem Ende des 19. Jh.) auch die demographische Struktur der Inselgruppe vollständig verändert. Da die einheimischen Hawaiianer weder auf den Plantagen der Weißen (ab 1850 waren individuelles Landeigentum und freier Grundstückshandel, auch für Ausländer, erlaubt) arbeiten wollten noch überhaupt ein ausreichendes Arbeitskräftepotential bildeten (erheblicher Rückgang der einheimischen Bevölkerung von mehr als 200 000 zu Cooks Zeiten auf ca. 60 000 im Jahr 1880), wurden ab 1852 Chinesen, ab 1868 Japaner, ab 1878 Portugiesen, ab 1901 Puertoricaner, ab 1904 Koreaner und ab 1907 Filipinos als Kontraktarbeiter angeworben. Relativ wenige Weiße sicherten sich bald die größten landwirtschaftlichen Nutzflächen, die Zucker- und Konservenfabriken und den Großhandel; sie kontrollierten aber ebenfalls Legislative,

Exekutive und Justiz des Landes, nachdem sie 1887 den bis 1891 regierenden König Kalakaua zur Beschränkung auf rein repräsentative Aufgaben zwangen. Schließlich mußte die letzte Königin von Hawaii, Liliuokalani, am 14.1.1893 nach einem von den größten Steuerzahlern organisierten Aufstand zurücktreten. Am 4. 7. 1894 wurde die Republik Hawaii ausgerufen. Damit befanden sich die Hawaii-Inseln in der Hand von Amerikanern, auch wenn die US-Regierung erst am 14. 8. 1898 – nach dem Sieg im Spanisch-Amerikanischen Krieg – die Inselgruppe annektierte.
Mit dieser Verbindung zum großen amerikanischen Absatzmarkt war die ökonomische Basis Hawaiis gesichert. Ein wirtschaftlicher Entwicklungs- und Akkumulationsprozeß führte zur größtmöglichen Nutzung – Zuckerrohr und Ananas – aller geeigneten Flächen der hohen Inseln und zum Ausbau der Zucker- und Konservenindustrie. Ganze Inseln (Lanai und Nihau) gelangten in Privatbesitz; vom gesamten Privatland der Hawaii-Inseln (d. s. 52 % der Gesamtfläche) konzentrierten sich bald über 85 % in den Händen von weniger als 40 Großgrundbesitzern. Schon 1933 gehörten 96 % der Zuckerindustrie nur 5 Firmen, und inzwischen (1970) kontrollieren nur 3 Firmen 90 % der Ananasproduktion.
Die autochthonen Hawaiianer verloren fast jeden Einfluß auf ihr Land und stellen mengenmäßig aufgrund der enormen Zuwanderung fremder Bevölkerungsteile heute nur noch eine verschwindende Minderheit. Von 1853 bis 1910 sank ihr Anteil von 95,8 % auf 13,6 %; 1970 bildeten sie nur noch 1 % der Gesamtbevölkerung (dazu 16,2 % Teil-Hawaiianer; vgl. ARMSTRONG, 1973). Im Jahr 1910 bestand die Bevölkerung zu 41,5 % aus Japanern!
Der Zweite Weltkrieg (7. 12. 1941 japanischer Luftangriff auf den amerikanischen Militärstandort Pearl Harbor auf Oahu) bedeutete für Hawaii nicht nur eine Zäsur der wirtschaftlichen Entwicklung, vielmehr begründete er die militärstrategische Bedeutung der Inselgruppe und bereitete auch den Weg zur Aufnahme Hawaiis als 50. Bundesstaat der USA im Jahr 1959. Die Bindungen an die festländischen USA wurden damit noch stärker, die Wanderungsverflechtungen (schon seit den 1930er Jahren war die Zuwanderung aus Asien immer geringer geworden) intensivierten sich, und mit der Entwicklung des Düsenflugverkehrs (5½ Stunden Flugzeit Los Angeles–Honolulu) akzelerierte die Zahl der Touristen ganz erheblich. Von 1958–1978 wuchs die Touristenzahl um mehr als das Zwanzigfache auf etwa 3,7 Mio. (68 % vom US-Festland, 13 % aus Japan, 9 % aus Kanada). Durchschnittlich befinden sich fast immer etwa 100 000 Touristen in Hawaii, zum größten Teil auf Oahu – und dort besonders in dem

sich immer noch mit Hotel- und Condominium-Neubauten (d. s. Eigentumswohnungen, z. T. vermietbar) stark entwickelten Bereich Ala Moana-Waikiki. Die Ausgaben der Touristen stellen mit ca. 3,3 Mrd. $ (1978; ohne An- und Abreisekosten) den bedeutendsten Wirtschaftsfaktor dar (1960 = 131 Mio. $).
Die Militärausgaben in Hawaii steigerten sich von 373,1 Mio. $ (1960) auf 1,16 Mrd. $ (1978) und bilden somit die zweithöchste Einnahmequelle Hawaiis. Gegenwärtig befinden sich etwa 120 000 Militärpersonen, einschließlich der ca. 60 000 Familienangehörigen, in Hawaii, zum größten Teil ebenfalls auf Oahu. Hier arbeiten auch die meisten der 19 000 Zivilbeschäftigten des Militärs.
Die traditionelle Bedeutung der Landwirtschaft ist dagegen – trotz absoluten Wachstums – erheblich zurückgetreten, wenn man die auf ca. 1 Mrd. $ geschätzten Erträge aus dem illegalen Marihuana-Anbau außer acht läßt. Die Zucker- und Ananas-Produktion (einschließlich Konservierung) lag 1978 bei etwa 600 Mio. $.
Sonstige verarbeitende Industrie ist zwar ebenfalls vorhanden (Ölraffinerie, Zementfabrik, etwa 70 Betriebe der Bekleidungsindustrie, Obst- und Fischkonservenfabriken, Getränkeindustrie u. a. m.), tritt jedoch im Vergleich zu den anderen Wirtschaftssektoren zurück.
In bezug auf die innere Struktur kann man zusammenfassend feststellen, daß aus der amerikanischen Plantagenkolonie des 19. und beginnenden 20. Jahrhunderts in der Gegenwart eine hochmoderne, stark verstädterte, sehr effiziente Dienstleistungswirtschaft (ca. 75 % aller Erwerbstätigen) geworden ist – getragen von einer ungewöhnlich gemischten Minoritätengesellschaft. Der Anteil der »weißen« Amerikaner steigt jedoch wegen der erheblichen Zuwanderungsüberschüsse vom amerikanischen Festland. Ökonomische Prosperität, Klimagunst, landschaftlicher Reiz und die Imagination der vermeintlich in Hawaii zu findenden Südseeromantik wirken als starke Attraktivitätskräfte besonders auf jüngere Zuwanderer, während ältere Personen, wenn sie nicht den höheren Einkommensgruppen zuzurechnen sind, häufig wieder abwandern; denn die Wohn- und Lebenskosten in Hawaii sind relativ hoch. Die Notwendigkeit zum Import der meisten Konsumgüter, der Einfluß der Touristenpreise, aber auch die marktbeherrschende Stellung weniger großer Firmen und Landbesitzer steigern das Preisniveau.
Bezüglich der regionalen Bedeutung gewinnt Hawaii im Zusammenhang mit der intensivierten amerikanischen Pazifikpolitik wachsende Bedeutung als Vorposten der USA, nachdem ein

Jahrhundert lang die Tendenz eher auf eine Lösung aus dem südpazifischen Beziehungsgeflecht abzielte. So bestehen denn auch oberzentrale Funktionen Honolulus bisher fast nur für die Marshall-Inseln und die östlichen Karolinen (Ponape) sowie zum Teil auch für Samoa. Die Regierung von Hawaii bemüht sich jedoch, sicherlich auch mit Rücksicht auf die bevorstehende Beendigung der amerikanischen Treuhänderschaft über die Marianen, Karolinen und Marshall-Inseln, u. a. durch politische Kontakte sowie wissenschaftliche und wirtschaftsorientierte Institutionen um eine stärkere Einbindung in den südpazifischen Raum.

2.5.1.2 *Guam*

Guam, die ca. 51 km lange und 6 bis 14 km breite Insel, wurde durch die USA 1898, am Ende des Spanisch-Amerikanischen Krieges, zur Errichtung einer Kohlenstation und Flottenbase – eine ähnliche Funktion besaß die Insel in spanischer Zeit für den Seeweg zwischen Manila und Acapulco – übernommen und dem Marineministerium unterstellt. Außer der Errichtung einiger Hafenanlagen sowie Schulen und Gesundheitseinrichtungen waren bis 1940 keine wesentlichen Veränderungsprozesse zu verzeichnen; auch die spanisch-katholische kulturelle Struktur blieb erhalten. Die Bevölkerung wuchs allerdings von fast 10000 (1901) auf mehr als 23000 (1940) an.

Die entscheidende Zäsur brachte der Zweite Weltkrieg. Nach der Eroberung durch die Japaner im Dezember 1941 und der verlustreichen Rückeroberung durch die USA im Juli/August 1944 war Guam fast vollständig verwüstet. Der Wiederaufbau stand im Zeichen der Anlage umfangreicher militärischer Installationen. Die weltpolitische Abkühlung zwischen USA und UdSSR sowie die Situationen in China und Korea führten zu enormen militärischen Investitionen: Die ebene, aus gehobenem korallinen Kalkstein entstandene Nordhälfte der Insel, sowieso wegen ihrer flachen und wasserarmen Böden landwirtschaftlich kaum genutzt, wurde in eine ausgedehnte befestigte Luftwaffenbasis verwandelt, der in der Nähe der Hauptstadt Agaña gelegene günstige Naturhafen in einen Standort modernster amerikanischer Marineeinheiten. Das Militär entwickelte sich zum größten Investor (1978 = ca. 700 Mio. DM), Arbeitgeber (über 5000 zivile einheimische Beschäftigte und etwas weniger als 20000 Soldaten usw. einschließlich der Angehörigen) und Landbesitzer (ca. 35 %). Die bis zum Zweiten Weltkrieg noch durchaus übliche anteilige Subsistenz-Landwirtschaft der Einheimischen existiert nur noch als Relikt – überwiegend auf der Südhälfte der Insel, die wegen ihres rauhen, vulkanisch entstandenen Reliefs für militärische Anlagen ungeeignet ist. Hier gibt es aber einige stark erodierende Wasserläufe, in deren Talzügen Obst, Gemüse und auch Reis (einziges Vorkommen aus vor-europäischer Zeit im Südpazifik) angebaut werden. Daneben wirtschaften einige marktorientierte Bauernhöfe auf Guam, deren Produktion jedoch keineswegs zur Versorgung der 106000 Einwohner (1980) sowie der Militärangehörigen ausreicht. 80 % des Bedarfs an Obst und Gemüse, 90 % an Fleisch und 95 % an Fisch müssen importiert werden – ebenso wie fast sämtliche anderen Investitions- und Konsumgüter. Der einzige nennenswerte Industriebetrieb war bis 1983 eine Ölraffinerie (125 Besch.), deren Produkte zu über 80 % an das Militär verkauft wurden.

Zum zweitwichtigsten Wirtschaftszweig hat sich der internationale Tourismus entwickelt. 1979 besuchten 264326 Flug- und 8355 Kreuzschiff-Touristen die Insel. Seit den 1960er Jahren entstanden in einem außerordentlichen Boom zahlreiche große und luxuriöse Hotels mit insgesamt über 2000 Zimmern – und zwar ganz überwiegend für Japaner. 72 % (1979) der Touristen kommen – vielfach auf der Suche nach Spuren vergangener Kriegsereignisse – aus Japan, nur 12 % aus Nordamerika und die übrigen aus asiatischen Nachbarländern, in denen die wohlhabende und über Freizeit verfügende Bevölkerungsschicht allmählich wächst: von den Philippinen, Hong Kong, Singapore und Süd-Korea.

Mit seinem internationalen Flughafen, seiner Universität (angeschlossen das Micronesian Area Research Center) und seinem umfassenden Angebot amerikanischer Waren übt Guam gewisse Zentralfunktionen auch für Palau, Yap und Truk aus, wird dabei aber von Honolulu (Hawaii) eingeschränkt.

Guam, das seit 1950 ein »Unincorporated Territory« der USA bildet (freier Zugang zu, aber z. B. kein Wahlrecht in den USA), hat sich sozial, ökonomisch und kulturell aus dem südpazifischen Raum gelöst.

4.5.1.3 Nord-Marianen

Die Nord-Marianen werden gebildet aus einer etwa 500 km langen Kette von 16 Inseln, von denen aber gegenwärtig nur sechs Inseln von 16862 Einwohnern (1980) bewohnt sind: Saipan (86 %), Rota (8 %), Tinian (5 %) sowie Alamagan, Agrihan und Pagan. Sämtliche Inseln sind durch Vulkanismus entstanden. Die geotektonische Leitlinie wird vom Rand der eurasiatischen Platte

vorgegeben, an dem, wie ganz allgemein an Plattenrändern, Vulkanismus verstärkt auftritt. Die nördlichen zwölf Inseln sind recht klein; ihre Oberfläche besteht weitgehend aus Vulkanbergen (zum Teil noch aktiv, z. B. Mt. Pagan 1981) und Kratern und ist von Lava, Schlacken und Aschen bedeckt. Die südlichen großen Inseln (einschließlich der sehr kleinen Aguijan-Insel, die Tinian vorgelagert ist) sind ebenfalls aus vulkanischem Gestein aufgebaut, das aber von Korallenkalkschichten überlagert wird. In mehreren Hebungsphasen, an den Küstenterrassen erkennbar, sind die Inseln über den Meeresspiegel hinausgewachsen.
Saipan bildet, nachdem 1898/99 Guam amerikanisch und die übrigen Marianen deutsch wurden, den Schwerpunkt des Landes. Auf dieser etwa 22 km langen und 5–10 km breiten Insel entstand auch das deutsche Verwaltungszentrum Garapan (auch für die zugleich den Spaniern abgekauften Karolinen und Marshall-Inseln), das jedoch schon 1907 nach Yap verlegt wurde. Sowohl auf Saipan als auch auf Tinian und Rota, sämtlich in spanischer Zeit weitgehend entvölkert, waren in der kurzen deutschen Kolonialzeit keine nennenswerten Ansätze einer ökonomischen Entwicklung (außer ein wenig Kopra) zu verzeichnen. Erst Japan, das die Inseln bei Ausbruch des Ersten Weltkrieges besetzte und ab 1921 offiziell als Mandatsgebiet des Völkerbundes (einschließlich der Karolinen und der Marshall-Inseln) verwaltete, hat mit großem Einsatz die Inseln weitgehend umgestaltet: Japanische Siedler und Fachleute aller Art (1936 = über 45 000) ließen sich auf den Marianen nieder. Garapan wuchs bis 1940 auf fast 20 000 Einwohner an. Erst auf Saipan, dann auch auf Rota und Tinian entstanden ausgedehnte Zuckerrohrplantagen sowie je zwei Zuckerfabriken (1937 = ca. 60 000 t Zucker und 19 000 t Molasse) und zahlreiche Brennereien. Auf Tinian legten die Japaner eine Rinderhaltung mit 6000–7000 Tieren an, auf Saipan eine Kaffeeplantage. Als Japan 1935 aus dem Völkerbund austrat, begann es auch mit dem Ausbau von militärischen Marine- und Luftbasen. Doch von all diesen Entwicklungen ist buchstäblich nichts übriggeblieben: Die totale Zerstörung erfolgte im Juni 1944 bei der Eroberung der Marianen durch die USA, die sofort die Inseln Saipan und Tinian mit enormen militärischen Installationen ausstatteten. Insbesondere wurden große Start- und Landebahnen als Vorbereitung zur Invasion Japans gebaut. Zeitweise waren über 200 000 Soldaten auf den Inseln.
1947 erhielten die USA die vormals japanisch verwalteten Gebiete als Treuhandgebiet (einschließlich strategischer Nutzungsrechte) von den Vereinten Nationen. Die politisch-militärischen Vorgänge in Ostasien haben dazu geführt, daß bis heute der

militärische Charakter der amerikanischen Anwesenheit erhalten blieb. Zwar gibt es in den Nord-Marianen derzeit keine wesentlichen militärischen Anlagen; aber die amerikanische Armee verfügt in Form von unbegrenzten Pachtverträgen über ein Drittel der Fläche Tinians (3640 ha; soll bei Auflösung der Treuhänderschaft verdoppelt werden) und über 2000 ha auf Saipan (soll verringert werden).

Der größte private Wirtschaftsfaktor ist der Tourismus: 1977 kamen erstmals mehr als 50000 Flug-Touristen – zum großen Teil aus Japan – auf die Nord-Marianen, angezogen nicht nur von einer gewissen Südsee-Atmosphäre, sondern wohl mehr von einer eigentümlichen Schlachtfeld-Romantik (über 30000 Tote im Zweiten Weltkrieg allein auf Saipan).

Der wichtigste Arbeitgeber ist der Staat: 1980 waren über 2000 Einheimische im Öffentlichen Dienst tätig, das sind ca. 50 % aller einheimischen Arbeitnehmer im Lande. Diese Zahl wird jedoch wesentlich geringer werden, wenn die Treuhandschaft der USA endet und die Hauptverwaltung der Amerikaner aufgelöst wird.

Alternative Arbeitsplätze stehen kaum zur Verfügung: Eine ca. 3000 ha große Rinder- und Milchviehhaltung mit ca. 1200 Schlachttieren pro Jahr setzt zwar die Ansätze der Japaner seit 1965 fort, beschäftigt aber nur eine begrenzte Personenzahl. Eine Fischereistation soll gebaut werden. Eine amerikanische Firma untersucht, ob auf der Insel Rota ein »Super-Ölhafen« (als strategische Reserve für Japan und die USA) angelegt werden kann, nachdem ein derartiges Projekt wegen der großen Umweltgefahren von der Regierung Palaus abgelehnt wurde. Die Zukunftserwartung des kleinen Dominions im US-Commonwealth (das kommt de facto einer politischen Vereinigung mit den USA gleich) liegt ganz in der Hoffnung auf Kontinuität im Tourismus und auf dem Ausbau von Militäreinrichtungen; denn die ehemalige Subsistenz-Wirtschaft existiert kaum noch, und eine ökonomische Eigenständigkeit wurde nie vorbereitet. Eine zukünftige Verschmelzung mit Guam kann nicht ausgeschlossen werden.

4.5.1.4 *Republik Marshall-Inseln*

Die Republik Marshall-Inseln besteht aus 29 Atollen und fünf gehobenen Koralleninseln (insgesamt sind sieben Inseln unbewohnt), die sich auf zwei ungefähr parallele Inselketten (Ratak und Ralik) verteilen. Für die gegenwärtig 31042 (1980) Bewohner ist der Lebensraum auf diesen flachen (zumeist nur 2–4 m hoch) und auf ein Seegebiet von fast 1 Mio. km² verteilten

Atollen, die ihrerseits aus über 1200 kleinen Inseln bestehen, sehr beengt. Knappes Land (insgesamt nur 180 km²), zumeist schlechte Böden, schwieriger Wasserhaushalt (vgl. Kap. 4.3.1) zwingen zu einer bescheidenen Lebensform, in der traditionell die Lagunen-, Riff- und Hochseefischerei im Rahmen der Subsistenz verständlicherweise eine große Rolle spielte. Aus der Sicht der europäischen Mächte boten die beiden Inselgruppen kaum wirtschaftlich profitable Produkte. Als das Deutsche Reich die Inseln 1885 zum deutschen Schutzgebiet erklärte, wurde die Verwaltung dem Agenten einer deutschen Handelsfirma, der Jaluit-Gesellschaft, übertragen. Auch in der japanischen Zeit von 1914 bis 1944 konnte es keine nennenswerten wirtschaftlichen Entwicklungen geben außer der Errichtung einer Fischkonservenfabrik auf Jaluit: 1937 landeten die Japaner 33 000 t Thunfisch an.

Die neuere Entwicklung des Staates ist weitgehend von den militärischen Interessen der USA bestimmt. Das betrifft zum einen die partielle Zerstörung von Inseln und die erhebliche gesundheitliche Schädigung von Bevölkerungsteilen durch die Atombombenversuche, zum anderen den Arbeitsmarkt und die davon ausgelöste Bevölkerungskonzentration und schließlich die gesamte ökonomische Grundlage der Marshall-Inseln. Von 1946 bis 1958 wurden auf Bikini und Enewetak 66 Atombombenversuche durchgeführt. Wegen der kontaminierten Böden kann Bikini nie wieder bewohnt werden; ein Rücksiedlungsversuch der 1946 evakuierten Bewohner scheiterte 1978. Auf Enewetak wohnen seit 1980 wieder ca. 540 Personen, die aber nur Teile des Atolls betreten dürfen. Die Dauer dieser Rücksiedlung ist fraglich. Strahlungsschäden – auch von den Atombombenversuchen auf Johnston-Insel (12) und Christmas-Insel (25) – wurden inzwischen bei den Bewohnern von fünf weiteren Inseln festgestellt.

Die Arbeitsplätze des Landes konzentrieren sich gegenwärtig auf zwei Schwerpunkte: den Regierungssitz auf Majuro (und zwar auf den Inseln Darrit, Uliga und Dalap) und die amerikanische Raketenlenk- und -versuchsstation auf Kwajalein. Von der zwischen 1948 und 1980 von 10 223 auf über 30 000 Einwohner angewachsenen Bevölkerung leben fast 12 000 (38 %) in Majuro und 6600 (21 %) in Kwajalein. Die Konzentrationstendenz ist wegen der nur hier gebotenen sehr hohen Verdienstmöglichkeiten steigend, verbunden mit der Entwicklung beträchtlicher Einkommensdisparitäten im Lande. Nur 35 % sämtlicher Erwerbstätigen arbeiten außerhalb von Regierung und Raketenstation. Wichtigster privater Produktionsbetrieb ist eine Ölmühle zur Herstellung von Kokosöl. Im Finanzjahr 1979/80 wurde Kokosöl für 2,8 Mio. DM zum US-Festland exportiert. Einzige weitere Ausfuhrgüter waren Kopra für 560000 DM (nach Hawaii) sowie kunstgewerbliche Waren, die im Wert von ca. 470000 DM an Touristen verkauft wurden.

Letztlich befindet sich aber die gesamte politisch-ökonomische Basis des Staates in völliger Abhängigkeit von den militärisch-strategischen Interessen der USA: Mit dem Ende der US-Treuhänderschaft erhält die Republik Marshall-Inseln (möglicherweise dann unter dem Namen Ralik Ratak) zwar formal volle Souveränität, sie verzichtet aber zugunsten der USA auf eine eigene Verteidigungs- und Sicherheitspolitik. In einem »Compact of Free Association« wird u. a. voraussichtlich vereinbart, daß die USA gegen relativ hohe Finanzzuwendungen (in den ersten 15 Jahren etwa US-$ 365 Mio.) das Recht behalten, Kwajalein zumindest 15 Jahre militärisch zu benutzen. Danach könnte der Vertrag zwar von den Marshall-Inseln gekündigt werden; aber die Verteidigungskompetenz bliebe jedenfalls langfristig bei den USA. Es bestehen Pläne, mit Hilfe dieses Geldes umgehend eine Fischereiindustrie aufzubauen, einschließlich einer Fischkonservenfabrik; denn das Meer ist die einzige natürliche Ressource dieses Inselstaates.

4.5.1.5 *Föderierte Staaten von Mikronesien (FSM)*

Vier Staaten haben sich zu einem Bundesstaat (Sitz der Bundesregierung: Kolonia auf Ponape) zusammengeschlossen: Yap, Truk, Ponape und Kosrae; das heißt im Grunde sind sie übriggeblieben bei dem Versuch der USA, ihr gesamtes »Treuhandgebiet der pazifischen Inseln«, das ihnen 1947 von den Vereinten Nationen übergeben worden war, zu einer einzigen politischen Einheit in der Form eines Bundesstaates zusammenzuführen. Eine Kommission hatte, unter erheblichem Einfluß der USA, am 8. 11. 1975 den Vorschlag einer »Constitution of the Federated States of Micronesia« vorgelegt. Aber die Nord-Marianen, die Marshall-Inseln und Palau sahen jeweils die Chance zu größerer Eigenständigkeit (im wesentlichen auf der Basis amerikanischer Zahlungen für Militäranlagen), so daß die restlichen vier Distrikte (Kosrae hatte sich erst 1977 als separater Distrikt von Ponape gelöst) des Treuhandgebietes als einzige für die föderale Lösung stimmten.

Die Selbständigkeit der kleinen Bundesstaaten ist recht groß, im Grunde übt die Bundesregierung nur Aufgaben der Finanzkontrolle und der Außenpolitik aus. Darüber hinaus sollen aber auch die FSM im Rahmen eines »Compact of Free Association« ihre

Verteidigungs- und Sicherheitskompetenz für lange Zeit auf die USA übertragen.
Die vier Staaten bestehen jeweils aus einer großen Hauptinsel und mehr oder weniger vielen traditionell zugeordneten kleineren Inseln. Die Hauptinseln bieten einen physio-geographisch interessanten Vergleich: Es sind im Prinzip »hohe« Inseln in den unterschiedlichen Stadien der Absenkung und Erosion. *Kosrae* – sie ist die einzige Insel des ebenso genannten Staates – zeigt das jüngste Stadium eines 634 m hohen vulkanischen Basaltmassives mit bisher schwachen Erosionsformen und, weil es nur wenig eingesunken ist, einer nur sehr schmalen Außenlagune. *Ponape* ist ebenfalls ein vulkanisches Massiv (max. 791 m), das aber inzwischen schon wieder zur Hälfte unter dem Meeresspiegel gesunken ist. Tief eingeschnittene, vom Zentrum radial zur Küste verlaufende Täler und eine breite Außenlagune mit entsprechend weit entferntem Riff kennzeichnen diese Situation. *Truk* befindet sich in einem noch fortgeschritteneren Senkungsstadium: Es hat schon die äußere Form eines Atolls angenommen; jedoch ragen noch vulkanische Spitzen (Olivinbasalt) über den Meeresspiegel empor. Die Truk-Lagune ermöglicht daher Lebens- und Wirtschaftsformen vergleichbar einer hohen Insel. *Yap* schließlich besteht ebenfalls aus vulkanischen und metamorphen Gesteinen einer hohen Insel. Das vormalige Massiv ist jedoch offenbar bei mehrfachen Hebungs- und Senkungsvorgängen gebrochen und zergliedert worden.
Die vier Inselstaaten gehören zur Gruppe der Karolinen, die ihren Namen von der ersten europäischen Bezeichnung für Yap: La Carolina (1686) erhielten. Yap war wegen seines vorzüglichen Hafens schon frühzeitig Standort ausländischer Händler oder Kolonialverwaltungsstellen: Deutsche ab 1869; Spanier ab 1885/86; Japaner ab 1893; ab 1899 auch deutsche Verwaltung, ab 1907 auch die für die Marianen; ab 1914 dann japanisch.
Die Inseln der FSM haben bis 1914 im wesentlichen nur Kopra- und Muschelhändler angezogen. Erst die japanische Zeit brachte eine ganz außerordentliche wirtschaftliche Umstrukturierung: Truk und Ponape (und Palau) wurden zu japanischen Fischereizentren. Truk erhielt eine Fischkonservenfabrik, Ponape eine Zucker- und eine Stärkemehlfabrik sowie Zuckerrohr- und Maniokpflanzungen, in Yap begann der Phosphatabbau auf Fais und Gaferut, kurz vor Ausbruch des Zweiten Weltkrieges der Bauxitabbau auf Yap und Ponape. Japanische Landwirtschafts-Versuchsstationen wurden eingerichtet, Probepflanzungen von Ölpalmen und Edelhölzern angelegt u.a.m. Über 7000 zivile Japaner befanden sich 1940 auf den Inseln der FSM. Hinzu kamen

Militärpersonen in größerer Zahl, nachdem Palau und Truk ab 1935 zu Militärstützpunkten ausgebaut wurden; sie dienten 1941 als Ausgangsstellungen für die Invasion der Philippinen und die Teileroberung des Südpazifik.

Die wirtschaftlichen Aktivitäten, die zwar auf dem Grund und Boden der einheimischen Bewohner, aber zum großen Teil ohne deren Beteiligung stattfanden, erloschen mit dem Ende des Zweiten Weltkrieges; weder die Amerikaner noch die Inselbewohner griffen die japanischen Wirtschaftsansätze auf, um sie in geeigneter Weise für den Entwicklungsprozeß nutzbar zu machen. Im Gegenteil: Die Abhängigkeit der vier Inselstaaten ist seitdem erheblich gewachsen, weil unter dem Einfluß amerikanischer Wohlfahrtsprogramme, aufwendiger Infrastrukturinvestitionen und unangemessen ausgebauter öffentlicher Verwaltungen zumindest auf den Hauptinseln die Intensität der Subsistenz-Landwirtschaft erheblich zurückging, ohne daß eine entsprechend gewachsene marktorientierte Produktion an ihre Stelle trat. So zum Beispiel werden in Kosrae 80 %, in Yap 74 %, in Truk 73 % und in Ponape 69 % aller steuerpflichtigen, also höheren Löhne und Gehälter von den Regierungen gezahlt (1976). 1979 waren 63 % sämtlicher Erwerbstätigen in den FSM bei der Regierung beschäftigt (Yap 58 %, Truk 61 %, Ponape 65 %, Kosrae 72 %). Die Landwirtschaft produziert hauptsächlich Taro, Brotfrucht, Yams und Maniok (Cassava), aber nicht mehr genug zur Ernährung der Bevölkerung: Die Motivation der Bauern ist zurückgegangen. Das aus Amerika übertragene Erziehungssystem zielt mehr auf die Förderung akademischer Interessen und somit auf »white collar«-Berufe und läßt landwirtschaftliche Arbeit besonders für junge Leute minderwertig erscheinen. Der Geschmack der Verbraucher hat sich ausländischen Produkten zugewandt. Der unbegrenzte Import sämtlicher Konsumgüter – auch solcher, die man im Lande herstellen könnte – regt keine Eigenproduktion an, führt allerdings zu enormen Außenhandelsdefiziten. Im Finanzjahr 1977 erreichte die Summe der Importe das 17fache der Exporte!

Die wenigen Exporte sind fast ausschließlich auf Kopra (86 %) und Handarbeiten (12 %) beschränkt. Demnächst könnte Fisch der wichtigste Exportartikel werden; denn zur Eigennutzung der neuen 200-Meilen-Fischereizone entsteht auf Dublon in Truk ein Fischereizentrum samt Konservenfabrik, das an die Tradition der Japaner anschließt. Wichtigste Existenzgrundlage bleiben jedoch noch längere Zeit die Finanzzuwendungen, die die USA für das Nicht-Eindringen ausländischer Militärinteressen (»strategic denial«) zu zahlen bereit sind.

4.5.1.6 Republik Palau

Die Republik Palau ist ebenfalls aus dem US-Treuhandgebiet der pazifischen Inseln hervorgegangen und unterliegt bis zur Beendigung der Treuhänderschaft entsprechenden Vorbehalten. Der Staat besteht aus insgesamt 349 Inseln, die großenteils eng zusammenliegen und teilweise durch Dämme (Brücken) miteinander verbunden sind. Von allen Atollen, gehobenen Koralleninseln und hohen Inseln ist Babelthuap die größte. Diese 43 km lange und ca. 13 km breite Insel wurde aus vulkanischen Gesteinen aufgebaut und zeigt ein starkes Relief. Die nährstoffreichen Böden bieten, unterstützt von zahlreichen Wasserläufen, günstige landwirtschaftliche Möglichkeiten. Eine marktorientierte Landwirtschaft existiert jedoch kaum. Das gilt erst recht für die übrigen Inseln von Palau, auf denen die Bevölkerung Subsistenz-Landwirtschaft betreibt, allerdings ganz wesentlich ergänzt durch Fischfang und Erträge aus dem Riff.

Die Anregungen zu wirtschaftlichen Strukturveränderungen waren in spanischer und deutscher Kolonialzeit gering, abgesehen vom Phosphatabbau auf Angaur seit 1909. Aber Japan begann nach 1914 mit hoher Intensität, die gegebenen Ressourcen – für sich – auszubeuten: Palau wurde zum wichtigsten Fischereizentrum der Karolinen, einschließlich einer Versuchsstation für Meeresprodukte. Es gab eine Fischkonservenfabrik, umfangreiche Räucher- und Trocknungsanlagen, eine Perlmuschelfarm, außerdem erweiterten die Japaner den Phosphatabbau auf Angaur und dehnten ihn auf Peleliu, Tobi und Sonsorol aus; auf Babelthuap wurde auch Bauxit abgebaut. Es mag ein Indikator für die wirtschaftlichen Interessen der Japaner sein, daß 1938 15 669 Japaner in Palau anwesend waren.

Die Babelthuap benachbarte Insel Koror hatte schon den Deutschen als Verwaltungssitz gedient. Nun etablierten hier die Japaner ihre Zentralverwaltung für ihr gesamtes Mandatsgebiet. Es wurden größere Landflächen aufgeschüttet, es entstanden umfangreiche Hafenanlagen (Malakal), schließlich (1939) auch ein Flughafen.

Zwar waren viele Einrichtungen der Japaner nach dem Zweiten Weltkrieg zerstört; aber in Palau wurden mehrere dieser alten Ansätze schneller als in den übrigen Karolinen wieder aufgegriffen: Seit 1963 gibt es eine große Fischereistation (US-Firma) mit Tiefkühleinrichtungen, in den siebziger Jahren kamen eine Anlage zur Produktion von Katsuobushi (Räucherfisch) für den japanischen Markt sowie eine Fischerei-Versuchsstation hinzu. Daß die Fischereistation 1982 geschlossen wurde, liegt an der

Umstellung der Hochseefischerei auf Netzfangschiffe, deren Größe den unmittelbaren Transport der Fänge zum amerikanischen Festland erlaubt. Schon länger arbeitet auch eine Ölmühle zur Produktion von Kokosöl. Die wirtschaftlichen Aktivitäten hätten beinahe eine weitere, aber höchst problematische Komponente erhalten: Ein amerikanisch-japanisches Konsortium plante den Bau eines strategisch bedeutsamen, riesigen Ölhafens mit großen Tanks und Raffinerien. Weltweite Proteste wegen der Umweltgefahren und einheimische Politiker haben das Projekt verhindert.

Die Exportstatistik Palaus sieht grundsätzlich günstiger aus als in den insularen Nachbarstaaten der Karolinen: Im Finanzjahr 1980 wurden Fische im Wert von 4,3 Mio. US-$ und Kokosöl für 3,8 Mio. US-$ exportiert. Man muß dabei aber berücksichtigen, daß die Einnahmen für die Fische zum größten Teil nicht im Lande bleiben; aber es wird darin das große Potential deutlich. Beim Kokosöl gilt die Einschränkung, daß es sich zum Teil um die Verarbeitung importierter Kopra handelt. Der Wert der Exporte entspricht jedoch erst 45 % der Importe, und da sonstige Einnahmen, bis auf Lizenzgebühren ausländischer Fischer in der 200-Meilen-Zone, weitgehend fehlen, werden amerikanische Hilfsgelder langfristig nötig sein. Die USA streben dafür nicht nur die grundsätzliche Kompetenz in Verteidigungsfragen an, sondern auch die Pacht von Militärgelände im Hafen von Malakal (16 ha) sowie auf Babelthuap (etwa 13 000 ha), hier zum Teil für befristete Manöver.

4.5.1.7 *Amerikanisch-Samoa*

Die ost-samoanische Hauptinsel Tutuila verfügt in der Bucht von Pago Pago über einen vorzüglich geschützten und tiefen natürlichen Hafen, der seit der Mitte des 19. Jahrhunderts besonders durch Walfänger bekannt wurde. Die USA interessierten sich für diesen Hafen im Rahmen ihrer transpazifischen Dampfschiffahrtsplanungen und erwarben 1878 einige Flächen zur Anlage von Kohlebunkern. Die Struktur der übrigen Inselteile und einiger benachbarter Inseln war für sie ohne Belang, da sie keine Siedlungsinteressen verfolgten. Als nach längeren Auseinandersetzungen zwischen Großbritannien, Deutschland und den USA schließlich am 2. Dezember 1899 ein Abkommen zwischen den drei Mächten geschlossen wurde, erhielten die USA die Samoa-Inseln östlich 171° westl. Länge, das heißt Tutuila mit Aunuu, die Manu'a-Gruppe (drei Inseln, erst 1904 übergeben) und das Atoll Rose-Insel; das Atoll Swains-Insel, das bis dahin von

Großbritannien zur Tokelau-Gruppe gerechnet und gemeinsam mit ihr verwaltet worden war, kam 1925 dazu, als der amerikanische Kongreß die Abtretung Amerikanisch-Samoas überhaupt erst ratifizierte.

Entsprechend der beabsichtigten Funktion der Inseln wurde Amerikanisch-Samoa als »Naval Station, Tutuila« dem US-Marineministerium von 1900 bis 1951 (danach: Innenministerium) unterstellt. Im Grunde geschah nichts zur Entwicklung der Inseln, die, bis auf Rose-Atoll und auf das seit 1856 in amerikanischem Privatbesitz befindliche Swains-Atoll, sämtlich »hohe« vulkanische Inseln sind, sehr gebirgig und steil und mit jeweils geringen landwirtschaftlich nutzbaren Flächen. Ab 1960 begann plötzlich eine enorme Investitionswelle, um das nach amerikanischen Maßstäben völlig rückständige Territorium in eine moderne Gegenwart zu transformieren: Vom Straßenbau bis zum Fernsehen wurden zahlreiche Infrastrukturen aus der Welt der Industriestaaten auf die Inseln gebracht. Die Folge waren zwar durchaus technisch verbesserte Lebensumstände, aber andererseits auch eine weithin zerstörte Inselkultur und eine extrem gesteigerte Abhängigkeit der Inseln und ihrer Bewohner von den USA. Die Eigenproduktion von Nahrungsmitteln ist erheblich gesunken und muß nun mit aufwendigen Programmen wieder angeregt werden. Es werden fast keine Agrarprodukte exportiert. Nichtlandwirtschaftliche Erwerbsmöglichkeiten sind in großem Umfang gegeben: zum einen bei der Regierung, die mit ca. 3900 Personen fast die Hälfte aller Erwerbstätigen beschäftigt; sodann bei den beiden Fischkonservenfabriken (1954 bzw. 1963 eröffnet; 1978 ca. 1300 Beschäftigte, zum großen Teil ausländische Arbeitnehmer) sowie in der Produktion von Fischmehl und Tierfutter. Darüber hinaus bemüht sich die Regierung, arbeitsintensive Fertigungen (vormals zum Beispiel Uhrenfabrikation, zur Zeit Schmuckanfertigung) in Amerikanisch-Samoa anzusiedeln, die jedoch nur importierte Roh- oder Halbfertigwaren weiterverarbeiten und keine stabile Basis darstellen. Auch das Tourismusgeschäft, sehr abhängig von Konjunkturen und den Entscheidungen fremder Flug- und Schiffahrtsgesellschaften, unterliegt erheblichen Schwankungen. Die amerikanische Bundesregierung muß in jedem Jahr das »Unincorporated Territory« mit Beträgen zwischen 70 und 120 Mio. DM unterstützen, und trotzdem wandern viele Samoaner in die USA (einschließlich Hawaii), da sie als quasi-Staatsbürger der USA (ohne Wahlrecht) freien Zugang zu den Vereinigten Staaten genießen. Man nimmt an, daß sich gegenwärtig fast 50000 ehemalige Bewohner Amerikanisch-Samoas in den USA aufhalten.

4.5.1.8 Sonstige pazifische Inseln, die von den USA beansprucht werden

Acht separate südpazifische Inseln werden – außer den bisher genannten Inselgruppen – gegenwärtig von den USA verwaltet. Es handelt sich insgesamt um abseits gelegene, zur Zeit der ersten Kontakte mit Europäern unbewohnte (auf Howland Funde früherer Besiedlung) Atolle oder gehobene Koralleninseln. Auf einigen (Baker, Howland, Jarvis und Johnston) wurde im 19. Jahrhundert Phosphat abgebaut. Die eigentlichen Annexionen geschahen jedoch aus Verkehrs- und strategischen Gründen. Das Atoll *Midway* (zwei Inseln) wurde 1867 annektiert, um – wie der Name es andeutet – eine Relaisstation auf dem Schiffahrtsweg zwischen den USA und Ostasien zu besitzen. Die 1902 gebauten Kohlebunker hat man aber wieder aufgegeben. 1903 entstand eine Kabelstation (Honolulu–Wake-Insel), und im selben Jahr übernahm die US-Marine die Verwaltung; sie baute auch 1939 größere Schiffs- und Flughafenanlagen. Das Atoll *Wake* (drei Inseln; 6,5 km²) dient ähnlichen Zwecken: 1899 zum Bau einer Kabelstation annektiert, erhielt es ab 1939 umfangreiche Luftwaffen- und Marineinstallationen, die bis heute von großer militärischer Bedeutung sind. Das Atoll untersteht mit seinen ca. 420 amerikanischen Bewohnern der US-Luftwaffe. Seine Funktion als Zwischenlandeplatz auf dem Luftweg Honolulu–Tokio oder Guam erübrigte sich ab 1974 wegen der Fortschritte im Flugzeugbau. Im Zivilbereich dient es nur noch als Notlandeplatz. Das Atoll *Johnston*-Insel ist 1858 sowohl durch die USA als auch durch das damalige Königreich Hawaii annektiert worden. Außer einem geringen Phosphatabbau blieb das Atoll ungenutzt, auch nachdem 1892 Großbritannien die Möglichkeit zur Einrichtung einer Kabelstation prüfen ließ. Erst 1934 mit der Entwicklung der Luftfahrt sowie auch aus strategischen Überlegungen wurde Johnston-Insel von der US-Marine (Wasserflughafen) und 1948 von der US-Luftwaffe (Flughafen) übernommen. Gegenwärtig wird das Atoll zwar auch von Linienflugzeugen angeflogen; seine Funktion ist jedoch rein militärisch, u. a. als Lager für chemische Kampfstoffe. Im Rahmen der Entwicklung der Luftfahrt entstand auch das Interesse an dem Atoll *Kingman Reef*. Es wurde 1922 von den USA annektiert, 1934 an die US-Marine übergeben, die dort einen Wasserflughafen einrichtete. 1937–1938 nutzte ihn der erste Luftpostdienst Honolulu–Amerikanisch-Samoa–Neuseeland mit Wasserflugzeugen. An seine Stelle trat 1938 die Insel Kanton (heute zu Kiribati). Vergleichbare Funktionen erhielten in den 1930er Jahren die Inseln *Jarvis* (schon 1889 von Großbritannien wegen transpazifischer Schiffahrtsplanungen annektiert, dann aber widerspruchslos 1935 von den USA übernommen und mit einem Flughafen ausgestattet, später nur zeitweise als Wetterstation genutzt), *Baker* (das aber nur ein Leuchtfeuer erhielt) und *Howland* (Flughafenbau 1937, später ungenutzt). Nur das Atoll *Palmyra* (ca. 50 kleine Inseln) wird landwirtschaftlich bearbeitet. Es ist insgesamt dreimal annektiert worden: 1862 durch das Königreich Hawaii, 1889 durch Großbritannien (im Zusammenhang mit Schiffahrtsplanungen aufgrund des 1881 begonnenen Baus des Panamakanals); 1889 kam Palmyra zusammen mit Hawaii an die USA, die es 1912 noch einmal offiziell in Besitz nahmen. Im Zweiten Weltkrieg entstanden Flug- und Wasserflughäfen, die aber nicht mehr benutzt werden. Seit 1922 befindet sich das Atoll in amerikanischem Privatbesitz. Es wird von 25 Personen (1979) bewohnt, die dort Kopra produzieren. Es gibt Überlegungen der USA, Palmyra als Endlager für radioaktive Abfälle auszubauen.

4.5.2 Der britisch beeinflusste Südpazifik

4.5.2.1 *Papua-Neuguinea*

Der heutige Staat Papua-Neuguinea (Papua Niugini) umfaßt den östlichen Teil der Insel Neuguinea einschließlich der nördlich vorgelagerten Inseln des Bismarck-Archipels und Bougainville. Der neue Staat ist eines der wenigen Tropenländer der Erde, denen – allerdings zu Unrecht – noch der Hauch des Unbekannten anhaftet. Große Teile wurden zwar erst nach dem Zweiten Weltkrieg erschlossen und erforscht, inzwischen aber gehört das Land dank intensiver wissenschaftlicher Arbeit, vor allem von australischer Seite, zu den besser erforschten tropischen Ländern der Erde. Aus der Fülle der Literatur können hier nur zusammenfassende Arbeiten erwähnt werden (Brookfield u. Hart, 1971; Ryan, 1972; Clarke, 1971; Brookfield, 1973; Howlett, 1973; Ford, 1974; Paijmans, 1976; Löffler, 1977; Gressit, 1981; McAlpine et al., 1982; Bleeker, 1982). Wichtige Veröffentlichungsreihen, die sich ganz oder vornehmlich mit Papua-Neuguinea befassen, sind das *New Guinea Research Bulletin* der Australian National University mit über 60 Bänden, die *Land Research Series* der Division of Land Use Research (CSIRO) mit 16 Bänden und Karten über die Land-Ressourcen Papua-Neuguineas, darunter Karten der Vegetation, Geomorphologie und potentiellen

Landnutzung des gesamten Landes (Paijmans, 1975; Löffler, 1974; Bleeker, 1975) sowie die Veröffentlichungsreihe der *Waigani Seminar Proceedings*. Nicht unerwähnt sollen hier auch die zahlreichen ausgezeichneten und unter äußerst schwierigen Bedingungen geleisteten deutschen Arbeiten aus der Kolonialzeit bleiben, und ich möchte hier stellvertretend auf die wichtigsten Arbeiten von Behrmann (1922) und Sapper (1935) hinweisen, die noch heute zu Standardwerken über Neuguinea und die feuchten Tropen schlechthin gehören.

Neuguinea blieb wegen seiner Lage abseits der großen Schiffahrtsrouten, seiner meist abwehrenden Eingeborenen und seiner schwer durchdringbaren Regenwälder, Sümpfe und schroffen Gebirge lange vor europäischen Einflüssen bewahrt. Die Niederlande annektierten die westliche Hälfte zwar bereits 1828, um britischen Ansprüchen zuvorzukommen, kümmerten sich jedoch wenig um dieses abseitige Territorium, bis es nach dem Zweiten Weltkrieg zum letzten Überbleibsel ihres asiatischen Kolonialreiches wurde. Das deutsche Interesse an NO-Neuguinea und dem Bismarck-Archipel alarmierte die australische Kolonialregierung bzw. die britische Regierung und führte im Jahre 1884 zu einer gegenseitigen Abgrenzung der Interessensphären, wobei Deutschland NO-Neuguinea (Kaiser-Wilhelms-Land) und die Inseln des Bismarck-Archipels annektierte und Großbritannien SO-Neuguinea (British New Guinea, später Papua) übernahm, welches 1906 der australischen Regierung übertragen wurde. Australien besetzte 1914 die deutschen Besitzungen und verwaltete sie seit 1919 als Treuhandgebiet des Völkerbundes – später der UN. Während des Zweiten Weltkrieges wurde NO-Neuguinea durch die Japaner besetzt. Seit 1949 wurden das Treuhandgebiet Neuguinea und das australische Papua als »Territory of Papua and New Guinea« gemeinsam von Port Moresby aus verwaltet. Am 1. 12. 1973 erhielt Papua-Neuguinea die Autonomie und wurde am 16. 8. 1975 selbständig. West-Neuguinea, jetzt Irian Jaya (vorm. West Irian) wurde bis 1962 von den Niederlanden verwaltet und danach aufgrund starken politischen Drucks – von Indonesien und den UN – zunächst provisorisch an die Republik Indonesien übergeben. Seit einem umstrittenen »Volksentscheid« 1969 ist Irian Jaya eine Provinz Indonesiens. Zwischen den beiden Teilen der Insel bestehen nur minimale Verbindungen.

4.5.2.1.1 Natürliche Grundlagen

Neuguinea liegt an der Nahtstelle der kontinentalen Landmasse Australiens und der Tiefsee des Pazifik, somit an einer überaus mobilen Stelle der Erdkruste, die durch junge Faltengebirge, vulkanische Inselbögen, aktiven Vulkanismus und Erdbeben gekennzeichnet ist (LÖFFLER, 1977). Das Hauptformenelement ist das Zentralgebirge (knapp unter 5000 m und mit Vergletscherung im West Irian), ein System von vorherrschend westlich streichenden Gebirgszügen und ausgedehnten Hochtälern, die Highlands, welche zu den wichtigsten Gebieten der Besiedlung gehörten. Nach Norden und Süden bricht das Zentralgebirge meist steil ab zu vorgelagerten Tiefländern. Im Süden besteht es aus Hügeln, welligen Ebenen, breiten Flußauen, Sümpfen und Seen. Geologisch ist dieses Gebiet die nördliche Extremität der australischen Landmasse und damit das einzige tektonisch relativ stabile Gebiet Neuguineas. Das Tiefland im Norden (intramontanes Tiefland) liegt zwischen dem Zentralgebirge und dem nördlichen Küstengebirge und erstreckt sich als tektonische Schwächezone über die ganze Insel. Die großen Flüsse Sepik, Ramu und Markham entwässern diese Tieflandzone, die sich hauptsächlich aus Schwemmlandebenen, Schwemmfächern und Sümpfen zusammensetzt. Das nördliche Küstengebirge ist in mehrere Einzelketten aufgelöst und niedriger und schmaler als das Zentralgebirge, erreicht allerdings im Osten im Saruwaged-Gebirge Höhen von knapp über 4000 m. Das Küstengebirge zeichnet sich durch starke aktive Tektonik aus und gehört zu den rezent am schnellsten aufsteigenden Gebirgen der Erde mit Hebungsraten in der Größenordnung von 3 m pro 1000 Jahren. Eindrucksvolle treppenartige marine Terrassen entlang der Nordküste der Huon-Halbinsel zeugen von diesen Hebungsvorgängen.

Das Klima (MCALPINE u. KEIG, 1980, MCALPINE et al., 1982) steht unter dem Einfluß der innertropischen Konvergenz und ist durch hohe Niederschläge gekennzeichnet. 80% des Landes erhalten über 2 m Niederschlag, einige exponierte Gebirgsabschnitte sogar bis 10 m. Ihre Intensität schwankt mit der Jahreszeit; eine eigentliche Trockenzeit gibt es, von Ausnahmen entlang der Südküste abgesehen, nicht. Die Hauptniederschläge fallen in den meisten Gebieten im Südsommer, wenn Neuguinea unter dem Einfluß westlicher bis nordwestlicher Luftströmungen steht. Das Klima in den Gebirgen wird stärker von lokal-orographischen Faktoren und Luftströmungen beeinflußt. Die Temperaturen sind typisch heiß tropisch im Tiefland, fallen jedoch mit der Höhe zu angenehmeren Werten um 20–30° im Durchschnitt. Jährliche Temperaturschwankungen sind minimal, auch die täglichen sind gering.

Die Vegetation (PAIJMANS, 1976) ist trotz örtlich dichter Besiedlung zum größten Teil natürlich. Immergrüner tropischer Regenwald überzieht nahezu drei Viertel der Insel. Der Tieflandsregenwald wird in 1000 m Höhe vom tropischen Bergwald abgelöst. Tropischer Höhenwald folgt über 3000 m. Neben diesen Hauptvegetationsformen findet man an der Südküste Mangrove, Sumpfwälder und Grassümpfe im südlichen und intramontanen Tiefland und Eukalyptussavanne um Port Moresby. Anthropogene Grasländer überziehen Teile des Zentralgebirges und des Sepik-Gebiets, Sekundärwald bedeckt größere Gebiete in Küstennähe, in denen Wanderfeldbau mit Brandrodung getrieben wird.

In den Hochgebirgen dehnt sich oberhalb der Waldgrenze Paramo-Grasland aus. Auch hier hat der Mensch zu einer Erweiterung des Graslands beigetragen, so daß die natürliche Waldgrenze (etwa 3800 m) nur selten erreicht wird (LÖFFLER, 1979). Die heutige Waldgrenze liegt bei 3200–3400 m.

4.5.2.1.2 Bevölkerung

Neuguinea wird von Völkern bewohnt, die sich deutlich von der vorherrschenden malayischen Bevölkerung SO-Asiens und, wenn auch weniger stark als früher angenommen, von der polynesischen Bevölkerung des Pazifik und den Ureinwohnern Australiens unterscheiden. Die Bevölkerung ist aber keineswegs einheitlich, sondern physisch, kulturell und vor allem sprachlich stark zersplittert. Die bisher festgestellten rund 700 Sprachen werden oft in zwei Hauptsprachfamilien unterschieden, eine melanesische (oft auch austronesisch genannt) der Küsten- und Inselbewohner und eine Familie der Papuasprachen der Inlandvölker. Hier muß jedoch hervorgehoben werden, daß zwar alle der rund 200 melanesischen Sprachen miteinander verwandt sind, aber nicht alle der Papua-Sprachen. Hier gibt es mindestens fünf nicht miteinander in Beziehung stehende Sprachfamilien.

Die melanesisch sprechende Bevölkerung erreichte vor etwa 5000 Jahren vom Westen kommend die Küstengebiete und drängte die ältere, Papua sprechende Bevölkerung ins Inland zurück oder vermischte sich mit ihr. Die Besiedlung des Innern ist allerdings keinesfalls das Ergebnis der Ankunft der Melanesier. Seit mindestens 30000 Jahren lebten Jäger und Sammler in den Hochlandtälern, und der älteste Nachweis einer landwirtschaftlichen Tätigkeit (möglicherweise gekoppelt mit Schweinezucht) reicht runde 9000 Jahre zurück (GOLSON, 1977).

Die heutige Bevölkerung Papua-Neuguineas zählt etwa 3 Millionen, von denen ¾ auf das ehemalige Treuhandgebiet und ¼ auf Papua entfallen. Hinzu kommen 35 000 Ausländer, meist australischer Nationalität, darunter auch rund 3500 Chinesen, die vor allem in Handel und Gewerbe tätig sind.

Die überwiegende Mehrheit der einheimischen Bevölkerung lebt in ihrer traditionellen Umwelt in kleinen Dörfern und Weilern, und ihre Lebensgrundlage beruht auf der Subsistenz-Wirtschaft, wenn auch der Anbau von marktfähigen Pflanzen ihnen einige zusätzliche Einnahmen bringt. Die ländliche Bevölkerung wird auf rund 2,7 Mio. geschätzt, das sind 90 % der gesamten Bevölkerung, und es ist nicht wahrscheinlich, daß sich dieses Verhältnis in absehbarer Zeit ändern wird.

Die Bevölkerungsverteilung ist überaus ungleichmäßig. Während große Gebiete vor allem im westlichen Papua praktisch unbevölkert sind, weisen einige Hochlandtäler, Küstenstriche und Inseln Dichten von über 200 Personen/km² auf. Neben der natürlichen Zergliederung und der unterschiedlichen Eignung der verschiedenen Gebiete für die traditionelle Landnutzung haben auch Krankheiten, insbesondere Malaria, für die unausgewogene Siedlungsverteilung gesorgt.

Verkehrssprache ist das Niugini-Pidgin, neuerdings auch Neo-Melanesisch genannt, und im südlichen Küstengebiet von Papua auch das Police-Motu, das allerdings gegenüber dem dynamischeren Pidgin ständig an Anhängern verliert. Das von Weißen meist in völliger Unkenntnis als gebrochenes Englisch abgetane Pidgin ist aufgrund seiner historischen Entwicklung (Verständigungsmittel melanesischer Plantagenarbeiter auf australischen Plantagen) zwar im Wortschatz stark anglisiert – es enthält auch einige Wortbildungen deutschen, spanischen und malayischen Ursprungs –, in seiner Struktur ist es jedoch eine melanesische Sprache und dient dementsprechend auch vornehmlich als Lingua franca unter den Einheimischen selbst und nicht als Verständigungsmittel mit den Weißen. Das Pidgin hat sich daher, trotz aller Ächtung und allen Widerstands während der Kolonialzeit, durchgesetzt und ist heute eines der wichtigsten Elemente nationaler Verständigung (Rundfunk und Presse) und Identität und wird von weit über 50 % der Bevölkerung gesprochen.

4.5.2.1.3 Traditionelle Gesellschaft und Wirtschaft

Die traditionelle Gesellschaft besteht aus einer Vielzahl kleiner Gruppen, die ihre Zusammengehörigkeit auf eine gemeinsame Sprache und Abstammung zurückführen und die bis zum Eintreffen der Europäer in nahezu völliger Isolation lebten. Meist zählen sie nur wenige hundert Köpfe. In einigen Hochtälern und auf einigen Inseln gibt es Gruppen mit mehreren tausend Mitgliedern, wie die Chimbu und Enga im Hochland und die Tolais auf New Britain, dem früheren »Neu-Pommern«. Aber selbst diese waren in kleinere Gruppen zersplittert, die untereinander genauso kämpften wie gegen andere Stämme. In dieser Gesellschaft gibt es keine formelle oder vererbliche Führerschaft. Macht und Ansehen werden durch Wohlhabenheit, Geschick, Großzügigkeit beim Austausch von Geschenken (eine der zentralen Handlungen der einheimischen Gesellschaft), Kampfgeist sowie Einfluß über Magie und Geister gewonnen. Die Entscheidungen im dörflichen Leben werden von einem Dorfrat gefällt; Grundeinheit der Gesellschaft und des Wirtschaftens ist die Familie.

Daneben sind Verwandtschaftsbeziehungen von zentraler Bedeutung und verbinden Individuen und Familien in einer Fülle von Wechselbeziehungen – wie gemeinsamer Landbesitz, Arbeitsgemeinschaften, rituale Gruppen, exogame Einheiten und natürlich früher auch als Verbündete. In den meisten Gesellschaften besteht eine strenge Trennung der Geschlechter. Männer verbringen die meiste Zeit unter sich und leben oft, vor allem im Hochland, in Männerhäusern zusammen, während die Frauen mit den Kindern in Einzelhäusern wohnen.

Das Ausmaß der Feindseligkeiten unter den Stämmen wird oft übertrieben dargestellt; vor allem an der Nordküste und auf den Inseln waren organisierte Kampfhandlungen selten. Im Hochland dagegen lebten viele Stämme in nahezu konstanten Fehden, was in den dichter besiedelten Gebieten zu häufigen Verschiebungen der Stammesgrenzen führte. Als die kolonialen Mächte die Kampfhandlungen unterbanden, wurden gleichzeitig die augenblicklichen Grenzen »eingefroren«. Das hatte zur Folge, daß viele Gruppen sich benachteiligt fühlten und selbst heute nach mehreren Generationen ihren Anspruch auf das ehemals verlorene Gebiet aufrechterhalten. Viele der heute immer wieder aufflakkernden Feindseligkeiten im Hochland gehen auf derartige Landansprüche zurück.

Die traditionelle Wirtschaftsform war eine Selbstversorgerwirtschaft. Zwar fehlte der Handel nicht völlig, war jedoch auf wenige Gruppen beschränkt und hatte eher den Charakter des Geschenkaustausches als eines echten Handels. Drei traditionelle Wirtschaftsformen sind zu unterscheiden:

1. Auf Taro und Yams basierender Wanderfeldbau mit Brandrodung in den Küstengebieten;

Abb. 13 Papua-Neuguinea: Hauptanbauprodukte und Anbausysteme der traditionellen Landwirtschaft (Quelle: Löffler, E., Papua New Guinea, Melbourne 1979, S. 40)

2. intensive Süßkartoffel-Landwechselwirtschaft im Hochland und
3. Sago-Sammler- und Jägerkulturen in den Sumpfgebieten der Tiefländer (Abb. 13).

Die Methoden des Wanderfeldbaus mit Brandrodung in Neuguinea unterscheiden sich wenig von denen in anderen Gebieten der Tropen (MANSHARD, 1974).

Ein bestimmtes Areal wird gerodet und gebrannt, und die Feldfrüchte Taro, Yam und Bananen werden gepflanzt. In der Regel wird das Land nach einer, höchstens zwei Ernten aufgegeben, eine neue Parzelle wird gerodet, und das alte Feld geht in Sekundärwald über. Die Geschwindigkeit der Landrotation hängt von der Bevölkerungsdichte und der natürlichen Bodenfruchtbarkeit ab, beträgt aber in der Regel 15–20 Jahre.

Die Hochlandvölker betreiben dagegen einen sehr viel intensiveren Anbau, allerdings auch mit Landwechsel. Im Gegensatz zum Durcheinander von Früchten, Baumstümpfen, verkohlten Baumstämmen und Unkraut in den Feldern der Wanderfeldbauern im Tiefland sind die Felder im Hochland von allem Unkraut befreit, meist zum Schutz gegen die frei umherstreifenden Schweine eingezäunt und in ein System von runden oder quadratischen Beeten unterteilt, örtlich wird oft kompostiert. Sehr steile Hänge (bis 40°) werden leicht terrassiert, Entwässerungsgräben sorgen für schnellen Abfluß des Regenwassers. Die Felder unterliegen ebenfalls einer Rotation, wegen der in der größeren Höhenlage langsameren Erschöpfung der Bodenfruchtbarkeit bleiben sie jedoch länger produktiv, und die Flächenerträge sind höher als die der Wanderfeldbauern (BROOKFIELD und HART, 1971; HOWLETT, 1973).

Hauptanbaufrucht ist die Süßkartoffel, die wegen der geringen Haltbarkeit das ganze Jahr über gepflanzt und je nach Bedarf geerntet wird. Andere Früchte sind von untergeordneter Bedeutung.

Die Süßkartoffel ist eine Pflanze südamerikanischer Herkunft, und es wurde bisher allgemein angenommen, daß sie erst vor etwa 400 Jahren von den Spaniern in den westpazifischen Raum eingeführt wurde. Es überrascht, daß eine auf ihr aufgebaute Eingeborenenwirtschaft in derart isolierter Lage, umgeben von Taro und Yams, existiert und daß mit dem Eintreffen der Süßkartoffel offenbar die zuvor vorhandenen Anbaufrüchte in kürzester Zeit verdrängt wurden. Ob damit gleichzeitig eine Bevölkerungsexplosion stattfand, ist fraglich, denn archäologische Funde weisen darauf hin, daß bereits vor 5000 Jahren ein intensiver Feldbau im Hochland betrieben wurde und daß wahrscheinlich bereits damals eine örtlich hohe Bevölkerungsdichte existierte (BROOKFIELD und HART, 1971; GOLSON, 1977).

Neuere Forschungen haben zwar die Ankunft der Süßkartoffel nicht genauer datieren können, aber sie haben die Wahrscheinlichkeit aufgezeigt, daß die Süßkartoffel wesentlich früher, und zwar durch von den östlichen Inseln des Pazifik rückwandernde melanesische Völker nach Neuguinea gebracht wurde.

Unzertrennbar verbunden mit der Hochlandkultur ist die Schweinehaltung. Schweine werden nicht als regelmäßige Ernährungsquelle angesehen, sondern für rituelle Schlachtungen, Geschenkaustausch und Brautpreis gehalten. Ansehen und Einfluß eines Mannes hängen von seinem Reichtum an Schweinen ab.

Die dritte Gruppe der Sammler, Jäger und Fischer lebt in ausgedehnten Sumpfgebieten. Ihre Hauptnahrungsquelle ist die Sagopalme. Sie erfordert ein Minimum an Pflege, das lediglich im Ausdünnen zu dichter natürlicher Bestände und im Lichten des umgebenden Buschwerks besteht. Aus dem Mark wird ein Mehl zubereitet, welches zwar reich an Kalorien ist, jedoch praktisch kein Protein und keine Vitamine enthält. Daher ist die Ergän-

zurg durch Wild und Fische sowie Nüsse und in kleinen Mengen angebaute Früchte wichtig.
In Neuguinea herrscht, von wenigen Ausnahmen abgesehen, keine Landknappheit, dennoch gehören Auseinandersetzungen über Landbesitzrechte zu den häufigsten Konflikten. Die traditionellen Landbesitzrechte sind kompliziert und sehr unterschiedlich. Im Gegensatz zur europäischen Auffassung gibt es im traditionellen Neuguinea keinen persönlichen Landbesitz; er gehört der Dorfgemeinschaft oder dem Klan, und jedes Mitglied dieser Gemeinschaft hat Anspruch auf Nutzung dieses Landes. Gekoppelt mit diesem Landbesitzrecht ist ein matrilineares oder patrilineares Erbrecht. Persönlicher Besitz ist lediglich das Ergebnis eigener Arbeit, wie Anbaufrüchte und Häuser. Das ausschließlich auf die Selbstversorgung zugeschnittene Landrechtssystem kennt dementsprechend auch keinen Verkauf von Land. Diese Traditionen bereiten zwar große Schwierigkeiten für eine moderne, auf individuellem Besitzrecht basierende Wirtschaft und haben zu zahlreichen Mißverständnissen beim Kauf von Land durch die Europäer geführt, aber sie garantieren den Bewohnern Papua-Neuguineas Zugang zu Land und damit Sicherung der Lebensgrundlage. Es gibt daher hier auch keine landlose Bevölkerung.

4.5.2.1.4 Die moderne wirtschaftliche Entwicklung

Papua-Neuguinea war für Australien primär von politischer und strategischer Bedeutung. Die vierzig Jahre deutscher Kolonialherrschaft waren stärker, am Anfang sogar ausschließlich, von kolonialwirtschaftlichem Interesse bestimmt. Die Verwaltung oblag anfangs einer Handelsgesellschaft, der Neuguinea-Kompagnie, die zahlreiche Plantagen, Straßen und einige größere Siedlungen gründete. Zwischen den beiden Weltkriegen blieb die wirtschaftliche Entwicklung relativ stagnierend, vor allem in Papua, wo die »native welfare policy« des langjährigen Gouverneurs Murray den Ausbau von Plantagen und damit den Aufbau einer modernen Wirtschaft verhinderte. In NO-Neuguinea wurde die Wirtschaft durch Goldfunde belebt, brach jedoch mit der japanischen Invasion völlig zusammen.
Die Wirtschaft erholte sich nach dem Zweiten Weltkrieg zunächst langsam, erlebte aber in den fünfziger Jahren einen dramatischen Aufschwung, vor allem unter dem wachsenden Druck der antikolonialistischen Kräfte in den UN, die Australien zu größeren Investitionen drängten.
Die *moderne Wirtschaft Papua-Neuguineas* war bis 1972 stark

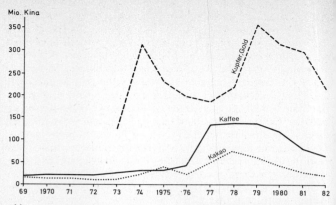

Abb. 14 Papua-Neuguinea: Wert der Hauptexportprodukte 1969–1982 (Quelle: Annual Reports. Territories of Papua and New Guinea. Commonwealth of Australia [bis 1972]; Bureau of Statistics, Port Moresby, Papua New Guinea [nach 1972]

von der Landwirtschaft abhängig; agrarische Produkte brachten 80 % der Exporteinnahmen. Inzwischen ist der Kupferexport mit durchschnittlich 50 % der Exporteinnahmen schlagartig an die erste Stelle gerückt.

Die landwirtschaftliche Produktion beruht auf zwei Wirtschaftsformen, auf der Plantagenwirtschaft der »Expatriates« und auf dem Anbau von »cash crops« in Kleinpflanzungen durch Einheimische. Die Plantagenwirtschaft war Grundlage der modernen Wirtschaft bis Anfang der siebziger Jahre und ursprünglich fast ausschließlich auf die Produktion von Kopra ausgerichtet. Erst Mitte der fünfziger Jahre folgte die Anlage von Kaffee-, Kakao- und Gummi- und in den letzten Jahren auch von Tee- und Ölpalmen-Plantagen. Die Arbeitskräfte werden meist aus wirtschaftlich rückständigen Gebieten angeworben und als Vertragsarbeiter für zwei bis drei Jahre verpflichtet. Diese Arbeiterbewegungen führen große Bevölkerungsteile aus ihrer Isolierung heraus und erweitern ihren Erfahrungsbereich, vor allem machen sie diese mit größeren politischen und wirtschaftlichen Einheiten bekannt. Die Produktion der Plantagen stieg in den sechziger Jahren stark an, als Australien größere Zuschüsse und Investitionshilfen zur Verfügung stellte, stagnierte aber Ende der sechziger Jahre und zeigt heute eine rückläufige Tendenz. Dies ist das direkte Ergebnis der Unsicherheit der ausländischen Plantagenbesitzer über die politische Zukunft des Landes. Daraus erklärt sich auch ihre mangelnde Bereitschaft, die größtenteils überalterten Plantagen durch Neupflanzungen zu verbessern (viele der Kopraplantagen stammen noch aus deutscher Kolonialzeit). Außerdem wird von vielen Bevölkerungsgruppen die Rückgabe des Landes an die traditionellen Besitzer, d. h. die Bevölkerungsgruppen, denen das Land vor der Kolonialzeit gehörte, gefordert, und es ist das langfristige Ziel der Regierung, dies durch Kauf zu ermöglichen. Die Tage der herkömmlichen Plantagenwirtschaft sind daher mit Sicherheit gezählt.

Der Anteil der Einheimischen am Anbau von exportorientierten Marktfrüchten war vor dem Zweiten Weltkrieg verschwindend gering. Nach dem Zweiten Weltkrieg steigerte sich der Marktanbau der Einheimischen mit der Einführung neuer Anbaufrüchte dramatisch, so daß heute etwa 30 % der Kopra, 70 % des Kaffees und etwa 25 % des Kakaos von Einheimischen erzeugt werden. Die Tolais waren die Schrittmacher und übernahmen den Anbau von Kakao, dessen Fermentierung und Vermarktung seit 1952 genossenschaftlich durchgeführt werden. Im Hochland dehnte sich der Anbau von Kaffee nach der Einführung durch europäische Pflanzer sehr schnell aus, und die Produktion der Einheimischen überholte die der Plantagen bereits Mitte der sechziger Jahre.

Alle anderen Marktfrüchte treten gegenüber Kaffee, Kakao und Kopra stark zurück. Zu nennen wären noch Teeanbau im Hochland in der unmittelbaren Nachbarschaft von Teeplantagen und der Anbau von Pyrethrum in Gebieten, die wegen der großen Höhenlage den Anbau anderer Marktfrüchte nicht zulassen.

Palmöl wird auf der Insel New Britain mit Erfolg produziert, und zwar in einer Produktionsgemeinschaft von Plantage und Kleinfeldbau, einem sog. »Nucleus Estate«. Die zentral gelegene Plantage übernimmt die Verarbeitung der Produkte und weist den Kleinfeldbauern in Methoden des Anbaus und der Pflege der Bäume an.

Der Anbau von Marktfrüchten im Kleinfeldbau hat im vergangenen Jahrzehnt dem Land zu erheblichen Exporteinnahmen verholfen und in vielen Gebieten zu einem gewissen »Wohlstand« geführt. Der Anteil der Kleinfeldbauern an der Agrarproduktion ist von rund 20 % im Jahre 1954/55 auf rund 80 % im Jahre 1980 gestiegen, und im gesamten Export stellt die Produktion der Kleinfeldbauern heute 30 % dar, verglichen mit rund 7 % der Plantagenproduktion.

Die positive Bilanz darf nicht über zwei entscheidende langfristige Probleme hinwegtäuschen. Zum einen besteht eine ganz

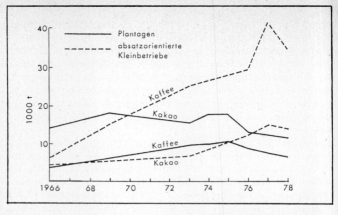

Abb. 15 Papua-Neuguinea: Produktion von Kaffee und Kakao in Plantagen und absatzorientierten Kleinbetrieben 1966–1978 (in 1000 t) (Quelle: siehe Abb. 14)

erhebliche Preislabilität bei tropischen landwirtschaftlichen Produkten. Noch tiefgreifender und schwerwiegender sind jedoch Probleme, die aus dem Konflikt zwischen traditionellem Landbesitzrecht und der traditionellen Landwechselwirtschaft auf der einen und dem Anbau von langjährigen, großflächig angebauten Feldfrüchten auf der anderen Seite entstehen. Wie bereits erwähnt, ist nach dem noch immer gültigen traditionellen Recht der Landbesitz kommunal, die Erträge der persönlichen Arbeit sind jedoch Einzelbesitz. Im Falle der Selbstversorgerfrüchte war das Besitzrecht eindeutig. Der Anbau von Marktfrüchten, die das Land für lange Zeit, meist eine Generation oder länger, in Beschlag nehmen, ist dem traditionellen Besitzrecht nicht angepaßt, und in einigen der dichter besiedelten Gebiete sind bereits deutliche Störungen im sozialen Gefüge der Bevölkerung festzustellen (HOWLETT, 1973). Das mit Marktfrüchten bestellte ursprünglich kommunale Land wird der Landrotation entzogen. Der Erlös aus dem Anbau gehört jedoch denjenigen Dorfmitgliedern, die relativ früh die Vorteile des Anbaus von Marktfrüchten erkannten und ihre Dorfgenossen überreden konnten, ihnen Land für diesen Anbau zu überlassen. Durch den Anbau der langjährigen Marktfrüchte ist das kommunale Land damit de facto in Privatbesitz übergegangen. In den dichter besiedelten Gebieten, wie im zentralen Hochland, hat dies bereits örtlich dazu geführt, daß der Zyklus der Landrotation verkürzt werden mußte und daß für die nachwachsende Generation kein Land oder nur noch wenig gutes Land für den Anbau von Selbstversorgerfrüchten zur Verfügung steht.

Die Großviehzucht war lange Zeit ausschließlich in den Händen der Europäer im dünn besiedelten Flachland des Markham und oberen Ramu. Einheimische übernahmen sie nur zögernd und zunächst mit geringem Erfolg. Sie fügten die Rinder oft in ihr traditionelles System ein und betrachteten sie wie die Schweine als Ausdruck persönlichen Prestiges – mitunter wurde ihr gesamter Bestand während eines Festes geschlachtet und verzehrt.

Dank intensiver Aufklärungsarbeit hat sich die Situation heute wesentlich verbessert, und es gibt mehrere hundert kleine Rinderhaltungen, meist auf kooperativer Basis. Nach wie vor dominieren jedoch Ausländer die Rinderhaltung und vereinen nahezu ¾ des Rinderbestandes auf sich. Da im Augenblick Papua-Neuguinea einen Importeur von Fleischprodukten (Fleischkonserven und Gefrierfleisch aus Australien) darstellt, sieht die Zukunft der Rinderhaltung ausgesprochen günstig aus, und es werden große Anstrengungen unternommen, den Rinderbestand zu vergrößern.

Von zunehmender Bedeutung ist der Bergbau. Bis vor wenigen Jahren war er ausschließlich auf Gold ausgerichtet, und die Entdeckung größerer Vorräte in Bulolo und Wau führte zwischen den beiden Weltkriegen zu einem »Gold-rush«, der den eigentlichen Anstoß für die Erkundung des Hochlandes gab. Die Bedeutung der Goldgewinnung nahm aber nach dem Zweiten Weltkrieg ständig ab. Dagegen ist Kupfer eine Hauptstütze der Wirtschaft Papua-Neuguineas geworden, indem es rund 50 % des gesamten Exports darstellt. Der Abbau von Kupfer auf der Insel Bougainville (Vorrat 1000 Mio. t) begann 1972, der weitere Abbau in Ok Tedi in den Star Mountains (West Papua) steht unmittelbar bevor. Die Lagerstätte Ok Tedi ist eines der größten Kupfervorkommen der Welt (400 Mio. t Kupfererz mit durchschnittlich 0,7 % Kupfer), aber der Abbau ist wegen der unzugänglichen Lage und der extremen Niederschläge (bis 10 m) äußerst schwierig und kapitalintensiv. Betrug die anfängliche Kapitalinvestition auf Bougainville noch 400 Mio. Dollar, so sind es in Ok Tedi bereits 1450 Mio. Dollar. Deutsche Firmen sind mit 20 % im Ok-Tedi-Erzprojekt beteiligt.

Dieser Bergbau großen Stils bringt starke Einflüsse auf die Bevölkerung mit sich, und ihre Reaktion war bisher, trotz der verlockenden finanziellen Entschädigungen, nicht immer freundlich. Auf Bougainville konnte das für den Abbau benötigte Land nur unter großen Schwierigkeiten erworben werden, und die politischen Konsequenzen sind noch nicht absehbar. Der Bergbau auf Bougainville brachte aber auch plötzlich Probleme der Umweltverschmutzung mit sich in einem bisher in Neuguinea nicht gekannten Ausmaß. Die Zerstörung der Naturlandschaft ist nicht nur auf die große Mine selbst beschränkt, sondern hat auch das gesamte Entwässerungsgebiet, in welches der Abraum geschüttet wird, betroffen und zur Zerstörung von Dörfern, Feldern, Regenwald und Fischbestand geführt. Die Umweltbelastung im Ok-Tedi-Gebiet dürfte noch gravierender sein, aber wegen der sehr geringen Bevölkerungsdichte und der »Rückständigkeit« der dortigen Bevölkerungsgruppen wird es kaum Proteste geben. Das schwerwiegendste Problem ist die mögliche Verseuchung des Fly River mit Schadstoffen aus dem Abraum der Mine.

Wie die meisten Kolonien, so erfuhr auch Papua-Neuguinea keine nennenswerte industrielle und gewerbliche Entwicklung während der Kolonialzeit, und auch heute sind die Möglichkeiten des Ausbaus von Industrie und Gewerbe wegen des kleinen lokalen Marktes und der Konkurrenz der massenproduzierenden asiatischen Länder stark begrenzt. Ein Teil der bestehenden Betriebe ist entweder direkt oder indirekt auf die Verarbeitung von Plantagenerzeugnissen ausgerichtet. Hinzu kommen eine Reihe von Betrieben mit zwischen 10 und 50 Arbeitern, die mit der Kraftwagenmontage und -reparatur, Schiffsreparatur, Flugzeugwartung, Produktion von Wellblech und dergleichen beschäftigt sind, sowie eine Reihe Nahrungs- und Genußmittelindustrien wie Brauereien, Zigarettenfabriken und Großbäckereien. Wichtigste Sekundärindustrien sind Stromkraftwerke, die das starke Gefälle und die hohe Wasserführung der Flüsse ausnützen.

Groß- und Einzelhandel sind eine Domäne der Ausländer, wobei die großen Kompanien in den Händen der Australier sind und hauptsächlich den Bedarf der weißen Gesellschaft decken, während die kleineren Unternehmen mehr von Chinesen, aber auch von anderen Ausländern getragen werden, die dem Bedarf der eingeborenen Gesellschaft nachkommen. Einige der kleinen »Trade Stores« in den Dörfern sind im Besitz von Einheimischen, aber Mangel an Kapital und das Unvermögen, traditionellen Geschenkaustausch von modernem Geldhandel zu trennen, führen oft wieder zur Aufgabe.

Das Verkehrsnetz ist trotz beachtlicher Fortschritte während des letzten Jahrzehnts noch unzureichend und stark auf den Luft- und Schiffsverkehr angewiesen. Die Schiffsverbindungen zwischen den Hauptzentren an der Küste sind relativ gut. Der Verkehr zwischen der Küste und dem Inland beruhte bis 1967 fast ausschließlich auf Flugzeugen. Papua-Neuguinea hat mit über 400 Flugplätzen sicher eine der höchsten »Flugplatzdichten« der Welt.

Das Straßennetz zeichnet sich durch Fragmentation aus. Die meisten Straßen verbinden lediglich lokale Zentren mit ihrem Hinterland. Die einzige Ausnahme bildet der 1967 fertiggestellte »Highland Highway«, eine befestigte, z. T. geteerte Straße von etwa 900 km Länge, die als einzige Verbindung zwischen Küste und Hochland die Hafenstadt Lae mit praktisch allen wichtigen Orten im Hochland verbindet. Wirtschaftlich und sozial ist der Highland Highway von größter Bedeutung, indem er die Transportkosten senkt und eine wichtige Verbindung zwischen den zahlreichen Völkergruppen herstellt.

Das Hauptmerkmal des Außenhandels von Papua-Neuguinea war früher die starke Unausgeglichenheit zwischen Import und Export. Der Import übertraf den Export um durchschnittlich das 1,5fache und in den Jahren unmittelbar vor der Unabhängigkeit sogar um mehr als das Doppelte. Dies war nur aufgrund der großen australischen Finanzhilfen möglich. Seit 1973 hat sich das Bild geändert, und in diesem Jahr konnte Papua-Neuguinea zum ersten Mal eine positive Handelsbilanz aufweisen. Dies war fast ausschließlich auf den Abbau von Kupfer auf der Insel Bougainville zurückzuführen, der in diesem Jahr Exporteinnahmen in der Höhe von 125 Millionen Kina einbrachte, was 55 % der gesamten Exporteinnahmen darstellte. Im Jahre 1974 erzielte Kupfer sogar 312 Millionen Kina, aber der starke Niedergang der Weltmarktpreise für Kupfer hat in den darauffolgenden Jahren zu einem gewissen Abfallen der Exporteinnahmen geführt. Zum Teil wurde das Absinken des Kupferpreises durch ein erhebliches Ansteigen der Kaffeepreise ausgeglichen. Ab 1980 gingen die Exporteinnahmen allerdings wegen fallender Weltmarktpreise und Nachfrage zurück. Die Importe sind in der gleichen Zeit erneut gestiegen und haben seit 1980 den Wert der Exporte weiter übertroffen.

Nicht nur die Handelsbilanz, sondern auch die Handelspartner änderten sich nach der Unabhängigkeit. Vor der Unabhängigkeit war Australien das Hauptexportland und der Hauptimporteur, der mehr als 40 % der Ausfuhren aufnahm und auch mehr als 50 % der Importe lieferte. Außer Großbritannien waren alle anderen Länder nur von untergeordneter Bedeutung für Export und Import. Ab Anfang der 1970er Jahre und dann besonders stark ab 1973/74 änderte sich die Exportsituation grundlegend.

Japan und die Bundesrepublik Deutschland ersetzten Australien als Hauptexportland, indem sie rund 30 % bzw. 26 % der Exporte aufnahmen – und zwar hauptsächlich Kupfer von Japan, und Kupfer, Kaffee und Kakao von der Bundesrepublik. Lediglich 14 % des Exports gingen im Finanzjahr 1975/76 nach Australien, das allerdings seine Stelle als Hauptimporteur aufrechterhalten konnte, indem es weiterhin 50 % des Imports liefert, gefolgt von Japan (15 %), Singapore (12 %) und Großbritannien (8 %). Der deutsche Anteil beträgt lediglich 1,6 %.

4.5.2.1.5 Ländliche und städtische Siedlungen

Die ländlichen Siedlungen sind kleine Dörfer und Weiler von 50 bis 200 Einwohnern, meist in Lagen, die eine einfache Verteidigung gegen Überfälle erlauben. Seltener (z. B. westlich Goroka) sind verstreute Häuser oder Häusergruppen und Langhäuser. Die Haustypen variieren von rechteckigen Häusern auf Pfählen in Küstengebieten zu niedrigen, auf ebener Erde errichteten runden, ovalen oder rechteckigen Hütten im Hochland und Baumhütten in einigen Waldgebieten. Jedes Haus beherbergt meist eine Familie. Die oft riesigen Langhäuser (Grundriß: bis zu 140 × 35 m) im Fly-River-Gebiet werden dagegen von bis zu 500 Familien bewohnt. In vielen Gebieten gibt es Männerhäuser und zeremonielle Häuser, unter denen das »Haus Tambaran« des Sepik-Gebietes das schönste ist. Das Sepik-Maprik-Gebiet bildet auch den Höhepunkt der großartigen kultischen Eingeborenenkunst (eindrucksvolle Sammlungen in mehreren Museen, besonders in Berlin, Basel und Frankfurt/M.). Mit dem Einzug des Wellblechs ist hauptsächlich in den Küstengebieten eine Verarmung an Haustypen eingetreten, und das monotone rechteckige Pfahlhaus setzt sich als Bautyp langsam durch. Im Hochland ist das traditionelle Siedlungsbild weitgehend noch erhalten, und lediglich entlang der Straßen sieht man »modernere« Bauformen.

Das traditionelle Neuguinea kannte keine Städte oder zentralen Orte. Die Städte sind sämtlich Gründungen der Kolonialmächte. Die älteren liegen an der Küste und besitzen relativ gute Häfen, während die neueren Städte im Inland in offenem Gelände errichtet wurden, das gute Möglichkeiten zur Anlage von Flugplätzen bot. Port Moresby ist mit ungefähr 120 000 Einwohnern (davon 15 000 Ausländer) bei weitem die größte Stadt. Sie ist Sitz der Regierung und der Universität von Papua-Neuguinea. Ihre Wahl als Hauptstadt war in ihrer peripheren Lage und mangels eines wirtschaftlich aktiven Hinterlandes wenig glücklich. Ein Problem ist der ständig anwachsende Zustrom von arbeitsuchen-

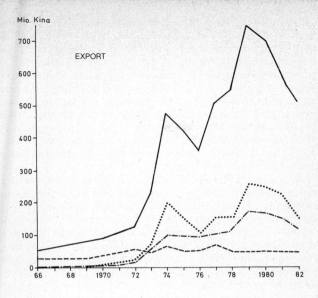
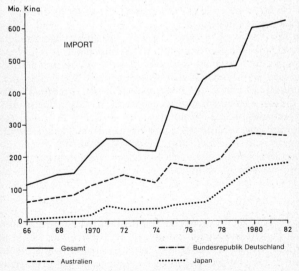

Abb. 16 Papua-Neuguinea: Export und Import 1966–1982
(Quelle: siehe Abb. 14)

den Männern aus dem gesamten Land (20 000 zwischen 1971 und 1977), für die keine Arbeitsplätze zur Verfügung stehen und die sich in Slums am Stadtrand niederlassen oder die Häuser ihrer Verwandten überfüllen.

Lae, an der Mündung des nicht schiffbaren Markham-Flusses gelegen, ist eine der späten kolonialen Gründungen und heute wegen seiner zentralen geographischen Lage und der Straßenverbindung zum Hochland die am schnellsten wachsende Stadt Papua-Neuguineas. Lae besitzt eine Reihe sich ausweitender industrieller und gewerblicher Betriebe und beherbergt eine Technische Universität. Die Einwohnerzahl beläuft sich auf etwa 40 000, darunter 6000 Ausländer.

Rabaul (12 000 EW), das ehemalige Verwaltungszentrum der deutschen Kolonie, ist der wirtschaftliche Mittelpunkt des gesamten Bismarck-Archipels. Es hat eine bewegte Geschichte hinter sich. Es wurde durch eine vulkanische Eruption im Jahre 1937 zerstört, wiederaufgebaut, erobert durch die Japaner im Jahre 1942 und nahezu völlig zerstört durch alliierte Luftangriffe zwei Jahre später. Die Stadt wurde zwar erneut aufgebaut, erreichte aber ihre frühere Bedeutung nicht mehr. Ein wirtschaftlich besonders schwerer Schlag war die Massenabwanderung von Chinesen und Australiern in den Jahren 1972–1973 aus Furcht vor der bevorstehenden Unabhängigkeit. Rabaul verlor mehr als die Hälfte seiner Einwohner.

Madang (20 000 EW) war ebenfalls zeitweilig Hauptstadt des deutschen Kolonialgebietes und stellt heute eine wichtige Hafenstadt für die Nordküste dar. Bis zur Fertigstellung des Highland Highway war Madang wichtigster See- und Flughafen an der Nordküste, mußte diese Stellung aber an Lae abgeben. Wichtigste Industrie ist ein japanisches Sägewerk, das auch Holzspäne für Verpackungsmaterial produziert.

Die städtischen Siedlungen im Hochland sind kaum älter als zwanzig Jahre. Goroka (über 10 000 EW) und Mt. Hagen (über 10 000 EW) entwickelten sich aus reinen Verwaltungszentren zu Markt- und Touristenorten.

4.5.2.1.6 Moderne Gesellschaft und politische Entwicklung

Der Wandel der auf neolithischer Kulturstufe stehenden Stämme zu einer dem 20. Jahrhundert angepaßten Gesellschaft kann nur langsam vor sich gehen. Ein typisches Beispiel der damit verbundenen Schwierigkeiten sind die »Cargo«-Kulte. Voraussetzung für einen Wandel sind angemessene Bildungsmöglichkeiten. Bis Anfang der fünfziger Jahre lag die Schulausbildung ausschließlich in den Händen der Missionen, deren Mittel und Ausbildungsziele begrenzt waren. Heute sind nahezu alle Schulen einschließlich der Missionsschulen unter staatlicher Leitung. In Papua-Neuguinea begann die Einrichtung von staatlichen Grundschulen erst 1952, von weiterführenden Schulen 1958. In den sechziger Jahren wurden mehrere technische Schulen und die Universität von Papua-Neuguinea in Port Moresby gegründet. Durch diesen späten Beginn einer qualifizierten Ausbildung waren Einheimische in verantwortlichen wirtschaftlichen und politischen Funktionen bis Ende der sechziger Jahre selten. Der Bildungsstand der Küstenbevölkerung ist aufgrund ihres längeren Kontaktes mit den Europäern fortgeschrittener, und die »junge Elite« Neuguineas stammt hauptsächlich aus dieser Gruppe. Die Anfänge eines politischen Lebens in Papua-Neuguinea reichen erst drei Jahrzehnte zurück. In den fortgeschrittensten Gebieten wurden 1950 »Local Government Councils« geschaffen. 1964 folgte die Gründung des »House of Assembly«, das sich zum ersten Mal aus gewählten (und einigen nominierten) Mitgliedern aus dem gesamten Territorium zusammensetzte. Es war der Vorläufer des heutigen Parlamentes; am 1.12.1973 wurde dem gewählten Haus interne Selbstverwaltung als Vorstufe zur völligen Unabhängigkeit übertragen. Unter dem Namen »Papua New Guinea« wurde das Land am 16.8.1975 unabhängig.

Inzwischen kann das Land auf nahezu ein Jahrzehnt Unabhängigkeit, zwei demokratische Wahlen, einige politische Krisen und zwei Regierungswechsel zurückblicken. Der Vielvölkerstaat hat trotz seiner physischen, sozialen und wirtschaftlichen Zersplitterung als einheitliches Staatsgebilde überlebt, und die politische und wirtschaftliche Stabilität des Landes hat viele Beobachter überrascht und selbst die Erwartungen wohlgesonnener Optimisten übertroffen. So besitzt z.B. Papua-Neuguinea eine stabile, frei konvertierbare Währung, die sogar gegenüber dem australischen Dollar aufgewertet wurde. Die Gründe für diesen Erfolg sind vielschichtig. Sie liegen z.T. in der relativ spannungsfreien kolonialen Vergangenheit (es gab nie eine militante antikoloniale Bewegung), der reibungslosen Übergabe der politischen Macht an einheimische Politiker, der nach wie vor guten Zusammenarbeit mit dem ehemaligen Kolonialherrn Australien und dem echten Wohlwollen Australiens gegenüber dem neuen Staat, das natürlich auch von politischem Selbstinteresse getragen wird. Die relativ günstigen Weltmarktpreise für die Hauptexportprodukte, reichhaltige Bodenschätze und Australiens Bereitschaft, Papua-Neuguinea langfristig großzügig finanziell zu unterstützen (australische Finanzhilfe deckt 40% der Staatsausgaben), haben ebenfalls die Stabilität gefördert. Aber nicht nur diese zum größten Teil äußeren Einflüsse haben sich günstig ausgewirkt, sondern auch Erscheinungen im Lande selbst und Verhaltensweisen der Bevölkerung haben dazu beigetragen. Zu nennen wären hier vor allem das Geschick der einheimischen Politiker, ihre Bereitschaft zum Kompromiß und Konsens, eine Haltung, die in der traditionellen Denkweise stark verwurzelt ist, das Fehlen einer erblichen Führerschaft und einer Klassenstruktur, das Beibehalten des traditionellen Landbesitzrechts, das jedem Mitglied der Dorf- oder Klangemeinschaft das Recht auf Nutzung des Landes garantiert, sowie das weitgehende Beibehalten der traditionellen Selbstversorgerwirtschaft, das die Ernährung der Bevölkerung sicherstellt und sie nicht einseitig vom Absatz ihrer Marktfrüchte abhängig macht. Die starke ethnische Fragmentierung in kleine und kleinste Gruppen hat paradoxerweise ebenfalls zur Stabilität beigetragen; denn sie verhinderte das Aufkommen ethnischer Machtblöcke innerhalb des Staates. Außerdem war die Unterdrückung oder Versklavung von Nachbarvölkern trotz oft vorkommender Fehden nie ein Merkmal der Völker Neuguineas. Dies alles darf natürlich über die zahlreichen Schwierigkeiten und Probleme des neuen Staates nicht hinwegtäuschen – wie die weitgehende Abhängigkeit der modernen Wirtschaft vom Export tropischer Agrarprodukte und nur einem einzigen Erz (Kupfer), die Abhängigkeit der Verwaltung, des Handels und der Industrie von ausländischen (vor allem australischen) Fachkräften und vor allem das in der Presse oft übermäßig hochgespielte Aufflackern von Stammeskonflikten im Hochland, die nicht selten zu blutigen Auseinandersetzungen führen. Allerdings handelt es sich hier immer um lokale Konflikte, die mit traditionellen Waffen ausgetragen werden. Dennoch stellen diese Konflikte die Ordnungsmacht vor schwere Aufgaben. Fast noch schwerwiegender ist der unkontrollierte Zustrom vorwiegend männlicher Personen in die Städte, vor allem nach Port Moresby, was zu Ansätzen von Slumbildung und steigender Kriminalität führt.

Papua-Neuguinea stellt eines der wenigen Entwicklungsländer dar, das zumindest zeitweise eine positive Handelsbilanz und eine stabile, frei konvertierbare Währung aufweisen kann. Dennoch bedingt die Abhängigkeit des Staates vom Export preislabiler Rohstoffe eine wirtschaftliche Labilität, die sich 1980 auch bereits gezeigt hat, als die Weltmarktpreise für Kaffee und Kupfer stark fielen und erstmals seit 1972 zu einem Defizit in der Zahlungsbilanz führten.

Wirtschaftlich wird Papua-Neuguinea noch lange auf die Unterstützung und das Wohlwollen Australiens und anderer Industrieländer angewiesen sein, und es wird diese Unterstützung schon allein aus politischen Gründen erhalten. Die wichtigste Aufgabe des Staates ist jedoch die Bewältigung des in alle Lebensbereiche eingreifenden Konflikts, der sich aus dem raschen sozialen und wirtschaftlichen Wandel und der Gegensätzlichkeit und oft Unvereinbarkeit traditioneller und moderner wirtschaftlicher und sozialer Strukturen ergibt.

4.5.2.2 *Fidschi*

Fidschi ist nach Papua-Neuguinea und Hawaii der drittgrößte Inselstaat des Südpazifik – und zwar sowohl nach der Bevölkerungszahl (1980 = 620000 Einw.) als auch nach der Fläche (ca. 18000 km^2). Doch die Landfläche gliedert sich in ca. 800 Inseln; die beiden Hauptinseln – Viti Levu mit 10400 km^2 und Vanua Levu mit 5470 km^2 – nehmen davon allein etwa 87 % ein. Ca. 100 Inseln sind permanent bewohnt, die meisten übrigen jedoch durchaus genutzt, zum Beispiel als Kokospalmenpflanzung, Fischerbootanlegestelle u. ä.

Die großen Fidschi-Inseln gehören zu den »hohen« Inseln; sie sind aus vulkanischen Massiven aufgebaut – mit hohen Bergen (max. 1324 m), einem starken Relief mit hoher Reliefenergie (u. a. wegen der nahen Erosionsbasis der Flüsse), einem schmalen ebenen Küstensaum und einer schmalen Außenlagune. Etwa ein Drittel der Landfläche Fidschis kann aus morphologischen, pedologischen und hydrologischen Gründen landwirtschaftlich nicht genutzt werden, ein weiteres Drittel steht nur extensiver landwirtschaftlicher Nutzung zur Verfügung (Bergländer), das letzte Drittel schließlich wird intensiv landwirtschaftlich bearbeitet (Küsten- und Flußebenen). Eine weitere räumliche Differenzierung der landwirtschaftlichen Nutzungsmöglichkeiten ergibt sich auf hohen Inseln (die sowieso für intensive Landwirtschaft von größerer Bedeutung sind) durch den vorherrschenden stabilen Süd-Ost-Passat: An der Südostküste fallen etwa 3000 mm Niederschlag, im Zentralgebirge ca. 7500 mm und an der nordwestlichen Lee-Küste nur ca. 1800 mm. Diese räumliche Unterscheidung ist auch heute noch prägend für das landwirtschaftliche Potential. Während im feuchteren Südosten der hohen Inseln die zum geringen Teil marktorientierte, zum größeren Teil aber traditionelle Subsistenz-Landwirtschaft (alles Land gehört dem Familienverband, der es in kleinen Parzellen für eine Anbauperiode von 3–4 Jahren einer angehörigen Kleinfamilie zur Verfügung stellt) vorherrscht, wird im trockeneren, damit aber auch sonnenreicheren Nordwesten in großem Umfang Zuckerrohr angebaut.

Ein weiterer Dualismus – und zwar ein wesentlich bedeutenderer – beherrscht Fidschi, nämlich die ethnische Gliederung der Bevölkerung in – hauptsächlich – Fidschianer und Inder. Die Inder sind als Vertragsarbeiter ins Land gekommen (vgl. Kap. 4.2.1). Als die nach Fidschi eingewanderten Europäer die Arbeitskräfte für ihre Zuckerrohrplantagen nicht in Fidschi selbst gewinnen (weil die Fidschianer nicht dazu bereit waren) und da sie seit Beginn der Kolonialherrschaft Großbritanniens in Fidschi (1874) auch keine Hilfskräfte mehr aus Vanuatu (Neue Hebriden), von der Line- oder den Salomon-Inseln rekrutieren konnten, wurden indische Vertragsarbeiter verpflichtet. Sie durften entweder nach fünf Jahren auf eigene Kosten oder nach zehn Jahren auf Kosten der Regierung von Fidschi nach Indien zurückfahren. Sie konnten sich aber auch in Fidschi ansiedeln. Bis zum Ende der Anwerbungen im Jahr 1916 gelangten etwa 60000 Inder – vertragsgemäß im Verhältnis 40:100 auch indische Frauen – nach Fidschi. Als 1920 die letzten Arbeitsverträge ausliefen und der größten (britischen) Zuckerfirma plötzlich die Arbeitskräfte fehlten, teilte man die großflächigen Zuckerrohrpflanzungen in kleine Siedlerstellen von ca. 4 ha auf und verpachtete sie ganz überwiegend an die Inder. Bis heute liegt die Zuckerrohrproduktion fast ausschließlich bei den Indern, während die Kopraproduktion (das ist der zweitwichtigste landwirtschaftliche Sektor) zum größten Teil von den Fidschianern wahrgenommen wird (50 % von Plantagen, 50 % von Kleinbauern). Die im Laufe der Zeit eingewanderten Chinesen haben sich ganz besonders auf die marktfähige Produktion von Gemüse spezialisiert.

Aufgrund der unterschiedlichen Wachstumsraten der ethnischen Gruppen hat es sich ergeben, daß inzwischen (1978) nur noch 44 % der Bevölkerung Fidschianer sind, während über 50 % auf Inder und 1 % auf Chinesen entfallen. Hieraus ergeben sich zwischen der indischen und der fidschianischen Volksgruppe zunehmend politische und soziale Spannungen, da es sich ja nicht nur um einen ethnischen, sondern zugleich um einen sozialen Dualismus handelt. Die sich keineswegs integrierenden Inder dominieren nicht nur die Zuckerrohrproduktion, sondern auch den Einzelhandel sowie den Verwaltungs- und den gehobenen Bildungssektor. Die Inder sind zumeist Hindi, zum Teil auch Moslems. Sie bilden in den Städten (außer Levuka) den weitaus größten Einwohneranteil, und ihrer Wirtschaftsmentalität ist es sicherlich auch zu verdanken, daß die Wirtschaft Fidschis eine vergleichsweise hochentwickelte und stabile Struktur hat. Die

Fidschianer hingegen sind Christen. Ihnen gehört zum größten Teil das Land. Sie bilden den größten Teil der bäuerlichen Bevölkerung, sie sind stärker im produzierenden Sektor tätig, und sie stellen die Regierungsspitzen. Jedoch: Ein verändertes Wahlergebnis mit einer regierungsfähigen Mehrheit der Inder könnte zu extremen innenpolitischen Konsequenzen führen.
Als Auswirkung der für südpazifische Verhältnisse relativ starken Marktorientierung und Arbeitsteilung, der Entwicklung von Industrie (besonders Zucker) und tertiärem Sektor (Verwaltung, Häfen) sowie auch bedingt von der arbeitsteiligen Lebensform der Inder, aber auch der Europäer und Chinesen sind in Fidschi zahlreiche Städte entstanden: Die Hauptstadt Suva zählt inzwischen (1980) in ihrer Stadtregion über 120 000 Einwohner. Sie ist 1882 an die Stelle der zu einem kolonialhistorischen Relikt gewordenen ersten Hauptstadt des Landes, Levuka, getreten. Lautoka (29 000 Einw.), Nausori und Labasa (je etwa 13 000 Einw.) verdanken ihre Entstehung der Zuckerindustrie. Die Verstädterungstendenz ist recht stark; aber sie verteilt sich zum Vorteil des Landes auf mehrere (zehn) Schwerpunkte. (CHANDRA, 1979)
Fidschi hat von allen südpazifischen Ländern – ausgenommen Hawaii – die diversifizierteste Binnenproduktion sowohl im landwirtschaftlichen als auch im industriellen Bereich; die Exportstruktur ist vielfältiger als in den anderen Inselländern; die Handelsbilanz ist zwar negativ, aber die Leistungsbilanz fast ausgewogen. Fidschi ist auch das erste Land im Südpazifik, das beim Aufbau einer eigenen nationalen Fischereiwirtschaft mit eigenen Fangschiffen, Kühlhäusern, einer Fischkonserven- und einer Konservendosenfabrik (beide als joint venture) die größten Fortschritte gemacht hat. In Fidschi gibt es zahlreiche Schulen und Ausbildungsstätten bis hin zu einer Universität. Botschaften und Konsulate, Regionalbehörden, Außenstellen internationaler Behörden und Organisationen, große Firmenvertretungen, also insgesamt Einrichtungen, deren Kompetenzbereich weit über Fidschi hinausgeht, haben ihren Sitz im Lande. Der wichtigste internationale Flughafen für große Teile des Südpazifik ist Nadi in Fidschi. Fidschi ist auch das Zentrum des intra-regionalen Handels im Südpazifik mit hohem Re-Export-Anteil am Außenhandel, das heißt Fidschi übt so etwas wie Großhandelsfunktionen für den Südpazifik aus – gefolgt von Nouméa (Neukaledonien) für den französischen Bereich und Guam für den amerikanischen. Fidschi stellt den wichtigsten »zentralen Ort« innerhalb des Südpazifik – abgesehen von Hawaii und erheblich beeinträchtigt von den Zentren der rand-pazifischen Staaten.

4.5.2.3 Salomon-Inseln

Die konstitutionelle Monarchie der Salomon-Inseln (mit der britischen Königin als Staatsoberhaupt) umfaßt 922 Inseln, von denen jedoch auf die sechs größten 75 % der gesamten Landfläche von ca. 29000 km² entfallen. Mit diesen großen Inseln – zwischen 145 und 200 km lang sowie 30 bis 50 km breit – unterscheiden sich die Salomon-Inseln wesentlich von den meisten anderen südpazifischen Staaten. Die Inseln sind zwar ebenfalls vulkanischen Ursprungs. Es handelt sich jedoch um Vulkanismus aus der Kreidezeit oder dem frühen Tertiär auf der Australischen Platte. Die Lava dieses frühen Vulkanismus ist quasi überall bedeckt von Sedimentschichten; darüber liegt Korallenkalkstein und dann zum Teil jüngeres vulkanisches Material. Wahrscheinlich sind die alten vulkanischen Massive zwischenzeitlich abgesunken, vom Meer überdeckt gewesen und dann wieder aufgetaucht. Die Orogenese ist übrigens noch keineswegs abgeschlossen: Meßbare Hebungsvorgänge, Vulkanismus und häufige Erdbeben charakterisieren diese Inselgruppe. Die großen, in zwei parallelen nordwest-südost-gerichteten Ketten angeordneten Inseln bestehen sämtlich aus einem recht hohen (bis 2447 m auf Guadalcanal) gebirgigen Zentralbereich und mehr oder weniger ausgedehnten Küstenebenen. Aufgrund der relativ großen Landmasse, der hohen Gebirge und der allgemein reichlichen Niederschläge gibt es auf allen großen Inseln zahlreiche natürliche Wasserläufe. Die Böden sind entweder entstanden aus vulkanischem Gestein (dann sind sie nährstoffreich), aus Kalkstein (dann bieten sie immerhin günstige Wachstumsbedingungen zum Beispiel für Kokospalmen), oder es handelt sich um alluviale Ablagerungen in den Tälern oder Mündungsbereichen der Flüsse.

Die schwer zugänglichen, von außerordentlich dichtem Wald bedeckten Inseln sind von europäischen Siedlern erst spät betreten worden. Bis zur letzten Jahrhundertwende gab es Kontakte mit nur wenigen Händlern (für Seegurken, Schildpatt, Perlmuttmuscheln, Kokosöl, später Kopra), seit den 1860er Jahren allerdings auch mit verbrecherischen Sklavenhändlern (Arbeitskräfte besonders für Queensland und Fidschi) sowie seit den 1870er Jahren mit Schiffen zur immer noch höchst problematischen Rekrutierung von Vertragsarbeitern für andere südpazifische oder australische Plantagen europäischer Siedler oder Firmen.

Die heimische Plantagenwirtschaft erlebte einen Boom zu Beginn des 20. Jahrhunderts, als nach Beendigung des Vertragsarbeitersystems Facharbeiter in großer Zahl von den Plantagen im

Ausland zurückkehrten. Kopra war lange Zeit das wichtigste, aber auch fast das einzige Exportgut.
Schon aus Erreichbarkeitsgründen konnte sich, anders als in den aus kleineren Inseln bestehenden Bereichen zum Beispiel Tongas oder Kiribatis, ein großer Teil der einheimischen Bevölkerung an dieser Erwerbswirtschaft nicht beteiligen. Es gab selbstverständlich eine Reihe von (oftmals chinesischen) Händlern, die mit ihren Schonern regelmäßig zu allen Inseln fuhren, um dort Kopra und einige andere Handelsgüter aufzukaufen oder gegen europäische Industriewaren zu tauschen. Aber sie erreichten fast nur die Küstenbewohner, nicht die Bewohner des Binnenlandes, die sich nach Tradition, Sprache, Lebens- und Wirtschaftsform erheblich von den »Salzwasser-Leuten« unterschieden. Auch die ersten Ansätze von Missionen, Schulen und Plantagen geschahen in den Küstenbereichen. Während im Binnenland noch die echte Form der Subsistenz-Landwirtschaft im Rahmen einer »shifting cultivation« betrieben wurde (und wird), wanderten immer mehr Bewohner in die ebeneren Küstengebiete, bildeten zunehmend permanente Siedlungen und veränderten den traditionellen Wanderfeldbau in ein System von Anbauphasen (ein Jahr oder nur wenige Jahre) und Brachezeiten (4–15 Jahre, je nach Bodenart, Nutzpflanzen u. a.). Unter dem Einfluß wachsender Bevölkerungsverdichtung wird die Brachezeit oft auf nur 2–3 Jahre reduziert, die Bodenfruchtbarkeit sinkt dabei erheblich ab.
Abgesehen von der fast überall anzutreffenden Kokospalme (die ja auch nicht den Wanderfeldbau- oder Brachesystemen unterliegt), werden auf den bäuerlichen Nutzflächen überwiegend Süßkartoffeln (66,4 %), Taro (18,0 %), Yams (6,7 %), Pana (Dioscorea esculenta) (2,5 %), Maniok (1,1 %) und Bananen (1,3 %) angebaut. (EELE, 1978) Diese Durchschnittswerte beziehen sich auf die gesamten Salomon-Inseln; es gibt selbstverständlich wichtige regionale Unterschiede.
Fast jeder Haushalt erzeugt auf seinem Land zusätzlich weitere Pflanzen wie Ananas, Papaya, Tomaten, verschiedene Kohlsorten, Zwiebeln, Melonen, Betelnüsse, Mais, Bohnen und Erdnüsse. Nur in der Nähe der Hauptstadt oder bei großen ausländisch geführten Plantagen werden auch zum Beispiel Salat, Gurken, Kresse und ähnliche europäische Gemüsesorten marktorientiert angebaut. Insgesamt ist die Marktorientierung zwar wachsend, jedoch schwach: Von sämtlichen ländlichen Haushalten verkaufen oder verhandeln 50 % überhaupt nichts, 40 % weniger als ein Drittel und nur 0,2 % mehr als zwei Drittel ihrer Erträge.
Trotzdem verfügen viele ländliche Haushalte über einiges Bargeld; denn Familienangehörige, die in den Städten oder Planta-

gen u. a. erwerbstätig sind, unterstützen zumeist ihre Verwandten auf dem Lande. Der größte einzelne Arbeitgeber ist noch immer die Regierung mit 41,3 % (1980) aller Lohn- und Gehaltsempfänger. Aber selbst wenn man die Kirchen (6,7 %) und die halb-öffentlichen Einrichtungen (4,1 %) hinzurechnet, so entfallen doch inzwischen schon fast 50 % aller Lohn- und Gehaltsempfänger auf private Arbeitgeber. Die Aufgliederung nach Wirtschaftsgruppen läßt erkennen, daß über 30 % der Erwerbstätigen im Bereich Land-, Forstwirtschaft und Fischerei arbeiten und nur 11 % im produzierenden und verarbeitenden Gewerbe. In letzterem Bereich sind zu nennen die Nahrungsmittelverarbeitung (besonders Großbäckereien, Fischkonservierung), Sägewerke, Kleinmöbel-, Konfektions- und Zigarettenproduktion. Die meisten großen, auf die Ausbeutung von natürlichen Ressourcen ausgerichteten Unternehmen (Kokospalmen- und Ölpalmenplantagen, kommerzieller Fischfang und -verarbeitung, Sägewerke, Reis- und Kakaoproduktion) sowie der Luftverkehr, der Import-Export-Handel und das größte Hotel gehören ausländischen Unternehmen oder sind joint ventures. Der Ausländeranteil ist auch bedeutend bei kleineren Plantagen sowie im Handel mit Industriewaren und in kleineren Industriebetrieben. Der städtische Einzelhandel (besonders in Honiara, Gizo und Auki) wird dominiert von ansässigen Chinesen. Die wirtschaftlichen Aktivitäten der Einheimischen im nicht-landwirtschaftlichen Bereich sind weitgehend ausgerichtet auf die Kooperativen (Import und ländlicher Einzelhandel mit Konsumgütern, zum geringen Teil auch Vermarktung von Landesprodukten) und kleine handwerkliche Unternehmen wie Schreinereien, Bäckereien, Kakao- und Kopra-Aufbereitung, Reparaturwerkstätten und Erzeugung von Handarbeiten für den Verkauf an Touristen (überwiegend Kreuzschiff-Passagiere).

Die relative Ressourcenvielfalt dieses aus recht großen Inseln bestehenden Landes (die Bodenschätze sind bisher nur unzureichend erforscht, Möglichkeiten der geothermischen Energiegewinnung kaum überlegt) ermöglicht eine weitgehend ausgeglichene Außenhandelsbilanz. Das 1981 aufgetretene Defizit lag im wesentlichen am Import von Fischerei-Fangschiffen. Kennzeichnend für den Diversifizierungsprozeß ist die Tatsache, daß der Kopraexport auf den dritten Platz nach Fisch und Holz abgesunken ist und vom Exportanteil der Ölpalmenprodukte fast eingeholt wird.

Die Intensität der Beteiligung am Entwicklungsprozeß ist sicherlich regional höchst unterschiedlich. Das gilt nicht nur für die Differenzierung zwischen Hauptstadt und ländlichem Hinterland, sondern auch zwischen Küsten- und Binnenbereich der großen Inseln. Die schwierige Kommunikation und Erschließung der Binnenräume behindert in der Gegenwart die Landesentwicklung ganz wesentlich; aber die Größe der Inseln wird in der Zukunft den Salomon-Inseln im Vergleich zu den meisten übrigen Staaten des Südpazifik erhebliche Vorteile bieten.

4.5.2.4 *Republik Kiribati*

Als Konsequenz kolonialer Verwaltungsgliederung ist die Republik Kiribati ein Konglomerat von vormals britisch verwalteten Inseln, die sich über ein Seegebiet verteilen, das 3870 km in Ost-West-Richtung und 2050 km in Nord-Süd-Richtung mißt. Insgesamt gehören die Insel Banaba (Ocean-Insel), die 16 Inseln der Gilbert-Gruppe (Tungaru), die acht Inseln der Phönix-Gruppe und acht Inseln der Line-Gruppe zu dem 1979 unabhängig gewordenen Staat. Sämtliche Inseln sind Atolle oder recht niedrige gehobene Koralleninseln. Das heißt, es gibt keine natürlichen Wasserläufe, durchweg schlechte Böden und fast immer schwierige Landungs- bzw. Hafenbedingungen. Hinzu kommen die (vgl. Kap. 4.1.1.2) lage- und reliefbedingten (keine Berge als Voraussetzung für Steigungsregen) Unregelmäßigkeiten der Niederschläge.

Im Grunde muß man unterscheiden zwischen den im Westen liegenden Gilbert-Inseln und Banaba einerseits und den im Osten liegenden Phönix- und Line-Inseln andererseits. Diese zuletzt genannten Inseln waren sämtlich unbewohnt, als die ersten Europäer ankamen; auf einigen – Manra (Sydney) und Orona (Hull) in der Phönix-Gruppe sowie Teraina (Fanning), Malden und Caroline in der Line-Gruppe – gibt es allerdings Anzeichen einer früheren polynesischen Besiedlung. Viele dieser Inseln – Kanton, Phönix, Enderbury, Manra und McKean (Phönix-Gruppe) sowie Malden, Starbuck, Caroline und Flint (Line-Gruppe) – enthielten Phosphatlagerstätten, die in oder seit der zweiten Hälfte des 19. Jahrhunderts ausgebeutet wurden. Auf einigen der Phosphat-Inseln und auf anderen Inseln haben europäische Firmen schon sehr früh umfangreiche Kokospalmenplantagen (oft mit Arbeitskräften aus Niue oder Aitutaki/Cook-Inseln) angelegt, so zum Beispiel 1846 auf Caroline, 1848 auf Teraina, 1875 auf Flint, 1882 auf Christmas-Insel, 1887 auf Orona; in den meisten Fällen wurden die Pflanzungen nach einigen Jahrzehnten wieder aufgegeben. Wenn man einmal absieht von den recht großzügig und oberflächlich erhobenen Ansprüchen der USA durch den sogenannten Guano Act von 1856, dann haben die eigentlichen kolonialen Annexionen ihre Begründung erst in der Suche nach Kabelstationen für die geplanten transpazifischen Seekabelverbindungen, nach Kohlestationen für die transpazifische Schiffahrt (besonders im Gefolge des ab 1881 entstehenden Panama-Kanals) sowie nach Flughäfen für die transpazifischen Fluglinien in einer Zeit, als Flüge zwischen Amerika und Ostasien oder Australien mehrere technische Zwischenlandungen benötigten, gefunden. So sind zum Beispiel alle britischen Annexionen von 1888/89 – Christmas-Insel, Teraina, Washington, Phönix, Birnie, Manra und Hull – nur für das geplante submarine Kabel vorgenommen worden. Als das Seekabel Vancouver–Suva (Fidschi) schließlich 1902 gelegt wurde, entstand die einzige Kabelstation auf Teraina. Kanton und Enderbury wurden erst 1937 von Großbritannien offiziell übernommen, dann aber ab 1939 als Kondominium verwaltet (Vertrag über 50 Jahre) mit den USA, die auf Kanton einen Flughafen anlegten, auf Enderbury nur einen Leuchtturm. Mit einem Vertrag zwischen den USA und Kiribati, der 1979 unterzeichnet und 1983 von den USA ratifiziert worden ist, haben die USA ihre Ansprüche nicht nur auf Kanton und Enderbury, sondern auch auf alle anderen Phönix- und Line-Inseln, soweit sie unter dem Guano Act genannt worden waren, aufgegeben. Sämtliche Phönix- und Line-Inseln bis auf Christmas-Insel (diese Insel, auf der 1956 bis 1958 durch Großbritannien und 1962 durch die USA Atombombenversuche durchgeführt wurden, gehört heute insgesamt der Kiribati-Regierung, die dort große Kokospalmenplantagen unterhält; außerdem werden Hummer für Hawaii erzeugt), Teraina und Tabuaeran (beide befinden sich seit 1924 im Besitz einer australischen Firma, die dort Kopra produziert) sowie Kanton (US-Satellitenstation), sind gegenwärtig unbewohnt. In den Jahren 1938 bis 1964 unternommene Versuche, einige Phönix-Inseln mit Bewohnern der Gilbert-Gruppe zu besiedeln, mußten wegen mangelnder Niederschläge aufgegeben werden. Insgesamt wohnen gegenwärtig ca. 2100 Personen auf den Phönix- und Line-Inseln, soweit sie zu Kiribati gehören.

Der weitaus größere Teil der Gesamtbevölkerung des Staates konzentriert sich auf die Inseln der Gilbert-Gruppe, wobei allein über 18 000 Personen (= 32 % der Gesamtbevölkerung) 1978 im Hauptzentrum auf Tarawa-Atoll gezählt wurden. Diese Zahl ist noch beträchtlich gestiegen, nachdem die ca. 1300 Staatsangehörigen Kiribatis von der Phosphatinsel Banaba (Ocean-Insel) nach Beendigung der Abbauarbeiten 1979 auf ihre Heimatinseln zurückkehrten.

Banaba selbst bietet derzeit keinen geeigneten Lebensraum. Auf der

400 km von den Gilbert-Inseln entfernt liegenden, nur 6 km² großen und bis zu 78 m hohen gehobenen Koralleninsel gab es umfangreiche Phosphatlagerstätten (vgl. Nauru, Kap. 4.5.2.6). Diese sind seit 1900 von einer britischen Firma, die den Regierungen von Großbritannien, Australien und Neuseeland gehörte, ausgebeutet worden. Hauptsächlich wurden dabei Arbeiter aus Kiribati, Tuvalu und Hong Kong beschäftigt. 1942 deportierten die Japaner fast sämtliche Inselbewohner nach Kosrae (Karolinen) und richteten 1945 unter den verbliebenen Arbeitern von den Gilbert-Inseln ein Blutbad an. Die im September 1945 zurückkehrenden ehemaligen Einheimischen von Banaba wollten nicht mehr auf ihre Insel zurück und wurden daher auf der Insel Rabi (Fidschi-Gruppe) angesiedelt. 1981 lebten etwa 2500 ehemalige Banaba-Bewohner auf Rabi. In einem umfangreichen juristischen Verfahren haben sie zwar 1981 eine Entschädigung in Höhe von ca. 58 Mio. DM für die Tätigkeit der »British Phosphate Commission« auf Banaba von den drei verantwortlichen Regierungen erstritten; ihre Forderung nach staatlicher Selbständigkeit der Insel Banaba erreichten sie nicht: Banaba bleibt ein Bestandteil der Republik Kiribati.

Die Inseln der Gilbert-Gruppe bieten auf ihren geringen Landflächen keine besonderen wirtschaftlichen Möglichkeiten. Auch nach umfangreichen wissenschaftlichen Untersuchungen ist es bisher nicht gelungen, den korallinen Böden auf ihren kleinen Atollen und gehobenen Koralleninseln höhere Erträge abzugewinnen. So wird die wachsende Bevölkerungszahl zu einem immer größeren Problem. Auf vielen Atollen hat sich die Zahl der Einwohner seit 1936 verdoppelt, ja auf einigen verdreifacht. Auf den Inseln des Tarawa-Atolls leben inzwischen über 21 000 Einwohner (1981) gegenüber etwa 2600 im Jahre 1936. Hier befindet sich nämlich das Regierungs- und Handelszentrum des Landes (bis zum Zweiten Weltkrieg auf Butaritari), und somit gibt es hier auch die meisten Arbeitsplätze. Denn auch in Kiribati ist die Regierung der größte Arbeitgeber: 1978 beschäftigte sie 63 % aller Lohn- und Gehaltsempfänger des Landes. Außerdem bietet Tarawa die einzigen qualifizierteren Schulen und Ausbildungsstätten (Marine Training School seit 1967 zur Ausbildung von Seeleuten). Dem außerordentlich zentripetalen Wanderungsstrom soll begegnet werden zum Teil mit Umsiedlungsmaßnahmen zu einigen geeigneten Line-Inseln, zum anderen aber mit dem Aufbau einer eigenen Fischereiwirtschaft – und zwar sowohl in den Lagunen der Atolle (Aquakulturen, Köderfischproduktion für den Thunfischfang) als auch in dem 3,5 Mio. km² großen Seegebiet, das das neue Seerecht in die wirtschaftliche Verfügungsgewalt des Staates gestellt hat.

4.5.2.5 Tuvalu

Tuvalu ist hervorgegangen aus den früheren Ellice-Inseln, die 1892 zusammen mit den Inseln der Gilbert-Gruppe zu einem britischen Protektorat erklärt worden waren und von 1915 bis 1975 zusammen mit den Gilbert-Inseln (u. a.) die britische Kolonie der Gilbert- und Ellice-Inseln bildeten. Aufgrund kultureller und sprachlicher Unterschiede, die sich nach dem Zweiten Weltkrieg auch mehr und mehr in sozialen Spannungen ausdrückten, lösten sich bei der erkennbar werdenden Tendenz zur Entkolonialisierung die Ellice-Inseln nach einem 1974 abgehaltenen Referendum aus der Kolonie und wurden schließlich zum 1. Oktober 1978 selbständig. Die ökonomische Situation verschlechterte sich seit der Trennung von den Gilbert-Inseln, weil nun zum einen keine Finanzmittel mehr aus den Bergbau-Abgaben der Phosphatinsel Banaba (Ocean-Insel) zur Verfügung standen (der Phosphatbergbau endete dort allerdings sowieso Ende 1979) und weil auch zahlreiche Arbeitsplätze für Tuvaluaner in Tarawa (Gilbert-Insel), dem Sitz der Kolonialverwaltung, entfielen.

Die eigenen Ressourcen auf den neun Inseln sind sehr beschränkt. Es handelt sich um Atolle und kleine gehobene Koralleninseln mit Landflächen zwischen 0,5 und 5,6 km², die sich auf eine Inselkette von 560 km Länge verteilen. (Geologische Untersuchungen, einschließlich Tiefbohrungen, auf Funafuti haben 1896–1898 sehr zu Erkenntnissen über den Aufbau von Atollen beigetragen.) Die durchweg flachgründigen, nährstoffarmen und porösen korallinen Böden bieten keine gute Grundlage zu landwirtschaftlicher Nutzung. So hat es auch in kolonialer Zeit nur auf Niulakita, einer gehobenen Koralleninsel mit einigen (im 19. Jahrhundert abgebauten) Phosphatlagern, eine Kokospalmenplantage gegeben. Insgesamt ist auch heute Kopra das einzige marktfähige landwirtschaftliche Erzeugnis; um 1980 wurden jährlich etwa 250 t (Wert: ca. 125 000 DM) exportiert. Mangels anderer Exportgüter ist der Verkauf von Briefmarken an Sammler zur wichtigsten Einnahmequelle geworden: 1979 über 500 000 DM. Mit zeitweise über 80 Beschäftigten ist der Briefmarkenhandel (gedruckt werden sie in Großbritannien) zugleich der größte Arbeitgeber in Tuvalu außerhalb der Regierung.

Das enorme Außenhandelsdefizit wird zum Teil durch Geldsendungen von Tuvaluanern, die im Ausland (bis 1979 besonders Banaba) oder auf ausländischen Frachtschiffen (eine mit australischer Hilfe gebaute »Maritime Training School« fördert diese Erwerbsmöglichkeit) arbeiten, sowie durch Entwicklungshilfemaßnahmen ausgeglichen; das Regierungsbudget basiert zum großen Teil (1979 = ca. 60 %) auf Hilfszusagen der Regierung Großbritanniens zur Unabhängigkeit des Landes. Die zukünftige wirtschaftliche Basis liegt sicherlich ganz wesentlich im Fischereisektor: Tuvalu bietet zwar kaum die Tragfähigkeit für eigene Konservenfabriken, hat aber mit der vertraglichen Zusammenarbeit mit Fidschi (Belieferung der Konservenfabrik in Levuka) eine sehr wahrscheinlich positive Entwicklung eingeleitet.

4.5.2.6 *Nauru*

Die Republik Nauru nimmt als Staat wohl eine einzigartige Stellung auf der Erde ein. Die fast kreisrunde, nur 22 km² große gehobene Koralleninsel mit einer Bevölkerung von etwa 4600 Einheimischen und etwa 3200 ausländischen Arbeitnehmern aus Kiribati, Hong Kong, von den Philippinen und aus Australien sowie anderen von Europäern bewohnten Ländern befindet sich, 42 km südlich des Äquators, weit abgelegen im offenen Pazifischen Ozean. Der Staat ist reich, und viele Bewohner sind es ebenfalls, weil das Innere der Insel ca. 30–70 m hoch aus phosphathaltigem Kalkstein besteht, umgeben von einem schmalen, etwa 150–300 m breiten küstenparallelen Streifen flachen Landes. Seit 1906, also seit der deutschen Kolonialzeit, wird Phosphat abgebaut, maschinell gebrochen und getrocknet und über enorme Ausleger-Förderbänder auf Schiffe verladen, die auf der Reede an Bojen liegen; denn einen Hafen besitzt diese Insel, bei der infolge von Hebungsvorgängen das ehemalige Riff nun die Küste bildet, nicht.

In den Jahren bis 1968 haben die einheimischen Bewohner Naurus keine großen Gewinne aus ihrer bedeutenden Ressource ziehen können: Die Kolonialmächte – Deutschland (als Anteilseigner), dann ab 1914/19 Großbritannien, Australien und Neuseeland gemeinsam – beuteten die Lagerstätten zu ihrem eigenen Profit aus. Nach 1950 wurden jährlich durchweg mehr als 1,5 Mio. t Phosphat der höchsten Qualitätsstufe verschifft. 1968 erhielt Nauru seine Unabhängigkeit, und ab 1970 übernahm es auch – mit Hilfe zahlreicher australischer (u. a.) Fachleute – die Phosphatindustrie (Nauru Phosphate Corporation). Die Einnahmen des Staates und der Landbesitzer (und das sind über das übliche kollektive Landeigentums quasi sämtliche Bewohner) erreichten unvergleichbare Summen (um 1979 ca. 80 Mio. Austr. $, das heißt pro Kopf etwa 18 000 Austr. $; ausbezahlt an die Landbesitzer werden davon jedoch nur weniger als 10 %), so daß in Nauru nicht nur keine Steuern zu zahlen sind, sondern von der Regierung sehr aufwendige Investitionen (Straßenbau,

Wasserversorgung, Telefonnetz, moderner Flughafen, aber auch eigene Fluglinie, eigene Schiffahrtslinie) vorgenommen werden. Darüber hinaus werden größere Summen im Ausland, teils in Grundbesitz und Gebäuden, teils in Investmentfonds angelegt, und zwar sowohl vom Staat als auch von vielen Nauruanern. Denn das Ende des ungewöhnlichen Reichtums ist abzusehen: Je nach Schätzung der Phosphatvorräte (1980 möglicherweise etwa 30 Mio. t) und nach der Entscheidung über die Abbauwürdigkeit bestimmter Qualitäten und auch nach dem Abbauvolumen dürften in 12 bis 15 Jahren die Lagerstätten erschöpft sein. Es gibt aber bisher, abgesehen von den Erträgen aus Übersee-Investitionen, keine Vorsorge für die Zeit danach. Die eigene landwirtschaftliche Produktion reicht bei weitem nicht zur Selbstversorgung, ein produzierendes oder verarbeitendes Gewerbe (außer im Zusammenhang mit der Phosphatindustrie) gibt es nicht. Auch Rekultivierungsmaßnahmen in den Abbaufeldern werden zur Zeit nicht unternommen. Die Grundwasserverhältnisse haben sich derart verändert, daß das Trinkwasser bei den immer wieder in Äquatornähe vorkommenden Trockenzeiten mit Schiffen herantransportiert werden muß. Aufgrund der relativ hohen Technisierung ist auch der Energiebedarf (Öl) erheblich gestiegen. Hier werden gegenwärtig Experimente zur Energiegewinnung aus Wärmedifferenzen im Meerwasser (Ocean Thermal Energy Conversion, OTEC) durchgeführt. Eine zukünftige Wirtschaftsbasis muß sehr wahrscheinlich in den natürlichen Ressourcen des Meeres gesucht werden; denn das neue Seerecht hat den 22 km² großen Staat mit einem Seegebiet von 326000 km² ausgestattet.

4.5.2.7 West-Samoa

West-Samoa besteht aus zwei großen und sechs kleinen Inseln; die großen Inseln *Upolu* (1100 km²) und *Savai'i* (1820 km²) nehmen über 99,5 % der gesamten Landfläche ein. Es sind zwei große »hohe«, also vulkanisch aufgebaute Inseln (letzte Vulkan-Aktivitäten auf Savai'i 1905–1910) mit allen Vorteilen dieser Inselkategorie: landwirtschaftlich nutzbare Küstenebenen, natürliche Wasserläufe mit entsprechenden Unterbrechungen des Riffs vor deren Mündungen (Häfen), reichlich Niederschläge besonders auf der Luv-(Südost-)Seite des hohen zentralen Inselgebirges. Die generelle Nutzungsgliederung des Inselraumes entspricht diesen physio-geographischen Vorgaben: An der Küste befinden sich die Siedlungen, dahinter erstrecken sich binnenwärts die landwirtschaftlichen Nutzflächen, und im Zentralbereich liegt das von tropischem Bergwald dicht bewachsene Gebirge, das außer einigen holzwirtschaftlichen Aktivitäten (großes Sägewerk im Westen der Insel Savai'i) ungenutzt ist. Wenn daher die Statistik ausweist, daß außer einem 10 %igen Regierungsanteil ca. 80 % der gesamten Landfläche West-Samoas den Familienverbänden gehören (»customary land«) und nur 4 % Privateigentum im europäischen Sinne (»freehold land«) darstellen sowie weitere 4 % der Western Samoan Trust Estates Corporation (WSTEC), einer staatlichen Auffanggesellschaft für das ehemals deutsche Plantagenland, gehören, dann täuschen diese Angaben eine falsche Gewichtung vor. Denn die zuletzt genannten 8 % der Landfläche umfassen zum größten Teil die besten landwirtschaftlichen Nutzflächen. Es sind großenteils die ab etwa 1860 von eingewanderten Siedlern, Firmen und Missionen erworbenen Flächen, auf denen die ersten großen Kokospalmenplantagen, aber auch solche mit Kakao, Kaffee, Baumwolle, Kautschuk angelegt wurden.

Die marktorientierte landwirtschaftliche Entwicklung West-Samoas setzte ja schon recht früh und mit großer Intensität ein, nachdem 1857 die Hamburger Firma Johann Cesar Godeffroy von Valparaiso (Chile) aus – nach einem ersten Versuch (1850) auf den Tuamotus – auf Upolu eine Handelsstation errichtete, selbst seit den 1860er Jahren zum Plantagenbau überging und auch zahlreiche Siedler aus Europa und Amerika sich in West-Samoa niederließen. Hier entwickelte die Firma Godeffroy die Methode, nicht Kokosöl, sondern Kopra (das ist das getrocknete Samenfleisch der Kokosnuß) selbst herzustellen bzw. von den Einheimischen herstellen zu lassen, um es dann zu verschiffen. Unter deutscher Verwaltung mußte jeder Haushalt pro Jahr 50 neue Kokospalmen pflanzen.

Die wirtschaftlichen Interessen der Ausländer führten schon bald zu einer allgemeinen Erschließung (Straßenbau) aller Teile der Hauptinsel Upolu, aber auch auf Savai'i, zum Ausbau des Hafens und zum Entstehen der Hauptstadt Apia, deren Geschäfte und Dienstleistungsfunktionen noch heute zum großen Teil ausländischen Unternehmen oder integrierten Einwanderern gehören. Daß West-Samoa erst 1899 von Deutschland annektiert wurde, lag an der Konkurrenzsituation zwischen den Interessen Deutschlands, Großbritanniens und der USA (vgl. Kap. 4.1.2.2). Die faktische koloniale Überformung war damals schon längst geschehen.

Während die exportorientierte landwirtschaftliche Produktion, zum Teil mit Hilfe chinesischer und einiger melanesischer Vertragsarbeiter auf den Plantagen, sehr gefördert wurde, geschah nichts auf dem Sektor der Eigenversorgung des Binnenmarktes – weder im Bereich der Landwirtschaft noch dem des produzierenden Gewerbes. Bis zur Gegenwart bestehen drei Viertel aller Exporte (1980) aus Kopra (53%), Kakao (19%) und Bananen (2,8%). Da aber zugleich die Importe fast alle denkbaren Warenbereiche umfassen, hat das Außenhandelsdefizit 1980 die Höhe von etwa 100 Mio. DM erreicht. Diese Summe kann auch durch Einnahmen aus dem Tourismus oder Geldsendungen der im Ausland arbeitenden West-Samoaner nicht ausgeglichen werden.

Mühsam ist es in den letzten Jahren, sicherlich gefördert durch die frühe Entwicklung und Erschließung des Landes, zu einer gewissen Diversifizierung der Exporte zu kommen. 1980 wurden z. B. auch Taro, Kokosnußsahne (in Dosen), Taro- und Bananenchips, Bier, Seife und Textilien aus eigener Produktion exportiert. Neuseeland (als Mandatsmacht von 1914/20 bis 1962 tätig) ist der Hauptabnehmer vieler Exportgüter (außer Kopra und Kakao). Aber besonders die vorher genannten Eigenprodukte lassen sich sehr gut ins benachbarte Amerikanisch-Samoa verkaufen, dessen landwirtschaftliche und gewerbliche Produktion für den Binnenmarkt äußerst gering ist. Wenn man die Weltmarktprodukte Kopra und Kakao unberücksichtigt läßt, dann ist Amerikanisch-Samoa der zweitwichtigste Handelspartner (nach Neuseeland) für West-Samoa. Die politische Trennung der Samoa-Inseln, eingeleitet 1899 durch die Kolonialmächte, stellt sich insofern für das 1962 selbständig gewordene West-Samoa als wirtschaftlich recht attraktiv dar, sofern die Grenzen geöffnet bleiben.

Auch als Arbeitsmarkt dient Amerikanisch-Samoa dem separaten West-Samoa: Etwa 10 500 West-Samoaner leben und arbeiten im amerikanischen Nachbarterritorium, und viele benutzen – legal oder illegal – Ost-Samoa auch als Brücke zum US-Festland. Schon aus Nützlichkeitsaspekten wird eine »Wiedervereinigung« Samoas gegenwärtig von keiner Seite gewünscht.

Die Abwanderung aus West-Samoa (nach Neuseeland ist sie noch viel umfangreicher als nach Amerikanisch-Samoa) ist eine Folge des eigenen beschränkten Arbeitsmarktes. Die Bevölkerung ist auf etwa 156 000 Einwohner angewachsen; die Jugendlichen im erwerbsfähigen Alter drängen zum Teil aus den traditionellen Familienverbänden, die von gewählten Vorständen (matais) patriarchalisch geleitet werden, heraus, zum Teil werden sie auch durch die Schulausbildung für Tätigkeiten qualifiziert, die es in West-Samoa nicht gibt. Die Regierung hat unter anderem durch die Einrichtung einer »Industrial Free Zone« versucht, die Zahl gewerblicher Arbeitsplätze zu erhöhen. Aber 1976 zählte man nur 712 Erwerbstätige im Bereich des produzierenden und verarbeitenden Gewerbes, während zur gleichen Zeit die 6fache Zahl von der Regierung beschäftigt wurde.

4.5.2.8 Cook-Inseln

Die Cook-Inseln stehen mit ihren knapp 18 000 Bewohnern auf 15 Inseln (deren größte Distanz voneinander 1434 km beträgt) bestenfalls an der unteren Schwelle der Existenzfähigkeit eines eigenständigen Staates. Die äußeren Bedingungen sind allerdings vergleichsweise günstig: Die Hauptinsel Rarotonga ist eine »hohe« vulkanische Insel mit nährstoffreichen Böden aus den Verwitterungsprodukten des vulkanischen Materials und mit Grundwasserhaltung und mehreren natürlichen Wasserläufen. Nur sind die Öffnungen des Saum-Riffs zu schmal, um Hafenanlagen für modernere Überseeschiffe bauen zu können. Weitere fünf Inseln sind zwar kleiner, aber ebenfalls vulkanischen Ursprungs, allerdings in einem fortgeschritteneren Stadium der Verwitterung. Sie bieten relativ gute landwirtschaftliche Anbaubedingungen, wenn auch infolge eines früheren Hebungsvorganges ihr Küstenbereich von einem alten herausgehobenen Korallenriff (Makatea) gebildet wird und somit die landwirtschaftliche Nutzung in diesem Bereich und auch der Hafenbau behindert sind. Eine weitere Insel – Aitutaki (20 km² Landfläche) – weist sowohl die Strukturen der »hohen« vulkanischen Insel als auch diejenigen eines Atolls auf, indem ein Inselteil aus Resten eines Atolls, der andere Teil der Inselformation aus einem Riffrand mit aufgesetzten kleinen Inselchen, also den charakteristischen Formen eines Atolls, besteht. Alle übrigen Inseln der Cook-Gruppe sind Atolle mit entsprechend eingeschränkten Lebens- und Wirtschaftsbedingungen.

Schon seit dem 19. Jahrhundert wurden auf den Cook-Inseln, die seinerzeit allerdings keine funktionale oder politische Einheit bildeten, neben Kokosöl oder später Kopra auch Citrusfrüchte und Baumwolle produziert. Seit Beginn des 20. Jahrhunderts kamen Tomaten, Limonen u. ä. hinzu sowie Saft aus verschiedenen Obstsorten. Die frühe Anregung christlicher Missionare (ab 1821 auf Aitutaki), die Nähe zu dem schon früh entwickelten Tahiti (seit 1840 besuchten – zumeist britische – Händler aus Tahiti die Inseln) und schließlich die Zuordnung zur Kolonie Neuseeland im Jahr 1901 (die meisten Inseln waren ab 1888/92 britisches Protektorat und ab Oktober 1900 britische Kolonie) förderten die Erzeugung exportfähiger Landwirtschaftsgüter auf den Cook-Inseln; denn im Unterschied zu den britischen, französischen, deutschen oder amerikanischen Inseln stand ihnen mit Neuseeland ein relativ gut und schnell erreichbarer Absatzmarkt zur Verfügung, zu dem auch leichter verderbliche Waren gesandt werden konnten. Bis heute hat sich diese Entwicklung fortgesetzt. Inzwischen werden von der Hauptinsel Rarotonga außer Citrusfrüchten und Bananen auch mehrere Gemüsesorten (Gurken, Paprika, Avocado, Bohnen, Tomaten, Auberginen) exportiert (besonders seit Aufnahme regelmäßiger Düsenflugverbindungen mit Neuseeland im Jahr 1973). Von Aitutaki, Atiu und Mauke werden Citrusfrüchte und von Mangaia und Atiu Ananas zur Hauptinsel geliefert, um von dort roh, als konserviertes Fruchtfleisch oder als Saft nach Neuseeland versandt zu werden. Aitutaki liefert außerdem Bananen nach Neuseeland. Die Marktnähe begünstigt diese diversifizierte Produktion, die sicherlich noch erheblich ausgeweitet und gesteigert werden könnte, wenn die Cook-Inseln über Kühlanlagen oder erst recht über ein entsprechend ausgestattetes Schiff zum Gemüse- und Obsttransport verfügen würden. Die Kopra-Erzeugung (1979 nur noch 2000 t) wurde infolge dieser Entwicklung weitgehend auf die Atolle abgedrängt. Insgesamt erreichen die Exporte jedoch nur etwa ein Fünftel der Werte der Importe.

Der freie Zugang zum neuseeländischen Markt ergibt sich aus den besonderen politischen Beziehungen zwischen den beiden Staaten: Die Cook-Inseln haben bei dem Verfahren zur Erlangung der Unabhängigkeit für eine »Free Association« mit Neuseeland optiert. Neuseeland ist zuständig für Fragen der Außen- und Sicherheitspolitik, es unterstützt die Cook-Inseln mit technischen und finanziellen Maßnahmen (1980 = ca. 13 Mio. DM) und behandelt die Bewohner der Cook-Inseln wie Bürger Neuseelands. Der unbeschränkte Zugang nach Neuseeland macht sich in erheblichen Wanderungsbewegungen bemerkbar: Besonders seit der Eröffnung des regelmäßigen Flugverkehrs nach Neuseeland im Jahr 1973 ergab sich ein Bevölkerungsrückgang um 17 % von 21 323 (1971) auf 17 695 (1981). Aufgrund des sich abschwächenden Arbeitsplatzangebotes in Neuseeland hat sich die Abwanderungsrate der Cook-Inseln in den letzten Jahren verringert.

4.5.2.9 Niue

Der nach der Einwohnerzahl kleinste Staat des Südpazifik, Niue, besteht nur aus einer Insel, die von 3578 Personen (1979) bewohnt wird. Die 258 km² große, oval geformte Insel gehört zur

Kategorie der gehobenen Koralleninseln, das heißt, in zwei Phasen (erkennbar an zwei küstenparallelen Terrassen in 25 und 40 m Höhe) ist eine atollähnliche Formation dergestalt gehoben worden, daß das Innere eine Art Plateau und das vormalige Riff die – hafenfeindliche – steile Küste bildet. Zusätzlich versperrt das im Anschluß an die Hebungen wieder gewachsene äußere Riff den Zugang zur Küste, da es keine Wasserläufe auf der Insel gibt, die mit ihren Sedimenten das Riffwachstum in ihrem Mündungsbereich hätten unterbrechen können. So ist auch der kleine Hafen des Hauptortes Alofi für Hochseeschiffe nicht erreichbar; alle Waren müssen mit Booten und Leichtern zwischen Küste und Schiff transportiert werden.

Die Böden auf der Insel sind Verwitterungsprodukte von Korallenmaterial, zwar teilweise nährstoffreich, aber sehr flachgründig und porös. Traditionell wird Kopra als Überschuß der üblichen Subsistenz-Landwirtschaft erzeugt und exportiert. In den 1970er Jahren hat man sich jedoch, mit Unterstützung Neuseelands, auf einige besondere landwirtschaftliche Produkte spezialisiert, die in dem frei zugänglichen Markt Neuseelands gut abzusetzen sind: auf Passionsfrüchte (Aufbereitung zu Saft und Fruchtfleischextrakt), Limonen (Saft) und Bienenhonig. Schon seit vielen Jahren hat allein der Exportwert der Passionsfruchtprodukte denjenigen der Kopra weit überholt. Allerdings sind die Importe zehnmal so hoch wie die Exporte. Das Defizit von ungefähr 6 Mio. DM (1978) wird, abgesehen von Entwicklungshilfemaßnahmen, zum großen Teil aufgefangen durch Geldsendungen von Bürgern Niues, die befristet oder auf Dauer nach Neuseeland ausgewandert sind. Dort leben inzwischen dreimal so viele Personen von Niue wie in Niue selbst. Diese Abwanderung aus Gründen des Gelderwerbs hat – erzwungen und freiwillig – in Niue eine lange Tradition. Waren es anfangs skrupellose Sklavenhändler, die in den 1860er Jahren Bewohner Niues in größerer Zahl nach Peru oder Tahiti verschleppten, so gingen später viele Männer Niues als Vertragsarbeiter zum Beispiel in den Phosphatbergbau auf Malden-Insel, bis Großbritannien (das Niue im Jahr 1900 unter sein Protektorat und später im Jahr unter seine volle Souveränität stellte) und ab 1901 Neuseeland (dem die Insel übergeben wurde) die Auswanderungen unterbanden.

Der Zugang nach Neuseeland ist für Bewohner Niues quasi unbeschränkt möglich. Niue steht seit der Entscheidung zur grundsätzlichen Selbstverwaltung im Jahr 1974 mit Neuseeland in »Free Association«; das heißt, die Bewohner Niues werden wie Bürger Neuseelands behandelt, sie haben einen neuseeländischen Paß, Neuseeland ist für die Außen- und Verteidigungspolitik

Niues verantwortlich – und Neuseeland finanziert auch mit einer jährlichen Budgethilfe von gegenwärtig über 5 Mio. DM den defizitären Haushalt des Inselstaates. Dessen Hauptproblem liegt in der Tatsache, daß die Bevölkerung seit vielen Jahren, wenn auch in letzter Zeit verlangsamt, durch Abwanderung abnimmt und inzwischen eine Größenordnung erreicht hat, die eine wirklich selbständige Existenz bei der gegebenen Ressourcenarmut nicht mehr zuläßt. Da eine Vereinigung mit Nachbarterritorien gegenwärtig nicht möglich ist (schon von 1901 bis 1903 hatten die Neuseeländer Niue den Cook-Inseln zugeordnet, aber aus Distanzgründen mußten sie Niue dann als separate Kolonie verwalten), bleibt nur die Assoziierung mit einem leistungsfähigeren fremden Staat.

4.5.2.10 *Tokelau*

Tokelau, ein »Non-Self-Governing Territory« unter neuseeländischer Verwaltung, besteht aus drei Atollen mit (1981) 1554 Einwohner auf 12,2 km² Landfläche, die maximal 2–4,50 m über dem Meeresspiegel liegt. Wegen seiner Kleinheit, seiner Distanz zu Nachbarn (fast 500 km nördlich von West-Samoa) und seiner Ressourcenarmut paßt es im Grunde nicht in die üblichen Vorstellungen von Staaten, läßt sich aber auch kaum Nachbarn zuordnen (obwohl historische Beziehungen zu Samoa, im wesentlichen zur Swains-Insel/Amerikanisch-Samoa gegeben sind), und auch die gegenwärtige Verwaltung durch Neuseeland bleibt unbefriedigend, weil ihr ein gewisser kolonialzeitlicher Makel anhaftet. Tokelau ist bei der Entstehung der südpazifischen Staatenwelt übriggeblieben. Eine angemessene Lösung könnte, vielleicht auch für Wallis und Futuna, möglicherweise im Rahmen einer südpazifischen politischen Kooperation gefunden werden.

Die neuere Geschichte Tokelaus spiegelt die Problematik wider: Nicht aus wirtschaftlichen Gründen, sondern als mögliche Kabelstation (wurde nicht eingerichtet) wird Tokelau 1889 zum britischen Protektorat. Die Verwaltung erfolgt durch den britischen Konsul von West-Samoa, ab 1899 (West-Samoa wird deutsch) von Tonga aus, später von der 2200 km entfernten Ocean-Insel (dem Sitz der britischen Protektoratsverwaltung der Gilbert- und Ellice-Inseln). 1916 wird Tokelau in die nun entstandene Kolonie der Gilbert- und Ellice-Inseln eingegliedert, 1925 der Verwaltung durch Neuseeland unterstellt, das es ab 1926 durch seine Repräsentanten in West-Samoa verwalten läßt. Inzwischen ist West-Samoa zwar ein unabhängiger Staat; in seiner Hauptstadt Apia residiert jedoch das nunmehr dem neuseeländischen Außenministerium unterstehende »Office of Tokelau Affairs«, das die offizielle Verwaltung Tokelaus ausführt. Nebenbei wurden die drei Atolle Tokelaus seit 1856 auch noch durch den Guano Act von den USA beansprucht, die aber auf ihre »Rechte« im Rahmen eines Abkommens über die Grenzen der Wirtschaftszonen zwischen Amerikanisch-Samoa und Tokelau 1980 (1983 ratifiziert) verzichtet haben.

In der Fischerei liegt wohl die einzige größere natürliche Ressource der Tokelaus; denn die landwirtschaftlichen Bedingungen auf den schmalen, sandigen, salzigen, nährstoffarmen und zeitweise von Trockenheit bedrohten Böden der Atolle sind sehr beschränkt. Kopra ist das einzige marktfähige Produkt (für ca. 120000 DM jährlich) in der ansonsten herrschenden Subsistenz-Landwirtschaft. Die Finanzdefizite des Territoriums werden gemindert durch die Ausfuhr einiger Handarbeiten (ca. 20000 DM) sowie Münzen und Briefmarken für Sammler (ca. 280000 DM). Neuseeland gibt eine jährliche Budget-Beihilfe von derzeit ca. 3,7 Mio. DM. Außerdem fließen größere Summen ins Land durch Geldsendungen von ehemaligen Tokelau-Bewohnern, die nun in Neuseeland arbeiten (1979 = ca. 2000).

4.5.2.11 Pitcairn-Inseln

Wenn man einmal von den Konsequenzen des neuen Seerechts von 1982 absieht, das der britischen Kolonie eine »Ausschließliche Wirtschaftszone« von ca. 700000 km² zuordnet, dann liegt die eigentliche Bedeutung Pitcairns nur in seiner Geschichte: 1790 ließen sich hier neun Meuterer der »Bounty« zusammen mit sechs Männern und zwölf Frauen von Tahiti nieder. Die anfangs stark wachsende Bevölkerung lebte von den landwirtschaftlichen Produkten der 4,5 km² großen vulkanischen Insel, deren nährstoffreiche Böden bei günstigem Klima ausreichende Erträge ermöglichten. Ab 1823 brachte die Versorgung amerikanischer Walfangschiffe zusätzliche Handelsmöglichkeiten. Schon zweimal wurde die Insel wegen drohender Übervölkerung verlassen: 1831 nach Tahiti und 1856 zur Norfolk-Insel, nachdem deren Funktion als Strafinsel aufgegeben wurde. Jedesmal kehrte die Bevölkerung jedoch insgesamt oder teilweise nach Pitcairn zurück. Erst in neuester Zeit hat die Abwanderung besonders der jungen Leute (vorwiegend nach Neuseeland) dazu geführt, daß 1979 nur noch 64 Bewohner auf der Insel Pitcairn (1898 zur britischen Kolonie erklärt, 1938 erweitert um die 1902 von Großbritannien annektierten unbewohnten Atolle Ducie und

Oeno sowie die gehobene Koralleninsel Henderson) lebten. Nachdem die Zahl der Schiffsbesuche erheblich abgenommen hat und damit die Möglichkeit zum Verkauf von Landesprodukten und Handarbeiten zurückgegangen ist, erbringt der Verkauf von Briefmarken an Sammler im Ausland die wichtigsten und fast einzigen Einnahmen für das kleine Territorium.

4.5.2.12 *Königreich Tonga*

Als einziges Territorium des Südpazifik ist das Königreich Tonga nie eine echte Kolonie gewesen, auch wenn die Erklärung des britischen Protektorats über die »Freundschaftsinseln« im Jahr 1900 durchaus halbkoloniale Merkmale aufwies und wenn auch der Einfluß ausländischer Siedler, Handelsfirmen und Missionare seit der Mitte des 19. Jahrhunderts Tonga wesentlich mitgeprägt hat. Wahrscheinlich verdankt das kleine Land mit seinen gegenwärtig (1980) ca. 92 000 Einwohnern auf 36 bewohnten und 133 unbewohnten Inseln diese relativ selbständige Existenz während des gesamten Kolonialzeitalters der Tatsache, daß sich vor bzw. zu Beginn der europäischen Infiltration in den Südpazifik eine starke Königsdynastie durchgesetzt hatte, die als Ordnungsfaktor im Lande und als politischer Partner von den europäischen Mächten anerkannt wurde; denn ihr Interesse an der Bildung direkter Kolonien war, von Ausnahmen abgesehen, gering (vgl. S. 112). Wichtig war und ist die relative Stärke des Königshauses – wenn auch zeitweise geradezu usurpiert von ausländischen Beratern (1880 bis 1890 brachte es der ehemalige Missionar Shirley Baker bis zum Premierminister des Landes) – auch gegen eine Überfremdung des Königreiches, besonders des Landbesitzes: Als der König von Tonga 1875 eine Verfassung erließ, wurde das gesamte Land der Krone zugesprochen. Große Areale erhielten etwa 30 Adelsfamilien, die Regierung und das Königshaus als eine Art Lehen zur jeweiligen Verfügung, aber auch mit der Verpflichtung, das Land in kleineren Parzellen an die tonganischen Bürger zu verpachten, und zwar jeweils auf Lebenszeit gegen eine mehr nominelle Pacht (vgl. Kap. 4.3.1). Diese wiederum waren und sind verpflichtet, jeweils mindestens 200 Kokospalmen zu pflanzen. Dieses System verhinderte weitgehend die Entstehung von Plantagen in ausländischem Eigentum und führte dazu, daß zum Beispiel 1938 nur 2,5 % aller Kokospalmen-Bestände in ausländischem Besitz waren. Damit befand sich die Erzeugung des bis heute wichtigsten Exportgutes in nationalen Händen: Noch 1980 erreichte der Anteil von Kokosnüssen, Kokosraspel, Kopra und Kokosöl am Gesamtexport des Landes 72 %.

Von großer Bedeutung war auch, daß in Tonga eine eigene Regierung eine nationale Entwicklungspolitik betrieb, die zwar – auch wegen der Ausbildung der regierenden Politiker zum Beispiel in Australien – oft sehr stark der Politik der Kolonialmächte in den südpazifischen Kolonien ähnelte, die aber eben doch stärker den eigenen nationalen Notwendigkeiten zu genügen suchte. So bemühte man sich schon frühzeitig um die allgemeine Volksbildung, Infrastrukturmaßnahmen sorgten für die Erschließung des Landes (besonders Straßenbau), der Anbau weltmarktfähiger Produkte (Kakao, Baumwolle, Erdnüsse, Süßkartoffeln, Ananas bis hin zum Vanille-Anbau seit den 1970er Jahren) wurde angeregt und gefördert. Und wenn auch viele Versuche aus dem experimentellen Stadium nicht herauskamen oder frühzeitig verworfen werden mußten, so entstanden damit doch ein größeres Selbstwertgefühl und eine allgemeine Aufgeschlossenheit zur Eigenverantwortung. Die Suche nach Erdöl, eine meeresbiologische Untersuchungsstation zur Vorbereitung von Fischereiwirtschafts- und Aquakulturvorhaben, die Ausweisung eines Kleinindustrieparks (u. a. Strickerei, Kleinmöbel), das Bemühen um Steigerung des Tourismus – all das deutet eine große Zahl von Initiativen einer eigenständigen, um Diversifikation bemühten Regierung an; die Erfolgsaussicht mancher Einzelmaßnahmen mag dabei unterschiedlich zu bewerten sein.

Die landwirtschaftlichen Nutzungsmöglichkeiten sind auf den meisten Inseln – es handelt sich bei den großen Inseln durchweg um gehobene Koralleninseln mit mittelmäßigen Böden und erträglichen Speicherkapazitäten für Wasser – zwar recht gut, aber die insulare Zergliederung des Landes, Probleme beim Schiffstransport wegen der für internationale Frachtdienste geringen Lademengen, Abhängigkeiten von den nicht selbst zu beeinflussenden Absatzmärkten Neuseeland und Australien haben die wirtschaftliche Entwicklung erheblich behindert. Ein Merkmal dieser Situation bietet der völlig unzureichende Arbeitsmarkt: Da für die wachsende Bevölkerung, die nicht mehr im landwirtschaftlichen Subsistenz-Bereich Arbeit und Erwerb finden kann oder will, bei weitem nicht genügend Arbeitsplätze zur Verfügung stehen, wandern zahlreiche Personen im erwerbsfähigen Alter nach Neuseeland, nach Amerikanisch-Samoa oder in die USA aus. Ihre Geldsendungen tragen allerdings wesentlich (neben den Einnahmen aus dem Tourismus) zum Ausgleich der Zahlungsbilanz bei; denn der Außenhandel schließt seit vielen Jahren mit hohen Defiziten ab, da die Exporte nur etwas mehr als 20 % der Importe abdecken. Aber immerhin wurden durch diplomatisches Geschick des Königshauses nicht unbeträchtliche Entwicklungshilfegelder ins Land gezogen, obwohl sich ja nicht, wie in den anderen südpazifischen Ländern, eine gegenwärtige oder ehemalige Kolonialmacht verantwortlich fühlte.

Allerdings liegen im System der tonganischen Monarchie und Adelsherrschaft nach dem allgemeinen Ende des Kolonialzeitalters erhebliche Probleme: Die Repräsentation des Volkes im Parlament ist gering (nur sieben der 14 Abgeordneten werden von der Bevölkerung gewählt), der Einfluß des Adels ist groß (33 Adelige, die ja auch das Verfügungsrecht über den größten Teil aller Landflächen ausüben, wählen die anderen sieben Parlamentsabgeordneten); die Verflechtungen zwischen König, Legislative und Exekutive lassen trotz der Konstitution demokratische Kontrollen oft unwirksam werden. Das muß zwar nicht prinzipiell zum Schaden des Landes sein, widerspricht aber dem wachsenden politischen Bewußtsein besonders der heranwachsenden Staatsbürger.

4.5.2.13 Republik Vanuatu

Skrupellose Unternehmungen zur Beschaffung von Sandelholz (1829 bis 1835, 1839 bis ca. 1865), vielfach verbrecherische Rekrutierungen von Arbeitskräften für die Plantagen in Queensland, Fidschi, Neukaledonien und Samoa (1863 bis ca. 1903), rücksichtslose Bodenakkumulation ausländischer Siedler und Investment-Firmen (einer Spekulationsgesellschaft aus Neukaledonien gehörten 1885 ca. 50 % der gesamten Landfläche der Inselgruppe) und zwei parallel etablierte, aber mit unterschiedlichen Konzeptionen arbeitende Kolonialverwaltungen (Einsetzung einer vereinigten britisch-französischen Marine-Kommission 1887 im wesentlichen zum Schutz der jeweils eigenen Landsleute, Bildung einer britisch-französischen kolonialen Doppelverwaltung – Kondominium – im Jahr 1906) haben die Inselgruppe der Neuen Hebriden (seit der Unabhängigkeit 1980: Vanuatu) in einen weitgehend ungeordneten, unentwickelten, ziellosen Zustand versetzt. Langfristige Bevölkerungsabnahme von der Mitte des 19. Jahrhunderts bis zum Zweiten Weltkrieg, umfangreiche nutzbare, aber ungenutzte Landflächen, geringer Ausbildungsstand der einheimischen Bevölkerung, mangelhafte Erfahrung der Einheimischen mit der Selbstverwaltung, Unsicherheit in der Rechtssituation als Erbe aus zwei nebeneinander bestehenden Rechtssystemen bis 1980, hoher Anteil ausländischer Berater in fast allen leitenden Funktionen – das sind die Konsequenzen der Kolonialzeit für Vanuatu.

Die ca. 80 Inseln des Staates bieten im südpazifischen Vergleich durchaus positive Entwicklungschancen. Sie gehören zum großen Teil – wie die Salomon-Inseln und Neukaledonien – zu den altvulkanischen »kontinentalen« Inseln auf der Ostseite der Australischen Platte; ihre andesitischen Kernmassen wurden durch Erosion, Hebungen, Absenkungen, Überlagerung mit Kalkstein, erneute Hebungen sowie durch jüngeren Vulkanismus bis zur Gegenwart verändert. Mt. Benbow und Mt. Marum auf der Insel Ambrym sind nennenswerte Beispiele aktiver Vulkane in Vanuatu. Die früher und gegenwärtig ausgeworfene und vom Wind verbreitete Asche begünstigt den mineralischen Nährstoffhaushalt der Böden erheblich. Aufgrund ihrer Orogenese tragen die meisten Inseln sehr schroffe Gebirgszüge, jedoch ebenfalls, besonders in den Kalksteinbereichen, mehr oder weniger ausgedehnte küstennahe Ebenen. Vorwiegend letztere werden landwirtschaftlich genutzt – teilweise mit umfangreichen Kokospalmen-, Kaffee- und Kakaoplantagen, teilweise mit Rinderherden auf Grasland (1978 = ca. 130000). Diese markt- und exportorientierte Produktion befindet sich zum überwiegenden Teil (bei Kopra weniger als 50 %) im Besitz eingewanderter Pflanzer oder ausländischer Firmen. Die einheimische Bevölkerung betreibt fast ausschließlich Subsistenz-Landwirtschaft mit einer zumeist geringen Überschußproduktion (besonders Kopra) für den Markt. Sonstige wichtige Erwerbsmöglichkeiten für Einheimische bieten sich – abgesehen von der Arbeit auf Plantagen und bei der Regierung – nur in der Fischereiwirtschaft.

Zwar wurde seit 1961, unterbrochen von 1967 bis 1975, Manganerz auf der Insel Efate abgebaut und nach Japan verschifft, 1979 kamen jedoch keine Manganerze zum Export. Wahrscheinlich gibt es zahlreiche weitere Erzvorkommen (Nickel, Kupfer, Bauxit); die Untersuchungen sind noch nicht abgeschlossen.

Ca. 100 Arbeiter werden auf der Fischereistation (einschließlich Kühlanlagen) eines japanisch-australischen Fischereiunternehmens, gegründet 1957, in Palekula (Espiritu Santo) beschäftigt. Der Fischfang geschieht jedoch ausschließlich durch ca. 50 taiwanesische Fischereischiffe.

Der Außenhandel des Landes ist zunehmend defizitär. Das liegt besonders am Rückgang des Manganerz-Exportes. So bestehen 48 % aller Exporte aus Kopra (die Ölmühle für Kokosöl wurde 1980 zerstört), 37 % aus Fisch; hinzu kommen 7,1 % Rindfleisch (Konserven und tiefgekühlt, für Neukaledonien) und 5,3 % Kakao. Alle anderen Exportgüter haben keine Bedeutung erlangt. Die Wirtschaft des Landes zeigt also noch ganz traditionelle Züge des Kolonialzeitalters.

Für die neue Regierung des jungen Staates wird es schwer

sein, einen wirtschaftlichen, politischen und sozialen Entwicklungsprozeß in Gang zu setzen. Die Maßnahme, Vanuatu zu einem »Steuerparadies« für Ausländer und zu einem »Billig-Flaggen-Land« zu machen, dürfte kaum zur wirtschaftlichen Stabilisierung beitragen. Zwar war die Abwehr gegen eine längere Kolonialverwaltung allgemein verbreitet, aber separatistische Bestrebungen während des Prozesses der entstehenden Unabhängigkeit, die Unzugänglichkeit einiger Landesteile, die Sprachenvielfalt (ca. 110 Sprachen und Dialekte bei einer Gesamtbevölkerung von etwa 117000 Einwohnern) zeigen an, daß es zur Bildung einer bewußten »Nation« noch erheblicher Entwicklungsprozesse bedarf.

4.5.3 Der französisch beeinflusste Südpazifik

4.5.3.1 *Französisch-Polynesien*

Frankreich hat seine beiden größeren südpazifischen Territorien – Neukaledonien und Französisch-Polynesien – von Anfang an als separat gelegene Landesteile betrachtet. Während diese Absicht in Neukaledonien, auf der Basis umfangreicher französischer Einwanderungen, durchgesetzt wurde (ohne hier die inzwischen formierten politischen Gegenkräfte unterschätzen zu wollen), hat Französisch-Polynesien trotz aller Gallisierung in wesentlichen Teilbereichen seinen autochthonen Charakter bewahren können. Nicht zuletzt haben die insulare Zergliederung, das heißt das Fehlen ausgedehnter Plantagen- und Weideflächen einerseits und der Mangel an verwertbaren Bodenschätzen (Ausnahme: Phosphatabbau auf Makatea bis 1966) andererseits eine noch stärkere Überfremdung verhindert. Denn die Inseln Französisch-Polynesiens sind – im Unterschied zum »kontinentalen« Neukaledonien – rein vulkanischen Ursprungs. Kleine gehobene Koralleninseln und besonders Atolle (Tuamotu-Inseln) bieten kaum den Einheimischen eine stabile Existenzgrundlage und haben daher auch kein besonderes Interesse (außer auf Perlmuscheln von mehreren Inseln der Tuamotu- und Mangareva-Gruppe) bei den Europäern gefunden. Attraktiver für ausländische Händler und Siedler waren die vulkanischen »hohen« Inseln, also die Gesellschaftsinseln, die Marquesas und die Austral-Inseln. Aber viele dieser hohen Inseln bieten nur schmale landwirtschaftlich nutzbare Flächen, das heißt alluviale Streifen zwischen Küste und Bergland, da sie entweder sehr steile vulkanische Massive (besonders die Marquesas) tragen oder die vormaligen

Vulkanberge erheblich abgesunken (zum Beispiel in den Austral-Inseln) und von Barriere-Riffen umgeben sind. Die größte Insel ist Tahiti (1042 km²), und sie hat auch in besonderer Weise fremde Seefahrer, Missionare, Kaufleute und Siedler angezogen. Ihre Küstenebenen bieten Flächen für Plantagen, ihre Wasserläufe gewähren eine günstige Wasserversorgung und behindern in ihren Mündungsbereichen das Riffwachstum, so daß sich günstige Hafenbedingungen ergeben. Auf Tahiti haben sich 1797 die Missionare der »London Missionary Society« niedergelassen und über lange Zeit die Entwicklung nicht nur der Gesellschaftsinseln ganz wesentlich mitbestimmt. Nach 1842 wurden sie ergänzt, wenn nicht ersetzt, durch katholische Missionen. Den missionarischen Schutz und Einfluß nutzend, bevorzugten Walfänger und Handelsschiffe Tahiti, ließen sich ab 1820 erste feste Händler nieder. In Verkennung der eigentlichen Situation hielten die Fremden den einheimischen Häuptling im Bereich ihres Hafens für den »König« von Tahiti, und mit ihrer Förderung und ihren Waffen konnte er sich tatsächlich als solcher durchsetzen. Auf Tahiti entstand der Hauptsitz der (ab 1842) Protektorats- und (ab 1880, auch im Zusammenhang mit der beginnenden Planung für den Panama-Kanal) Kolonialverwaltung Frankreichs. Die übrigen zu Französisch-Polynesien gehörenden Inselgruppen haben ein deutlich geringeres Engagement der Franzosen erfahren, so daß man deren Annexion (bis 1901) zum großen Teil als eine Abrundung ihres südostpazifischen Territoriums ansehen muß.

Versuche, besonders auch auf den Marquesas weltmarktorientierte Landwirtschaftsprodukte (besonders Baumwolle) zu erzeugen, waren wirtschaftlich erfolglos, führten aber infolge eingeschleppter Krankheiten und Drogen (Alkohol, sogar Opium für die Vertragsarbeiter aus China, Indochina und Martinique, aber auch für eindringende europäische Siedler und Abenteurer) zu massiven Bevölkerungsverlusten der Einheimischen. Tödliche Krankheiten grassierten auch nach der Rückkehr weniger Überlebender von den in den 1860er Jahren durch peruanische Sklavenjäger entführten Bewohnern zahlreicher Marquesas-Inseln.

Die Koprawirtschaft charakterisiert die meisten der insgesamt etwa 130 Inseln des französischen Überseeterritoriums. Allerdings gedeiht auf den weit nach Süden vorgeschobenen Inseln der Austral-Gruppe (besonders Rapa und Marotiri, bei etwa 28° südl. Breite) die Kokospalme nicht mehr; hier werden Gemüse, Kartoffeln und Citrusfrüchte angebaut und zum Teil nach Tahiti geliefert. Wenn man die Inseln außerhalb Tahitis betrachtet, ist nur noch Vanille als exportfähiges Erzeugnis einiger Gesellschaftsinseln »Unter dem Wind« zu nennen. Alle übrigen auf

Marktproduktion ausgerichteten Aktivitäten sind auf die Insel Tahiti konzentriert. Hier werden nicht nur Kopra, Kaffee und Vanille erzeugt, hier wird auch die Kopra des gesamten Territoriums (ca. 19000 t im Jahr 1980, Tendenz z. Z. abnehmend) zu Kokosöl (Ölmühle in chinesischem Besitz) verarbeitet, um von hier exportiert zu werden. Die Hauptstadt Papeete liegt an einem der wichtigsten Überseehäfen des Südpazifik und verfügt über einen bedeutenden internationalen Flughafen. Tahiti ist auch das Zentrum des seit den 1960er Jahren enorm gewachsenen Tourismus: 1980 brachten ca. 89000 Touristen etwa 129 Mio. DM, d. i. fast zehnmal soviel wie die Exporterträge für Kokosöl. 2069 Hotelbetten stehen derzeit zur Verfügung, davon 55 % auf Tahiti, 28 % auf der unmittelbar benachbart liegenden Insel Moorea und 10 % auf Bora Bora, ebenfalls in den Gesellschaftsinseln.
Auf Tahiti befindet sich auch eine Fülle öffentlicher Behörden und Verwaltungen mit insgesamt ca. 15000 Beschäftigten, die zwar nicht insgesamt, aber doch zum überwiegenden Teil auf Tahiti arbeiten und wohnen. Ebenso sind hier die meisten und wichtigsten Handels- und Dienstleistungseinrichtungen (ca. 15000 Beschäftigte, einschließlich Tourismusgewerbe, von denen ebenfalls die meisten auf Tahiti arbeiten) ansässig. In den kleinen Betrieben des produzierenden und verarbeitenden Gewerbes auf Tahiti (eine Brauerei, Limonade-, Lebensmittel- und Konfektionsbetriebe sowie Herstellung von kunstgewerblichen Artikeln) wurden 1980 etwa 3000 Beschäftigte gezählt.
Von besonderer – und zwar politischer und ökonomischer – Bedeutung ist das auch auf Tahiti eingerichtete »Centre d'Experimentations du Pacifique« (CEP) zur Durchführung von Atombombenversuchen im Mururoa- und Fangataufa-Atoll. Zwar fehlen naturgemäß genauere Zahlenangaben; aber der von französischer Seite oft betonte ökonomische Effekt ist zumindest unter dem Aspekt des Arbeitsmarktes begrenzt: Nur weniger als 700 (= ca. 16 %) einheimische Arbeitskräfte werden von dieser Behörde beschäftigt. Andererseits fließen über die zahlreichen französischen Mitarbeiter und auch die größere Zahl von französischen Soldaten, die mit dem Projekt verbunden sind, sicherlich große Geldmengen in das Territorium. Auch fördert der Versorgungsbedarf all dieser Truppen und Angestellten die heimische Produktion, die sich im Bereich der Nahrungsmittelerzeugung (Gemüse) allerdings überwiegend in der Hand von Chinesen (1980 = insgesamt etwa 5000) befindet. Der politische Schaden der 1966 begonnenen Atombombenversuche (seit 1975 unterirdisch) dürfte aber langfristig nachteiliger sein als der ökonomische Vorteil. Denn inzwischen verurteilen sämtliche südpazifi-

schen Staaten die Nukleartests aufs schärfste und drängen Frankreich damit auch gesamtpolitisch in eine deutliche Isolation.
Die Frage staatlicher Selbständigkeit ist für die französischen Besitzungen im Südpazifik ungeklärt. Unabhängigkeitsbewegungen, die besonders nach dem Zweiten Weltkrieg entstanden und zum Teil zurückzuführen sind auf Kriegserfahrungen und den Kontakt mit amerikanischen Soldaten (amerikanische Garnison auf Bora Bora im Zweiten Weltkrieg), sind vielfältig unterdrückt worden. Das geschah besonders nach dem Referendum zur 5. Republik de Gaulles 1958. Es war verbunden mit der Entscheidung über den zukünftigen Status des Territoriums. Nur 36 % stimmten – teilweise aus Furcht vor wirtschaftlichen Nachteilen, teilweise auch unter dem Einfluß der Kirchen – für die Unabhängigkeit. Selbst eine innere Autonomie wurde bisher nicht erreicht; denn immer noch gilt die für das »Territoire de la Polynésie Française« 1956 erlassene Verwaltungsorganisation, in der neben einem gewählten Parlament ein »Conseil de Gouvernement« als Exekutive unter dem Vorsitz eines französischen Staatsbeamten (Gouverneur) arbeitet, der das Veto-Recht gegen alle Beschlüsse beider Körperschaften hat. Nach anfänglichen Steigerungen der politischen Aktivitäten hat der wirtschaftliche Aufschwung der 1970er Jahre, ausgelöst durch den internationalen Tourismus und auch die Installation militärischer Anlagen, erneut die Bemühungen um Unabhängigkeit oder auch nur innere Autonomie schwächer werden lassen.

4.5.3.2 *Neukaledonien*

Als Neukaledonien 1853 von Frankreich annektiert wurde, war es von vornherein als langfristige, wenn nicht endgültige französische Siedlungskolonie vorgesehen. In der Hauptsache dachte man dabei an die etwa 400 km lange und 50 km breite Hauptinsel. Sie ist, anders als fast alle anderen südpazifischen Inseln, nicht vulkanischen Ursprungs, auch sind bei ihr die älteren »kontinentalen« Grundgebirge nicht durch jüngeren Vulkanismus überlagert (wie z. B. in den Salomon-Inseln). Vielmehr handelt es sich um gehobene, aufgetauchte Faltengebirge (vgl. Kap. 4.1.1.1) mit metamorphen (Peridotit, Serpentinit, Gneis) und Sedimentgesteinen. Letztere kommen nur an der Westküste vor, die insgesamt flachwellig ist und Ebenheiten aufweist, während die metamorphen Gesteine die nach Osten verschobene gebirgige Längsachse der Insel kennzeichnen. Nach Osten fällt das Gebirge steil zum Meer ab und läßt nur einen schmalen Küstenstreifen frei. Vermuteter Erzreichtum und landwirtschaftliche Entwicklungsmöglichkeiten ließen die Annexion für Frankreich profitabel erscheinen. Zum einen sollte Neukaledonien ein, wenn auch bescheidenes, Gegengewicht gegen die britischen Kolonien Australien und Neuseeland bilden; zum anderen benötigte man eine neue Strafkolonie für die in damaliger Zeit in Europa verbreitete Methode der Deportation krimineller und politischer Gefangener, und man dachte bei den zukünftigen Siedlern zuerst und vor allem an die Deportierten. Nach der Einrichtung der Kolonialverwaltung (bis 1860 unterstand Neukaledonien dem Gouverneur von Tahiti, dann wurde es eine eigenständige Kolonie, die allerdings bis 1884 vom Militär verwaltet wurde) kamen schon 1864 die ersten Transporte in Neukaledonien an, die bis 1894 über 40000 Deportierte in die Strafkolonie brachten; 1887 waren 10935 Sträflinge im Land. Danach wurden die Deportationen allmählich eingestellt.

Die französische Regierung organisierte von Anfang an ein umfassendes Entwicklungsprogramm im Sinne französischer Siedlungspolitik. Die Einheimischen wurden quasi in Reservate zurückgedrängt; ihre Zahl nahm konsequent bis zum Ende der 1920er Jahre um weit mehr als 50% auf ca. 16600 ab. Unmittelbar nach Beginn der Kolonialzeit wurde alles Land, das nicht gerade bearbeitet wurde oder besetzt war, verstaatlicht, um es teilweise allmählich wieder an Siedler und Gewerbebetriebe (Bergbau) abzugeben. Ein topographischer Dienst zur Landvermessung wurde errichtet. Mit der billigen Arbeitskraft der Deportierten realisierte man zahlreiche Infrastrukturmaßnahmen (Straßenbau, Schulbau, Wasserversorgung usw.). Die Gefangenen mußten auch auf den Plantagen arbeiten.

Die Kultur der Einheimischen wurde immer weiter überfremdet und zurückgedrängt und ist schließlich trotz mancher Widerstände (bewaffnete Unruhen 1878/79 und 1917) untergegangen. Heute sind alle wesentlichen Landesteile im umfassenden Sinne französisch; die Hauptstadt Nouméa ist eine französische Stadt – sowohl von ihrer äußeren Struktur als auch von den Bewohnern.

Trotz großzügiger Förderung durch die Kolonialverwaltung hat sich die Landwirtschaft bis zur Gegenwart nur unvollkommen entwickelt. Außer relativ geringen Mengen an Kopra (ca. 1000 t jährlich, überwiegend von den Loyalty-Inseln) und Kaffee (500–600 t jährlich) werden keine tropischen Landwirtschaftsgüter für den Export erzeugt. Auch der Binnenmarkt muß mit umfangreichen Nahrungsmittelimporten versorgt werden. Von Bedeutung ist nur die Rinderhaltung auf dem Grasland der Lee-Seite des

Gebirges sowie die Gemüseproduktion besonders durch seßhaft gewordene japanische Vertragsarbeiter.
Behindert wurde die Landwirtschaft sicherlich ganz besonders durch die hohe Attraktivität des Bergbaus. Neukaledonien ist erstaunlich reich an Erzen: Kupfer, Gold, Blei und Zink in den metamorphen Gesteinen des Nordens der Insel, Nickel, Chrom, Kobalt und Eisen im Serpentinit des Südostens und Nordwestens, Mangan, Antimon und Kohle in den Sedimentgesteinen des Westens. Fast alle Erzarten und Kohle wurden versuchsweise gefördert, die meisten Bergbauunternehmen mußten jedoch wieder eingestellt werden, weil entweder die Qualitäten zu schlecht waren oder weil in anderen Weltgegenden günstigere Förder- und Absatzbedingungen vorlagen. Auch der lange Zeit sehr bedeutende Chromerzbergbau war seit 1960 eingestellt worden; 1980 wurden erstmals wieder 2188 t abgebaut. Kontinuierlich förderte man nur Nickelerz. Neukaledonien ist – nach Kanada – der zweitgrößte Nickelproduzent der Erde. Nickelerz wurde 1865 entdeckt, ab 1875 und schließlich ab 1889 in großem Umfang gefördert und ab 1910 mit immer wieder verbesserten Verfahren zu Nickelmatte und Ferronickel aufbereitet. 1980 förderten fast 1600 Bergleute 4,2 Mio. t Nickelerz; davon wurden 2 Mio. t nach Japan exportiert. Das übrige Erz bereiteten etwa 3300 Beschäftigte der Nickel-Gesellschaft zu 32 580 t Ferronickel und 15 479 t Nickelmatte auf. Der Anteil von Nickel am Gesamtexport (überwiegend nach Frankreich und Japan) beträgt über 99 %. Mit diesen Erträgen erreicht Neukaledonien eine im großen und ganzen ausgeglichene Außenhandelsbilanz.
Das wichtigste politische Problem Neukaledoniens ist verbunden mit der Frage einer zukünftigen staatlichen Selbständigkeit.
Die Bereitschaft der gegenwärtigen sozialistischen Regierung Frankreichs zur Gewährung der Unabhängigkeit scheint groß zu sein, zumindest in Richtung auf eine echte Autonomie. Kaum lösbar bleibt jedoch das Problem der Selbstbestimmung; denn da die einheimische Bevölkerungsgruppe nur noch eine Minderheit bildet, von der sicherlich ein gewisser Anteil den gegenwärtigen politischen Status beizubehalten wünscht, könnte eine auf Gleichheit beruhende Volksabstimmung niemals zu einem unabhängigen Staat führen. Der Entkolonialisierungsprozeß im benachbarten Vanuatu hat die Unabhängigkeitsbewegung in Neukaledonien (Kanak Liberation Party) erheblich gestärkt und zu einer regionalen Solidarität der übrigen südpazifischen Staaten beigetragen. Neben Fidschi mit seiner indischen Bevölkerungsmehrheit entwickelt sich gegenwärtig in Neukaledonien ein Potential gefährlicher politischer Instabilität.

4.5.3.3 Wallis und Futuna

Das französische Überseeterritorium Wallis und Futuna (Verwaltungssitz: Mata Utu auf Wallis-Insel) gehört zu den kleinen politischen Einheiten, die für eine wirklich selbständige Existenz zu klein sind, die sich aus Distanz- und kulturellen Gründen keinem größeren Nachbarn zuordnen lassen (wollen) und die daher in Fortsetzung kolonialzeitlicher Verhältnisse von fremden Staaten verwaltet werden. Etwa 10000 Bewohner (1980) leben auf drei Inseln (Wallis oder Uvea, Futuna und Alofi), wobei Wallis von den beiden anderen etwa 170 km entfernt liegt. Günstigerweise handelt es sich um drei vulkanische »hohe« Inseln, von denen Wallis (60 km² Landfläche, einschließlich einiger kleinerer Riffinseln) tiefer eingesunken und so von einem äußeren Riff in etwa 3–6 km Entfernung umgeben ist; entsprechend weit dehnt sich die Außenlagune aus. Futuna und Alofi bieten eine Landfläche von 64 bzw. 30 km². Auf beiden Inseln erreicht das zentrale Bergland relativ große Höhen mit 740 m bzw. 365 m. Die äußeren Voraussetzungen für eine ausreichende Subsistenz-Landwirtschaft sind durch die relativ großen Landflächen, die nährstoffreichen Böden und kleine Wasserläufe (Quellen) gegeben. Aber trotz der wachsenden Gesamtbevölkerung wird das einzige landwirtschaftliche Produkt, mit dem durch Export Geld verdient werden könnte, nämlich Kopra, kaum erzeugt. Der Grund liegt in der großen Zahl von Auswanderern, die in Neukaledonien Arbeit finden (1976 = 9571) und deren Geldsendungen die daheim wohnenden Landsleute (1976 = 9113) mit genügend Bargeld ausstatten, so daß gegenwärtig pro Jahr nur etwa 100 t Kopra (nur von Futuna) exportiert werden.

Zur Unterhaltung öffentlicher Belange muß Frankreich erhebliche Finanzmittel einsetzen. Es war im Grunde nie an den Inseln interessiert. Katholische Missionare hatten sich im 19. Jahrhundert lange vergeblich um die Einsetzung des französischen Protektorats bemüht; es wurde erst 1887 erklärt, und 1913 wurde Wallis und Futuna in eine Kolonie umgewandelt. 1959 schließlich erfolgte auf der Basis eines Referendums die Übernahme der Inseln als Überseeterritorium.

4.5.3.4 Clipperton

Das im Nordosten des Südpazifik völlig abseits gelegene kleine, unbewohnte Atoll wurde zuerst 1855 von Frankreich annektiert. 1856 gerät es mit dem »Guano Act« in den Interessenbereich der USA; 1897 übernimmt Mexiko das Atoll und läßt es einige Jahre später auch militärisch besetzen. Nun beansprucht Frankreich die Insel wieder, da sie eine Funktion auf dem Seeweg vom Panama-Kanal nach Singapore erhalten könnte. Nach einem Schiedsspruch (1930) des Königs von Italien wird Clipperton schließlich 1935, nachdem zwischenzeitlich von 1906 bis 1914 Phosphat abgebaut wurde, von Frankreich erneut in Besitz genommen. Eine gewisse Bedeutung besitzt das Atoll gegenwärtig im wesentlichen durch die Zuordnung einer 324 000 km² großen »Ausschließlichen Wirtschaftszone« unter den neuen Seerechtsbestimmungen. Clipperton wird unmittelbar von Paris aus verwaltet.

4.5.4 Die chilenische Osterinsel

Einen chilenisch beeinflußten Südpazifik gibt es, abgesehen von den Chile vorgelagerten Inseln und küstennahen Bereichen, nicht. Die Osterinsel (chilenisch: Isla de Pascua) stellt einen auch nach südpazifischen Maßstäben einsamen (das ca. 380 km entfernte Sala-y-Gomez ist unbewohnt) und recht unbedeutenden chilenischen Außenposten dar, der 1888 annektiert wurde. Wenn es auf der nur etwa 170 km² großen Insel nicht die vielen hundert weltberühmten, bis zu 10 m hohen, aus vulkanischem Tuff gefertigten Statuen gäbe, über deren Entstehungsgründe Archäologen und Völkerkundler seit langer Zeit rätseln, würde weder eine regelmäßige Flugverbindung nach Santiago (Chile) und Tahiti (Franz.-Polynesien) bestehen, noch würden Tausende von Touristen (1980 = ca. 4000) die Insel besuchen. Viele der ca. 2000 Bewohner, deren Zahl um 1877 infolge peruanischer Sklavenjäger und eingeschleppter Krankheiten von vormals etwa 3000 auf 110 abgesunken war und erst neuerdings die gegenwärtige Größe erreichte, leben vom Tourismus sowie zum geringeren Teil von der kleinen chilenischen Militärbase und der Schafzucht. Der ehemals hohe Bestand an Schafen mußte jedoch von ca. 60 000 (nach 1950) auf etwa 10 000 wegen starker Bodenerosion reduziert werden.

5 Anhang

5.1 Literatur (Auswahl)

5.1.1 AUSTRALIEN

Allgemeine Literatur, Länderkunden
Area Handbooks: Australia, Washington 1976.
BLAINEY, G.: The tyranny of distance. Melbourne 1966.
BRÜNING, K. und K. FRENZEL: Australien. München 1974.
Division of National Mapping, Department of Minerals and Energy 1962–72: Atlas of Australian Resources.
DURY, G. H. und M. I. LOGAN (Hrsg.): Studies in Australian Geography. Melbourne 1968.
Die Erde Bd. VII, 1955, H. 3–4 (Sonderheft über Australien).
HEATHCOTE, R. L.: Australia. London 1975.
JEANS, D. N. (Hrsg.): Australia – a geography. Sydney 1977.
JENNINGS, J. N. und G. J. R. LINGE: Of time and place. Canberra 1980.
LEARMONTH, N. und A. LEARMONTH: Regional landscapes of Australia. Sydney 1971.
LEEPER, G. (Hrsg.): The Australian landscape. CSIRO, Melbourne 1970.
REES, H.: Australasia. London 1971.
REINER, E. und E. LÖFFLER: Australien. 2. Aufl., Bern 1980.
ROBINSON, K. W.: Australia, New Zealand and the Southwest Pacific. London 1960.
SPATE, O.: Australia. London 1971.
SPATE, O. H. K. und J. N. JENNINGS: Australian Geography 1951–1971. In: Australia Geogr. Studies 9, 1972.
TWIDALE, D. R.: Das nördliche Australien. In: Geogr. Rundschau, 1959.
Australian Bureau of Statistics: Year Book of Australia 1981. Canberra 1981.
Official Year Book of the Commonwealth of Australia, Nr. 55, 1969, Canberra o. J.

Physische Geographie
BEADLE, N. C. W.: The vegetation of Australia. Stuttgart 1981.
BENNET, G.: The Great Barrier Reef. Melbourne 1971.
BOWLER, J. M.: Aridity in Australia: Age, origins and expression in aeolian land forms and sediments. In: Earth Science Reviews, 12, 1976, S. 279–310.
BOWLER, J. M.: Clay dunes, their occurrence, formation, and environmental significance. In: Earth Science Reviews, 9, 1973, S. 315–338.

Bowler, J. M., G. S. Hope, J. N. Jennings, G. Singh und D. Walker: Late Quaternary climates of Australia and New Guinea. In: Quaternary Research 6, 1979, S. 359–394.

Bremer, H.: Zur Morphologie von Zentralaustralien. Heidelberg 1967. Heidelberger Geogr. Arbeiten, Heft 17.

Brookfield, M.: Dune trends and wind regime in central Australia. In: Z. f. Geomorph. Suppl. Bd. 10, 1970, S. 121–153.

Davies, J. L.: Geographical variation in coastal development. Edinburgh 1971.

Davies, J. L.: Land forms of cold climates. Canberra 1969.

Davies, J. L. und M. A. J. Williams: Land form evolution in Australasia. Canberra 1978.

Frith, H. J.: Wildlife conservation. Sydney 1973.

Gentilli, J.: Australian climate patterns. Melbourne 1972.

Gibbs, W. J. und J. W. Mater: Rainfall deciles as drought indicators. Bull. Nr. 48. Commonwealth Bureau of Meteorology, 1967.

Gill, A. M., R. H. Groves und I. R. Noble: Fire and the Australian Biota. Aust. Acad. Sc. Canberra 1981.

Groves, R. H.: Australian Vegetation. Cambridge 1981.

Heathcote, R. L. und B. G. Thom (Hrsg.): Natural hazards in Australia. Aust. Acad. Sc., Canberra 1979.

Jennings, J. N. und J. A. Mabbutt (Hrsg.): Land form studies from Australia and New Guinea. Canberra 1967.

Löffler, E. und M. E. Sullivan: Lake Dieri resurrected: an interpretation using satellite imagery. In: Z. Geomorph. NF 23, 1979, S. 233–242.

Mabbutt, J. A.: Aeolian land forms in central Australia. In: Austr. Geogr. Studies 6, 1968, S. 139–150.

Mabbutt, J. A.: Desert land forms. Canberra 1977.

Mabbutt, J. A.: Mantle controlled planation of pediments. In: Amer. Journ. Sc. 264, 1966, S. 78–91.

Mabbutt, J. A.: The weathered land surface in central Australia. In: Z. Geomorph. 9, 1965, S. 82–114.

Moore, R. M. (Hrsg.): Australian grasslands. Canberra 1970.

Northcote, K. H. (Hrsg.): Atlas of Australian soils. CSIRO Div. of Soils, Melbourne 1960.

Northcote, K. H., G. D. Hubble, R. F. Isbell, C. H. Thompson und E. Bettenay: A description of Australian soils. CSIRO, Melbourne 1974.

Schweinfurth, U.: Studien zur Pflanzengeographie von Tasmanien, Bonn 1962, Bonner Geographische Abhandlungen, Heft 31.

Stace, H. C. et al.: A handbook of Australian Soils. Rellim Technical Publ., Adelaide 1968.

Stephens, C. G.: Laterite and silcrete in Australia. In: Geoderma 5, 1971, S. 5–52.

Walker, D. und J. C. Guppy (Hrsg.): Biology and Quaternary environments. Aust. Acad. Sc. 1978.

Kulturgeographie

ALEXANDER, G. und O. B. WILLIAMS (Hrsg.): The pastoral industries of Australia. Sydney 1973.

Australian Institute of Urban Studies (Hrsg.): New Cities for Australia. Canberra 1972.

BAMBRICK, S.: Australian minerals and energy policy. Canberra 1979.

BARNARD, A. (Hrsg.): The Simple Fleece: Studies in the Australian wool industry. Melbourne 1962.

BIAINEY, G.: The rush that never ended, a history of Australian mining. Melbourne 1963.

BIRD, J.: Seaport gate ways of Australia. Melbourne 1968.

BURNLEY, I. H.: Urbanization in Australia: The post war experience. Cambridge 1974.

CLARK, M.: A short history of Australia, New York 1963.

COGHILL, I.: Australia's mineral wealth. Melbourne 1971.

DAHLKE, J.: SW-Australien – Pionierraum an der Trockengrenze. In: Gießener Univ. Bl. II, 1970.

DAHLKE, J.: Der westaustralische Wirtschaftsraum. Wiesbaden 1975.

DAHLKE, J.: Das Wirken sozialer Gruppen am Beispiel der Erschließung des westaustralischen Wirtschaftsraumes. In: Geographica Helvetica 31, 1976, S. 179–190.

DAVIDSON, B. R.: Australia wet or dry? The physical and economic limits to the expansion of irrigation. Melbourne 1969.

DAVIDSON, B. R.: The Northern Myth: A study of the physical and economic limits to agricultural and pastoral development in tropical Australia. Melbourne 1965.

DAVIES, A. F. und S. ENCEL: Australian society. Melbourne 1970.

FAUTZ, B.: Agrarräume in den Tropen und Subtropen Australiens. In: Geogr. Rundsch. 22, 1970, S. 385–391.

FAUTZ, B.: Junge Kulturlandschaftsveränderungen in Queensland. In: Geogr. Zeitschrift 1976, S. 33–45.

FEHLING, L.: Die Eisenerzwirtschaft Australiens. Köln 1977. (= Kölner Forsch. zur Wirtschafts-Sozialgeogr., Bd. 24).

FRENZEL, K.: Künstliche Bewässerung in Australien. Forsch. u. Sitzungsber. Akad. Raumf. u. Landesplanung, Bd. 5, 1957.

GNIELINSKI, ST. VON: Das »Snowy Mountain Projekt« und seine Bedeutung für die künstlich bewässerten Gebiete in Südost-Australien. In: Zeitschr. f. ausländ. Landwirtsch.; Jg. 5, 1966, S. 120–132.

GNIELINSKI, ST. VON: Der Weinbau Australiens. In: Mitt. Geogr. Ges. München, Bd. 61, 1976, S. 205–219.

GROTZ, R.: Industrialisierung und Stadtentwicklung im ländlichen Südostaustralien. Stuttgart 1983. (= Stuttg. Geogr. Studien, Bd. 98).

HEATHCOTE, R. L.: Drought in Australia: a problem of perception. In: Geogr. Rev. 59, 1969, S. 175–194.

HEATHCOTE, R. L.: Die Dürre als Faktor der australischen Wirtschaft. In: Geogr. Rundschau 21, 1969.

HEATHCOTE, R. L.: The evolution of Australian pastoral land tenures: an example of challenge and response in resource development. In: R. G. Ironside et al. (Hrsg.), Frontier Settlements. Edmonton 1974, S. 226–246.

HEERMANN, F.: Völkerkunde Australiens. Mannheim 1967.
HOFMEISTER, B.: Die Stadt in Australien und USA. In: Mitt. Geogr. Ges. Hamburg 72, 1982, S. 3–30.
HOLMES, J. H.: Population concentration and dispersion in Australian states. A macrogeographic analysis. In: Austr. Geogr. Studies, 1973, S. 150–170.
HUDSON, W.: Das Snowy Mountain Projekt. In: Z. f. Wirtsch.geogr. 19, 1966, S. 258–259.
HUNCK, J. M.: Der neue Faktor Australien (Whitelaws Konzeption zwischen Asien und USA). In: Indo-Asia, 1973.
HUNTER, A. (Hrsg.): The economics of Australian industry. Melbourne 1963.
JÄSCHKE, D.: Die australische Landwirtschaft zwischen klimatischer und marktwirtschaftlicher Herausforderung. – Das Beispiel Neusüdwales. In: Erdkunde 34, 1980, S. 269–280.
JÄSCHKE, D.: Das australische Nordterritorium. Hamburg 1979 (= Mitt. d. Geogr. Ges. Hamburg 70).
JÄSCHKE, D.: Der Wiederaufbau Darwins. Hamburg 1975 (= Mitt. d. Inst. f. Asienkunde 74).
KELLY, J. H.: Beef in Northern Australia. Canberra 1971.
KOLB, A.: Landschaft und Wirtschaft in Australien. In: Geogr. Rundschau, 1953.
LAUT, P.: Agricultural geography, Bd. 1, 2. Melbourne 1968.
LEEMANN, A.: Wirtschaftsgrundlagen des australischen Nordterritoriums. In: Z. f. Wirtschaftsgeographie, 17, 1973.
LINGE, G. J. R.: Governments and the location of secondary industry in Australia. In: Econ. Geogr. 43, 1967, S. 43–63.
LÖFFLER, E.: Canberra: a city for the future? In: Geoforum 13, S. 17 bis 29.
MCCARTY, J. W.: Australian capital cities in the nineteenth century. In: Austr. Econ. Hist. Rev. 10, 1970, S. 107–137.
MULVANEY, D. J.: The prehistory of Australia. Melbourne 1975.
NEUTZE, M.: Urban development in Australia. Sydney 1977.
O'LOUGHLIN, E. M. (Hrsg.): Irrigation and water use in Australia. Aust. Acad. Sc. Canberra 1980.
PIKE, D.: Australia. The quiet continent. Cambridge 1970.
POWELL, J.: The public lands of Australia Felix. Oxford 1970.
PRICE, C. A.: German settlers in South Australia. Melbourne 1945.
REINER, E.: Rebbau und Wein in Australien. In: Zeitschr. Wirtschaftsgeogr. Bd. 23, 1979, S. 140–143.
ROBINSON, A. J.: Regionalism and urbanization in Australia: a note on location emphasis in the Australian economy. In: Econ. Geogr. 39, 1963, S. 149–155.
ROLLS, E.: They all run wild – a story of pests on the land in Australia. Sydney 1969.
ROSE, A. J.: Patterns of cities. Melbourne 1967.
ROWLEY, C. P.: The distruction of Aboriginal society. London 1974.
RÜHL, A.: Das Standortproblem in der Landwirtschaftsgeographie (Das Neuland Ostaustralien). Berlin 1929. Teilweise Nachdruck in: Agrar-

geographie. Hrsg. von K. Ruppert, Darmstadt 1973 (= Wege der Forschung, Bd. CLXXI).
RÜTTER, W.: Die Stellung Australiens im Standortsystem der Weltwirtschaft. Göttingen 1963 (= Weltwirtschaftliche Studien, Heft 2).
SCOTT, P.: Population and land use in Australia. In: Tijd. voor Econ. en Soc. Geogr. 59, 1968, S. 237–244.
SEDLACEK, P.: Die Standortentwicklung der australischen Aluminiumindustrie. In: Erde 106, 1975, S. 193–200.
SKERMANN, P. J.: Cultivation in Western Queensland. Darwin: North Australia Research Unit, Australian National Univ. 1978 (= North Australia Research Bulletin 2).
SLATYER, R. O. und R. A. PERRY (Hrsg.): Arid lands of Australia. Canberra 1969.
SMITH, R. H. T.: The function of Australian Towns. In: Tijd. voor Econ. en Soc. Geogr. 56, 1962, S. 81–92.
STILWELL, F. J. B.: Australian urban and regional development. Sydney 1974.
UHLIG, H.: Die Reisbaugebiete Australiens. In: Geographie Heute – Einheit und Vielfalt, Beihefte zur Geogr. Zeitschrift 33, Wiesbaden 1973.
WADHAM, S., R. K. WILSON und J. WOOD: Land utilization in Australia. Melbourne 1964.
WARD, R.: The Australian legend. Oxford 1966.
WEHLING, H.-W.: Funktionalbereiche im Großraum Sydney. In: Erde 106, 1975, S. 90–105.
WILLIAMS, D. B. (Hrsg.): Agriculture in the Australian economy. Sydney 1967.

5.1.2 NEUSEELAND

ANDERSON, A. G. (Hrsg.): New Zealand in maps. London 1977.
BEDFORD, R. (Hrsg.): New Zealand rural Society in the 1970s. Some trends and issues (= Studies in Rural Change), No. 1). Christchurch 1979.
CLARK, A. H.: The invasion of New Zealand by people, plants and animals. The South Island. New Brunswick 1949.
CUMBERLAND, K. B.: Neuseeland in den Epochen der Moajäger und Maori. Ein Beitrag zur prähistorischen Geographie. In: Die Erde 98, 1967.
CUMBERLAND, K. B.: New Zealand topical geographies. 3 Reihen mit insgesamt 17 Heften. O. O. (Christchurch) 1965–1969.
CUMBERLAND, K. B.: Southwest Pacific. A geography of Australia, New Zealand and their Pacific Island neighbourhoods. O. O. (Christchurch) o. J. (1968).
CUMBERLAND, K. B. und J. S. WHITELAW: New Zealand (The World's Landscapes, 5). O. O. (London) o. J. (1970).
Department of Statistics, Wellington (Hrsg.): New Zealand Official Yearbook, seit 1982 (1983 = Bd. 88).

FARRELL, B. H.: Power in New Zealand. A geography of energy resources. Wellington o. J. (1962).
FAUTZ, B.: Die Entwicklung neuseeländischer Kulturlandschaften, untersucht in vier ausgewählten Farmregionen. Arbeiten aus dem Geogr. Inst. d. Universität des Saarlandes, Sonderband 2, Saarbrücken 1970.
FRANKLIN, S. H.: Trade, growth and anxiety. New Zealand beyond the welfare state. O. O. (Wellington) o. J. (1978).
GARNIER, B. J.: The climate of New Zealand. A geographic survey. London o. J. (1958).
HOCHSTETTER, F. von: Neu-Seeland. Stuttgart 1863.
HOCHSTETTER, F. von: Reise der österreichischen Fregatte Novara um die Erde in den Jahren 1857, 1858, 1859. Geologischer Teil. Erster Band. Wien 1864.
HÜTTERMANN, A.: Grundlagen und Einfluß der Aluminiumverhüttung in Neuseeland. In: Geographische Zeitschrift 63, 1975, S. 276–290.
HÜTTERMANN, A.: Untersuchungen zur Industriegeographie Neuseelands. In: Tübinger Geographische Studien 57, 1974.
JOHNSTON, R. J. (Hrsg.): Society and environment in New Zealand. Christchurch, 1974.
JOHNSTON, R. J. (Hrsg.): Urbanisation in New Zealand. Wellington 1973.
LISTER, R. G. und HARGREAVES (Hrsg.): Central Otago. A symposium to mark the centenary of the »Golden Decade« of the 1860s in Central Otago. New Zealand Geographical Society, Miscellaneous Series Nr. 5. O. O. (Dunedin) 1965.
LUTZ, W.: Das High Country der Südinsel Neuseelands. Entwicklung und Struktur eines Hochgebirgsraumes. In: Frankfurter Wirtschafts- und Sozialgeographische Schriften, H. 36, S. 269–326 und Karten. Frankfurt am Main 1981.
MCCASKILL, M. (Hrsg.): Land and livelihood. New Zealand Geographical Society, Miscellaneous Series Nr. 4, Christchurch 1962.
MCGILL, D.: The other New Zealanders. O.O. (Wellington) o.J. 1982.
MCLINTOCK, A. H. (Hrsg.): A descriptive atlas of New Zealand. Wellington 1959 bzw. 1960.
MCLINTOCK, A. H. (Hrsg.): An encyclopaedia of New Zealand. 3 Bde., Wellington 1966.
New Zealand Geographer, hrsg. von: The New Zealand Geographical Society (Inc.), seit 1945 (1983, Bd. 4).
New Zealand Geographical Society (Inc.) (Hrsg.): Proceedings of the Seventh New Zealand Geography Conference, Hamilton, August 1972, New Zealand Geography Society, Conference Series Nr. 7, Hamilton 1973.
OLIVER, W. H. und B. R. WILLIAMS (Hrsg.): The Oxford History of New Zealand. Oxford-Wellington 1981.
Pacific Viewpoint, hrsg. von Kirby, J. M. und R. F. Watters, seit 1960 (1983, Bd. 24), Wellington.
SCHURIG, W.: Kaikohe und seine Umwelt. Das Entwicklungsbild einer neuseeländischen Stadt im Nordland. Göttingen 1956.
SCHURIG, W.: Neuseeland. In: Geogr. Rundschau 13, 1961.

SCHWEINFURTH, U.: Neuseeland. Beobachtungen und Studien zur Pflanzengeographie und Ökologie der antipodischen Inselgruppe. Bonner Geogr. Abhandlungen, H. 36, Bonn 1966.
SELLENBERG, E.: Die Entwicklung der Viehwirtschaft in Neuseeland. In: Erdkunde 14, 1960.
SOONS, J. M. und M. J. SELBY (Hrsg.): Landforms of New Zealand. O.O. (Auckland) o.J. (1982).
SUGGATE, R. P. (Hrsg.): The geology of New Zealand. 2 Bde., Wellington 1978.
THOMSON, K. W. und A. D. TRLIN (Hrsg.): Contemporary New Zealand. Essays on human resource, urban growth and problems of society. Wellington 1973.
THOMSON, K. W. und A. D. TRLIN (Hrsg.): Immigrants in New Zealand. Palmerston North 1970.
WARDS, I. (Hrsg.): New Zealand atlas. Wellington 1976.
WATTERS, R. F. (Hrsg.): Land and society in New Zealand. Essays in historical geography. Wellington – Auckland – Sydney o. J. (1965).
WHITELAW, J. S. (Hrsg.): Auckland in ferment. New Zealand Geographical Society, Miscellaneous Series Nr. 6, Auckland 1967.

5.1.3 SÜDPAZIFIK

Atlas of the South Pacific. Hrsg. vom Department of Lands and Survey. Wellington 1978.
ARMSTRONG, R. W. (Hrsg.): Atlas of Hawaii. Honolulu 1973 (4. Aufl. 1980).
BARDACH, J. E.: Aquaculture. Manna or myth? In: The impact of urban centers in the pacific. Hrsg. v. Force, R. W. und Bishop, B., Honolulu/Hawaii 1975, S. 33–43.
BARDACH, J. E. und Y. MATSUDA: Fish, fishing and sea boundaries. Tuna stocks and fishing policies in Southeast Asea and the South Pacific. In: Geo Journal, Bd. 4, Nr. 5, 1980, S. 467–478.
BARRAU, J.: Subsistence agriculture in Polynesia and Micronesia. Honolulu 1961. (= Bishop Museum Bulletin, 223).
BEAGLEHOLE, E.: Social change in the South Pacific. Rarotonga and Aitutaki. Aberdeen 1957.
BEAGLEHOLE, E. und P.: Pangai. Village in Tonga. Wellington 1941. (= Memoirs of the Polynesian Society, Bd. 18).
BEDFORD, R. D.: Demographic processes in small islands. The case of internal migration. In: Population-Environment relations in tropical islands. The case of Eastern Fiji. Hrsg. v. Brookfield, C., Paris 1980, S. 29–59.
BEDFORD, R. D.: Melanesian internal migration. Recent evidence from Eastern Fiji. In: New Zealand Journal of Geography, Okt. 1981, S. 2–6
BEDFORD, R. D.: Perceptions, past and present, of a future for Melanesia. Christchurch 1979.
BEDFORD, R. D.: Social aspects of population change and development in

small island countries of the ESCAP/SPC region. In: Report and Working Papers of the ESCAP/SPC Conference Seminar on Population Problems of Small Island Countries in the ESCAP/SPC Region. Asian Population Studies Series, Nr. 52, Bangkok 1982, S. 81–95.

BEDFORD, R. D. und G. LLOYD: Migration between Polynesia and New Zealand 1971–1981. Who are the migrants? In: New Zealand Population Review, Bd. 8, Nr. 1, 1982, S. 35–43.

BEDFORD, R. D. und B. MACDONALD, D. MUNRO: Population estimates for Kiribati and Tuvalu, 1850–1900. Review and speculation. In: The Journal of the Polynesian Society, Bd. 89, Nr. 2, Juni 1980, S. 199–246.

BEDFORD, R. D. und R. F. MCLEAN, J. MACPHERSON, T. P. BAYLISS-SMITH, B. SALVAT u. a.: The small islands and the reef. Canberra 1978. (= The UNESCO/UNFPA Population and Environment Project in the Eastern Islands of Fiji. Island Reports Nr. 4).

BELSHAW, C. S.: Trends in motives and organization in Solomon Island agriculture. In: Proceedings of the 7th Pacific Science Congress, Bd. 7, 1949, S. 171–189.

BLUME, H.: Die Zuckerwirtschaft von Fiji und Hawaii. Konvergenzen und Divergenzen zweier tropischer pazifischer Inselräume. In: Geographische Zeitschrift, 68, 1980, S. 284–304.

BROOKFIELD, H. C.: Colonialism, development and independence. The case of the Melanesian islands in the South Pacific. Cambridge 1972.

BROOKFIELD, H. C. (Hrsg.): The Pacific in transition. Geographical perspectives on adaption and change. London 1973.

BROOKFIELD, H. C. mit D. HART: Melanesia. A geographical interpretation of an island world. London 1971.

BRYAN E. H., JR.: American Polynesia and the Hawaiian chain. Honolulu 1942.

BRYAN, E. H., JR.: Life in the Marshall islands. Honolulu 1972.

BRYAN, E. H., JR.: Man in Pacific oceanic ecosystems. In: The impact of urban centers in the Pacific. Hrsg. von Force, R. W. und Bishop, B., Honolulu/Hawaii 1975, S. 17–25.

BUCHHOLZ, H. J.: Fischerei- und Wirtschaftszonen im Südpazifik. Grenzen und Möglichkeiten der Veränderung politisch- und wirtschaftsgeographischer Strukturen durch neue Rechtsnormen. In: Erdkunde, Bd. 37, 1983, S. 60–70.

BUCHHOLZ, H. J.: Seerechtszonen im Pazifischen Ozean. Australien/Neuseeland – Ost- und Südostasien – Südpazifik. Hamburg 1984. (= Mitteilungen des Instituts für Asienkunde, Nr. 137).

BUCHHOLZ, H. J.: Stadt und Verstädterung im südpazifischen Raum. In: Erdkunde, Bd. 38, 1984 (im Druck).

BURNETT, W. C. und A. J. N. LEE: The Phosphate supply system in the Pacific region. In: Geo Journal, Bd. 4, Nr. 5, 1980, S. 423–436.

CARROLL, D. und R. V. MASTERS: Tahiti and the French islands of the Pacific. New York 1967. 6. Aufl. 1973 (= Visual Geography Series).

CARROLL, V. (Hrsg.): Pacific Atoll Population, Honolulu 1975. (= ASAO Monograph, Nr. 3).

CHANDRA, R.: Urbanization in Fiji, 1966–1976, in: Demography India 9, S. 139–160.

CHANDRA, R.: Rural-urban population movement in Fiji, 1966–1976: a macro analysis. In: JONES, G. W. und H. V. RICHTER (Hrsg.), Population mobility and development: Southeast Asia and the Pacific. Canberra 1981, S. 329–354.

CLUTTER, R.: Reef and lagoon productivity in the South Pacific islands. Rom 1972. (= FAO Document 6910210, June 24, 1972).

CONNELL, J.: Increasing urbanization in the South Pacific. An inevitable development? In: New Zealand Population Review, Bd. 8, Nr. 3, 1982, S. 21–36.

CONNELL, J.: Remittances and rural development. Migration, dependency and inequality in the South Pacific. Canberra 1980. (= ANU Development Studies Centre, Occasional Paper, Nr. 22).

CONNELL, J.: Tuvalu. Independence or dependence. In: Current Affairs Bulletin, 56, 9, 1980, S. 27–31.

CORRIS, P.: Passage, port and plantation. A history of Solomon Islands labour migration 1870–1914. Melbourne 1973.

CRANE, E. A.: The geography of Tonga. A study of environment, people, and change. Nuku'alofa 1979.

CROCOMBE, R. G. (Hrsg.): Land tenure in the Pacific. London/Wellington/New York 1971. Reprint Suva 1977.

CROCOMBE, R. G.: Land tenure in the Cook Islands. Melbourne 1964. 2. Aufl. 1969.

CROCOMBE, R. G.: Land tenure in Tonga. The process of change. Past, present and future. Suva (1975).

CROCOMBE, R. G.: The New South Pacific. Wellington 1973.

CROCOMBE, R. G. und F. RAJOTTE (Hrsg.): Pacific tourism as islanders see it. Suva 1980.

CROCOMBE, M.: They came for sandalwood. Wellington 1964. Reprint 1979.

DAHL, A. L.: Regional ecosystems survey of the South Pacific area. Noumea 1980. (= South Pacific Commission. Technical Paper, Nr. 179).

DAVIDSON, J. W.: Samoa mo Samoa. The emergence of the independent state of Western Samoa. Melbourne 1967.

DERRICK, R. A.: A history of Fiji. 6. Aufl., Suva 1974.

Deutsche Bank (Hrsg.): Pazifisches Becken. Frankfurt/Main, September 1976.

EELE, G. J.: A sample survey of Solomon islander smallholder agriculture. 1974–1975 agricultural statistics survey. Honiara 1978.

ELLIS, A. F.: Ocean Island and Nauru. Their story. Sydney 1935.

ESCAP (Economic and Social Commission for Asia and the Pacific) (Hrsg.): Comparative study on migration, urbanization and development in the ESCAP region. VI. Migration, urbanization and development in South Pacific countries. New York 1982.

FAGES, J. und F. THOMAS, B. MCGRATH: Tourism development in Guam and Tahiti. A comparison. In: The impact of urban centers in the Pacific. Hrsg. von Force, R. W. und Bishop, B., Honolulu/Hawaii 1975, S. 27–32.

FAIVRE, J. und J. POIRIER, P. ROUTHIER: Géographie de la Nouvelle-Calédonie. Paris 1956.

FISK, E. K.: Planning in a primitive economy. From pure subsistence to the production of a market surplus. In: Economic Record, Bd. 40, Nr. 90, Melbourne 1964, S. 156–174.

FISK, E. K.: Planning in a primitive economy. Special problems of Papua-New Guinea. In: Economic Record. Bd. 38, Nr. 84, Melbourne 1962, S. 462–478.

FISK, E. K.: The political economy of independent Fiji. Canberra 1970.

FORCE, R. W. und B. BISHOP (Hrsg.): The impact of urban centers in the Pacific. Papers from the Theme Symposium of the Second Inter-Congress of the Pacific Science Association, University of Guam, Mai 20–25, 1973. Honolulu/Hawaii 1975.

FOSBERG, F. R.: Man's effects on island ecosystems. In: The careless technology. Hrsg. von Milton, J. P., Garden City 1972, S. 869–880.

FOX, CH. E.: The story of the Solomons. Sydney 1975.

FOX, J. W. und K. B. CUMBERLAND: Western Samoa. Land, life and agriculture in tropical Polynesia. Christchurch/New Zealand 1962.

FREEMAN, O. W. (Hrsg.): Geography of the Pacific. New York 1951. 5. Aufl. 1963.

GEDDES, W. H. u. a.: Atoll economy. Social change in Kiribati and Tuvalu. Islands on the Line. Team Report Nr. 1. Canberra 1982.

GIBBS, H. S.: Soils of Tongatapu, Tonga. Wellington 1976. (= New Zealand. Soil Survey Report 35).

GILSON, R.: The Cook islands 1820–1950. Hrsg. v. Crocombe, R. G., Wellington; Suva 1980.

GRACE, G.: The position of the Polynesian languages within the Austronesian (Malayo-Polynesian) language family. In: International Journal of American Linguistics. Memoir 16. Bloomington, Ind., 1959.

HALBACH, P. und R. FELLERER: The metallic minerals of the Pacific seafloor. In: Geo Journal, Bd. 4, Nr. 5, 1980, S. 407–422.

HANDY, E. S. G.: The problem of Polynesian origins. Honolulu O. P. Bd. IX, 8.

HANSELL, J. R. F. und J. R. D. WALL: Land resources of the Solomon Islands. 8 Bände. Surbiton/England 1976 (= Land Resources Study, Nr. 18).

HARRE, J. und C. KNAPPMAN, (Hrsg.): Living in town. Urban planning in the South Pacific. Suva 1973. 2. Aufl. 1977.

HAU'OFA, E.: Corned beef and tapioca. A report on the food distribution systems in Tonga. Canberra 1979. (= Development Studies Centre, Monograph Nr. 119).

HAU'OFA, E.: Our crowded Islands. Suva 1977.

HEINE, C.: Micronesia at the crossroads. A reappraisal of the Micronesian political dilemma. Honolulu 1974.

HERTZ, R.: Das Hamburger Seehandelshaus J. D. Godeffroy und Sohn, 1766–1879. Hamburg 1922. (= Veröffentlichungen des Vereins für Hamburger Geschichte, Bd. 4).

HEYERDAHL, T.: Kon-Tiki. Wien 1951.

HOLMES, L.: Samoan village. New York 1974.

Johannes, R. E.: Exploitation and degradation of shallow marine food resources in Oceania. In: The impact of urban centers in the Pacific. Hrsg. v. Force, R. W. und Bishop, B. Honolulu/Hawaii 1975, S. 47–71.
Johannes, R. E.: Palau. An oceanic society. In: Oceans, Bd. 11, Nr. 1, 1978.
Kennedy, T. F.: A descriptive atlas of the Pacific islands. New Zealand, Australia, Polynesia, Melanesia, Micronesia, Philippines. Wellington 1966. 3. Aufl. 1974.
Kent, G.: The politics of Pacific islands fisheries. Boulder, Colorado 1980.
Kent, J.: The Solomon Islands. Melbourne 1972.
Kerr, G. J. A. und T. A. Donnelly: Fiji in the Pacific. A history and geography of Fiji. Melbourne 1969. 2. Aufl. 1972.
Kolb, A.: Ostasien. Geographie eines Kulturerdteils, Heidelberg 1963.
Kolb, A.: Die Pazifische Welt. Kultur- und Wirtschaftsräume am Stillen Ozean. Berlin 1981 (= Kleine Geographische Schriften, Bd. 3).
Kolb, A.: Die Wanderungen der Polynesier und die Tarokultur. In: Petermanns Geographische Mitteilungen, Jg. 98, 1954, S. 323–326.
Krämer, A.: Hawaii, Ostmikronesien und Samoa. Meine zweite Südseereise (1897–1899) zum Studium der Atolle und ihrer Bewohner. Stuttgart 1906.
Krämer, A.: Die Samoa-Inseln. Entwurf einer Monographie mit besonderer Berücksichtigung Deutsch-Samoas. 2 Bde., Stuttgart 1902, 1903.
Kreisel, W.: Honolulus Chinatown. Ein Stadtteil im Wandel. In: Erdkunde, 31, 1977, S. 102–120.
Kreisel, W.: Stadtentwicklung in Hawaii am Beispiel Honolulus. In: Siedlungsgeographische Studien. Hrsg. von Kreisel, W., Sick, W. D. und Stadelbauer, J., Berlin/New York 1979, S. 309–340.
Länderkurzbericht: Pazifische Staaten 1983. Hrsg. Statistisches Bundesamt Wiesbaden. Wiesbaden 1983.
Lieber, M. D. (Hrsg.): Exiles and migrants in Oceania. Honolulu 1977 (= ASAO Monograph, Nr. 5).
Lind, A. W.: Hawaii's people. Honolulu 1967.
Lockwood, B.: Market accessibility and economic development in Western Samoa. In: Pacific Viewpoint, Wellington 11 (1970) 1, S. 47–65.
Lockwood, B.: Samoan village economy. Melbourne 1971.
Lucas, D. und H. Ware: Fertility and family planning in the South Pacific. In: Studies in Family Planning, 12, 1981, S. 303–315.
Macdonald, B.: Secession in the defence of identity. The making of Tuvalu. In: Pacific Viewpoint, 16, 1975, S. 26–44.
Macdonald, G. A.: Hawaiian petrographic province. In: Bull. Geol. Soc. America, Bd. 60, 1949, S. 1541–1596.
Mamak, A. und R. Bedford: Race, class and ethnicity. Industrial relations in the South Pacific with special reference to Fiji and Bougainville. In: Rank and status in Polynesia and Melanesia. Essays in honour of professor Douglas Oliver. Paris 1978, S. 45–60. (= Publications de la Société Océanistes, Nr. 39).
Manhard, P. M.: The United States and Micronesia in free association.

A chance to do it better? Washington D.C. 1979. (= National Security Affairs Monograph Series 79–4).
MAUDE, A.: Land shortage and population pressure in Tonga. In: The Pacific in transition. Hrsg. von H. Brookfield. London 1973, S. 163 bis 185.
MAY, R. J.: Melanesia. Unity in diversity. Canberra 1981.
MCARTHUR, N.: Island populations of the Pacific. Canberra 1967.
MCGEE, T. G.: Food dependency in the Pacific. A preliminary statement. Canberra 1975. (= ANU Development Studies Centre. Occasional Papers, Nr. 2).
MELLER, N.: The congress of Micronesia. Development of the legislative process in the Trust Territory of the Pacific Islands. Honolulu 1969.
MENARD, H. W.: Marine geology of the Pacific. New York/San Francisco/Toronto/London 1964.
MOORE, M.: A Pacific parliament. A Pacific idea – an economic and political community for the South Pacific. Wellington 1982.
NOHLEN, D. und F. NUSCHELER (Hrsg.): Handbuch der Dritten Welt, Bd. 8: Ostasien und Ozeanien. 2. überarb. u. erg. Ausgabe. Hamburg 1983.
OLIVER, D. L.: The Pacific islands. Honolulu 1962.
Pacific Islands. Hrsg. von der Naval Intelligence Division. 4 Bde. London Bd. 1 1945; Bd. 2 1943; Bd. 3 1944; Bd. 4 1945. (= Geographical Handbook Series).
Pacific Islands Monthly. Hrsg. von A. Smales. Sydney (seit 1930).
Pacific Islands Yearbook. 14. Aufl., Hrsg. von Carter, J. Sydney 1981.
PARNABY, O. W.: The labour trade. In: Man in the Pacific islands, Hrsg. von R. G. Ward. Oxford 1972, S. 124–144.
PONCET, A.: Histoire de l'ile Wallis. 2. Bd., Paris 1972.
PITT, D.: Tradition and progress in Samoa. A case study of the role of traditional social institutions in economic development in Western Samoa. Oxford 1970.
POOL, J.: Pacific populations. Problems and prospects. In: New Zealand Population Review, Bd. 8, Nr. 3, 1982, S. 2–20.
PRESCOTT, J. R. V.: The political geography of the oceans. Newton Abbot, London, Vancouver 1975.
RALLU, J.-L.: Les Wallisiens à Wallis et Futuna et Nouvelle-Calédonie. In: Population, Bd. 37, Nr. 1, 1982, S. 167–175.
RUTHERFORD, N.: Shirley Baker and the King of Tonga. Melbourne 1971.
SCARR, D.: Recruits and recruiters. A portrait of the Pacific islands labour trade. In: Journal of Pacific History, 2, 1967, S. 5–24.
SCHMITT, R. C.: Demographic Statistics of Hawaii. 1973.
SCHÖLLER, P.: Rezente Staatenbildung und Hauptstadt-Zentralität im Süd-Pazifik. In: Erdkunde, 32, 1978, S. 228–239.
SCHROEDER, T. A. und B. J. KILONSKY, W. KREISEL: Der Tagesgang des Niederschlages auf den Hawaii-Inseln. Ein Beitrag zur klimatischen Differenzierung pazifischer Inseln. In: Erdkunde, 32, 1978, S. 89 bis 101.
SCHUHMACHER, H.: Korallenriffe. Ihre Verbreitung, Tierwelt und Ökologie. München/Bern/Wien 1976.

Schweinfurth, U.: Melanesien – Ende der Kolonialzeit? In: Außenpolitik, 1974, S. 93–107.

Selwyn, P.: Small, poor and remote. Islands at a geographical disadvantage. Brighton 1978. (= Institute of Development Studies Discussion Paper, Nr. 123).

Sevele, F. V. und Bollard, A.: South Pacific economies. Statistical summaries. Nouměa/Neukaledonien 1979. (= South Pacific Commission. Occasional Paper, Nr. 15).

Small, C. A.: Atoll agriculture in the Gilbert and Ellice Islands. Department of Agriculture. Tarawa 1972.

Sope, B.: Land and politics in the New Hebrides. Suva (1975).

Spate, O. H. K.: The Fijian people. Economic problems and prospects. A report. Suva 1972. (= Legislative Council. Council Paper Nr. 13, 1959).

Specht, J. R.: Preliminary report on excavations on Watom island. In: Journal of the Polynesian Society, 77, 1968, S. 117–134.

Spoehr, A. (Hrsg.): Pacific port towns and cities. Honolulu 1963.

Stein, N.: Geographische Analyse pazifischer Ökosysteme. Gedanken zu zwei Symposia während des 13th Pacific Science Congress in Vancouver. In: Erdkunde, 30, 1976, S. 152–156.

Tagupa, W.: Politics in French Polynesia 1945–1975. Wellington 1976.

Thompson, V. und R. Adloff: The French Pacific islands. French Polynesia and New Caledonia. Berkeley/Los Angeles/London 1971.

Träume von der Südsee. Anders leben, von den Menschen der Südsee lernen. Hrsg. vom Evangelischen Missionswerk im Bereich der Bundesrepublik Deutschland und Berlin West e. V., Hamburg/Göttingen 1980.

Tupouniua, S. und R. G. Crocombe, C. Slatter (Hrsg.): The Pacific way. Social issues in national development. Suva 1975.

Uchida, R. N.: The fish resources of the Western Central Pacific islands. Rom 1978.

Udni, F. E.: Country statement – Republic of Palau. Noumea 1982.

Vanuatu. Twenti uan tingting long team belong independens. Suva 1980 (dreisprachig).

Viviani, N.: Nauru. Phosphate and political progress. Canberra 1970.

Walsh, A. C.: Nuku'alofa. A study of urban life in the Pacific islands. Wellington 1972.

Walsh, A. C.: Population changes in Tonga. An historical overview and modern commentary. In: Pacific Viewpoint, Wellington, 11, 1970, 1, S. 27–46.

Ward, R. G.: Agriculture, size and distance in the South Pacific island futures. Vortrag beim 15th pacific Science Congress in Dunedin/Neuseeland 4. 2. 1983.

Ward, R. G.: Internal migration in Fiji. In: Journal of the Polynesian Society, Bd. 70, Nr. 3, Sept. 1961, S. 257–271.

Ward, R. G.: Land use and population in Fiji. London 1965.

Ward, R. G. (Hrsg.): Man in the Pacific islands. Essays on geographical change in the Pacific islands. Oxford 1972.

Ward, R. G. und W. Moran: Recent population trends in the South

West Pacific. In: Tijdschrift voor Economische en Sociale Geografie, Bd. 50, Nr. 11, 1959, S. 235–240.
WARD, R. G. und A. PROCTER (Hrsg.): South Pacific agriculture. Choices and constraints. Canberra 1980.
WARIN, O. N.: Deposits of phosphate rocks in Oceania. In: United Nations Mineral Resources Development series, 32, 1968, S. 124–132.
WARWICK, A. (Hrsg.): Atlas of Hawaii. Honolulu 1980.
WILHELMY, H.: Wandlungen der Kulturlandschaft in der Südsee. In: Wirtschafts- und Kulturräume der außereuropäischen Welt. Festschrift für Albert Kolb. Hrsg. von Borchert, G., Oberbeck, G. und Sandner, G., Hamburg 1971, S. 299–310. (= Hamburger Geographische Studien, H. 24).
WILSON, J.: Internal migration in the Central Pacific. Identifying migrant sub-groups using census data. In: New Zealand Population Review, Bd. 8, Nr. 3, 1982, S. 37–49.
WIRTHMANN, A.: Inseltypen in Polynesien. In: Würzburger Geographische Arbeiten. H. 12, 1964, S. 177–190.
WIRTHMANN, A.: Die Landschaften der Hawaii-Inseln. Würzburg 1966 (= Würzburger Geographische Arbeiten, H. 19).
WOOD, A. H.: History and geography of Tonga. Auckland 1943. 2. Aufl. Wodonga, Victoria 1972.
WRIGHT, A. C. S.: Soils and land use of Western Samoa. Wellington 1963. (= New Zealand Department of Scientific and Industrial Research. Soil Bureau-Bulletin 22).
WURM, S. A.: Linguistics and the prehistory of the South-Western Pacific. In: Journal of Pacific History, 2, 1967, S. 25–38.
YANAIHARA, T.: Pacific islands under Japanese mandate. London/New York 1940. (Reprinted 1978).

Papua-Neuguinea

BEHRMANN, W.: Im Stromgebiet des Sepik. Berlin 1922.
BLEEKER, P.: Explanatory notes to the land limitation and agricultural land use potential map of Papua New Guinea. CSIRO Land Research Series Nr. 36, 1975.
BLEEKER, P.: Soils of Papua New Guinea. Canberra 1982.
BROOKFIELD, H. (Hrsg.): The Pacific in transition. Canberra 1973.
BROOKFIELD, H. und D. HART: Melanesia: a geographical interpretation of an island world. London 1971.
CLARKE, W. C.: Place and people: an ecology of a New Guinea people. Canberra 1971.
ESCAP (Hrsg.): Population of Papua New Guinea. New York/Noumea 1982. (= ESCAP/SPC Country Monograph Series, Nr. 7).
FORD, E. (Hrsg.): Papua New Guinea resources atlas. Milton (Austr.) 1979.
GRESSITT, L.: Biogeography of New Guinea. Monographiae Biologicae, Den Haag 1982.
HASTINGS, P.: New Guinea, Problems and Prospects. Melbourne 1969
HOWLETT, D. R.: Papua New Guinea – Geography and Change. Melbourne 1973a.

Howlett, D. R.: Terminal development: from tribalism to peasantry. In: The Pacific in transition, hrsg. von H. Brookfield. Canberra 1973b, S. 249–273.

King, D. und S. Ranck: Papua New Guinea Atlas. A nation in transition. (Port Moresby 1983).

Lea, D. A. M. und P. G. Irwin: New Guinea. A territory and its people. Melbourne 1967.

Löffler, E.: Explanatory notes to the geomorphological map of Papua New Guinea. CSIRO, Land Research Series, Nr. 33, Canberra 1974.

Löffler, E.: Geomorphology of Papua New Guinea. Canberra 1977.

Löffler, E.: Papua New Guinea Melbourne 1979.

Löffler, E.: Ursprung und Verbreitung der Paramo Grasländer in Ostneuguinea. In: Erdkunde, 33, 1979, S. 226–236.

Löffler, E.: Papua Neuguinea – Entwicklungsland im Umbruch. In: Geographische Rundschau, 33, 1981, S. 17–23.

McAlpine et al.: Climate of Papua New Guinea. Canberra 1983.

McAlpine, J. und G. Keig: Climatic tables of Papua New Guinea. CSIRO, Div. Land Use Research 1980.

Oram, N. D.: Colonial town to Melanesian City. Port Moresby 1884–1974. Canberra 1976.

Paijmans, K. (Hrsg.): Explanatory notes to the vegetation map of Papua New Guinea. CSIRO, Land Research Series Nr. 32, 1975.

Paijmans, K.: New Guinea vegetation. Canberra 1976.

Ryan, P. (Hrsg.): Encyclopaedia of Papua and New Guinea. Melbourne 1972.

Sapper, K.: Geomorphologie der feuchten Tropen. Leipzig 1935.

Steinbauer, F.: Das unabhängige Papua Neuguinea. Biographien und Meinungen führender Männer und Frauen im heutigen Papua Neuguinea. Wiesbaden 1975.

5.2 Tabellen

Tab. 1 Die Bundesstaaten Australiens: Fläche und Bevölkerung (1971–1981)

Bundesstaat bzw. Territorium	Hauptstadt	Fläche in qkm	Einw. 1971 in 1000	Dichte EW/km²	Einw. 1981* in 1000	Dichte EW/km²
New South Wales	Sydney	801 600	4 601	5,7	5 270	6,6
Victoria	Melbourne	227 600	3 502	15,4	3 971	17,4
Queensland	Brisbane	1 727 200	1 827	1,1	2 386	1,4
South Australia	Adelaide	984 000	1 173	1,2	1 326	1,3
Western Australia	Perth	2 525 500	1 031	0,4	1 318	0,5
Tasmania	Hobart	67 800	390	5,7	429	6,3
Northern Territory	Darwin	1 346 200	86	0,1	126	0,1
Austr. Capital Terr.	Canberra	2 400	144	72,0	228	95,1
Australien		7 286 300	12 756	1,7	15 054	1,9

* vorläufiges Ergebnis; *Quelle:* The FAR EAST and AUSTRALASIA 1982–1983, London 1982, S. 195.

Tab. 2 Australien: Bevölkerungsentwicklung wichtiger Stadtregionen (1971–1980)

Stadtregionen	Einwohner 1971 in 1000	Einwohner am 30. 6. 1980 in 1000
Canberra	141	246
Sydney	2 725	3 232
Melbourne	2 394	2 760
Brisbane	818	1 929
Adelaide	809	934
Perth	642	902
Newcastle	250	385
Wollongong	186	226
Hobart	130	170
Geelong	115	142

Tab. 3 Neuseeland: Fläche und Bevölkerung (1971–1981)

	Fläche qkm	Bevölkerung 1971 (23. 3.)	1981 (24. 3.)
Neuseeland	268 808	2 862 631	3 175 737
North Island	114 727	2 051 354	2 322 989
South Island	150 521	810 129	851 397
Stewart Island	1 746	414	600
Chatham Islands	963	716	751
sonstige Inseln	851	zumeist unbewohnt	zumeist unbewohnt

Tab. 4 Neuseeland: Bevölkerungsentwicklung wichtiger Stadtregionen

	1926 (VZ 20.4.1926)	Zunahme 1926–1951 in %	1951 (VZ 17.4.1951)	Zunahme 1951–1981 in %	1981 (VZ 24.3.1981)
Whangarei	10048	69,7	17054	135,8	40212
Auckland	214293	60,1	343048	124,3	769558
Hamilton	19325	89,6	36643	167,2	97907
Tauranga	4899	193,4	14376	269,3	53097
Rotorua	5892	155,4	15046	221,1	48314
Gisborne	15216	30,9	19914	61,0	32062
Napier	18632	32,0	24600	108,7	51330
Hastings	16124	61,3	26012	102,1	52563
New Plymouth	16533	56,1	25813	70,8	44095
Wanganui	26521	12,1	29717	33,2	39595
Palmerston North	21871	59,6	34906	91,1	66691
Wellington	130114	61,4	210060	52,8	321004
North Island	499468	59,6	797189	102,8	1616428
Nelson	13687	75,0	23947	80,1	43121
Christchurch	124046	46,4	181593	59,7	289959
Timaru	16959	34,7	22851	27,9	29225
Dunedin	88882	7,5	95510	12,5	107445
Invercargill	22477	43,9	32335	66,6	53868
South Island	266051	33,9	356236	47,0	523618
Neuseeland: urban areas	765519	50,7	1153425	85,5	2140046
Neuseeland: non-urban areas	642620	22,3	786047	31,8	1035691
Neuseeland: insgesamt	1408139	37,7	1939472	63,7	3175737

Quelle: New Zealand Census of Population and Dwellings 1981, Vol. 1, Part A. Wellington 1982.

Tab. 5 Südpazifische Inselstaaten und -territorien: Bevölkerung, Arbeitnehmer, Regierungsbeschäftigte um 1979/80

	Bevölkerung 1980 (z. T. amtliche Schätzungen)	Arbeitnehmer insgesamt	davon Regierungsbeschäftigte in %
Hawaii	964691	417000	21,4
Guam	105979	34400	50,0
Nord-Marianen	16882	7627[2]	47,6
Palau	12116	3228	63,7
FSM	73160	9700	54,0
Ponape	22081	3651	38,0[3]
Kosrae	5491	581	84,7
Truk	37488	3754	55,0
Yap	8100	1756	70,6
Marshall-Inseln	31042	4002	64,6
Nauru	7800[1]	934	53,5[4]
Kiribati	58600	6294	63,1[5]
Tuvalu	7500	889	52,6

Tab. 5 (Forts.)

	Bevölkerung 1980 (z. T. amtliche Schätzungen)	Arbeitnehmer insgesamt	davon Regierungsbeschäftigte in %
Papua-Neuguinea	3 006 800		
Salomon-Inseln	225 200	18 858	41,3
Vanuatu	117 500	10 695	33,0
Neukaledonien	140 500	28 000	18,9
Fidschi	634 100	78 539	28,0
Wallis et Futuna	10 800	614	51,3[6]
Tokelau	1 600		
Tonga	97 400	7 131	63,8[6]
West-Samoa	156 800	18 110	55,3
Amerikanisch-Samoa	32 400	8 306	49,1
Niue	3 400	854	86,3
Cook-Inseln	17 900	2 754	57,5
Französisch-Polynesien	148 100	32 728	42,3
Pitcairn	60		

1 davon allerdings 3 200 ausländische Arbeitnehmer.
2 darin enthalten ca. 50% Ausländer.
3 ohne die Beschäftigten öffentlicher Entwicklungsprogramme
4 1977
5 1978
6 1976
Quelle: Amtliche Unterlagen und Census-Berichte der einzelnen Staaten und Territorien.

Tab. 6 Südpazifische Inselstaaten und -territorien: Land- und Seefläche

Staat/Territorium	Landfläche in qkm	Seefläche der 200-sm-Zonen qkm
Hawaii	10 456	3 950 000[1]
Guam	541	550 000
Nord-Marianen	471	
Palau	460	269 000
Föderierte Staaten von Mikronesien	702	2 978 000
Ponape	346	
Kosrae	110	
Truk	127	
Yap	119	
Marshall-Inseln	180	2 131 000
Nauru	22	326 000
Kiribati	684	3 481 000
Tuvalu	26	900 000

Tab. 6 (Forts.)

Staat/Territorium	Landfläche in qkm	Seefläche der 200-sm-Zonen qkm
Papua-Neuguinea	462 243	2 367 000
Salomon-Inseln	28 530	1 537 000
Vanuatu	11 880	680 000
Neukaledonien	19 103	1 740 000
Fidschi	18 272	1 338 000
Wallis et Futuna	255	300 000
Tokelau	10	290 000
Tonga	699	720 000
West-Samoa	2 935	134 000
Amerikanisch-Samoa	197	390 000
Niue	259	446 000
Cook-Inseln	240	1 989 000
Französisch-Polynesien	3 265	5 030 000
Pitcairn	40	700 000

1 einschließlich Midway, Wake, Johnston, Kingman Reef, Palmyra, Jarvis, Howland & Baker, die – außer Hawaii – zusammen eine Landfläche von 6 194 qkm haben.

Tab. 7 Fischfang in den 200-sm-Zonen der südpazifischen Inselstaaten 1976

	Gesamter Fischfang	davon durch im Land registrierter Firmen		Bemerkungen
	t	t	v. H.	
Palau, Föderierte Staaten von Mikronesien (FSM), Guam, Marshall-Inseln, Nord-Marianen	68 961	10 000	14,5	a)
Nauru	10 069	0	0	
Kiribati	29 263	1 344	6,4	
Tuvalu	9 577	80	0,8	
Papua-Neuguinea	39 348[1]	33 035	84,0	b)
Salomon-Inseln	37 401	17 444	46,6	c)
Vanuatu	11 605	10 500	90,5	d)
Neukaledonien	2 357	499	21,2	
Fidschi	13 380	11 594	86,7	e)
Wallis & Futuna	386[2]	0	0	
Tokelau	2 095	K.A.	1)	
Tonga	1 951	1 117	57,3	
West-Samoa	1 884	1 700	90,2	
Amerikanisch-Samoa	636	220	34,6	
Niue	313	20	6,4	
Cook-Inseln	2 876	K.A.	3	
Franz. Polynesien	9 650	2 386	24,7	f)
Pitcairn	1 089[2]	0	0	
Summe	242 841	89 939	37,0	

Tab. 7 Anmerkungen

K.A. = Keine Angaben
1 Darin sind nur die Thunfischfänge enthalten, nicht die umfangreichen Erträge der Küsten- und Binnenfischerei.
2 Nach G. Kent (1980a), S. 6 u. 80.
3 Es gab 1976 keinen kommerziellen Fischfang von im Land registrierten Firmen. Der Subsistenz-Fischfang ist sehr gering.

Bemerkungen:
a) Der größte Teil dieser 10 000 t entfällt auf eine in Palau registrierte US-amerikanische Firma.
b) Sämtliche 33 035 t oder 84 % aller Fangerträge wurden von Firmen erbracht, die zwar in Papua-Neuguinea registriert sind, aber zu US-amerikanischen, japanischen oder australischen Unternehmen gehören.
c) Die 44,6 % werden erbracht von einem japanisch-salomonischen Unternehmen (Solomon Tayo Fishing Company), so daß auch hier die Beteiligung des Landes relativ gering ist.
d) Von den hier genannten 10 500 t Fisch werden 10 000 t nicht von Einheimischen, sondern von einer Firma mit japanischen, britischen und US-amerikanischen Eigentümern gefangen.
d) Fidschi verfügt seit 1975 über ein eigenes staatliches Fischereiunternehmen, so daß der v. H.-Satz (86,7) den tatsächlichen Anteil des Landes an den Fangerträgen anzeigt.
f) Der größere Teil dieser 2 386 t wird von einer in Tahiti registrierten französischen Firma gefangen.

Quelle: H. J. Buchholz, 1983, S. 6 (nach R. E. Kearney, 1979).

Tab. 8 Südpazifik: Staatliche Entwicklungshilfe 1979

	1979 Total (in Tausend DM)	1979 Pro Kopf (in Tausend DM)
Guam	171 478	1 714
Nord-Marianen, Marshall-Inseln, Föderierte Staaten von Mikronesien, Palau	198 400	1 504
Amerikanisch-Samoa	55 826	1 806
Fidschi	55 800	90
Salomon-Inseln	46 400	210
Kiribati	16 000	280
Tuvalu	8 000	1 082
Nauru	0	0
West-Samoa	54 000	348
Cook-Inseln	13 400	724
Niue	8 800	2 444
Tokelau	3 200	2 000
Tonga	42 000	438
Vanuatu	68 000	594
Neukaledonien	264 400	1 910
Französisch-Polynesien	257 000	1 778
Wallis und Futuna	13 800	1 352

Quelle: South Pacific Economies: Statistical Summary, Noumea, New Caledonia: South Pacific Commission, 1979 und 1981. Nach: George Kent, Development Problems of Pacific Islands. In: The New Pacific Magazine, November/Dezember 1981, S. 23.

Tab. 9 Südpazifik: Die Einwohnerzahl der Hauptstädte bzw. Hauptinseln

Hauptstadt/ Hauptinsel	um 1950	um 1980	Hauptstadt/ Hauptinsel	um 1950	um 1980
Saipan Nord-Marianen	5735 (1955)	14549 (1980)	Noumea Neukaledonien	22238 (1956)	74335* (1976)
Agana Guam	11725 (1950)	35280* (1980)	Funafuti Tuvalu	687 (1963)	2120 (1979)
Kolonia FSM-Ponape	760 (1954)	5550 (1980)	Suva Fidschi	ca.30000 (1953)	117827* (1976)
Lelu FSM-Kosrae	777 (1954)	1998 (1980)	Nuku'alofa Tonga	9494 (1956)	20641 (1976)
Moen FSM-Truk	2475 (1954)	10373 (1980)	Apia West-Samoa	18153 (1956)	32099 (1976)
Colonia FSM-Yap	465 (1955)	1474* (1980)	Pago Pago Amerik.-Samoa	3845 (1960)	11399 (1980)
Koror Palau	2209 (1955)	7642 (1980)	Alofi Niue	989 (1956)	960 (1979)
Majuro (D-U-D)** Marshall-Inseln	1711 (1955)	8667 (1980)	Rarotonga Cook-Inseln	6048 (1951)	9477 (1981)
Süd-Tarawa Kiribati	1671 (1947)	17921 (1978)	Papeete Franz.-Polynesien	ca. 22000 (1956)	77781* (1977)
Honiara Salomon-Inseln	3548 (1959)	21334 (1981)	Port Moresby Papua-Neuguinea	15700 (1954)	123988 (1980)
Vila Vanuatu	6526 (1965)	14801* (1979)	Honolulu Hawaii	351336 (1960)	582463 (1980)

* Stadtregion
** Darrit-Uliga-Dalap

5.3 Namen- und Sachregister

5.3.1 Australien

Aborigines 19, 29 f., 61, 63, 69
Acapulco (Mexiko) 15
Ackerbau 36–44
Adelaide 23, 33, 57
Agrarprodukte 68
Albany 20, 32
Alice-Springs 60
Antimon 49
Antipoden 21
Antizyklon 23
Arnhem-Land 25
artesische Becken 28
Australian Capital Territory (A.C.T.) 22
Australian Tobacco Board 41
Australische Alpen 24 f., 27
Ayers Rock 24

Balboa de Nunez 14 f.
Barossa Valley 33, 44
Baumwolle 42, 62
Bauxit 49
Bergbau 36, 48–52, 59, 61, 68
Bevölkerung 60, 61 ff.
Bewässerung 42 ff., 62
Blei 36, 49 f., 59
Blue Mountains 25, 31
Bodenschätze 60
Bougainville, L. A. de 16
Braunkohle 50
Brisbane 56
Broome 25
Byron, J. 16

Cairns 25
Callao (Peru) 15
Canberra 23, 32, 56, 58, 65
Carnarvon 25
Carteret, Philip 16
Cebu (Philippinen) 15
Chemische Industrie 54

China 65 f.
Clare Valley 44
Closer Settlement Policy 35
Commonwealth Immigration Restriction Act 34
Commonwealth of Australia 21
Cook, J. 16, 19
Cook-Inseln 17
Coonawarra 44

D'Entrecasteaux, A. J. R. 16
Darling 28, 60
Darling Downs 33
Darling Range 24
Darwin, Ch. 20, 23, 61 f.
Dingo 47
Dörfer 58
Dumont d'Urville, J. S. C. 16

Eisenbahn 52, 60
Eisenerz 49–53, 59
Elektrizität 59
Emu 28
Entdeckungszeitalter 14
Erdgas 50
Erdnüsse 42
Erdöl 49
Eukalyptus 27 f.
Eureka Stockade 34
Export 35, 59 f., 64–68
Eyre-Halbinsel 39
Eyre-See 24, 26

Fauna und Flora 27
Fleisch 59
Frankreich 16 f., 20
Futuna 16

Gemüseanbau 43
Gold 34, 36, 49, 51
Goldsucher 34

Golf von Carpentaria 24
Gondwanaland 27
Großbritannien 16f., 20, 51, 64–69
Großes Scheidegebirge 24
Guam (Marianen) 15

Hamersley Range 24
Hauptklimaräume 23
Heard-Insel 22
Hobart 32 f.
Holländer 19

Import 61, 64–68
Industrie 36, 48–54, 60, 64, 68
ITC 22 f.

Japan 17, 18, 48–53, 61, 64–69

Känguruh 28
Kap Byron 21
Kap der Guten Hoffnung 16
Kap-Swamp-Mensch 29
Kap Wilson 21
Kap York 21
Kap-York-Halbinsel 25
Karolinen 14
Kimberley 24, 45
Klima 22–27, 40, 42 f., 45
Kohle 49 f., 53, 59, 65
Kokos-(Keeling)-Inseln 22
Kolumbus 15
Konservenindustrie 53
Kraftfahrzeuge, Import 65
Kraftfahrzeugindustrie 53 f.
Kupfer 49
Kwinana 52

La Perouse, J. F. 16
Landwirtschaft 36–53, 59, 65, 69
Legaspi, M. de 15
Lofty-Ranges 25

Mac-Donnell-Kette 24
Macquarie-Insel 22
Magellan-Straße 15 f.

Magellan, F. 15
Marquesas-Inseln 15
McDonald-Insel 22
Melbourne 32 f., 50–58
Melville Island 20
Mendana, A. de 15
Mineral boom 48
mittelaustralische Senke 24
Molybdän 49
Monsun 22
Mt. Kosciusko 24
Mungo-Mensch 29
Murray 28, 32, 39, 60
Murrumbidgee 42
Myxomatosis-Virus 28

Nahrungsmittelindustrie 53
Native 29
Neuguinea 16
Neukaledonien 14
Neusseland 16 f.
New South Wales (N.S.W.) 22
Newcastle 55 f.
Nickel 51
Niederländisch-Ostindische Kompanie 15 f.
Niederschläge 20, 22–26, 40, 45, 47 f., 59 ff.
Niue 17
Norfolk-Insel 22
Northern Territory (N.T.) 22

Obstanbau 43
Oceania 14
Ontong Java (Salomon-Inseln) 16
Oster-Inseln 16

Papst Alexander VI. 14
Papua-Neuguinea 17
Passat 19, 23, 25
Pazifik-Expeditionen 16
pazifische Dekade 17
Perth 23, 32 f., 57
Pflanzenwelt 27
Philippinen 15, 19
Pilbara-Region 49

Plantagen 40
Port Kembla 52
Portugal 15

Queensland (Qld.) 22
Quiros, P. F. de 15

Regenwälder 27
Reis 62
Rinder 47 f., 63
Rindfleisch 66
Roggeveen, J. 16
Rutherglenn 44

Salomon-Inseln 15
Santa-Cruz-Gruppe 15
Schafe 63
Schafzucht 31 ff., 38, 44–47
Schouten, W. C. 16
Selectors 35
Siedlungskolonie 20
Silber 36, 50
Silber-Blei-Zink 49 ff.
South Australia (S.A.) 22
Sowjetunion 17
Spanien 14 f.
Squatters 32, 35
Städte 54–59
Steep Point 21
Sträflingskolonie 20, 31–33
Subtropen 21
Südpazifische Föderation 17
Sydney 31 f., 50–58

Tabak 41 f.
Tagebau 49
Tasman, A. J. 16
Tasmanien (Tas.) 21 ff., 32
terra australis incognita 15
Textilindustrie 54
Tierwelt 28
Tokelau 17
Tonga 16
Torres 19

Tropen 21
tropischer Zyklon 23, 27
Tuamotu-Archipel 16
Türken 14

Uran 51
Ureinwohner 29 f.
USA 17, 18–21, 48, 59, 64–69

Van Diemen's Land 32
Vanuatu (Neue Hebriden) 15
Vegetation 22
Verdunstung 26
Verstädterung 55
Vertrag von Tordesillas 14 f.
Victoria (Vic.) 22, 32

Wachstumsperioden 26
Wakefield 33
Wallis, S. 16
Weidewirtschaft 31–33, 35, 44–48
Weihnachts-Inseln 22
Weinbaugebiete 32, 44
Weizen 32, 35 f., 38 f., 59, 66
Weizenanbau-Schafzucht-Zone 46
Weizengürtel 37, 43, 53
West-Samoa 17
Westaustralien 20
westaustralisches Tafelland 24
Western Australia (W.A.) 22
Westwinde 19
Westwindzone 23
Whyalla 52
Wolfram 49
Wolle 31 f., 36, 37, 44 ff., 59, 64, 67
Woolongong 55 f.

York-Halbinsel 39

Zink 36, 50
Zinn 49
Zucker 59
Zuckerrohr 40, 53, 61
Zyklon 23, 27

5.3.2 Neuseeland

Agrarproduktion 78
antipodische Inselgruppe 70, 92
assisted immigrants 73
Auckland 75 ff., 80, 87, 89
Australien 83

Banks Peninsula 70
Bergbau 86 f.
Bestockziffern 81
Bevölkerung 72–78, 86, 89 f.
Bluff 87
Buschwerk (scrub) 71
Butter 90

Canterbury Plains 79
Chatham-Inseln 76
Chinesen 73 f., 75, 89
Christchurch 76, 80, 87 f.
Closer Settlement Scheme 79
Cook-Inseln 72, 75, 92
Coock Strait 70 f., 86
Cook Strait Rail/Air Freight Service 89
Cook, J. 71

Dalmatiner 73
Dunedin 76, 80, 89

Einwanderung 73 ff.
Eisenbahn 73, 89
Elektrizitätswirtschaft 84, 86
Entdeckung 71
Erwerbs- und Sozialstruktur 88
Export 78, 82, 86, 90 f.

Feldfutteranbau 82
Fleischexport 78 f.
Fleischprodukte 82
Formgebung 70
Forstwirtschaft 83
Fremdenverkehr 88

Gemüseanbau 82
Gold 72, 82, 86, 89
Großbritannien 79, 87, 90 ff.

High Country 70
Holländer 73
Holzindustrie 83
Hopfen 82
Hutt 76, 90
Hydroelektrizität 86

Inder 73
Industrie 78, 86 f., 89
Intensivkulturen 82
Invercargill 90
Italiener 73

Japan 83, 90

Kanada 88
Kermadec-Inseln 72, 75
Klima 79, 81 f.
Kohle 86
Kohlebergbau 90
Kolonisation 71
Kolonisationsgesellschaften 73
Kraftfahrzeugverkehr 89
Kulturlandschaft 70 f.

Lammfleisch 78, 90
Landflucht 78
Landnutzung 80
Landwirtschaft 78–86, 90

Maori 71–78
Milchprodukte 82
Missionare 71
Moa-Jäger 71
Molkereiprodukte 78 ff.
Mt. Cook 70
Mt. Egmont 70
Mt. Ruapehu 70

Nahrungsmittelindustrie 78
Nauru 79
Nelson 73, 90
Neuseeland 70–92
New South Wales 71

New Zealand Company 71
Niederschläge 81 ff., 86
Niue 72, 75, 92
Nordinsel 70, 87

Obstkulturen 82
Otago 70, 72

Pacific Forum Line/PFL 92
Phosphat 79
Polynesier 71 f., 75

räumliche Verteilung 76–78
Raffinerien 87
Relief 70, 86
Rindermast 81 ff.
Robbenfänger 71
Ross Dependency 72

Samoa 75, 92
Schafmast 81 ff.
Schafweidewirtschaft 79
Schiffahrt 89
SEATO 91
settlements 82
Sewart-Insel 76
South Pacific Bureau for Economic Cooperation 92
South Pacific Commission 91
South Pacific Forum 91
South Pacific Forum Fishes Agency 92
South Pacific Regional Trade and Economic Cooperation Agreement 92
Southern Alps 70 f.
SPARTEC 92
SPEC 92

Stadtregionen 75
Städte 75–78, 82, 89 f.
stations 79 f.
Südinsel 70

Tabak 82
Tasman, A. 71
Tokelau 72, 75, 92
Tussockgras 71

Urwald (bush) 71
USA 88, 90 f.

Vergletscherung 70
Verkehrserschließung 88 f.
Verstädterung 76 f., 80
Viehwirtschaft 82
Volcanic Plateau 70, 79
Volkszählung 72
Vulkanismus 70

Wairakei 86
Walfänger 71
Wanderungsbilanz 73
Wasserkraft 86
Weideflächen 81
Wein 82
Weinbau 73
Weizenanbau 79
Weizenexport 82
Wellington 76, 80, 89 f.
West Coast 71
Whangarei 87
Wolle 78 f.
Wollexport 82

Zitrusfrüchte 82
Zuwanderung 73

5.3.3 Südpazifik

Agana 169
Agrarprodukte 179
Ainoide 108
Aitutaki 207, 215
Alofi 217, 230

Aluminium 97
Amerikanisch Samoa 121, 178 f.
Ananas 141, 147, 166 f., 221
Andesite 97, 106, 223
Andesitlinie 97, 105, 107

Angaur 157, 177
Antimon 158, 229
Anuta 110
ANZUS-Abkommen 126
Apia 147, 151, 213, 219
Aquakulturen 161, 209
Association of South Pacific Airlines 125
Atolle 95, 97 ff., 102 f., 106 f., 132, 140, 154, 165, 172 f., 177, 180, 207, 209 f., 218 f., 224, 230 f.
Atombombentests 131, 173, 208, 226
Auki 206
austral-asiatische Platte 105, 158
australische Inseln 111 f., 224
Australien 108, 124
australische Platte 96, 105, 204, 223
austronesisch 184

Babelthuap 177
Bairiki 136
Baker 112, 121, 156, 180
Banaba 207, 210
Banaba s. Ocean-Insel
Bananen 139, 187, 214
Banyanbaum 103
Baumwolle 114, 140, 147, 213, 215, 221, 225
Bauxit 99, 175, 177, 223
Bay of Islands 113
beachcomber 113
Bellona 110
Bergbau 97, 128, 131, 158, 193 f., 229
Betio 136
Bevölkerung 126–132, 136, 144, 154, 167, 169, 184 f., 208 f., 221
Bevölkerungsverdrängungsprozeß 107
Bevölkerungswanderung 107, 136–138, 216
Bikini 173

Binnenlagunen 107
Birnie 208
Bismarck-Archipel 96, 109, 115, 117, 181 f.
Bisschop, E. de 108
Blei 158, 229
Bodenbildung 102
Bodenschätze 146, 156–160
Bonin-Inseln 97
Bonito 161
Bora Bora 99, 226
Bougainville 116 f., 122, 181, 193 ff.
Bounty 116, 219
Britisch-Neuguinea 116
Brotfrucht 176
Brotfruchtbaum 139
Butaritari 136

Canberra Agreement 124
Canton-Insel 157
Cargokult 198
Caroline 157, 207
Caucasians 129
Centre National des Art et Metiers (CNAM) 137
Challenger, Forschungsschiff 159
Chamorros 130
Chile 94, 108, 116, 213, 231
Chimbu 186
China 112, 132, 225 f.
Chinesen 129–132, 166, 185, 198, 202 f., 206, 226
Choiseul 122
Christmas Island 101, 112, 207 f.
Chrom 97, 158, 229
Clipperton 111, 114, 157, 230 f.
Compact of Free Association 121, 174
Constitution of the Federated States of Micronesia 174
Cook-Inseln 109, 112 f., 116 f., 123–126, 137, 144, 147, 152 f., 157, 159, 164, 215 f.
Cook, J. 166
Coral Sea Inseln 94

Deutsch-Samoa 117
Deutschland 112, 115 ff., 122, 211, 213
Dörfer 196
Dublon 149
Duke of York Gruppe 115
Dumont d'Urville, J. S. C. 109

Ebon 157
Efate Insel 223
Eisen 97, 158, 229
Elektrizitätsversorgung 160
Ellice-Inseln 95, 210, 218
endemische Flora 104
Enderbury 112, 156, 207 ff.
Endlager für radioaktive Abfälle 181
Enewetok 173
Enga 186
Entkolonialisierung 119–123
Erdnüsse 221
Erwerbstätigkeit 133 f.
Espiritu Santo 223
EUA 159
eurasische Platte 170 f.
Europäer 131
Export 138, 140 ff., 147, 155, 176, 178, 190, 193, 195, 197, 200, 203, 205 f., 214, 216, 221, 223, 229
Export – Import 151–153

Fais 175
Fangataufa-Atoll 226
Fanning-Insel 144, 156
Federated States of Micronesia 120, 124, 174–176
Feigen 103
Fidschi 96, 101, 103, 105, 108 f., 113, 116 f., 120, 123–130, 133 f., 136 f., 143, 147 ff., 152, 158 f., 163 f., 201–203, 208 f., 211, 222, 229
Fiji Institute of Technology 137
Fiji School of Medicine 137
Filipinos 129
Fisch 148, 152, 175, 179

Fischerei 160–164, 203, 211, 219
Fischereiwirtschaft 209, 223
Flint 157, 207
Flora und Fauna 103 f.
Föderierte Staaten von Mikronesien (FSM) 120, 124, 174–176
Forari 158
Frankreich 111–118, 124, 137, 165, 224, 227 f., 230 f.
Französisch Polynesien 100, 224–227
Franzosen 146
Free Association 216 f.
Freundschaftsinseln 220
Funafuti 210
Futuna 230

Gaferut 175
Galapagos-Inseln 94
Garapan 171
gehobene Inseln 106 f.
gehobene Koralleninseln 99, 106, 154, 177, 180, 207, 209 ff., 217, 221, 224
Gemüsetransport 216
Geotektonik 95
Gesellschaftsinseln 224
Gilbert and Ellice Island Colony 137
Gilbert-Inseln 109, 132, 207 ff., 218
Gizo 206
Godeffroy, C. 147, 151, 213
Gold 97, 151, 158, 190, 193, 229
Goroka 198
Großbritannien 110–118, 123 f., 147, 165, 178 f., 195, 202, 208 f., 211, 213, 217, 219
Großer Sumpftaro 140
Guadalcanal 127, 204
Guadalupe 94
Guam 111, 116, 121, 128, 130, 137 f. 143 f., 169 f.
Guano 99, 156
Guano Act 112, 207 f., 219
Guyats 100

259

Hawaii 93, 98, 100f., 103f., 109, 112f., 116f., 118, 120, 128ff., 134, 137ff., 143f., 146–150, 159, 163, 165–169, 180f.
Henderson-Inseln 220
Heyerdahl, Th. 107f.
Hochseefischerei 173
hohe Inseln 101f., 106, 128, 165, 175, 177, 201, 204, 212, 224, 230
Holz 154
Honiara 125, 136, 206
Honolulu 113, 133f., 166, 169f., 180
House of Assembly 199
Howland 112, 121, 156, 180f.
Hull 207

Import 151–153, 160, 195, 197, 206, 221
Inder 130, 146, 202
Industrie 146–151, 167f., 194
Inseln, gehobene Korallen- s. gehobene Korallinseln
Inseln, gehobene s. gehobene Inseln
Inseln, hohe s. hohe Inseln
Inseln, kontinentale s. kontinentale Inseln
Inseln, niedrige s. niedrige Inseln
Inseln, ozeanische s. ozeanische Inseln
Inseltypen 95
Irian Jaya 122, 124, 182
Isla de Pascua 231
Islas de los Ladrones s. Marianen

Jaluit 136, 149
Japan 93, 110–119, 148, 151, 160f., 163, 175, 177, 196, 198, 223
Japaner 129–132, 166, 169f., 172, 209

Jarvis-Inseln 112, 121, 156, 180
Johnston-Inseln 112, 180
Juan Fernandez 94

Kaffee 140f., 171, 190ff., 196, 213, 228
Kaiser-Wilhelms-Land 115, 182
Kakao 140f., 190ff., 196, 213, 221, 223
Kandavu 113
Kanton s. Kiribati
Kapingamarangi 110
Karolinen 109, 113, 115, 117, 120, 129, 132, 157, 169, 171, 175, 177
Katsuobushi (Räucherfisch) 177
Kauai 101
Kautschuk 140, 213
Kawajalein 138
Kermadec-Inseln 94, 97
Kingman Reef 121, 180
Kirche, katholische 113
Kiribati 112, 120, 123, 125, 132, 136f., 144f., 153, 161, 180, 205, 207–209
Kleinstaaten 155
Kliff 100
Klima 100–103, 160, 183, 219
Kobalt 97, 158, 229
Köderfischzucht 161
Kohle 229
Kohlebunkerstation 114
Kokosöl 147, 152, 178
Kokospalmen 103f., 139f., 142, 157, 204f., 220
Kokosplantagen 207f., 210, 213
Kolonia 174
Kongreß von Mikronesien 121
kontinentale Inselketten 96f.
kontinentale Inseln 101, 105f., 158, 223
kontinentale Platten 96
Kontraktarbeiter 166
Kopra 141, 147, 152, 171, 173, 178, 181, 191, 202, 205f., 208, 213f., 215ff., 219, 220, 225f., 228, 230
Korallen 97, 100, 106f., 140, 217
Koralleninseln 102, 105, 158
Korallenkalk 103

Korallenriff 99
Korallensee 96
Korea 161
Koreaner 166
Koror 177
Kosrae 120 f., 174
Kupfer 97, 158, 190, 193, 195 f., 223, 229
Kwajalein 173 f.

Lae 198
Lagerstätten 158
Lagunen 99, 104, 160 f., 173
Lahaina 113, 134, 166
Landbesitz 143, 192
Landrecht 145 f., 189
Landwirtschaft 141 f., 145, 168 f., 187, 211, 215, 217, 219, 221, 223, 228, 230
Levuka 134, 136, 148, 163, 203
Line-Inseln 112, 117, 123, 202, 207
linguistische Gliederung 109
Local Government Council 199
London 156
London Missionary Society (LMS) 112, 225
Lord-Howe-Insel 94
Loyalty-Inseln 111, 228
Luaniua 110
Luftpostdienst 180

Madang 198
Majuro 136, 173
Makatea 131, 215, 224
Malakal 177
Malden-Inseln 156 f., 207, 217
Mangan 97, 151 f., 158, 223, 229
Manganknollen 159 f.
Mangareva-Inseln 224
Maniok 139, 141, 176, 205
Manra 207 f.
Marianen 97, 105, 108 f., 110 f., 113, 117, 120, 124, 129, 157, 169, 170 ff.
Marotiri 225

Marquesas-Inseln 100, 103, 108 f., 111, 127
Marshall-Inseln 99, 109, 115, 117, 120, 129, 136, 138, 149, 157, 169, 171 f.
Mata Utu 230
Maui 101, 166
McKean 156
Meeresboden 96 f., 100, 106, 159, 163
Meiji-Restauration 110
Melanesien 100, 109 f.
Melanesier 184
Mendana 127
Midway-Insel 112, 114, 121, 180
Mikronesien 97, 101 ff., 104, 108 ff.
militärische Nutzung durch die USA 173 f.
Missionare 112 f., 127, 134, 151, 166, 199, 205, 215, 220, 225, 230
Moorea 111, 226
Mt. Hagen 198
Mururoa-Atoll 131, 226

Nadi 203
native welfare policy 189
Naturräume 95
Nauru 109, 115, 117, 119 f., 128, 131, 152 f., 154, 157, 164, 211 f.
Negride 108
Neiafu 134 f.
Netzfischerei 161
Neu-Britannien 115, 186, 191
Neu-Guinea-Kompanie 115
Neu-Pommern 186
Neue Hebriden s. Vanuatu
Neuguinea 103 f., 105, 108 ff., 114 f., 117, 119, 154, 163, 181
Neukaledonien 96, 101, 103, 105, 108 ff., 111, 117, 128 f., 137, 143, 146 f., 149, 152 f., 154, 158, 222 ff., 227
Neuseeland 105, 124

New Britain 115, 186, 191
New Georgia 122
Nickel 97, 151, 158, 223, 229
Niederländisch-Neuguinea 124
Niederlande 124, 182
Niederschläge 101, 105, 140, 183, 207, 212
niedrige Inseln 128
Niue 109, 115 ff., 120, 123 f., 126, 128, 137, 147, 152 f., 155, 164, 207, 216–218
Niugini Pidgin 185
Non Self Governing Territory 218
Nord-Marianen 170 ff.
Norfolk-Insel 94, 219
Noro 148
Noumea 124, 133, 203, 228
Nucleus Estate 191
Nukumanu 110
Nukuoro 110

Oahu 166
Obst 152
Obstkonservenindustrie 147–149
Obsttransport 216
Ocean Island 116 f., 123, 157, 218
Ökologie 104
Ölpalmen 140
Oeno 220
Ok Tedi 193
Orona 207
Oster-Inseln 94, 108 f., 116, 231
ostpazifischer Rücken 97 ff.
Ovalau 113, 134
ozeanische Inseln 96 f., 105, 107

Pacific Basin Development Council 125
Pacific Conference of Churches (PCC) 125
Pacific Forum Line (PFL) 125
Pacific Islands Producers Association (PIPA) 123
Pacific Islands Producers Secretariat (PIPS) 123
Pago Pago 148, 163, 178

Palau 105, 108, 110, 120, 157, 170, 177 f.
Palekula 148, 223
Palmöl 191
Palmyra 121, 181
Pandanus 139 f.
Papaya 139
Papeete 113, 133 f., 226
Papst 115
Papua-Neuguinea 93 f., 122, 199, 181–201
Papua-Niugini 181
Papua-Territorium 117
Passat 100 f., 102, 132, 154, 201
pazifische Platte 97
Peleliu 157
Penrhyn 112
Peru 107, 114, 128, 156, 217, 225
Philippinen 111, 116, 130
Phoenix-Inseln 116, 156, 207
Phosphat 99, 114, 118, 120, 128, 131, 152, 156, 159, 175, 177, 180, 209, 210 ff., 217, 224, 231
Pitcairn 94, 109, 116, 120, 219 f.
Plantagen 128 f., 131, 140 f., 146, 166, 190 ff., 202, 204 f., 220, 222 f., 224 f., 228
Platten, kontinentale 96 f.
Polynesien 97, 100, 104, 108 ff., 134, 147, 153, 159, 165
Polynesier 131, 184, 207
Ponape 93, 138, 144, 153, 174; s. auch Karolinen
Port Moresby 115, 181, 184, 196
Portugiesen 166
Proto Malayen 108
Puertoricaner 166

Queensland 114, 128, 222

Rabaul 198
Rabi 209
Raiatea 134
Raivavae 111
Raketenstationen 173

Rapa 100, 103, 225
Rarotonga 127, 142, 215
Regenwälder 102, 182, 184
Regionalisierung 95–125
Relief 102
Renell 110
Riff 100, 140, 160, 173, 177, 215, 217
Rinderhaltung 171, 193, 223, 228
Rindfleisch-Konservenproduktion 147
Rivella Gigedo 94
Rodungs-Wanderfeldbau 139
Rose-Insel 178 f.
Rota 157
Rotuma 122
Rural Development Centre 125

S. Ambrosio 94
S. Felix 94
Saipan 157, 171
Sala y Gomez 94, 116, 231
Salomon-Inseln 96, 103, 105, 108 ff., 114 f., 120, 125, 127, 136, 148, 152, 154 f., 161, 163 f., 202, 204–207, 223, 227
Samoa 98, 103, 108 f., 112 f., 114 f., 117, 119 ff., 123–126, 127, 137 f., 145, 147 ff., 151 ff., 154, 163, 165, 169, 178, 218, 222
Samoa i Sisifo 120
San Cristobal 127
Santa Isabel 122
Saumriff 105
Savai'i 98, 212
Schafzucht 231
School of Agriculture 125
Seekabel 112, 114, 180, 208, 218
Seerecht 121, 159–164, 209, 212, 219, 231
shifting cultivation 139
Siedlungskolonie 227
Sikaina 110
Sklavenhandel 114
Sonsoral 157

South American Permanent Commission for the South Pacific 125
South Pacific Bureau of Economic Co-operation (SPEC) 124
South Pacific Commission (SPC) 124
South Pacific Conference 124
South Pacific Forum 123
South Pacific Forum Fisheries Agency (SPFFA) 125, 164
South Pacific Regional Trade and Economic Co-operation Agreement 126
Spanier 110–117, 171
Spanisch-amerikanischer Krieg 169
SPARTECA 126
SPEC 124
Speerfisch 161
Städte 132–135, 196, 202 f., 205
Starbuck 157
Strafkolonie 130, 228
Strahlungsschäden 173
Subsistenz-Landwirtschaft 138–146, 176 f., 185, 201
Südamerika 107 ff., 110, 116
Süßkartoffel 109, 139, 188, 205, 221
Suva 124, 133, 136, 203
Suwarrow 112
Swain-Insel 178 f.
Sydney 124
Sydney-Insel 157

Tabak 141
Tabuaeran 208
Tagebau 158
Tahiti 99, 101, 103 f., 108 f., 111 f., 128, 149, 215, 217, 219, 225, 228
Taifune 102
Taiwan 161
Takuu 110
Tarawa-Atoll 161, 209
Taro 139, 176, 186 ff., 205, 213

Teraina-Insel 112, 207 f.
Territoire de la Polynesie Française 227
Tetiaroa 111
Thunfisch 161
Tiefseegräben 97
Tikopia 110
Tinian 171
Tobi 157
Tokelau 109, 116 f., 120, 137, 145, 153, 178, 218 f.
Tolais 186
Tonga 93, 97, 103, 105, 108 f., 112–117, 120, 123 ff., 134 f., 137, 141 f., 144 f., 148 f., 153, 159, 218, 220–222
Tonga-Graben 98
Tongatapu 113, 159
Torres-Straits-Inseln 94
Tourismus 153, 170, 172, 179, 198, 206, 226 f., 231
Truk 120 f., 149, 153, 170; s. auch Karolinen
Tuamotu-Inseln 99, 103, 107, 109, 111, 224
Tubuai 111
Tulagi 136, 148, 163
Tungaru 207
Tutuila 113
Tuvalu 93 ff., 109, 116, 120, 132, 137, 153, 164, 210 f.

UdSSR 161
Unincorporated Territory of the United States 121, 170, 179
University of the South Pacific (USP) 125, 137
Upolu 113, 212
USA 110–126, 138, 148 f., 161, 165, 168 ff., 172, 178–181, 207 f., 213, 230

USA-Treuhandverwaltung 120, 123, 138, 148, 163, 174, 177
Uturoa 134

Vanille 140, 221, 225 f.
Vanuatu 95 f., 105, 108 f., 112, 116, 120 ff., 130 f., 147 f., 152, 158, 163, 202, 222–224, 229
Vava'u 113, 134 f.
Vergletscherung 183
Verstädterung 132–136
Vertragsarbeiter 114, 128–131, 190, 202, 204, 217
Vietnamesen 110
Vulkaninseln 101, 105, 230
Vulkanismus 96–100, 103, 105 f., 127, 165, 170 f., 183, 223 ff., 227

Wake 112, 114, 121, 180
Walfänger 113, 136, 156, 166, 178, 225
Walfängerstationen 134
Wallis und Futuna 109, 117, 122, 131, 138, 153, 218, 230
Wanderfeldbau 186 ff.
Washington-Insel 144, 208
Weddoide 108
Weidewirtschaft 145
Weihnachtsinsel s. Christmas Island
West Irian s. Irian Jaya
West-Samoa 212 f.
Wirbelstürme 102

Yams 139, 176, 186 ff., 205
Yap 105, 108, 120 f., 153, 170, 174; s. auch Karolinen

Zink 158, 229
Zucker 152
Zuckerrohr 114, 130, 140, 146 f., 166 f., 171, 202 f.

Fischer Länderkunde
Herausgegeben von Dr. Willi Walter Puls †
Originalausgaben

Die „Fischer Länderkunde" vermittelt in neun Bänden ein umfassendes Bild der Erde, nicht allein der Landschaft und der natürlichen Lebensgrundlagen, sondern vor allem der auf ihnen gewachsenen kulturellen, wirtschaftlichen, gesellschaftlichen und politischen Formen.

Ostasien
Hrsg.: P. Schöller / H. Dürr / E. Dege
Band 1/6120

Südasien
Hrsg.: J. Blenck / D. Bronger / H. Uhlig
Band 2/6121

Südostasien – Australien
Hrsg.: Harald Uhlig
Band 3/6122

Nordafrika und Vorderasien
Hrsg.: Horst Mensching / Eugen Wirth
Band 4/6123

Afrika – südlich der Sahara
Hrsg.: Walther Manshard
Band 5/6124

Nordamerika
Hrsg.: Burkhard Hofmeister
Band 6/6125

Lateinamerika
Hrsg.: Gerhard Sandner / Hanns-Albert Steger
Band 7/6126

Europa
Hrsg.: Walter Sperling / Adolf Karger
Band 8/6127

Sowjetunion
Hrsg.: Adolf Karger
Band 9/6128

Fischer Taschenbücher

Fischer Weltgeschichte

1 Vorgeschichte

2 Die Altorientalischen Reiche I
Vom Paläolithikum bis zur Mitte des 2. Jahrtausends

3 Die Altorientalischen Reiche II
Das Ende des 2. Jahrtausends

4 Die Altorientalischen Reiche III
Die erste Hälfte des 1. Jahrtausends

5 Griechen und Perser
Die Mittelmeerwelt im Altertum I

6 Der Hellenismus und der Aufstieg Roms
Die Mittelmeerwelt im Altertum II

7 Der Aufbau des Römischen Reiches
Die Mittelmeerwelt im Altertum III

8 Das Römische Reich und seine Nachbarn
Die Mittelmeerwelt im Altertum IV

9 Die Verwandlung der Mittelmeerwelt

10 Das frühe Mittelalter

11 Das Hochmittelalter

12 Die Grundlegung der modernen Welt
Spätmittelalter, Renaissance, Reformation

13 Byzanz

14 Der Islam I
Vom Ursprung bis zu den Anfängen des Osmanenreiches

15 Der Islam II
Die islamischen Reiche nach dem Fall von Konstantinopel

16 Zentralasien

17 Indien
Geschichte des Subkontinents von der Induskultur
bis zum Beginn der englischen Herrschaft

18 Südostasien
vor der Kolonialzeit

Fischer Taschenbücher

Fischer Weltgeschichte

19 Das Chinesische Kaiserreich

20 Das Japanische Kaiserreich

21 Altamerikanische Kulturen

22 Süd- und Mittelamerika I
Die Indianerkulturen Altamerikas und die
spanisch-portugiesische Kolonialherrschaft

23 Süd- und Mittelamerika II
Von der Unabhängigkeit bis zur Krise der Gegenwart

24 Entstehung des frühneuzeitlichen Europa 1550-1648

**25 Das Zeitalter der Aufklärung und des Absolutismus
1648-1779**

**26 Das Zeitalter der europäischen Revolution
1780-1848**

27 Das bürgerliche Zeitalter

28 Das Zeitalter des Imperialismus

29 Die Kolonialreiche seit dem 18. Jahrhundert

30 Die Vereinigten Staaten von Amerika

31 Rußland

32 Afrika
Von der Vorgeschichte bis zu den Staaten der Gegenwart

33 Das moderne Asien

34 Das Zwanzigste Jahrhundert I
Europa 1918-1945

35 Das Zwanzigste Jahrhundert II
Europa nach dem Zweiten Weltkrieg 1945-1980

36 Das Zwanzigste Jahrhundert III
Weltprobleme zwischen den Machtblöcken

Die Bände 35 und 36 sind als Abschlußbände
neu hinzugekommen.

 Fischer Taschenbücher

Handbücher
im Fischer Taschenbuch Verlag

Otto F. Best
Handbuch literarischer Fachbegriffe
Definitionen und Beispiele
Überarbeitete und stark erweiterte Ausgabe
Band 6478

Roland Bunzenthal
Handbuch für Arbeitnehmer
Band 3320

Alfred Gleiss
Unwörterbuch
Sprachsünden und wie man sie vermeidet
Band 3312

Johannes Hartmann
Das Geschichtsbuch
Von den Anfängen bis zur Gegenwart
Band 6314

Kindlers Literaturgeschichte der Gegenwart
Aktualisierte Ausgabe
12 Bände in Kassette/Bd. 6460

Kurt Dieter Solf
Fotografie
Grundlagen, Technik, Praxis
Band 6034
Filmen
Grundlagen, Technik, Praxis
Band 6290

Werner Stein
Kulturfahrplan
Die wichtigsten Daten der Kultur-
und Weltgeschichte von Anbeginn bis heute
6 Bände: 6382–6386

Hans Joachim Störing
Kleine Weltgeschichte der Philosophie
2 Bände: 6135/6136

Fischer Kolleg – Das Abitur-Wissen

in einer völlig überarbeiteten Neuausgabe!

Das Abitur-Wissen ist ein Übungs- und Nachschlagewerk für Schüler, die die Oberstufe (Kollegstufe, differenzierte gymnasiale Oberstufe, Sekundarstufe II) des Gymnasiums besuchen, zugleich für alle, die im zweiten Bildungsgang oder im Selbststudium ein der Reifeprüfung vergleichbares Bildungsziel anstreben. Es ist außerdem als Repetitorium für Studenten der Anfangssemester benutzbar.

**Fischer Kolleg –
Das Abitur-Wissen
10 Bände in Kassette**
Bd. 4540

Die in der Kassette enthaltenen Bände sind auch einzeln beziehbar:

Mathematik
Herausgegeben von
Rudolf Brauner und
Fritz Geiss. Bd. 4541

Physik
Herausgegeben von
Walter Jung. Bd. 4542

Chemie
Herausgegeben von
Wolfgang Glöckner.
Bd. 4543

Biologie
Herausgegeben von
Fritz Lense. Bd. 4544

Deutsch
Verstehen, Sprechen,
Schreiben
Herausgegeben von Hermann Stadler. Bd. 4545

**Englisch
Französisch
Latein**
Herausgegeben von
Karl Dickopf. Bd. 4546

Literatur
Herausgegeben von
Hermann Stadler und
Karl Dickopf.
Bd. 4547

Geographie
Herausgegeben von
Wolf Benicke. Bd. 4548

Geschichte
Herausgegeben von
Friedrich Schultes.
Bd. 4549

Sozialwissenschaften
Gesellschaft, Staat,
Wirtschaft, Recht
Herausgegeben von
Heinrich Fisch.
Bd. 4550

Fischer Taschenbuch Verlag

Lexika

Hein Anhold
Das neue Börsenlexikon
Band 4522

Aktuelles Wissen über Börse und Aktien, über Investments, Termingeschäfte, Devisenspekulation und Goldhandel.
Über 2000 Stichworte der Börsensprache von Abandon bis Zinsarbitrage verständlich und umfassend erläutert.

Werner F. Bonin
Lexikon der Parapsychologie
und ihrer Grenzgebiete
Band 4500

Der »Bonin« ist nicht nur eine Enzyklopädie, die für das Verständnis außersinnlicher Wahrnehmungen und verwandter Phänomene sowie bei der Lektüre parapsychologischer Bücher unentbehrlich ist. Er ist zugleich auch ein spannendes, reich illustriertes Lesebuch.

Hans Herzfeld (Hrsg.)
Geschichte in Gestalten
Ein biographisches Lexikon
Korrigierte und erweiterte Ausgabe
4 Bände: 4524–4527

Das Werk umfaßt rund 1500 Biographien von Cäsaren und Königen, von Päpsten, Revolutionären, Kriegsherren, Ideologen, Staatskanzlern, Religionsstiftern und Strategen.
Die Artikel schildern Leben, Werk und Bedeutung dieser Gestalten und geben gleichzeitig Einblicke in die geschichtlichen Zusammenhänge.

Jörg Krichbaum
Lexikon der Fotografen
Band 6418

Im Vorwort gibt der Autor einen Überblick über Grundlagen und Geschichte der Fotografie als Kunst. Der Lexikon-Teil enthält rund 500 Biographien, von den Fotopionieren um 1830 bis zu den schöpferischen Fotografen heute, und weiterführende Literaturangaben. Über 50 Fotobeispiele runden das Bild von der künstlerischen Fotografie, das in diesem Lexikon gezeigt wird, ab.

Fischer Taschenbuch Verlag

Reisebücher

für Leute, die andere Länder wirklich kennenlernen wollen.
Diese Bücher vermitteln eine intime Kenntnis von Land und Leuten, von Wirtschaft und Kultur, Geschichte und Politik, gestern wie heute.

Humbert Fink
Süditalien. Tränen unter der Sonne
Mit 18 Abbildungen nach Fotografien von Ulrike Elsinger und Humbert Fink. Band 3038

Humbert Fink
Venetien zwischen Gardasee und Istrien
Mit 17 Abbildungen nach Fotografien von Ulrike Elsinger und Humbert Fink. Band 3054

Johannes Gaitanides
Griechenland ohne Säulen
Mit 16 farbigen und 16 schwarzweißen Abbildungen und 2 Karten. Band 6407

Johannes Gaitanides/Susanne J. Worm
Kreta, Rhodos, Zypern. Ägäisches Trio. Band 3062

Hans-Joachim Netzer
Alle Straßen enden am Meer
Streifzüge durch die Britischen Inseln
Mit 21 Fotos. Band 3048

Godehard Schramm
Holland. Erkundungen in einem Nachbarland. Band 3066

Hermann Schreiber
Bretagne. Keltenland am Atlantik
Mit 16 Fotos von Kaus-Dieter Meyer. Band 6406

Fischer Taschenbuch Verlag